教育部经济管理类核心课程教材

高等院校经济学管理学核心课教材

名家

国际金融

第六版

于研 编著

INTERNATIONAL FINANCE

上海财经大学出版社
SHANGHAI UNIVERSITY OF FINANCE & ECONOMICS PRESS

图书在版编目(CIP)数据

国际金融 / 于研编著. —6 版. —上海：上海财经大学出版社，2017.12

教育部经济管理类核心课程教材

高等院校经济学管理学核心课教材

ISBN 978-7-5642-2843-9/F.2843

Ⅰ.①国… Ⅱ.①于… Ⅲ.①国际金融-高等学校-教材 Ⅳ.①F831

中国版本图书馆 CIP 数据核字(2017)第 257595 号

□ 责任编辑　吴晓群
□ 封面设计　钱宇辰

GUOJI JINRONG
国 际 金 融
(第六版)

于　研　编著

上海财经大学出版社出版发行
(上海市中山北一路 369 号　邮编 200083)
网　　址：http://www.sufep.com
电子邮箱：webmaster @ sufep.com
全国新华书店经销
上海华业装璜印刷厂有限公司印刷装订
2017 年 12 月第 6 版　2023 年 6 月第 4 次印刷

787mm×1092mm　1/16　22.25 印张(插页：1)　569 千字
印数：50 001—50 500　定价：43.00 元

第六版前言

随着全球经济一体化进程的不断加快，国际金融领域也发展迅速。不断变化的国际金融环境和中国经济、金融开放与改革的日益深化，要求政府机关、金融机构、企业和个人等不同层面必须充分掌握有关国际收支、外汇政策、汇率风险、货币可兑换性、国际金融市场、国际资本流动、国际储备和国际金融监管等有关国际金融基础知识，从而在激烈的竞争环境中拓展视野、更新理念，做到有的放矢，立于不败之地。

笔者编著的《国际金融》自 1996 年出版以来，已经先后进行了五次修订。为了与时俱进，在第六版中，除了对每章中相关的数据进行更新之外，还结合最新国际和国内金融动态，着重以开设专栏的形式对除第八章和第十一章以外的其他各章进行了调整和完善。

在第一章中，增加了国家外汇管理局在 2015 年对“热钱”概念的界定，并且针对近几年国内借助于第三方支付平台和比特币进行资本外逃的现象进行了分析。

在第二章中，对国际金融市场上的货币数字化趋势进行了分析。

在第三章中，添加了美国监管机构对外汇经纪商账户监管的相关内容。

在第四章中，在讨论汇率风险时，就一些不与外汇打交道却承担汇率风险的企业的一些现象进行了分析。

在第五章中，对 2015 年 8 月 11 日之后的人民币汇率中间价格形成机制的运作和不足进行了分析，并在此基础上，对中国人民银行于 2017 年 5 月人民币汇率中间价格机制中引入逆周期因子的原因和作用进行了分析和阐述。

在第六章中，对在资本账户下稳步推进人民币自由兑换的举措进行了讨论，并且就“一带一路”倡议与人民币国际化问题进行了深入分析。

在第七章中，对人民币在 2015 年 12 月被国际货币基金组织纳入定价篮子货币将对中国经济和人民币国际化的影响进行了分析。

在第九章中，对英国 2016 年公投“脱欧”可能对国际金融市场产生的影响进行了分析，并对中国内地与香港债券市场的“债券通”和“北向通”将对人民币在资本账户下实现自由兑换产生的影响进行了分析和阐述。

在第十章中,对招商银行如何在跨国银行业务的现金管理中使用区块链技术进行了阐述,此外,分析了 2017 年 6 月新修订的《外商直接投资的产业指导目录》及相关政策导向。

在第十二章中,对"金砖"银行和亚洲基础设施投资银行(简称亚投行)的成立背景及职能进行了分析和阐述。

在此要说明的是,本次修订中的专栏内容主要来自《21 世纪经济报道》《国际金融报》《第一财经日报》《上海证券报》《每日经济新闻》《经济参考报》《金融时报》《上海金融报》《中国证券报》,主要参考网站有中国国家外汇管理局网站、中国人民银行网站、世界银行网站、国际基金组织网站、亚洲开发银行网站、上海自贸区网站、国家统计局网站、中国银行业监督管理委员会网站、中国证券监督管理委员会网站、中国保险监督管理委员会网站、国研网、中国期刊网、中财网、新浪财经、东方财富网、和讯网等,在此一并致谢。

本书的突出特点是兼顾理论与实务,国际与国内相结合,宏观与微观并重,既对一些主要国际金融理论和国际金融运行及协调监管政策进行了阐述,同时强调国际金融市场的实际运作和汇率变动的风险与防范,从而体现金融学课程作为应用经济学的课程性质。

本书不仅可以满足大学本科生或 MBA 学生学习国际金融基本理论和专业知识的需要,而且可用于金融机构和企业的业务培训。

由于编著者的水平有限,本书中难免存在缺点和错误,敬请读者批评指正。

于　研

2017 年 12 月

目　录

第一章　国际收支

- 国际收支(Balance of Payments)是国际经济领域的一个重要课题，是开放经济中决策者最重要的经济指标之一。对国际收支有全面、正确的理解，具有重要意义。
- 本章要点：国际收支的含义、国际收支平衡表及其主要内容、国际收支不平衡分析、国际收支不平衡的调节、主要国际收支理论、中国的国际收支。

第一节　国际收支概述

一、国际收支的含义

“国际收支”概念最早出现于17世纪初期。根据当时的国际经济情况，重商主义学派认为经常维持出口超过进口是国家致富的永恒原则，贸易顺差便可以聚集金银。他们把国际收支简单地解释为一个国家的对外贸易差额(Balance of Trade)。这表明资本主义形成时期商品交易在国际经济往来中占统治地位，并且在此后很长一段时期内，这种概念一直通行。

在两次世界大战期间，各国通行的国际收支概念是当年结清的外汇收支。这表明当时黄金在流通领域的地位降低，正逐渐被纸币流通所替代。外汇已经是国际贸易、国际结算和国际投资的主要手段。

第二次世界大战后，国际收支概念又有了新的发展。由于国与国之间的政治、经济和文化等方面的往来更加频繁和广泛，贸易方式更加灵活，国际结算方式也更加多样化，原来的国际收支概念已不再适用。为了满足实际需要，世界各国普遍采用更广义的国际收支概念。这种广义的国际收支概念包括一个国家在一定时期内的全部经济交易。这一概念把不涉及外汇收支的各种国际经济交易，如单方面转移和易货贸易等也包括在内。

1946年3月，国际货币基金组织(International Monetary Fund，IMF)正式成立。按照国

际货币基金组织的章程规定,各成员国均需按期限向国际货币基金组织报送本国的国际收支资料。为此,国际货币基金组织根据广义的国际收支概念,对国际收支下了定义,规定其确切含义。其定义是:在一定时期内,一个经济体的居民与非居民所进行的全部经济交易的系统记录和综合。其中,经济体是指一个单独财政结算单位的国家或地区;居民是指在本国居住一年以上的政府、个人、企业和事业单位,否则即为非居民。由于该定义是以全部对外经济交易为基础的外汇收支的对比和分析,因此,它更适合当前国际经济交易的多样性和灵活性的现状。国际货币基金组织的国际收支概念内容非常丰富,应着重把握以下三个方面:

(1) 国际收支是一个流量概念。它是对一段时间内的交易的总计,而不是期末的余额。例如,一国进口价值200万美元的食品可能在年初的6个月内已经被全部消费掉,而到7月份这批进口食品早已不复存在,但它仍然是该国当年的进口,在该国当年年底的国际收支平衡表上必须有这笔200万美元的进口记录。另外,关于统计的时期,目前最短的时间是季度统计,年度统计应用最为广泛。

(2) 国际收支反映的内容是以货币记录的全部交易。国际收支是以交易为基础,而不是以收支为基础,不同于这一术语的字面含义。有些交易可能不涉及货币支付,但这些未涉及货币收支的交易须折算成货币加以记录。所谓交易,包括四类:① 交换,即一交易者(经济体)向另一交易者提供一项经济价值并从对方得到价值相等的回报。这里的经济价值,可总体概括为实际资源(货物、劳务、收入)和金融资产。② 转移,即一交易者向另一交易者提供了经济价值,但是没有得到任何补偿。③ 移居,是指一个人把住所从一个经济体搬迁到另一个经济体的行为。移居后,这个人原有的资产负债关系的转移会使两个经济体的对外资产、债务关系均发生变化,这一变化也要被记录在国际收支中。④ 其他根据推论而存在的交易。在某些情况下,可以根据推论确定交易的存在,当实际流动并没有发生时,也需要在国际收支中予以记录。例如,外国直接投资者保留利润的再投资就是如此。投资者海外子公司所获得的利润中,一部分属于投资者本人,如果这部分利润被投资者用于当地再投资,尽管该行为不涉及两国间的资金与服务流动,但也必须在对外投资者的母国国际收支中反映出来。

(3) 国际收支记录的是一国居民与非居民之间的交易。一个国家的外交使节、驻外军事人员,尽管在另一个国家的居住时间为一年以上,但仍是派出国的居民,是居住国的非居民。一家企业的国外子公司是其所在国的居民,是其母公司所在国的非居民。例如,美国IBM公司在中国的子公司是中国的居民、美国的非居民。子公司与母公司之间的业务往来是中国和美国国际收支的内容。国际性机构如世界银行、联合国和国际货币基金组织等都是任何国家的非居民。

二、国际收支平衡表

(一) 国际收支平衡表的含义

一个国家的国际收支情况集中反映在该国的国际收支平衡表(Balance of Payments Statements)中。国际收支平衡表是一个国家或地区在一定时期内(一年、半年、一季或一个月)以货币形式表示的对外经济、政治及文化往来的系统记录和总结的一种统计表。

国际收支平衡表是按照复式簿记(Double-entry Bookkeeping)的原理编制的(见表1-1)。一切收入项目或对外负债增加、对外资产减少的项目都列为贷方(Credit)或称正号项目(Plus

Item)；一切支出项目或对外资产增加、对外负债减少的项目都列为借方(Debit)或称负号项目(Minus Item)。每一笔交易都同时被记录为收入和相应的支出，且金额相等。因此，原则上，国际收支平衡表全部项目的借方总额与贷方总额总是相等的，其净差额为零。

表 1-1　　复式簿记原理在国际收支平衡表账户记录中的具体运用原理

贷　方	借　方
1. 商品出口	2. 商品进口
3. 向外国提供劳务	4. 从外国购买劳务
5. 从外国收入利息、红利、租金和许可费	6. 向外国支付利息、红利、租金和许可费
7. 从外国人那里得到礼物	8. 向外国人赠送礼物
9. 外国居民到本国进行直接投资	10. 本国居民到外国进行直接投资
11. 本国对外国的长期债权减少	12. 本国对外国的长期债权增加
13. 本国对外国的短期债权减少	14. 本国对外国的短期债权增加
15. 本国对外国的短期债务增加	16. 本国对外国的短期债务减少
17. 官方黄金储备减少	18. 官方黄金储备增加
19. 官方外汇储备减少	20. 官方外汇储备增加

实际上，国际收支平衡表每一具体项目的借方和贷方(即收入和支出)经常不平衡，收支相抵总是会出现一定的差额。正号表示盈余，即顺差(Surplus)；负号表示亏损，即逆差(Deficit)。各项收支差额的总和便是国际收支总差额。

(二) 国际收支平衡表的主要内容

国际收支平衡表包括的内容比较广泛。国际货币基金组织于 1993 年出版的《国际收支手册(第五版)》(*Balance of Payments Manual*, Fifth Edition)①对各成员国国际收支平衡表的编制所采用的概念、准则、管理、分类方法和标准构成都做了统一的说明。

1. 经常账户(Current Account)

该账户记录的是实际资源在国家间的流动，具体包括商品、劳务、收入和经常转移。

(1) 商品(Visible Trade)，即有形商品，包括一般商品、用于加工的货物、货物修理、各种运输工具在港口购买的货物和非货币黄金。根据国际货币基金组织的规定，商品的进出口以各国的海关统计为准，都应以离岸价格(FOB)计算，并且记录日期以所有权变更日期为准。商品交易是传统的国际经济活动。一国贸易差额状况如何直接影响其国际收支状况。

(2) 劳务(Invisible Trade)，包括与贸易有关的运输、保险和银行等服务，以及旅游、广告、签证费等。

(3) 收入(Income)，包括居民和非居民之间的两大类交易，具体包括直接投资、证券投资和其他投资的收入和支出以及储备资产的收入，其中，股本收入(红利)和债务收入(利息)最为常见。

(4) 经常转移(Current Transfer)，包括各级政府之间的转移(如政府间经常性的国际合作、对收入和财政支付的经常性税收等)和私人之间的转移(如赡家汇款、遗产继承、退休金和捐款等)。

---

① 国际货币基金组织曾在 1948 年、1950 年、1961 年和 1971 年发布了《国际收支手册》第一、二、三、四版。

2. 资本和金融账户(Capital & Financial Account)

该账户记录的是资产所有权在国家间的流动情况，具体包括资本账户和金融账户。

(1) 资本账户。资本账户包括资本转移和非生产、非金融资产的收买和放弃。资本转移具体包括三种所有权的转移：一是固定资产所有权的资产转移；二是与固定资产收买/放弃相关联的或以其为条件的资产转移；三是债权人不索取任何回报而取消的债务。非生产、非金融资产的收买和放弃是指各种无形资产如专利、版权、商标、租赁和其他可转让合同的交易。

(2) 金融账户。金融账户包括引起一个经济体对外资产和负债所有权变更的所有权交易。该账户具体包括直接投资、证券投资、其他投资三部分。金融账户的各个项目不按照借贷方总额来记录，而是按照净额记入相应的借方或贷方。

① 直接投资(Direct Investment)，指一国非居民到该国开厂、采矿、办企业、设公司，以及收买拥有外国企业的股权达一定的比例[①]。

② 证券投资(Portfolio Investment)，其投资对象包括股本证券和债务证券。

③ 其他投资(Other Investment)，指所有未包括在直接投资、证券投资或储备资产中的金融交易。

④ 储备资产(Reserve Assets)，指货币当局可随时动用且控制在手的外部资产，包括货币黄金、外汇、在国际货币基金组织中的储备头寸和特别提款权。

(3) 错误和遗漏账户。虽然国际收支平衡表运用复式簿记原理记账，并且应使所有账户的借方总额与贷方总额相等，但由于各账户的统计来源不一、资料不全或资料本身错漏等人为因素，借贷方总额总是出现差额。为此，这一账户的设立是用于轧平差额。显然，它是一种抵销账户，一切统计误差均归入该账户。

(三)《国际收支手册(第六版)》[②]的修改内容

随着国际经济环境的变化，特别是各类金融衍生工具不断问世，国际货币基金组织对《国际收支手册(第六版)》的修订工作自 2001 年启动，经多次征求意见，最终于 2008 年 12 月定稿并在其官方网站发布。

《国际收支手册(第六版)》的特点是：第一，考虑全球化带来的经济形势变化以及金融和技术创新，提高数据的国际可比性；第二，加强国际账户统计和其他宏观经济统计之间的内在联系；第三，强调国际投资头寸统计的重要性；第四，对经济所有权等做了详细说明，并讨论了有关货币同盟等议题。第五，吸收了自 1993 年以来编制的其他指引和手册中的有关内容。

《国际收支手册(第六版)》较第五版在统计原则、经常项目、资本与金融项目等方面有多处修订和明确，其中，变化较大并对中国影响较为突出的调整有以下几个方面：

1. 对统计原则及概念的调整

在会计原则上，第六版使用“经济所有权的变更”替代第五版中的“所有权变更”来确定国际收支交易记录时间；在国际收支(BOP)金融账户和国际投资头寸(IIP)金融资产和负债的其他变化账户中使用“金融资产的净变化”和“负债的净变化”替代第五版中的“借方”和“贷方”。在部门分类上，第六版采用了国民账户体系(SNA)机构部门的全部分类，新增“其他金融公司”部门作为标准组成部分，并用中央银行部门代替了货币当局。

---

① 国际货币基金组织在《国际收支手册(第五版)》中规定这一比例最低为 10%。

② 确切地说，是《国际收支和国际投资头寸手册(第六版)》(Sixth Edition of the IMF's *Balance of Payments and International Investment Position Manual*, BPM6)。

2. 对经常账户的调整

第一，货物贸易项下的调整，主要包括：将加工贸易从货物贸易调整到服务贸易项下，即"他人拥有的有形投入所提供的制造服务"；将转口贸易从服务贸易调整到货物贸易中的一般贸易项下，且采用交易价格而不是离岸价进行估价；"在港口购买的货物"不再是标准组成项，而被归入一般贸易中；引入了核对表来说明商品贸易统计与以国际收支为基础的货物统计之间的关系。

第二，服务贸易项下的调整，主要包括：原"加工货物"将记入服务项下；将货物的修理从货物贸易调整到服务项下，并更名为"其他地方未包括的维修和保养"，记入价值为所完成的修理工作的价值，而不是货物在修理之前和之后的价差；在服务项下专列金融中介的贷款和存款产生的间接计算的金融中介服务，而第五版将其包括在金融账户中；使用"知识产权使用费"替代"特许费"，将研发结果视为生产性资产并将其出售记入服务中，而第五版将上述交易记入资本账户。

第三，初次分配和二次分配收入的调整，主要包括：使用"初次收入分配"和"二次收入分配"①替代"收入"和"经常转移"，将"直接投资收益"根据直接投资关系进一步细分；第六版将留存收益视为收益再投资，而在第五版中，若已分配利润不确定，则所有分支机构利润都视为已分配；引入"个人转移"项目，其内涵大于"个人汇款"，包括居民和非居民个人之间所有的现金和实物经常转移。

3. 对资本和金融账户的调整

第一，有关资本账户的调整，主要包括：将专利权和版权从非生产资产调整到研发服务项下。

第二，有关金融账户的调整，主要包括：将直接投资列示方式从第五版的方向原则调整为资产/负债原则，对直接投资关系进行细分；将金融工具明确分为股权、债务工具和其他工具三大类；采用了"金融衍生产品和雇员股票期权"这一新的分类，并从储备资产中剔除了金融衍生产品；对债务证券、货币和存款、贷款、贸易信贷和其他应收/应付账款均进一步区分长短期。

第三，有关储备资产的调整，主要包括：特别提款权的分配被记录为接受分配的成员国所发生的负债，而第五版将国际货币基金组织成员国所持有的特别提款权归类为一种储备资产；此外，第六版将货币黄金项目进一步细分为"金块"和"未分配黄金账户"。

国际货币基金组织建议成员国《国际收支手册(第六版)》的实施时间是 2012 年或 2013 年。中国的实施计划是，2010 年前，研究并制定国际收支项目和数据源调整方案；2013 年前，逐步完成国际收支项目调整和数据源统计标准调整；2013 年后，初步按照《国际收支手册(第六版)》的主要标准编制中国的国际收支和国际投资头寸表。

(四) 国际收支平衡表的意义

由于国际收支平衡表集中反映一国对外经济活动的基本情况，因而越来越受到各国政府的重视。

对于编表国家，国际收支平衡表的意义表现为：(1) 能及时反映本国的国际收支情况，找

① 国际收支平衡表中的初次收入主要包括劳务收入和投资收入；二次收入主要是经常转移，包括个人转让和国际援助等。

出顺差和逆差的原因,采取正确的调节对策;(2) 一国(尤其是发展中国家)通过掌握本国的外汇资金来源和运用,尤其是官方储备的变动情况,可编制切合实际的外汇预算;(3) 能使本国了解其国际经济地位,从而制定与本国国力相称的对外经济政策,如国际投资、贸易、借贷及对外援助政策等。

对于其他国家,国际收支平衡表的意义表现为:(1) 可以掌握编表国家的国际收支顺差、逆差及储备资产变动情况,从而预测该国货币汇率的未来变动趋势;(2) 可以预测国际资本流动的趋向,通常是由顺差国家向逆差国家转移;(3) 可以预测国际利率的变动趋势,并作为制定外贸政策、货币政策和对外金融政策的依据;(4) 分析经济大国的国际收支情况,可以基本掌握国际经济的发展趋势。

(五) 国际收支平衡表的分析方法

全面、认真、细致地分析一国的国际收支平衡表,对于编表国家和其他国家都很重要。虽然国际收支平衡表作为一种经济分析工具,列示的只是一些简单的账户和数字,但是,每个具体账户都有其独特的内容,反映各种不同的对外经济活动。具体来说,国际收支平衡表的分析应从以下四个方面着手:

第一,逐项分析。例如,贸易收支中包括商品出口和进口,了解出口数额的大小及其在经常账户中所占比重,可以了解一个国家的贸易发达程度。而进口数额的多少可反映该国对国外市场的依赖程度。又如,了解一国长期资本流动中直接投资和证券投资所占的比重,能提供该国在引进外资、海外扩张和资本市场状况等方面的资料。

第二,分析局部差额。贸易差额的状况对总差额的影响往往最大,但也有例外。如果长短期资本流入大于流出,往往表明该国鼓励引进外资,并且引进的外资额度可能超过其海外投资规模;而如果长短期资本流出大于流入,则表明该国积极鼓励海外投资且海外投资扩张实力很强。

第三,分析各项局部差额的平衡情况。如果出现以下三种情况,就可能会产生国际收支总差额顺差:(1) 经常账户顺差,但资本和金融账户逆差,且前者多于后者;(2) 经常账户与资本和金融账户都是顺差;(3) 经常账户逆差,但资本和金融账户是顺差,并且后者多于前者。相反,如果出现另外三种情况,就可能会导致国际收支总差额出现逆差:(1) 经常账户顺差,但资本和金融账户逆差,且后者多于前者;(2) 经常账户与资本和金融账户都是逆差;(3) 经常账户逆差,但资本和金融账户是顺差,并且前者多于后者。然而,上述六种情况的含义却有很大的不同。如果经常账户是顺差,又有大量的短期资本流入,就说明该国货币汇率坚挺,并且有进一步升值的趋势;如果经常账户是逆差,又有大量的短期资本净流入,则表明该国积极引进外资,并以此来改善国际收支状况。

第四,分析国际收支总差额。客观说来,国际收支总差额逆差不一定是坏事,而顺差太多也不一定是好事。因为总差额只反映一国现有外汇的多少及清偿能力,并不反映一国真实的储备水平和经济实力。关键是要看经常账户的收支状况,它在一国国际收支中起着决定性作用。至于国际资本流动,仅仅是外部条件,例如,资本流入可能会使一国国际收支总差额顺差,清偿能力可能增强,对一国经济发展可能会起到积极的促进作用。但是,如果使用国际资本流动不当,也可能产生消极作用,甚至出现债务危机。因此,对国际收支平衡表进行科学分析非常重要。

第二节 国际收支不平衡概述

一、国际收支不平衡的概念

在国际收支理论研究中，关于什么是国际收支不平衡有许多种解释，其含义也各不相同。要想科学地确定国际收支平衡与否，可将国际收支平衡表上的各种外汇交易按其性质分为自主性交易和调节性交易。

自主性交易(Autonomous Transactions)，又称事前交易(Ex-ante Transactions)，即事前纯粹为达到一定的经济目的而主动进行的交易，如经常账户中的贸易收支、劳务收支、经常性转移以及资本和金融账户中的长期资本个别项目。国际收支的差额或不平衡即指自主性交易的不平衡，或者说，如果以上属于自主性交易的各个项目之和等于零，则国际收支处于平衡状态。

调节性交易(Accommodating or Compensatory Transactions)，又称事后交易(Ex-post Transactions)，即为了弥补自主性交易各项目所发生的差额而进行的交易，如资本和金融账户中的短期资本项目中的各项。具体来说，有以下几种情况：贸易入超国动用官方储备偿还外债；获得外国出口商或外国银行的信用，得以延期付款；入超国获得外国或国际金融机构的短期融资；等等。这些都是调节性交易。

总之，将所有国际经济交易划分为自主性交易和调节性交易两类，可作为判断国际收支是否平衡的依据。如果自主性交易中的外汇收支总额自动达到平衡，就不需要做事后调节，国际收支便能达到平衡；如果自主性交易中的外汇收支总额不能相抵，就必须借助调节性交易来弥补才能达到平衡，但由于这种平衡是暂时的，缺乏牢固的基础，因此不能长久维持下去。这种平衡只不过是形式上的平衡，而不是真正的平衡。

必须强调的是，这种按交易动机识别国际收支是否平衡的方法在理论上很有道理，但是在统计上却很难加以区别，并且在概念上也很难准确地把自主性交易与调节性交易区别开来。所以，这一思路在实际上不可行。

按照国际货币基金组织的做法及人们的传统习惯，可按以下四个口径来描述理论上的自主性交易平衡状况。

(一) 贸易收支差额

贸易收支即该国商品进出口收入与支出差额。虽然贸易收支只是国际收支的一个组成部分，绝不能代表国际收支整体，但是对绝大多数国家而言，贸易收支在全部国际收支中所占比例相当大。因此，为了简便起见，可将贸易收支作为国际收支的近似代表。此外，贸易收支在国际收支中还有其特殊重要性。它往往综合地反映一国的产业结构、产品质量和劳动生产率状况。因此，在发达国家的国际收支中，虽然资本和金融账户所占的比重很大，但仍然十分重视贸易收支差额。在第二次世界大战后出现的许多新的国际收支调节理论中，有的也将贸易收支作为国际收支的代表。

(二) 经常账户差额

经常账户包括贸易收支、劳务收支和经常性转移。而贸易收支和劳务收支是经常账户的主要内容。国际货币基金组织非常重视各国的经常账户差额。虽然经常账户差额也不能代表全部国际收支状况,但它综合地反映了一国进出口状况(包括运输和保险等劳务收支),因而被各国广为使用,并被视为制定国际收支政策和产业政策的重要依据。

(三) 资本和金融账户差额

资本和金融账户差额反映了一国资本市场的开放程度和金融市场发达程度,对该国货币政策和汇率政策的调整提供一定的依据。通常,资本市场开放国家的资本和金融账户的流量总额比较大。由于各国在利率、金融市场成熟度、国内经济发展程度和货币价值稳定程度等方面存在的差异较大,资本和金融账户差额一般会产生较大的波动,因此几乎不可能使该差额为零。

此外,资本和金融账户与经常账户之间具有融资关系,因此,一国资本和金融账户差额可以反映该国经常账户状况和融资能力的大小。根据复式簿记原理,经常账户与资本和金融账户的差额之和等于零,即国际贸易中一笔贸易流量通常对应一笔金融流量,经常账户中实际资源的流动与资本和金融账户中资产所有权的流动同时产生。如果将错误与遗漏因素忽略不计,则经常账户中的差额一定与资本和金融账户中发生的差额数量相等且方向相反。例如,当一国经常账户出现逆差时,资本和金融账户必然出现相应的顺差,这表明该国利用金融资产的净流入来弥补经常账户逆差。不过,随着各国金融一体化的发展,资本和金融账户与经常账户之间的融资关系正逐渐发生变化,一方面,资本和金融账户为经常账户提供融资受许多因素的制约,并且债务和收入也对经常账户产生影响;另一方面,资本和金融账户已经不再只为经常账户提供融资,资本自身存在独立的流动规律。

显然,资本和金融账户的经济含义非常复杂,对该账户差额进行综合和谨慎的分析有助于政府对金融市场和资本流动进行有效的调控。

(四) 总差额

总差额是指经常账户与资本和金融账户所构成的余额,该余额将官方储备账户剔除在外。由于总差额会对官方储备账户产生有利和不利的影响,因此,各国非常重视总差额的变动情况,并及时采取相应的措施调节本国国际收支。

当一国实行固定汇率制度时,分析总差额尤为重要。总差额的变动情况直接影响外汇市场供求,进而会影响该国货币相对于别国货币的汇率的稳定性,而政府有义务动用官方储备来干预汇率水平,维持固定汇率制度。

当一国实行浮动汇率制度时,政府原则上不再有义务干预汇率水平,于是,与固定汇率制度相比,总差额的分析意义相对弱化。

一般而言,当一国经常账户表现为顺差时,如果资本和金融账户也出现顺差,则该国官方储备额会增加,本国货币汇率有升值压力。当一国经常账户表现为顺差时,如果资本和金融账户表现出逆差,则可以在一定程度上缓解该国货币升值的压力。当一国经常账户表现为逆差时,如果该国的资本和金融账户也为逆差,则该国的官方储备会不断减少,其货币汇率有贬值趋势。当一国经常账户表现为逆差时,资本和金融账户为顺差,则可以增加该国的外汇储备,缓解该国货币汇率进一步贬值的压力。

总之,国际收支不平衡的概念有许多种,不同国家往往根据自己的不同情况选用其中一种或几种来判断其在国际交往中的地位和状况,并采取相应的对策。由于影响国际交往的因素极为复杂，因此，实际国际收支不可能平衡，即每个国家或多或少会出现不平衡，国际收支不平衡是绝对的。

二、国际收支不平衡的原因

自从实行纸币制度以来，产生国际收支不平衡的主要原因有以下几个方面：

（一）经济循环周期

市场经济国家由于受商业循环周期的影响，周而复始地出现繁荣、衰退、萧条和复苏四个阶段，并且在周期的不同阶段对国际收支产生不同的影响。在繁荣时期可能出现顺差，在萧条时期可能出现逆差。随着周期的演变，这种不平衡现象交替发生。而且由于当今各国间经济关系日益密切，主要发达国家的商业周期往往会影响其他国家的经济情况，引起国际性的商业周期，致使各国的国际收支发生不平衡现象。这种因经济循环周期引起的国际收支不平衡称为循环性不平衡(Cyclical Disequilibrium)。

（二）国民收入

在市场经济国家，商业周期的不同阶段及经济增长率的高低都会引起国民收入的增加或减少。而国民收入的增加或减少会引起商品及劳务输出/输入、捐赠、旅游及投资等一系列因素发生变化，进而导致国际收支不平衡。这种由国民收入的变化而产生的国际收支不平衡称为收入性不平衡(Income Disequilibrium)。必须指出的是，由于需求价格弹性、供给价格弹性及价格收入弹性等因素的影响，因此，国民收入的增加究竟能带来顺差还是逆差很难确定。此外，经济增长率引起的国际收支不平衡常有持久(Secular)性质。

（三）货币价值

一国货币在国内实际购买力的变动会引起国际收支不平衡。如果一国在一定汇率水平下，由于通货膨胀率上升，物价上涨，其货币购买力明显下降，商品成本相对高于其他国家，则该国的商品出口必然减少，商品进口则会受到鼓励，致使该国国际收支发生逆差。相反，如果出现通货紧缩，商品成本与物价水平比其他国家相对地降低，则有利于出口，抑制进口，从而使国际收支出现顺差。由于货币价值变动而引起的国际收支不平衡称为价格性不平衡(Price Disequilibrium)或货币性不平衡(Monetary Disequilibrium)。

（四）经济结构

世界各国由于地理环境、自然资源、劳动力数量和质量、技术水平等经济条件的不同，各自生产并输出具有相对优势的商品与劳务，形成自己的经济结构。当国内经济和产业结构不能适应国际市场供求变化而导致国际收支不平衡时，这种不平衡就属于结构性不平衡(Structural Disequilibrium)。结构性不平衡主要表现为贸易逆差和经常账户逆差。

结构性不平衡主要有两种情况：一种主要是存在于发展中国家，如果一国产业结构比较单一，或该国产品出口需求的收入弹性低，或虽然该国出口需求的价格弹性高，但该国的进口需求价格弹性低，就会产生国际收支不平衡。另一种情况是指，无论是在发达国家还是在发展中国家，如果其经济和产业结构的调整滞后或发生困难，以至于不能及时适应并满足国际市场供求变化,就会产生国际收支不平衡。结构性不平衡具有长期性质,很难在短期内加以调整。

三、国际收支不平衡的性质

国际收支不平衡的性质有两种,即暂时性不平衡和根本性不平衡。暂时性不平衡是由于短期、非确定性或偶然因素而引起的不平衡。这种不平衡一般程度较轻,持续时间不长,带有可逆性,不需要采取调整措施,不久便可得到纠正。根本性不平衡则是由一些根深蒂固的原因造成的,如前述的几种因素等。根本性不平衡不具有可逆性,必须采取相应的对策加以调整,否则将很难得到纠正。

第三节 国际收支不平衡的调节

客观地说,一国国际收支无论是持续性顺差还是逆差,都对该国经济发展不利。持续性逆差必然影响其本国的官方储备水平,使国内经济活动受到压缩而且停滞不前,甚至有倒退的危险,进而影响该国的国际经济地位和信誉;反之,持续性顺差不仅会导致该国货币汇率升值,加深其与贸易伙伴之间的矛盾和冲突,而且可能引起本国通货膨胀加剧。因此,政府当局必须对持续性顺差或逆差进行调节。

一、金本位制度下国际收支的自动调节

国际收支的调节方法往往与本国的货币制度和经济结构等因素密切相关。在实行金本位制度与实行纸币制度条件下,调节方法是不同的。

在各国间普遍实行金本位制度的条件下,一国国际收支通过物价的涨落和黄金的输出/输入的调节而自动达到平衡,这一自动调节过程被称为“物价与现金流动机制”(Price Specie Flow Mechanism)。该机制由大卫·休谟(David Hume)揭示。

如果一国国际收支(贸易收支)发生逆差,则迫使该国本国货币汇率下跌至黄金输出点而使黄金外流。黄金外流导致银行准备金降低,从而使货币流通量减少,由此引起物价下跌并增强本国商品在国际市场上的竞争力,因此促进出口,抑制进口。这样,收入增加而支出减少,逆差被逐步消除,最终使国际收支恢复平衡。

如果一国国际收支(贸易收支)发生顺差,则该国货币汇率将上涨至黄金输入点,导致黄金内流。黄金内流促使银行准备金增加,物价因此而上涨,并导致出口减少,进口增加,顺差逐步减少,最终使国际收支恢复平衡。

二、纸币制度下实行固定汇率制度时国际收支的自动调节机制

(一)国际收支自动调节的利率机制

在纸币制度下实行固定汇率制度意味着货币当局要通过动用国际储备干预外汇市场来维持汇率的稳定。当一国国际收支发生不平衡时,自动调节机制仍产生作用,不过国际收支的调

节过程与金本位制度下的调节过程相比要复杂一些。国际收支发生不平衡时，政府为了维持汇率稳定，需要动用外汇储备，干预外汇市场，这虽然不是自动调节，但随着外汇储备的变动，货币供应量随之发生变动，从而使利率、国民收入和物价等因素也发生相应变动，并对经常账户和资本账户收支产生影响，使国际收支趋于平衡，这一系列连锁反应是市场自动调节。

具体来说，当一国出现国际收支逆差时，本币面临贬值压力，货币当局为了维持汇率稳定，必然在外汇市场上抛外汇买本币①，从而使本币供应量减少，银根收紧，利率上涨，而利率的上涨又吸引外国资本流入，抑制本国资本外流，结果使资本与金融账户以及整个国际收支逆差状况得到改善。相反，当一国国际收支出现顺差时，本币面临升值压力，货币当局为了维持汇率稳定，必然在外汇市场上抛本币买外汇，从而使本币供应量增加，银根放松，利率下跌，而利率的下跌又会导致本国资本流出，外国资本不流入，结果使资本与金融账户以及整个国际收支的顺差减少甚至出现逆差。这便是自动调节国际收支不平衡的利率机制（见图 1-1）。

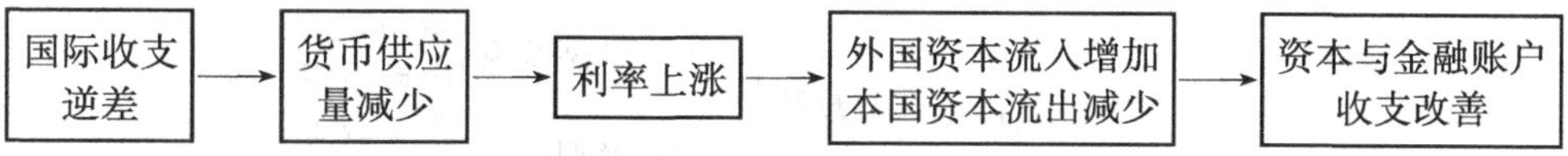

图 1-1 纸币制度下实行固定汇率制度时国际收支自动调节的利率机制

（二）国际收支自动调节的收入机制

当一国国际收支发生逆差时，减少外汇储备和货币供应量会导致国民收入减少。而货币供应量减少，意味着公众的现金余额减少，为了恢复现金余额水平，就会直接减少国内支出（即吸收）；与此同时，利率的上涨会进一步减少国内支出。由于国内支出的一部分是用来进口国外商品的，因此，国内支出的减少，表明该国进口需求也将减少，从而使经常账户逆差状况有所改善。相反，当一国国际收支出现顺差时，也可以通过国民收入和国内支出的增加使该国进口增加，从而减少经常账户的顺差。这便是调节国际收支不平衡的现金余额效应或收入机制（见图 1-2）。

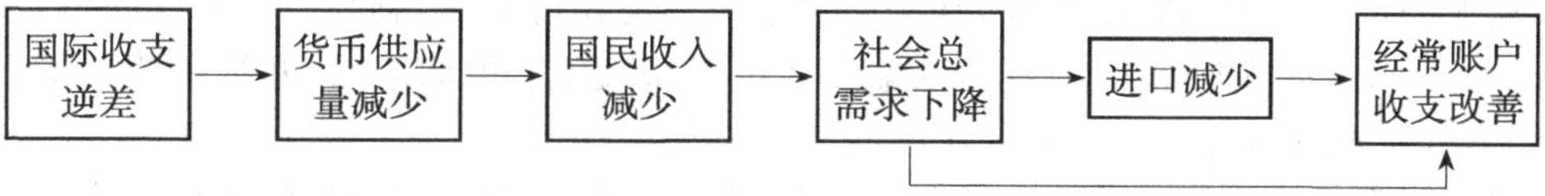

图 1-2 纸币制度下实行固定汇率制度时国际收支自动调节的收入机制

（三）国际收支自动调节的价格机制

当一国国际收支出现逆差时，货币供应量的减少会通过现金余额效应或收入效应（支出减少）而使工资减少、物价下跌，使本国出口产品的价格优势增强，从而带动该国出口、减少进口，使经常账户收支得到改善。相反，当一国国际收支出现顺差时，货币供应量的增加会通过现金余额效应或收入效应（支出增加）而使工资增加，物价上涨，使本国出口产品的价格优势减弱，从而使该国出口减少，进口增加，最终使国际收支顺差减少。这便是自动调节国际收支不平衡的价格机制（见图 1-3）。

---

① 这不是自动调节。

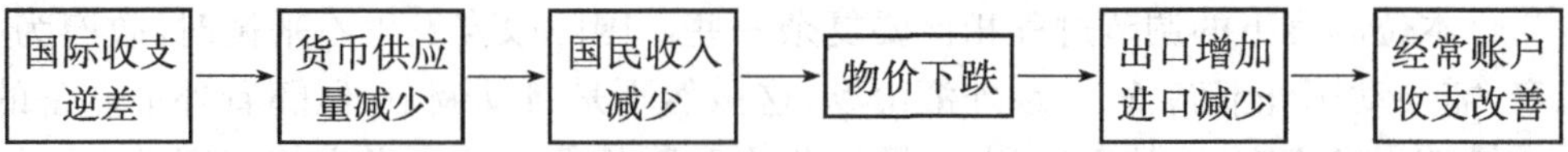

图 1-3 纸币制度下实行固定汇率制度时国际收支自动调节的价格机制

三、纸币制度下调节国际收支的政策手段

第二次世界大战后，在西方国家的宏观经济管理中，需求调节政策占主导地位，为了实现内外均衡，政府可选择使用需求调节政策，即货币政策、财政政策、汇率政策和直接管制。货币政策和财政政策属于支出变动型政策(Expenditure Changing Policies)，而汇率政策和直接管制属于支出转换型政策(Expenditure Switching Policies)。各国政府对国际收支的调整措施很多，可用图 1-4 大致加以归纳。

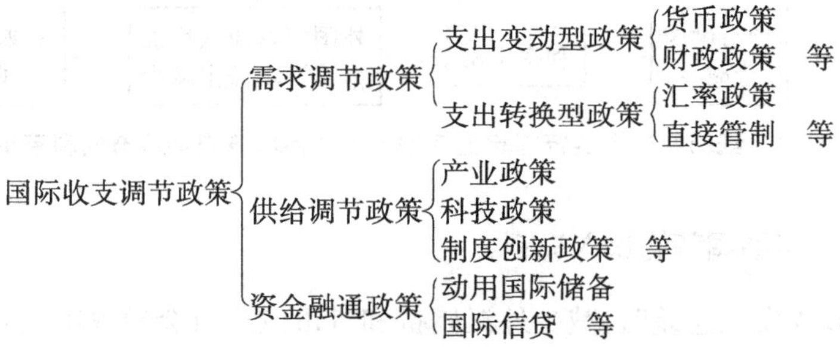

图 1-4 调整国际收支的主要政策工具

(一) 货币政策和财政政策

货币政策和财政政策是宏观经济政策的两个主要方面。

财政政策主要是通过财政开支的增减和税率的调整来实现经济目标。货币政策主要包括贴现率、存款准备金率和公开市场业务等。当一国因进口增加、出口减少而发生逆差时，政府可采取紧缩的货币政策和财政政策，利用通货紧缩迫使物价下跌，刺激出口，抑制进口，逐步使逆差减少。相反，如果出现顺差，则可采取扩张的货币政策和财政政策，刺激投资与消费，进而使物价上涨，鼓励进口，抑制出口，使国际收支逐渐趋于平衡。

紧缩的货币政策和财政政策虽然可以收效于一时，但是会对国内经济产生副作用，因为紧缩政策使投资和消费减少的同时，会引起工商业衰退、失业增加。反之，为了减少顺差而采取的扩张政策则势必会诱发通货膨胀，引起物价上涨，导致企业雇员要求增加工资，进而导致产品成本上升，物价进一步上涨，通货膨胀加剧，最终形成恶性循环。因此，这就涉及内部平衡与外部平衡问题，以及货币政策与财政政策的配合运用。有关政策配合问题我们将在国际收支理论中阐述。

(二) 汇率政策

汇率政策主要是指通过本币汇率贬值来减少国际收支逆差。当一国国际收支出现逆差时，可调低本币汇率。如果国内价格不变，则本国以外币表示的出口商品价格就会变得便宜，本国出口商品在国际市场上的竞争力增强，从而带动出口增加，而进口外国商品的本币成本相对增加，从而使本国进口减少。于是，通过出口增加和进口减少，国际收支可恢复平衡。反之，当一国国际收支出现顺差时，从理论上讲，可采用本币汇率升值的做法使本国出口减少、进口增加，但实际上，除非一国受到来自贸易伙伴施加的政治或其他方面的压力，采取主动使本币升值的做法很少，因为毕竟一国开拓国际市场不容易，可通过其他方法如海外投资等来减少本国国际收支顺差。此外，汇率的调节对国际收支产生的效果如何往往与价格需求弹性和时滞等因素有关。关于这方面的内容我们将在国际收支理论中阐述。

（三）直接管制

直接管制是指一国政府以行政命令的办法，通过外汇管制和外贸管制来直接干预外汇买卖和对外贸易，从而达到管制外汇和平衡国际收支的目的。

从实施的性质来看，直接管制包括数量性管制措施和价格性管制措施。数量性管制措施主要包括为限制进口而采取的进口配额制、进口许可证和外汇管制等各种进口非关税壁垒。价格性管制措施主要包括为增加出口收入而采取的出口补贴、出口退税或减税、外汇留成和出口信贷优惠等。

一国通过直接管制来平衡其国际收支的好处在于，方式比较灵活，效果较为迅速和显著，而不像运用货币政策和财政政策那样，必须先通过汇率价格的变化及对生产活动的影响，然后才能见效。因此，如果国际收支不平衡是局部的，则直接管制更为有效，不必牵动该国整体经济的变化。但运用货币政策和财政政策则不然，它们都会使一国整体经济发生变化。

但是，一国实施直接管制也会产生一些副作用，并存在一定的局限性：第一，直接管制必然要影响与本国有经济联系的其他国家，因为有利于一国的措施常常有害于其他国家，以致招来对方相应的报复，最终抵消预期的效果；第二，采用直接管制来实现国际收支平衡，只是将显性逆差变为隐性逆差，如果经济结构不及时调整，则该国的国际收支必然还会出现新的不平衡，因此，实施直接管制的同时，还需要积极与国家的产业政策相配合；第三，直接管制不符合世界贸易组织（WTO）规则和国际货币基金组织协议的规定；第四，采取直接管制容易导致本国产品生产效率低下，滋生官僚和贿赂等腐败现象。因此，各国采取直接管制时需要十分谨慎。

（四）产业政策、科技政策和制度创新政策

产业政策和科技政策旨在改善一国的产业结构和经济结构，改进产品质量，降低成本，从而带动出口业和进口替代业的发展，从根本上提高一国的经济实力和科技水平，促进国家经济实现内外均衡。

此外，当经济中存在制度性缺陷时，政府需要制定制度创新政策，例如，对规模庞大但效率低下的国有企业进行投融资制度改革、企业产权制度和管理体制等一系列企业制度改革等，从而使微观经济主体富有活力且具有较强竞争力，进而改善国际收支。

需要强调的是，无论是产业政策、科技政策，还是制度创新政策，这类政策在短期内都难以奏效。

（五）动用国际储备

货币当局利用国际储备调节国际收支不平衡的具体做法一般是：当国际收支出现逆差时，向外汇市场提供外汇，弥补外汇市场供给缺口。这样做可以避免因使用紧缩政策而导致国民收入减少和失业增加的后果，这也是动用国际储备进行国际收支调节的好处。但持有储备也有机会成本，即货币当局动用的该部分储备失去了支付进口商品和劳务，从而直接服务于国内生产

和消费，进而带动国内就业和增加国民收入的机会。此外，动用国际储备调整国际收支只能起到暂时作用，如果不平衡是根本性不平衡，由中长期因素导致，则需要运用其他政策进行调整。

四、调节国际收支的政策配合

开放型经济需要实现内部均衡(Internal Balance)目标和外部均衡(External Balance)目标，前者主要指实现经济增长、充分就业和物价稳定，后者主要指实现国际收支平衡。货币当局选择政策努力来实现国际收支平衡的同时，需要考虑内部均衡目标的实现，即选择国际收支调节政策的同时将内部均衡和外部均衡都考虑在内。

(一) 丁伯根原则和斯旺政策搭配模式

诺贝尔经济奖获得者、荷兰经济学家简・丁伯根(Jan Tinbergen)于 1952 年曾提出一种经济政策理论——丁伯根原则(Tinbergen's Rule)，即实现 N 种经济目标至少需要有相互独立的 N 种有效的政策工具①。根据该原则，如果一国可灵活调整汇率水平，则可使用两种政策工具(即支出变动型政策和支出转换型政策)实现内外均衡。但问题是，究竟用哪一种政策来实现哪一种目标？大多数经济学家认为应该用汇率政策实现外部均衡目标，用支出变动政策实现内部均衡目标，其中，斯旺(Swan)于 1955 年提出的支出变动政策与支出转换型政策搭配模式(Swan Diagram)影响最大(见图 1-5)。

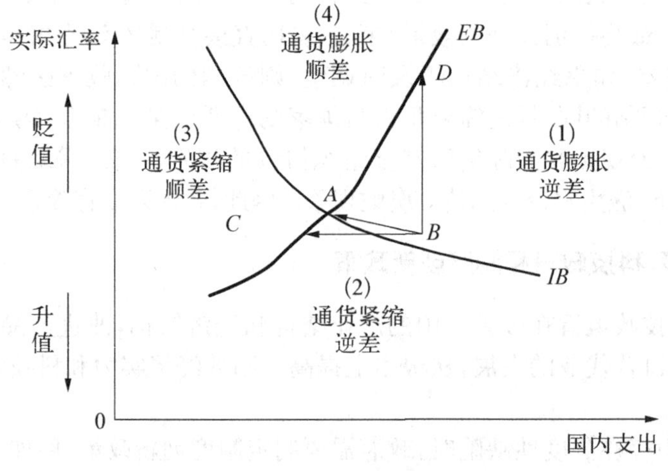

图 1-5 斯旺提出的政策搭配模式

在图 1-5 中，横轴表示国内支出(消费、投资和政府支出)，政府的支出调整型政策可以明显影响国内吸收总水平；纵轴表示(直接标价法下的)本国货币实际汇率。

IB(内部均衡)线代表实际汇率与国内支出的结合，以实现内部均衡(即实现充分就业和物价稳定)。*IB* 线之所以从左到右向下倾斜，是因为本币实际汇率升值时将导致该国出口减少、进口增加，而要实现内部平衡就必须增加国内支出。在 *IB* 线的右边或右上方有通货膨胀压力，因为在一定汇率水平下，国内支出大于维持内部平衡所需要的国内支出；而在 *IB* 线的左边或左

① 原文是："The attainment of any given number of independent policy targets generally required at least an equal number of policy instruments."

下方有通货紧缩和失业压力，从而使国内支出小于维持内部均衡所需要的国内支出。

EB(外部均衡)线表示实际汇率与国内支出的结合，以实现外部均衡。*EB* 线之所以从左到右向上倾斜，是因为当本币实际汇率贬值时，将使该国出口增加、进口减少，所以，要减少经常账户顺差，就需要增加国内支出，以鼓励进口。在 *EB* 线的右边或右下方，由于国内支出大于维持经常账户平衡所需要的国内支出，因此导致经常账户逆差；而在 *EB* 线的左边或左下方则会出现经常账户顺差。

斯旺政策搭配模式被划分为四种情况：区间(1)存在经常账户逆差和通货膨胀压力；区间(2)存在经常账户逆差和通货紧缩压力；区间(3)存在经常账户顺差和通货紧缩压力；区间(4)存在经常账户顺差和通货膨胀压力。

只有在 *A* 点上，开放宏观经济才同时实现内部均衡和外部均衡。当开放宏观经济处于失衡状态时，需要采取相应的政策进行调整。具体来说，如果在区间(1)的 *B* 点，货币当局维持固定汇率，并通过减少国内支出和社会总需求就能减缓通货膨胀和国际收支逆差的压力，则 *B* 点就向 *C* 点方向靠近。但是，只采用减少国内支出政策来实现外部平衡会导致国内经济衰退、失业增加。如果在 *B* 点失衡状态下，政府采用本币汇率贬值的做法，则 *B* 点将向 *D* 点靠近，其结果则是在减少经常账户逆差的同时进一步增加通货膨胀压力，因为 *D* 点远离了内部均衡线。

显然，无论是采取本币贬值还是增加国内支出，采取一种政策不可能使经济同时实现内部均衡和外部均衡两个目标。这一情况被称为米德冲突(Meade's Conflict)。当经济失衡点在 *B* 点时，如果政府既减少国内支出又使本币汇率贬值，则既可以减缓通货膨胀压力，又能减少经常账户逆差，最终将使 *B* 点向 *A* 点靠近。

斯旺提出的政策搭配模式虽然对政府经济政策的制定很有借鉴意义，但其缺陷也显而易见：第一，该模式过于简单，没有进一步阐明各种经济因素之间存在的内在关系；第二，忽视了国际资本流动的影响；第三，没有将货币政策和财政政策对总需求和总产出产生的影响加以区分。在此基础上，蒙代尔提出了政策搭配理论。

(二) 蒙代尔的政策搭配理论

罗伯特·蒙代尔(Robert Mundell)于 1962 年提出，财政政策和货币政策对国民收入和经常账户收入有同样的影响，而对利率和资本与金融账户则有不同的影响。紧缩性财政政策趋于降低利率，而紧缩性货币政策则会提高利率。在其他条件相同的情况下，本国利率提高会改善资本和金融账户收支，而本国利率降低则会使资本和金融账户收支恶化。所以，两种政策对国际收支产生的影响是不同的。在固定汇率制度下，一国也有两种独立的政策工具来实现两个经济目标。如果能够合理搭配使用，就可以同时实现内部均衡和外部均衡。

蒙代尔认为，在考虑内外目标之间的政策分派(Policy Assignment)时，应考虑将每一种政策实施在其最具影响力的目标上。在图 1-6 中，横轴表示利率水平，代表货币政策；纵轴表示财政支出水平，代表财政政策。*EB* 为外部均衡线，在该线上所有的点都代表由一定利率与财政支出的组合而实现的国际收支均衡状态。*EB* 线之所以向右上方倾斜，是因为当利率提高时，不仅外国资本流入净额增加，而且国内经济紧缩后进口也相应减少，从而带来国际收支顺差。为了维持国际收支平衡，政府支出必须同时扩大以增加进口。*EB* 线左下方的任何一点都表示国际收支逆差，而右下方的任意一点则意味着国际收支顺差。

IB 线为内部均衡线，该线上所有的点都代表由一定利率与财政支出的组合而实现的内部均衡状态。*IB* 线的斜率也是正的，因为当财政政策扩张时，国内需求会增加，政府为了保持总

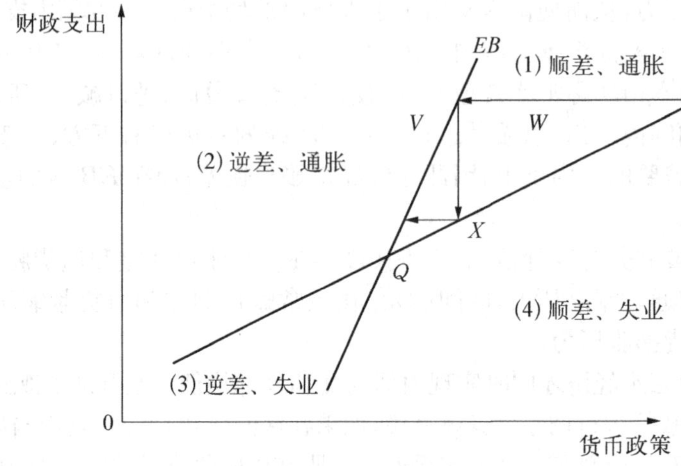

图 1-6　财政政策与货币政策的搭配

需求与总供给的平衡就必须同时采取紧缩性货币政策,通过提高利率来减少市场需求。*IB* 线左上方的任何一点都表示国内出现通货膨胀,该线右下方的任何一点都表示国内存在失业。

EB 线的斜率比 *IB* 线的斜率大。假设忽略国际资本流动,则 *EB* 线与 *IB* 线是重叠的,因为线上任何一点的移动都表示利率与财政支出会引起方向相反、余额相同的国内支出变动,从而使进口支出产生相同的变动。假设将国际资本流动考虑在内,则利率的提高会吸引外国资本流入,改善国际收支,而政府为了维持国际收支平衡,财政支出就必须以更大的幅度增加,以使进口以更大的幅度增加,从而抵消外国资本流入的增加。显然,一定利率水平的提高同时要求增加更多的财政支出,才能确保国际收支平衡。所以,*EB* 线的斜率更大一些。

假设一国经济现处于 *W* 点(即顺差和通胀)状态,则可选择两种政策搭配方式:一种是以货币政策解决顺差问题,以财政政策解决通货膨胀问题。从 *W* 点开始,先采用膨胀性货币政策减少顺差,达到 *V* 点,国际收支平衡,但国内通货膨胀严重;然后以紧缩性的财政政策来解决通货膨胀问题,达到 *X* 点。如此交替使用扩张性货币政策和紧缩性财政政策,就可以逐渐向内外全面均衡状态靠近,最终达到 *Q* 点。另一种政策搭配方式所产生的结果则相反。如果以财政政策来减少顺差,以货币政策来解决通货膨胀问题,即从 *W* 点开始,先以紧缩性货币政策减少通货膨胀,达到 *Y* 点,通货膨胀消除,但顺差仍存在,再以扩张性财政政策减少顺差。如此继续下去,离全面均衡点 *Q* 将越来越远。

因此,蒙代尔认为,在进行政策搭配时,只有把内部均衡目标分派给财政政策,把外部均衡目标分派给货币政策,才能达到经济全面均衡状态。两种政策的搭配主要有表 1-2 所列出的 4 种具体形式。

表 1-2　　财政政策和货币政策搭配的 4 种形式

序　号	对内和对外的经济状况	财政政策	货币政策
1	通货膨胀和顺差	紧缩性的	扩张性的
2	通货膨胀和逆差	紧缩性的	紧缩性的
3	衰退、失业和顺差	扩张性的	扩张性的
4	衰退、失业和逆差	扩张性的	紧缩性的

政策搭配理论有一定的参考价值，但这种理想境界很难实现。其原因如下：第一，国内经济和国际经济活动是一个十分复杂而又有机联系的整体，有多种因素相互制约、相互促进。第二，一国的经济手段是多种多样的，除了财政政策和货币政策外，还有贸易政策等，都要相互配合而不能各自为政。第三，政策作用的效果也是多方面的。例如，财政方面的投资政策对国际资本流动有直接的影响，而货币方面的利率政策首先影响的是国内经济活动。

第四节　主要国际收支理论

国际收支理论是研究国际收支不平衡原因及调节方式的理论，它是国际金融学的基本课题。早在15、16世纪，重商主义就着重研究贸易收支问题。19世纪金本位制之后，休谟又提出金本位制下国际收支的自动调节理论。现代西方经济学家认为，汇率可以调节国际收支，但汇率变动的调节作用取决于它对收入、支出、国内价格与货币供给的影响，因此，他们对国际收支提出了几种理论。20世纪30年代金本位崩溃后，各国实行浮动汇率制度，于是，国际收支弹性分析法和外贸乘数说应运而生。20世纪50年代和60年代，随着凯恩斯主义的盛行，国际收支吸收分析法风靡一时，在西方学术界占据了支配地位。20世纪60年代初，由于国际经济趋向全球化，内部平衡与外部平衡的矛盾促成了蒙代尔的政策配合理论，并引起人们的关注。20世纪60年代末和70年代初货币主义盛行一时，因而货币主义法广为流传，有人称之为"货币经济学的重大突破"。20世纪80年代初，又出现了结构分析法和财政分析法。

一、国际收支调节的弹性分析法

弹性分析法(Elasticity Approach)由英国经济学家琼·罗宾逊(J. Robinson)于1927年提出。该理论以新古典学派马歇尔(A. Marshall)的"非充分就业"条件下国内均衡中物价的供给弹性和需求弹性理论为基础，以进出口商品供求的价格弹性为基本出发点，通过汇率水平的调整，使进出口商品供求价格产生变动，以此来影响出口总额和进口总额，从而调节国际收支的不平衡。

该理论认为，当一国出现持续性国际收支逆差时，可采用本币汇率贬值的方法来改变进出口商品的相对价格，以增加出口并抑制进口，使国际收支恢复平衡。

弹性分析法有几个假设前提：(1) 假设没有资本转移，国际收支就是贸易收支，贸易收支最初是平衡的；(2) 假定利率、国民收入等其他条件不变，只考虑汇率变化对进出口商品的影响；(3) 贸易商品的供给具有完全弹性。根据这些假设前提，弹性分析法认为，既然进出口商品的供给具有完全弹性，那么贸易收支的变化就完全取决于进出口商品需求的变化，即本币贬值后，出口实际增加和进口实际减少的程度受出口需求弹性和进口需求弹性的制约。若弹性大，即商品需求对价格的变化反应敏感，则货币贬值能改善国际收支；若弹性小，则货币贬值的作用有限。

实现弹性调节的条件是马歇尔—勒纳条件(Marshall-Lerner Condition)。他们认为，在各国的进出口价格供给弹性无限大的情况下，一国通过本币贬值能否改善国际收支，关键在于该国的进出口价格需求弹性之和是否大于1。如果两者之和大于1($E_{dx}+E_{dm}>1$)，则国际收支就得到改善；如果小于1($E_{dx}+E_{dm}<1$)，则国际收支非但得不到改善，反而会继续恶化；

如果等于 1($E_{dx}+E_{dm}=1$),则国际收支保持不变。例如,假设一国货币汇率贬值 10%之后,出口商品的价格需求弹性为 0.4,进口商品的价格需求弹性为 0.7,则该货币汇率的贬值将满足马歇尔—勒纳条件,使该国的国际收支逆差减少,从而改善国际收支状况。

弹性分析法建立在定量分析基础上,反映了国际市场的一些实际情况,有一定的现实意义,但也有很大的局限性。

第一,它是一种局部均衡分析,只考虑汇率变动对进出口贸易的影响,其他一切条件都是不变的。实际上,贬值的影响很广,因为进出口市场的变化会引起连锁反应,从而对整体经济产生影响。

第二,它是一种静态分析。实际上,弹性调节过程要受 J 形曲线效应(J Curve Effect)的限制,即虽然本币贬值,本国以外币表示的出口商品的价格在国际市场上会下跌,能够带动本国的出口收入增加,但由于事先签订了进出口合同,进出口数量已定,一国出口不会马上增加,进口数量不会马上减少,更何况消费者的偏好改变需要一定的时间,因此,贬值初期存在时滞,也就是说,贬值初期该国外汇收支会继续恶化,经过一段时间后,该国的国际收支逆差才会逐渐减少,并出现顺差(见图 1-7)。需要强调的是,贬值后虽然以本币表示的进口商品价格变得昂贵,但对于原材料主要依赖进口的国家,意味着将开始新一轮的通货膨胀和本币贬值。

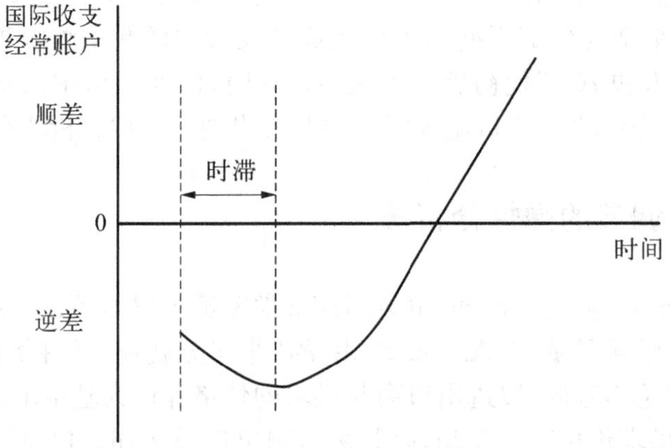

图 1-7 J 形曲线效应

第三,弹性分析法假设贸易商品的供给有完全弹性。这一假定在两次世界大战期间有一定的道理,但从战后初期各国供应不足的情况来看,它不符合实际情况,从生产初级产品的各国情况来看,供给弹性是有限的。货币贬值在一定条件下可以改善贸易收支,但不能根本解决国际收支问题。

总之,虽然弹性分析法考虑的因素较少,但其意义重大,因为进出口是经常账户的主要内容,而经常账户对一国经济的影响重大,所以,弹性分析法对国家制定宏观经济政策和其他国际经济理论的建立都有非常重要的影响。

二、国际收支的乘数分析法

乘数分析法(Multiplier Approach)又称收入分析法(Income Approach),该理论是由 R. F.哈罗德(R. F. Harrod)和马克鲁普(Machlup)于 20 世纪 30 年代运用凯恩斯的“投资收入乘数”理论发展起来的。它阐述了对外贸易与国民收入之间的关系以及各国经济通过进出口途径相互影响的原理。因此,它对理解各国的宏观经济运行具有重要的意义。

该理论的基本假设是:经济处于非充分就业状态,即汇率和价格固定不变而收入可变;不考虑各国间的资本流动,国际收支等同于贸易收支。

该理论的基本结论是:自主性支出的变动通过乘数效应引起国民收入的成倍变动,进而影响进口支出的变动,影响进口支出的程度取决于一国边际进口倾向、进出口需求收入弹性和一国的开放程度。

(一) 收入乘数

根据凯恩斯乘数原理,小国开放经济条件下国民收入均衡恒等式为:

$$\boldsymbol{Y=C+I+G+X-M}$$

其中,消费 $C=C_0+cY$,投资 $I=I_0$,政府支出 $G=G_0$,出口 $X=X_0$,进口 $M=M_0+mY_0$。

出口 X_0是外生变量,是与本国国民收入无关的自发性出口数量,取决于外国国民收入水平;进口 M 与本国国民收入水平呈增函数关系;M_0是与本国国民收入无关的自发进口,是边际进口倾向 $\left(m=\dfrac{\mathrm{d}M}{\mathrm{d}Y}\right)$;$mY_0$是与本国国民收入呈增函数关系的诱发性进口。将上述 C、I、G、X、M 的表达式代入国民收入均衡恒等式并进行整理,得到:

$$\boldsymbol{Y=\frac{C_0+I_0+G_0+X_0-M_0}{1-c+m}}$$

将国民收入水平对构成有效需求的各个自主性开支求导,得到:

$$\boldsymbol{\frac{\partial Y}{\partial C_0}=\frac{\partial Y}{\partial I_0}=\frac{\partial Y}{\partial G_0}=\frac{\partial Y}{\partial X_0}=-\frac{\partial Y}{\partial M_0}=\frac{1}{1-c+m}}$$

式中,$\dfrac{1}{1-c+m}$就是开放经济乘数(Open Economy Multiplier),也就是小国开放经济的外贸乘数(Foreign Trade Multiplier),即在开放经济条件下有效需求变动是国民收入变动的倍数。小国开放经济的特点是,一国经济规模很小,其进出口活动对国际宏观经济总量不会产生影响,其开放经济乘数小于封闭经济乘数$\dfrac{1}{1-c}$。这是因为任何自主支出所产生的总需求的每一轮增加都将会有一部分进口来满足,所以,每一轮收入的增加小于封闭经济条件下收入的增加,开放经济中自主支出的乘数作用小于封闭经济下的乘数作用。

(二) 收入的调整

乘数分析法认为,一国进口随其国民收入的变动而变动,贸易差额必然受国民收入变动的影响。若忽略国际资本流动,则国际收支差额(B)等于贸易收支差额:

$$\boldsymbol{B=X-(M_0+mY)}$$

$$\boldsymbol{B=X-M_0-m(C+I+G+X-M)}$$

显然,一国可以通过需求管理政策来调节国际收支。当一国国际收支发生逆差时,紧缩性财政政策和货币政策有助于减少国民收入,从而减少进口支出,最终减少国际收支逆差;当一国国际收支发生顺差时,扩张性财政政策和货币政策可通过增加国民收入带动进口增加,最终减少国际收支顺差。因为本国的边际进口倾向$\left(m=\frac{\mathrm{d}M}{\mathrm{d}Y}\right)$为进口需求收入弹性$\left(\frac{\mathrm{d}Y}{\mathrm{d}Y}\cdot\frac{Y}{M}\right)$和经济开放程度$\left(\frac{M}{Y}\right)$的乘积,所以,通过变动收入调节国际收支的效果与本国进口需求收入弹性和开放程度呈正相关性。

由于出口和自主性进口的变动除了对国际收支直接产生影响外,还通过国民收入的变动,对诱发性进口产生影响,进而影响国际收支,因此,部分学者结合收入效应与弹性分析所强调的替代效应,对马歇尔—勒纳条件进行了修正,即在假定一国经济为小国经济的前提下,哈伯格条件(Harberger Condition)是货币贬值后能否改善国际收支的必要条件:

$$\boldsymbol{\varepsilon}_x+\boldsymbol{\varepsilon}_m>1+\boldsymbol{m}$$

由于假设收入不变,因此,在满足马歇尔—勒纳条件时,货币贬值能减少国际收支逆差。但实际上,净出口的增加或净进口的减少会使收入增加,进而使进口增加,最终不利于减少国际收支逆差。所以,若将收入变动考虑在内,则只有满足哈伯格条件才能使贬值最终改善国际收支。

上述分析是站在一个小国的角度上,由于小国的出口对其他国家产生的影响不大,因此,可以将其出口忽略不计。但如果对大国进行分析,就必须要考虑其出口对其他国家产生的影响,以及由此对本国最终产生的影响。为方便起见,可将分析对象国(X)以外的所有国家视为一个大国(Y),于是X国的出口就是Y国的进口;反之,Y国的进口就是X国的出口。如果最初假设X国出口增加,则Y国进口的增加会使Y国国民收入减少,进而使Y国进口支出减少,使X国相应的出口收入减少。因此,若将国外回应考虑在内,X国的对外贸易乘数将比先前小。

显然,若将国外回应纳入贬值对国际收支影响的分析中,则需要将哈伯格条件进一步修正为:

$$\boldsymbol{\varepsilon}_x+\boldsymbol{\varepsilon}_m>1+\boldsymbol{m}+\boldsymbol{m}^*$$

其中,m^*是贸易伙伴国的进口边际倾向,即在进出口供给弹性无穷大时,大国只有在进出口需求弹性的绝对值之和大于本国和外国的边际进口倾向之和再加1时,贬值才能有效地减少国际收支逆差。

(三)乘数分析法的政策含义

乘数分析法的政策含义有两个方面:第一,一国可以通过需求管理政策来调整国际收支。当国际收支出现逆差时,政府可以采取紧缩性财政政策和货币政策,使国民收入减少,以减少进口支出,从而改善国际收支状况;当国际收支出现顺差时,政府可以采取扩张性财政政策和货币政策,使国民收入增加,以增加进口支出,从而减少国际收支顺差。第二,本币汇率贬值的效果不仅取决于进出口价格需求弹性和供给弹性,而且受两国进口乘数的影响。

(四)乘数分析法的局限性

该理论没有将货币和价格因素的作用考虑在内,也忽略了资本流动所产生的影响,因此,其分析难免有一定的片面性。

三、国际收支的吸收分析法

吸收分析法(Absorption Approach)主要由英国诺贝尔经济学奖获得者詹姆斯·米德(James Meade)和德国的西德尼·亚历山大(Sidney Alexander)提出。20世纪50年代初,英国、法国等西欧国家都曾先后使本币贬值,但其国际收支并没有得到明显改善。对此,有的经济学家认为当时缺乏必要的出口弹性,而另一些经济学家认为弹性分析法过分重视微观经济学的相对价格效果,忽视了宏观经济学的国民收入效果。随着第二次世界大战后弹性理论在实践中不断暴露其缺陷,以及凯恩斯主义的流行,吸收分析法应运而生。1954年上述两位经济学家以凯恩斯宏观国民收入方程式为基础,提出了该理论。凯恩斯国民收入的均衡公式是:国民收入Y等于国民总支出A。国民总支出A包括个人消费C、私人投资I和政府支出G。于是,在封闭性经济中,国民收入的均衡公式为:

$$Y=C+I+G$$

在该理论中,亚历山大把国民总支出即国内资源的总消耗称为“吸收”,即通过商品和劳务市场转移到生产过程而消耗掉的资源,即吸收$A=C+I+G$。该理论注重贸易收支,认为国际收支差额B主要是贸易收支差额,$B=X-M$。这里,X表示出口,M表示进口。如果把对外贸易也包括在内,则国民收入的均衡公式扩大为:

$$Y=A+B=C+I+G+(X-M)$$

而$X-M=Y-(C+I+G)$,即国际收支=总收入-总支出。总支出即总吸收A,国际收支差额B就是国民收入与国内吸收的差额,即$B=Y-A$。

由于国际收支平衡意味着总收入等于总吸收,国际收支顺差意味着总收入大于总吸收,国际收支逆差表示总收入小于总吸收,因此,调节国际收支的方式无非是增加收入或减少支出(吸收)。前一个途径是支出转换政策,即在总支出(吸收)不变的条件下,增加国民总收入,也就是利用等量的资源消耗(吸收)生产出更多的社会总产品。后一个途径是吸收政策,又称支出减少政策,即在维持原有生产规模的条件下,减少资源的投入和消耗,即减少总支出。

具体来说,本币贬值后所产生的效应涉及国民收入和支出两个方面。

(一)本币贬值后对国民收入产生的效应

1. 闲置资源效应

若本国货币汇率贬值后,国内存在尚未被充分利用的闲置资源,则贬值会使出口增加、进口减少,进而大幅度增加本国产出(即国民收入),并减少国际收支逆差。而国民收入的增加又会使本国消费支出和投资支出增加,进而总支出(吸收)也随之增加,最终导致国际收支恶化。而边际吸收倾向①的大小最终决定贸易收支是得到改善还是恶化,如果边际吸收倾向小于1,则贸易差额将改善。

2. 贸易条件效应

由于本币汇率贬值后,进口数量不能立即进行调整,因此,贸易差额将因贸易条件的恶化

① 边际吸收倾向是指每增加的单位收入中用于吸收的百分比,该百分比小于1时表明整个社会的总收入大于增加的总吸收。

而恶化,实际国民收入将减少。而国民收入减少后,总支出(吸收)也随之减少,只要支出(吸收)减少的速度超过国民收入减少的速度,则本国贸易差额将得到改善。本币贬值后的贸易条件效应对国际收支最终产生的影响如何,取决于上述恶化作用与改善作用的大小。

(二)本币贬值后对支出(吸收)产生的直接效应

1. 现金余额效应

本币汇率贬值后会使本国物价上涨,若货币供给不变,则人们持有的现金余额实际价值降低。人们为了将实际现金余额恢复至原有水平,要么被迫减少商品和劳务的消费,进而减少支出,使总吸收减少;要么变现所持有的金融资产,而这样做的结果是资产价格下跌,利率上升,从而使消费和投资减少,总吸收进一步减少。显然,应通过总支出(吸收)的减少来改善贬值国的贸易收支状况。

2. 收入再分配效应

在本币汇率贬值并导致物价上涨后,人们工资的调整一般是相对滞后的。于是,物价上涨使收入发生再分配效果,即收入由工资收入者(即固定收入者)转向利润收入者(即弹性收入者)。因弹性收入者的边际消费倾向相对较低,所以再分配效应使总消费支出(吸收)减少;若弹性收入者将其所增加的收入用以增加投资,则总支出(吸收)也随之增加。显然,总支出(吸收)是否增加以及贸易收支是否会得到改善,取决于实际消费支出变动与投资支出变动的相对变动。

3. 货币幻觉效应

本币汇率贬值使物价上涨后,若货币收入与价格上涨成同比例,则实际收入会保持不变。此时,若人们存在对物价的货币幻觉,则会减少消费,于是总支出(吸收)会随之减少,货币幻觉效应使贸易收支得以改善。若人们存在对工资的货币幻觉,则会因此增加消费,总支出(吸收)便会增加。

4. 税收效应

本币汇率贬值引起物价上涨后,由于货币收入最终增加,人们的所得税也将随之增加,于是,政府的收入也相应增加。因为政府的边际支出倾向与私人的边际支出倾向相比通常较小,所以,实际总支出将减少,进而改善贸易收支状况。

5. 预期效应

本币汇率贬值使物价上涨后,若人们预期物价将进一步上涨,则会增加目前的支出,使总吸收增加,进而使贸易收支恶化。不过,物价上涨也会抑制人们的支出,使总吸收减少,贸易收支改善。

总之,无论是支出(吸收)不变而增加总收入,还是减少资源投入、减少吸收消耗而维持原有的产量,都可改善国际收支。

(三)对吸收分析法的评判

1. 吸收分析法的优点

吸收分析法比以前的各种国际收支调节理论前进了一大步,主要表现在:第一,它将国际收支调节理论与国内宏观经济调节联系起来,建立在整体均衡的基础上,克服了弹性理论局限于局部均衡分析的缺陷。如果一国的总需求超过总供给,即总吸收超过总收入,要同时达到内部平衡和外部均衡这两个目标,就必须同时运用转换政策和吸收政策这两个工具,即通过紧缩性货币政策和财政政策来减少对贸易商品的过度需求，调整国际收支逆差。第二，该理论还强调贸易乘数（新增国民收入与新增出口额之比）的作用，认为增加一单位出口可以使国民收入增加若干单位，或成倍增长。通过倍数作用，扩大出口可以增加国民收入，进而提高国内消费和国外的总进口，而由于进口增加量小于出口增加量（即边际吸收倾向小于 1），国际收支逆差将逐步减少。第三，该理论具有强烈的政策配合含义。它认为，贬值要通过货币政策和财政政策的配合来抑制国内需求，将资源从国内吸收中解放出来转向出口部门，才能有效地改善国际收支，保持内部和外部的均衡。

2. 吸收分析法的局限性

由于吸收分析法是一种通过内部均衡达到外部均衡的国际收支调节理论，因此，其主要缺陷是在国际收支平衡表中只注意贸易收支而忽视国际资本流动；过分强调需求管理和限制国内吸收量，从而影响国内经济增长。

四、国际收支的货币分析法

货币分析法（Monetary Approach）是随着货币主义的兴起而出现的，主要代表人物是蒙代尔（R. A. Mundell）、约翰逊（H. G. Johnson）和弗兰克尔（J. Frenkel）。货币分析法秉承了货币学派的基本观点，将国际收支视为一种货币现象，它是封闭经济条件下的货币主义原理在开放经济中的拓展。

（一）货币分析法的主要思想

该理论认为，一国的国际收支不平衡是由国内货币供给和货币需求失调引起的，同时，国际收支不平衡也会直接引起国内货币供给量的变动。所以，货币分析法强调货币政策的运用。只要保证货币供给的增加与国民收入的实际增长相一致，就可保持国际收支的平衡和稳定。

货币分析法的基本假设有五个方面：第一，经济处于长期充分就业均衡状态；第二，货币需求是国民收入的稳定函数；第三，货币供给的变化不影响国民收入实物量；第四，分析对象为开放的小国经济；第五，因外汇储备水平变动导致的货币供给变化不是通过货币当局运用公开市场业务等手段抵消的。

货币分析法的基本观点可表示为：

$$M_s = M_d$$

其中，M_s表示名义货币的供给量，M_d表示名义货币的需求量。从长期看，可以假设货币供给等于货币需求。

货币需求表示为：

$$M_d = pf(y, i)$$

其中，p 为本国价格水平，f 为函数关系，y 为国民收入，i 为利率（即持有货币的机会成本）。$pf(y, i)$表示对名义货币的需求，$f(y, i)$表示对实际货币存量（余额）的需求。

货币供给表示为：

$$M_s = m(D+R)$$

其中，D 指国内提供的货币供应基数，即中央银行的国内信贷或支持货币供给的国内资产；R 是来自国外的货币供应基数，它通过国际收支顺差获得，以国际储备作为代表；m 为货币乘数,即银行体系通过辗转存贷创造货币,从而使货币供应基数多倍扩大的系数。

研究目的的不同,M_s就有不同的定义和范围,从而使M具有不同的对应值。但为了叙述简便,假设$m=1$,则$M_s=D+R$,$M_d=D+R$,从而得出货币分析法的最基本等式为:

$$\boldsymbol{R=M_d-D}$$

货币分析法的最基本等式有三种含义:第一,国际收支是一种货币现象。第二,国际收支逆差实际上就是一国国内的名义货币供应量超过了名义货币需求量。因为货币供应不影响实物产量,所以,在价格不变的情况下,多余的货币就要寻找出路。对个人和企业来说,就会增加货币支出,以重新调整其实际货币余额;对整个国家而言,实际货币余额的调整就表现为货币外流,即国际收支逆差。相反,如果一国国内名义货币供应量小于名义货币需求量,则在价格不变的情况下,货币供应的缺口就要寻找弥补。对个人和企业来说,就要减少货币支出,以将实际货币余额维持在所希望的水平上;对整个国家而言,减少支出,维持实际货币余额的过程就表现为货币内流,即国际收支顺差。第三,国际收支调整反映的是实际货币余额(货币存量)对名义货币供应量的调整过程。当国内名义货币供应量与实际经济变量(国民收入、产量等)所决定的实际货币余额需求相一致时,国际收支便处于平衡状态。

(二) 对货币分析法的评判

1. 货币分析法的优点

货币分析法的一个重要贡献就是从开放经济的角度把货币供应来源划分为国内和国外两部分。货币分析法的基本原理后来成为汇率决定的货币供应说的基础。该理论在考察贬值对国际收支的影响时,假设“一价定律”成立,于是其最基本的等式可被改写为:

$$\boldsymbol{M_d=EPf(y,\ i)}$$

其中,E为(直接标价法下)本币衡量的外币价格,P为国外价格水平。当本国货币贬值时,E值上升,于是,随着国内价格$p=EP$的上涨,M也相应上升,国际收支逆差减少或出现顺差。显然,贬值引起本国国内价格上涨,实际货币余额减少,对经济具有紧缩作用。所以,一国要想通过采用货币贬值来改善国际收支,就必须在贬值时不增加国内名义货币供应。在等式$R=M_d-D$中,如果D与M_d同时增加,并且D的增加等于甚至大于M_d的增加,那么,贬值不仅不能改善国际收支,而且可能使国际收支进一步恶化。

货币分析法的政策含义主要有四个方面:第一,从本质上讲,国际收支失衡是一种货币现象。如果一国不是严重依赖通货膨胀式的货币供给增长来为政府支出融资,该国就不会出现长期国际收支逆差。第二,国际收支失衡可以通过采用国内货币政策来调整。第三,只要国民收入增加所引起的货币需求变动不被国内信用的扩张所抵消,国民收入的增加就会通过货币需求的增加而改善国际收支。第四,如果“一价定律”成立,则中央银行就必须在汇率稳定与本国价格稳定之间做出政策选择。

总之,货币分析法对国际收支的研究不是局限于贸易收支,而是将经常账户与资本账户结合起来,侧重于分析国际收支的总差额。其主要贡献在于强调国际收支顺差或逆差将会引起货币存量的变化,从而影响一国的经济活动。

2. 货币分析法的缺陷

虽然该理论是一种创新,但仍然存在重大缺陷:第一,它颠倒了国际经济关系,认为调节性交易会影响自主性交易。第二,它假设商品价格对国际收支不起调节作用,这不符合事实。

因为通过本币贬值来推动商品出口是经常运用的方法。第三,该理论认为市场上存在全面的“商品套购”,这也不符合事实。第四,在管理浮动汇率制度下讨论国际收支的自我调节机制,只是一种幻想。

第五节 中国的国际收支

一、中国国际收支的发展历程

目前,中国的国际收支统计采用的是国际货币基金组织《国际收支手册(第五版)》的概念和标准分类,其间的发展可以划分为以下四个阶段:

第一阶段:1980 年以前,中国仅有外汇收支统计,其中主要项目是进出口贸易以及非贸易。由于当时实行的是“以收定支、收支平衡、略有节余”的方针,外汇收支和外汇储备的规模都很小。

第二阶段:1980～1984 年,国际收支统计制度的初步建立。在这一期间,有两个原因促使国家宏观决策当局开始重视国际收支问题:(1) 恢复了在国际货币基金组织和世界银行的合法地位,根据国际货币基金组织和世界银行有关条款规定,其成员国有义务向基金报送数据;同时,提供资料是从国际金融组织取得优惠贷款的必要前提。(2) 1979 年以后,大量引进技术设备造成外汇收支逆差,给宏观经济平衡带来了困难。

1980 年,由当时的国家进出口管理委员会提出应着手制定国际收支编制计划,以国家统计局为主草拟了中国国际收支制度,并会同有关部门对该制度进行修改和完善。1980 年,国家外汇管理总局和中国银行总行试编制了国际收支平衡表。

1981 年,国家进出口管理委员会、国家统计局、国家外汇管理总局和中国银行总行在“国家外汇收支报表”的基础上,制定了国际收支统计制度。

第三阶段:1984～1995 年,国际收支统计制度不断改进。1984 年 11 月,由国家统计局与国家外汇管理局对原有的国际收支统计制度进行了修改。所采用的标准为国际货币基金组织《国际收支手册(第四版)》。1985 年 9 月,正式对外公布了中国国际收支概览表,并自 1988 年开始,每年公布上一年的国际收支平衡表。

第四阶段:1996 年至今。中国人民银行于 1995 年 8 月正式颁布了《国际收支统计申报办法》。该办法是根据 1993 年 12 月《国务院关于进一步改革外汇管理体制的通知》的要求制定的。经过近两年的起草、论证和修改,于 1995 年 8 月 30 日经国务院批准,自 1996 年 1 月 1 日起施行。

1997 年中国国际收支平衡表按照《国际收支手册(第五版)》的原则进行编制公布。1998 年开始按季度编制国际收支平衡表,供内部参考及与国际货币基金组织磋商使用。

自 2009 年起,按照国际惯例,国际收支平衡表中外汇储备资产数据只记录交易变动,因汇率、价格等非交易因素引起的储备资产价值变动将通过国际投资头寸表反映。

2013 年 12 月,国家外汇管理局发布《对外金融资产负债及交易统计制度》(汇发〔2013〕43 号),采用最新国际统计标准,全面修订 1996 年发布的《金融机构对境外资产负债及损益申报业务操作规程》。《对外金融资产负债及交易统计制度》自 2014 年 9 月 1 日起正式施行。

《对外金融资产负债及交易统计制度》在申报主体、申报内容和申报频度等方面做了大幅改进,主要包括:一是申报主体涵盖境内银行业、证券业、保险业和其他从事金融中介业务的机构法人、境外金融机构境内主报告分支机构和其他指定机构。二是申报内容从以往仅涵盖对外金融资产和负债存量扩展为全面涵盖对外金融资产和负债存量及流量,并涵盖其他相关国际收支交易。三是申报频度从季度提高至月度。

《对外金融资产负债及交易统计制度》的实施既有负债的统计又有资产的统计,同时区分了交易变化与货币折算等非交易变化,这有助于减少非交易因素对统计质量的影响;该制度中新增加的银行卡境外刷卡消费统计,旨在改进中国的旅游支出统计等。该制度的实施不仅使中国在数据采集方面达到国际货币基金组织《国际收支和国际投资头寸手册》最新统计要求,也兼顾跨境资金流动统计监测需求,为下一步涉外经济主体监管和风险监控奠定基础,有利于满足国内外日益增长的宏观经济分析决策需求。

二、中国国际收支统计的数据收集框架

(一) 1996年颁布的《国际收支统计申报办法》

自1996年开始,中国依据《国际收支统计申报办法》陆续推出了一系列新的国际收支统计申报制度,建立了一套较为完整、系统的数据收集体系。至此,中国的国际收支统计数据收集框架包括以下内容:

(1) 通过金融机构进行的逐笔间接申报。当居民通过境内金融机构进行收付汇时,需向国际收支统计部门申报每一笔与非居民发生交易的内容。国际收支统计部门将申报信息进行汇总用于编制国际收支平衡表。

(2) 金融机构汇兑统计。除代客进行逐笔间接申报外,金融机构还单独汇总统计通过其进行的金额较小、频繁发生的现金、旅行支票及信用卡的兑换数据,作为国际收支统计数据的补充。

(3) 金融机构对境外资产负债及损益申报。金融机构除代客户进行国际收支交易申报外,作为特殊的企业,应向国际收支统计部门直接申报其自身的资产负债及损益变化情况。

(4) 直接投资企业的直接申报统计。由于直接投资企业存在大量的关联交易及内部交易,因此,对直接投资企业的经营状况设计了单独的统计制度,即中国境内外商投资企业以及对境外有直接投资企业的企业,需直接向国际收支统计部门申报其投资者权益、直接投资者与直接投资企业间的债权债务状况以及分红派息情况。

(5) 证券投资统计,具体包括两方面的内容:一是中国境内的证券交易所及其机构须向国际收支部门申报居民与非居民之间发生的证券交易以及相应的分红派息情况;二是中国在境外上市公司须直接申报有关其证券的交易情况和分红派息情况。

(6) 境外账户统计。中国居民在境外开立账户,须直接向国际收支统计部门申报其账户变动及余额情况。

(二) 2013年修订的《国际收支统计申报办法》

2013年11月,国务院第642号令公布《国务院关于修改〈国际收支统计申报办法〉的决定》,该修改决定自2014年1月1日起施行。

此次修改突出了五大特点:第一,与时俱进,按照国际收支统计的最新国际标准全面修订

统计申报范围和对象等内容；第二，突出重点，对国际收支存量统计、非中国居民申报义务等重点内容进行了修订；第三，查漏补缺，对原《国际收支统计申报办法》中缺失的统计内容以及中国国际收支统计的薄弱环节进行补充，增加了存量统计和非中国居民、中国居民个人等申报主体的义务；第四，优化渠道，明确了各类登记结算、托管等能够更加方便和准确地提供证券投资数据的服务机构的报送义务，减轻申报主体负担，提高数据报送效率和数据准确程度；第五，明晰权责，修订明确了申报主体和统计人员的统计义务及违反规定的罚则要求。

修改后的《国际收支统计申报办法》可以满足当前和未来一段时间内中国国际收支统计和监测的需要。修改的内容主要涉及六个方面：

第一，明确规定统计范围扩大至“中国居民对外金融资产、负债”。

以前，中国及其他国家对本国的跨境资金流动规模十分关注，而对本国对外资产负债的存量规模重视不够。近20年来国际上已发生的金融危机教训表明，各国有必要充分地掌握其自身对外资产负债“家底”，从而有利于其制定科学的宏观经济政策，在日常监管及出现危机苗头时做出准确的决策。国际货币基金组织于2008年发布的《国际收支手册》第六版特别强调了关于对外资产负债存量的统计要求，本次《国际收支统计申报办法》修订与此相适应，也在国际收支统计范围方面特别强调了包括中国居民对外金融资产、负债状况存量统计。至此，中国的国际收支统计申报范围扩大到不仅包括中国居民与非中国居民之间发生的一切经济交易，而且包括中国居民对外金融资产、负债状况。

第二，申报主体由中国居民扩大至非中国居民，可以更全面准确地掌握有关国际收支交易，尤其是发生在中国境内的与非中国居民的国际收支交易。

《国际收支手册(第六版)》不仅规定了对居民国际收支信息的统计要求，而且规定了对非居民的统计要求。《国际收支统计申报办法》修订前，只规定了中国居民负有申报义务，而随着中国涉外经济交往的扩大，非居民通过境内金融机构办理涉外交易的规模增长较快。为全面了解中国国际收支状况，修订后的《国际收支统计申报办法》将在中国境内发生经济交易的非中国居民也纳入申报主体范围，明确中国居民和在中国境内发生经济交易的非中国居民均有义务申报国际收支信息。

需要强调的是，只有“在中国境内发生经济交易的非中国居民”才需要履行申报义务，如果非中国居民在中国境内没有发生经济交易，或者在境外发生经济交易，则不需要申报。对于中国居民与非中国居民之间发生的经济交易，主要由中国居民进行申报，对不能满足国际收支统计需要或者确实无法通过中国居民申报采集的数据，才由非中国居民申报，国家外汇管理局将根据实际情况具体规定非中国居民申报的时点、环节和渠道。此外，《国际收支统计申报办法》中的“居民”是统计意义上的居民，包括机构和个人。

第三，根据电子银行、国际银行卡以及证券市场的管理和发展情况，增加对提供登记结算、托管等服务的机构的申报要求。

以前，中国的国际收支统计申报主要强调交易的直接参与者进行申报。随着涉外交易类型和交易方式的日益多样化，跨境证券投资、金融衍生品、银行卡等新产品和新业务不断涌现。由于涉及的申报主体众多，从数据采集的便利性和准确性角度考虑，通过提供登记结算、托管等服务的中介机构采集数据，可以减轻申报主体报送负担，节省社会成本。原《国际收支统计申报办法》仅明确了交易的直接参与者和证券登记机构的申报义务，本次修改将范围扩大至“提供登记结算、托管等服务的机构”。

第四，增加对拥有对外金融资产、负债的中国居民个人的申报义务。

随着中国对外开放的扩大,中国居民个人的对外金融资产、负债存量也在不断增加,但这类数据无法完全通过金融机构采集,为保证国际收支统计数据的完整性,需要纳入统计监测范围。《国际收支统计申报办法》规定,"拥有对外金融资产、负债的中国居民个人,应当按照国家外汇管理局的规定申报其对外金融资产、负债的有关状况"。相比原《国际收支统计申报办法》,此为新增条款。国家外汇管理局将结合实际情况出台个人申报对外资产、负债的细则。

第五,根据对申报主体的修改情况,增加了对这些申报主体的保密义务。

为消除申报主体对数据泄漏的顾虑,便于申报主体更好地履行申报义务,原《国际收支统计申报办法》规定国际收支统计人员对申报者申报的数据负有保密义务。本次修订,从数据采集的全流程角度再次强调对申报数据的保密义务,规定银行、交易商以及提供登记结算、托管等服务的机构应当对其在办理业务过程中知悉的申报者申报的具体数据严格保密。

第六,删除原《国际收支统计申报办法》中的有关罚则,明确规定根据《中华人民共和国外汇管理条例》的要求进行处罚。

不仅违反外汇业务管理规定要被处罚,违反国际收支统计规定也将被处罚。

2016 年,对外金融资产负债及交易统计的申报主体扩展到全面覆盖中国境外上市的所有企业,同时新开展了旅行收支现钞使用比例等调查。国家外汇管理局始终在不断地持续提高与中国国际收支相关的数据质量和透明度。

总之,中国的国际收支统计体系与国际接轨程度越来越高。在设计新的国际收支统计体系之前,中国的国际收支统计人员对世界各国的统计体系进行了全面考察和研究,并结合中国实际经济发展水平和国际货币基金组织最新要求,设计了中国现行的国际收支统计体系。在新的统计体系中采用的统计方法与发达国家(如德国、荷兰和法国等欧洲国家)采用的方法基本一致。这些国家现行的国际收支统计方法历经几十年的发展,在各方面已趋于成熟。中国的国际收支统计体系就是在这些国家的统计体系的基础上开发建立的,因此,起点较高,保证了中国统计数据的国际可比性。

三、中国国际收支中的热钱和资本外逃

(一) 热钱的界定

1994～2013 年,随着中国国际收支顺差持续增加,外汇储备不断增多,人民币汇率升值压力增加,结果是,外国热钱(Hot Money)持续涌入中国。关于如何界定热钱,国家外汇管理局于 2015 年 9 月在分析 2015 年第二季度中国国际收支状况时给出了相应的解释。

(二) 资本外逃

随着中国国际收支顺差的持续增加,到 2014 年 6 月底,外汇储备达到历史峰值 3.99 万亿美元。之后,外汇储备减少,人民币汇率出现贬值压力。与之前热钱纷纷涌入中国不同的是,中国开始出现资本外逃,并且随着比特币在国际市场上交易的活跃,中国资本外逃也发生了新的变化。此外,中国第三方支付平台近年来发展迅速,截止到 2017 年 2 月,支付宝已经登陆海外 70 多个国家和地区。截止到 2017 年 4 月底,微信支付已经登陆 12 个国家和地区,并支持 11 个币种进行支付结算,这些新现象都给中央银行和国家外汇管理局对资本外逃的监管带来了新的挑战。

专栏 1-1 国家外汇管理局对热钱的界定

热钱又称游资，或称投机性短期资金，通常对热钱的粗略算法是“增加的储备资产—货物贸易顺差—直接投资顺差”。从国际收支平衡表复式记账的角度看，这相当于“服务贸易＋收入＋资本项目＋除直接投资外的金融项目＋净误差与遗漏”。之所以采用这种粗略算法，是因为“增加的储备资产”“货物贸易顺差”和“直接投资顺差”均为较易获得的月度数据，而国际收支平衡表为季度数据，频度较低。但粗略算法包含了大量不应归入热钱的部分，如服务贸易、收入、资本项目，以及金融项下的贷款、保险、应收账款等。对此，基于每季度公布国际收支平衡表，可构建三个维度的热钱指标，对月度的粗略算法进行修正。

第一层是可观测的国外热钱。其口径为“货币与存款负债项＋证券投资负债项＋其他股权投资负债项＋衍生品投资负债项”，其表示的是国外通过有记录的合法途径流入中国，并投资于流动性较好的金融产品的资金，减少表示国外热钱净流出，增加为净流入。

第二层是可观测的国内外热钱，由第一层可观测的国外热钱加上可观测的国内热钱组成。国内热钱的口径为“货币与存款资产项＋证券投资资产项＋其他股权投资资产项＋衍生品投资资产项”，即中国通过有记录的合法途径流出国外，投资于流动性较好国外产品的资金，增加表示国内热钱净流出，减少为净流入。

第三层是整体热钱口径，即“可观测的国内外热钱＋不可观测的热钱”。目前，不可观测的热钱可由国际收支平衡表中的“净误差与遗漏项”进行估算。事实上，“净误差与遗漏项”除了不可观测的热钱外，还包括统计口径的误差以及虚假贸易，其统计误差较小，而虚假贸易产生的目的大多是为了热钱进出。第三层热钱的口径，大致相当于粗略算法口径减去服务贸易、收入、资本项目，以及金融项下的贷款、保险、应收账款等不应归入热钱的项目，这是对热钱的一个较合理的估计。

专栏 1-2 比特币与资本外逃

比特币诞生于 2008 年，是一种利用区块链技术推出的全球通用的加密数字货币。

根据设计者中本聪构建的模型，比特币最终的发行总量为 2 100 万个，并在未来 30 年内由电脑算力逐步“挖出”。2013 年 12 月 5 日，央行、工信部、银监会、证监会和保监会联合印发《关于防范比特币风险的通知》，明确了比特币的性质，称比特币不是由货币当局发行，不具有法偿性与强制性等货币属性，不是真正意义的货币，同时，禁止金融机构提供比特币交易服务。

2016 年 11 月，由于市场上预期美联储会加息，于是，在国内的比特币交易平台上敲击键盘，短短几分钟内，就能把账户内的人民币转移到地球的另一端，最终以美元形式提取至银行卡。这种场景中的资金转移并不是通过银行客户端，而是借用了比特币，具体路径是，从国内交易平台买入比特币→提取比特币→转移到国外交易平台→卖出比特币→提现至银行卡。通过这一路径，普通人的资金可以毫无限制地跨境往来。比特币可以便捷、自由地兑换成各国的法定货币。同时，中国中央银行视比特币为商品，而非货币，其商品属性可以避开目前人民币在资本账户下的管制。

2017 年初，中国中央银行对各大比特币交易平台进行约谈和现场检查后发现，不少平台违规开展融资融币业务，导致比特币市场异常波动。为撇清责任，国内交易平台都推出相应的风控措施，防止不法分子通过该途径“洗钱”，主要手段有两个：一是采取交易实名制，每笔交易要留下真实身份信息；二是要保证购买比特币的资金来源合规合法。

2017 年 9 月，中国中央银行全面封杀在中国的比特币交易平台。

截至 2017 年 6 月，已经承认比特币合法地位的国家有多个。德国是世界上首个承认比特币合法地位的国家，并已纳入国家监管体系。2013 年 12 月，世界上首个比特币 ATM 机在加拿大温哥华投入使用。日本央行于 2017 年 4 月正式承认比特比可用作支付货币；澳大利亚央行允许比特币自 2017 年 7 月起作为合法货币使用。美国移民服务处已考虑使用比特币支付签证费用。

本章小结

国际收支概念有狭义和广义之分。国际货币基金组织根据广义的国际收支概念，对国际收支下的定义是：在一定时期内，一个经济体的居民与非居民所进行的全部经济交易的系统记录和综合。国际收支是一个流量概念。

根据《国际收支手册(第五版)》，国际收支平衡表分为经常账户、资本和金融账户。国际收支平衡表的记账原理是复式簿记原理。

国际收支平衡表上的各种外汇交易按其性质分为自主性交易和调节性交易。

按照国际货币基金组织的做法及人们的传统习惯，可按以下四个口径来描述理论上的自主性交易平衡状况：贸易收支差额、经常账户差额、资本和金融账户差额以及总差额。

自从实行纸币制度以来，产生国际收支不平衡的主要原因有：经济循环周期、国民收入、货币价值和经济结构。国际收支不平衡的性质有两种，即暂时性不平衡和根本性不平衡。

金本位制度下国际收支的自动调节机制为物价与现金流动机制。

纸币制度下实行固定汇率时国际收支的自动调节机制分为：利率机制、收入机制和价格机制。调节国际收支的政策手段有：需求调节政策、供给调节政策和资金融通政策。

选择国际收支调节政策的同时将内部均衡和外部均衡考虑在内，丁伯根原则和斯旺政策搭配模式以及蒙代尔的政策搭配理论最具有代表性。

主要国际收支理论有弹性分析法、乘数分析法、吸收分析法和货币分析法。

中国国际收支的发展历程大致分为四个阶段。

中国国际收支统计的数据收集框架是：通过金融机构进行逐笔间接申报；金融机构汇兑统计；金融机构对境外资产、负债及损益申报；直接投资企业的直接申报统计；证券投资统计和境外账户统计。

中国国际收支统计体系的特点是：主要实行交易主体申报制；统计体系独立完整；与国际接轨程度高。

自2009年起，国家外汇管理局按照国际惯例，国际收支平衡表中外汇储备资产数据只记录交易变动，因汇率、价格等非交易因素引起的储备资产价值变动则通过国际投资头寸表反映。

中国于1996年出台的《国际收支统计申报办法》，于2013年根据国际货币基金组织制定的《国际收支手册(第六版)》修订后日臻完善。中国国际收支统计体系与国际接轨程度越来越高。

随着国际和国内金融形势的变化，国家外汇管理局对热钱的界定有三种维度，而比特币的问世以及第三方支付平台登陆海外，给中央银行和外汇管理局对资本外逃的监管带来了新的挑战。

思考题

1. 名词解释：

国际收支　贸易收支　经常账户　资本账户　金融账户　自主性交易　调节性交易　丁伯根原则　斯旺政策搭配模式　米德冲突　蒙代尔的政策搭配理论　支出变动政策　支出转换政策　马歇尔—勒纳条件　暂时性不平衡　根本性不平衡　J形曲线效应　循环性不平衡　收入性不平衡　货币性不平衡　结构性不平衡　弹性分析法　乘数分析法　货币分析法　吸收分析法

2. 国际金本位制度下，国际收支自动调节机制是怎样的？

3. 纸币制度下实行固定汇率制度时，国际收支的自动调节机制是怎样的？

4. 在开放经济条件下，调整国际收支的政策工具通常有哪些？

5. 请分别阐述弹性分析法、乘数分析法、货币分析法和吸收分析法的前提条件、主要观点和缺陷。

6. 请对过去10年内美国国际收支状况进行分析，并将美国国际收支与这段期限内的美元汇率、美国利率和世界经济状况联系起来分析，你得到的结论是怎样的？为什么？

7. 请利用国家外汇管理局网站(http://www.safe.gov.cn)提供的统计数据，对1980～1994年、1994～2013年以及2013～2016年三个时期内中国的国际收支状况进行分析，并将国际收支状况与贸易差额和人民币汇率水平联系起来分析，你得到什么结论？为什么？

8. 请评述比特币对中国资本外逃产生的影响。

9. 请评述第三方支付平台登陆海外给中央银行和外汇管理局对资本外逃的监管带来的挑战。

附录1 中国国际收支平衡表指标说明[①]

一、编制原则

第一,中国国际收支平衡表按国际货币基金组织《国际收支手册(第五版)》规定的各项原则编制,采用复式簿记原理记录国际经济交易。所有交易均发生在中国大陆居民与非中国大陆居民之间。

第二,国际收支平衡表中的贷方项目是:货物和服务的出口、收益收入、接受的货物和资金的无偿援助、金融负债的增加和金融资产的减少。

第三,国际收支平衡表中的借方项目是:货物和服务的进口、收益支出、对外提供的货物和资金无偿援助、金融资产的增加和金融负债的减少。

二、项目含义

(一)经常账户

1. 货物和服务

(1) 货物,指通过中国海关的进出口货物,以海关进出口统计资料为基础,根据国际收支统计口径要求,出口、进口都以商品所有权变化为原则进行调整,均采用离岸价格计价,即海关统计的到岸价进口额减去运输和保险费用统计为国际收支口径的进口,出口沿用海关的统计。对商品退货也在此项目中进行了调整。出口记在贷方,进口记在借方。

(2) 服务,包括运输、旅游、通信、建筑、保险、金融服务、计算机和信息服务、专有权使用费和特许费、各种商业服务、个人文化娱乐服务以及政府服务等。贷方表示收入,借方表示支出。

① 运输,指与运输有关的服务收支,包括海、陆、空运输,太空和管道运输等。

② 旅游,指对在中国境内停留不足一年的外国旅游者和港澳台同胞(包括因公、因私)提供货物和服务获得的收入以及中国居民出国旅行(因公、因私)的支出。

③ 通信服务,包括电信,指电话、电传、电报、电缆、广播、卫星、电子邮件等,邮政和邮递服务。

④ 建筑服务,指中国企业在经济领土之外完成的建筑、安装项目,以及非居民企业在中国经济领土之内完成的建筑、安装项目。

⑤ 保险服务,包括各种保险服务的收支,以及与保险交易有关的代理商的佣金。

⑥ 金融服务,包括金融中介和辅助服务收支。

⑦ 计算机和信息服务,包括计算机数据和与信息、新闻有关的服务交易收支。

⑧ 专有权使用费和特许费,包括使用无形资产的专有权、特许权等发生的收支。

⑨ 咨询,包括法律、会计、管理、技术等方面的咨询服务收支。

⑩ 广告、宣传,包括广告设计、创作和推销,媒介版面推销,在国外推销产品,市场调研等

① 资料来源:国家外汇管理局网站,http://www.safe.gov.cn。

的收支。

⑪ 电影、音像,包括电影、电视节目和音乐录制品的服务以及有关租用费用收支。

⑫ 其他商业服务,指以上未提及的各类服务交易的收支,驻华机构办公经费(不含使领馆)也在此项下。

⑬ 别处未提及的政府服务,指在前面分类没有包括的各种政府服务交易,包括大使馆等国家政府机构的所有涉外交易。

2. 初次收入

初次收入主要包括劳务收入和投资收入。该项目下的职工报酬是指中国个人在国外工作(一年以下)而得到并汇回的收入以及中国支付在华外籍员工(一年以下)的工资福利;投资收入包括直接投资项下的利润利息收支、再投资收益、证券投资收益(股息、利息等)和其他投资收益(利息)。

3. 二次收入

二次收入主要是经常转移,即侨汇、无偿捐赠和赔偿等项目,包括货物和资金形式。贷方表示外国对中国提供的无偿转移,借方反映中国对外国的无偿转移。

这里的各级政府是指国外的捐赠者或受援者为国际组织和政府部门;其他部门是指国外的捐赠者或受援者为国际组织和政府部门以外的其他部门或个人。

(二)资本和金融账户

1. 资本账户

资本账户包括资本转移如债务减免、移民转移等内容。

2. 金融账户

金融账户包括中国对外资产和负债的所有权变动的所有交易。按投资方式分为直接投资、证券投资和其他投资;按资金流向构成的债权债务分为资产、负债,其中直接投资又分为外国在华直接投资(视同负债)和中国在外直接投资(视同资产)。

(1) 直接投资:以投资者寻求在本国以外运行企业获取有效发言权为目的的投资,包括外国在华直接投资和中国在外直接投资两部分。

① 中国在外直接投资:借方表示中国对外直接投资汇出的资本金、母子公司资金往来的国内资金流出;贷方表示中国撤资和清算以及母子公司资金往来的外部资金流入。

② 外国在华直接投资:贷方表示外国投资者在中国设立外商投资企业的投资,包括股本金、收益再投资和其他资本;借方表示外商企业的撤资和清算资金汇出中国。

(2) 证券投资:包括股本证券和债务证券两类证券投资形式。

① 资产:借方表示中国持有的非居民证券资产增加,贷方表示中国持有的非居民证券资产减少。

A. 股本证券:包括以股票为主要形式的证券。

B. 债务证券:包括中长期债券和一年期(含一年)以下的短期债券和货币市场有价证券,如短期国库券、商业票据、短期可转让大额存单等。

② 负债:贷方表示当期中国发行的股票和债券筹资额,借方表示当期股票的收回和债券的还本。

A. 股本证券:包括中国发行、非居民购买的境内外上市外资股。

B. 债务证券:包括中国发行的中长期债券和短期商业票据等。

(3) 其他投资：除直接投资和证券投资外的所有金融交易，分为贸易信贷、贷款、货币和存款及其他资产负债四类形式。其中，长期指合同期为一年以上的金融交易，短期为一年及以下的金融交易。

① 资产：借方表示资产增加，贷方表示资产减少。

A. 贸易信贷：借方表示中国出口商对国外进口商提供的延期收款额，以及中国进口商支付的预付货款；贷方表示中国出口延期收款的收回。

B. 贷款：借方表示中国金融机构以贷款和拆放等形式的对外资产增加，贷方表示减少。

C. 货币和存款：包括中国金融机构存放境外资金和库存外汇现金的变化，借方表示增加，贷方表示减少。

D. 其他资产：包括除贸易信贷、贷款、货币和存款以外的其他资产，如租赁本金的收回及其他投资形式。

② 负债：贷方表示负债增加，借方表示负债减少。

A. 贸易信贷：贷方表示中国进口商接受国外出口商提供的延期付款贸易信贷，以及中国出口商预收的货款；借方表示归还延期付款。

B. 贷款：中国机构借入的各类贷款，如外国政府贷款、国际组织贷款、国外银行贷款等。贷方表示新增额，借方表示还本金额。

C. 货币和存款：包含海外私人存款、银行短期资金及向国外出口商和私人借款等短期资金。贷方表示新增额，借方表示偿还额或流出额。

D. 其他负债：其他类型的外债。

(三) 储备资产

储备资产是指中国中央银行拥有的对外资产，包括外汇、货币黄金、特别提款权、在基金组织的储备头寸。

货币黄金，指中国中央银行作为储备持有的黄金。

特别提款权，是国际货币基金组织对会员国根据其份额分配的，可用以归还国际货币基金组织和会员国政府之间偿付国际收支赤字的一种账面资产。

在基金组织的储备头寸，指在国际货币基金组织普通项目中会员国可自由提取使用的资产。

外汇，指中国中央银行持有的可用作国际清偿的流动性资产和债权。

(四) 净误差与遗漏

平衡表采用复式记账法，由于统计资料来源和时点不同等原因，造成借贷不相等。如果借方总额大于贷方总额，其差额记入此项目的贷方；反之，记入借方。

附录 2 美国的国际收支账户

由于美国的国际收支账户受到世界各国的关注，因此有必要了解美国的国际收支账户的划分。

美国国际收支的主要账户如下表所示：

1. 经常账户 (1) 商品净出口/进口(贸易差额) (2) 劳务净出口/进口 (3) 净收入(直接投资和证券投资的投资收益加上雇员补偿) (4) 净转移(海外汇款、赠礼、捐赠和养老金等) 1[(1)－(4)]＝经常账户差额
2. 资本账户 与固定资产的出售和购买有关的资本转移
3. 金融账户 (1) 直接投资净额 (2) 证券投资净额 (3) 其他投资 1＋2＋3＝基本差额
4. 错误与遗漏净额 1＋2＋3＋4＝总差额
5. 储备和有关项目

第二章　外汇与汇率

- 外汇与汇率是国际金融领域的核心问题。一国经济越开放，其经济受汇率变动的影响就越大，而经济大国的货币汇率波动则对世界经济产生广泛的影响。
- 本章要点：外汇和汇率的基本概念、影响汇率的主要因素、汇率变动的经济影响、国际主要汇率理论。

第一节　外　　汇

一、外汇的概念

外汇(Foreign Exchange)是国际经济交易的重要媒介，它具有动态(Dynamic)概念和静态(Static)概念两种含义。

动态概念的外汇是指一种国际汇兑行为，即把一国货币兑换为另一国货币，借以清偿国际债权、债务关系的一种专门性经营活动。

静态概念的外汇是指一种以外币表示的支付手段，用于国际结算。国际货币基金组织曾对外汇做了如下定义："外汇是货币行政当局(中央银行、货币管理机构、外汇平准基金组织及财政部)以银行存款、国库券、长短期政府证券等形式所保有的在国际收支逆差时可以使用的债权。"由此可见，基金组织所说的"外汇"，是就外汇的静态含义而言。我们一般所说的"外汇"一词，也是指静态概念。

根据中国国家外汇管理局 2008 年 8 月修正的《中华人民共和国外汇管理条例》[①]的规定，外汇是指下列以外币表示的可以用作国际清偿的支付手段和资产：(1) 外币现钞，包括纸币、

---

① 欲查看详细内容，请登录国家外汇管理局网址，http://www.safe.gov.cn。

铸币；(2) 外币支付凭证或者支付工具，包括票据、银行存款凭证、银行卡等；(3) 外币有价证券，包括债券、股票等；(4) 特别提款权；(5) 其他外汇资产。显然，这也是外汇的静态概念。

由于外汇能够清偿国家间的债权和债务关系，因此，它与黄金成为一国国际储备的重要组成部分。而一国储备资产(Reserve Assets)充足与否，是衡量该国对外支付能力及其在国际经济中的实力和地位的重要标志。

拥有外汇就等于拥有了对外国商品和劳务的要求权，这是外汇的实质。世界各国由于其自然禀赋存在很大的差异，所处的经济发展阶段也大不相同，因此，彼此客观上在资源、技术、劳动力和产品上存在着相互需求、相互依赖的关系。而在日益开放的国际经济中，各国完全能够互通有无，取长补短，将本国充裕的物资、劳务和领先技术输出到国外，再用所得外汇进口本国稀缺但又急需的商品、劳务和技术，从而使国内的生产和消费在更高的水平上达到平衡。从这个意义上讲，外汇是本国商品、技术和劳务换来的别国的商品、技术和劳务，能满足一国社会和经济发展的多种需要。

二、外汇的特征

(一) 外汇是以外币表示的、可用于对外支付的金融资产

所谓资产，是具有货币价值的财务或权利，或者说是用货币表现的经济资源。资产可以是实物资产，也可以是金融资产；可以是有形的，也可以是无形的。外汇属于金融资产，或表现为外币现金、外币支付凭证，或表现为外币有价证券。但是，任何以外币计值的实物资产和无形资产都不构成外汇。外汇还必须能够对外支付，即它所代表的资金在转移时不应受到限制或阻碍。

(二) 外汇具有可靠的物质偿付保证，并能为各国所普遍接受

如果一国货币能普遍地被其他国家接受为外汇，这实际上反映了该国具有相当规模的生产能力和出口能力，或者，该国丰富的自然资源正是其他国家所缺乏的，其货币的物质偿付便会因此而得到充分保证；反之，如果一国的经济规模小而且是低效率的，自然资源贫乏，其出口产品在国际市场上又缺乏竞争力，那么，该国货币被其他国家接受为“外汇”的范围就会极为有限，因为后者不愿以其实际资源和物资来换取缺乏充分物质偿付保证的一纸“价值符号”。

(三) 外汇具有充分的可兑换性

外汇能够自由地兑换成其他国家的货币或购买其他信用工具以进行多边支付。由于各国(或地区)货币制度不同，外汇管制宽严程度不同，一国货币一般不能在另一国流通。为了清偿由于对外经济贸易而产生的债权、债务关系，为了在国与国之间进行某种形式的单方面转移，被普遍接受为外汇的货币必须是能够不受限制地按一定比例兑换成别的国家的货币及其他形式的支付手段，否则，要实行在不同货币制度国家或地区间的收付是不可能的。当然，一国货币是否具有充分的可兑换性(Convertibility)，与该货币发行国的经济实力密切相关。归根结底，它取决于该国出口能力的大小及进出口贸易的自由程度。如果一国的出口商品(包括劳务和技术)具有较强的竞争力，进口也不受限制且颇具规模，那么，一般而言，该国货币与外国货币之间就能进行自由兑换，进而该国居民能自由地通过商品交换或货币兑换取得对外国商品、劳务或技术的购买力。因此，外汇的可兑换性，从表面上看似乎只是该国货币与别国货币的兑

换问题,但实际上,它所反映的却是国与国之间货物(包括劳务)的交换问题。

由于各国经济所处的发展阶段不同,国际收支状况也不同,因此,各国货币在兑换性方面差异很大。国际货币基金组织根据各国(或地区)政府所实施的外汇管制的宽严程度,对货币的兑换性大体做如下三种分类:

一是可自由兑换货币(Convertible Currency),指对国际收支的经常账户不加以任何限制,不采取差别性的多种汇率,应另一成员国的要求,随时履行换回对方在经常账户往来能够积累起来的本国货币的义务。在国际外汇交易中有 50 多个国家或地区的货币被认为是可以自由兑换货币,但在国际结算中只有十几种货币被认为是自由兑换货币。

二是有限度的可兑换货币(Currency with Limited Convertibility),指凡是对经常账户不加以限制但对资本和金融账户加以限制的货币,又称有限度自由兑换货币。这类货币在有限的范围内具有外汇的意义。

三是不可兑换的货币(Inconvertible Currency)。当一国对各国间经常账户与资本和金融账户都加以限制时,其货币为不可兑换货币。经济和贸易很落后的国家货币通常属于这一类。

三、外汇的种类

(一) 按外汇是否可自由兑换,可分为自由外汇和记账外汇

自由外汇是指不需要货币当局的批准就可自由兑换成别的国家(或地区)的货币,用以向交易对方或第三国办理支付的外国货币及其支付手段。记账外汇是指不经过货币发行国批准不能自由兑换成其他货币也不能对第三国进行支付的外汇。例如,中国曾在对东欧等发展中国家的贸易中使用记账外汇。记账外汇的特点如下:第一,由双方决定这种外汇的汇率、记账方法与运用范围;第二,协定项下的收支差额可以结转到下一年度或折算成双方同意的第三国货币;第三,不能转给第三国使用,也不能自由兑换。

(二) 按外汇来源的用途,可分为贸易外汇和非贸易外汇

贸易外汇是指由商品的进出口贸易所引起收付的外汇。因此,与贸易有关的银行、保险、运输费等都算作贸易外汇。非贸易外汇是指一切与进出口贸易无关的外汇收付,例如,旅游外汇、捐赠以及与资本流动有关的外汇。但贸易外汇与非贸易外汇在一定的情况下可相互转化,例如,将非贸易外汇用于支付进口货款等。

(三) 按外汇买卖交割期,可分为即期外汇和远期外汇

即期外汇是指外汇买卖成交后在两个营业日内交割完毕的外汇。远期外汇是指在签订外汇买卖合约时,约定在将来某一日期办理交割的外汇。

四、外汇的作用

第一,实现国际购买力的转移,促进各国在政治、经济、科学、文化等各个领域中的相互交流。外汇不仅是国际银行业务中的一种信用工具及各国政府、企业和居民所持有的一项金融资产,而且是联结各种国际关系的一条重要纽带。

第二，促进国际贸易的发展，使各国间的债权债务关系的清偿由现金结算方式发展为非现金结算方式。这不仅扩大了商品流通范围，而且加快了商品流动速度，扩大了资金融通范围。

第三，调节各国间资金供求的不平衡。利用外汇这种国际支付手段，就有可能办理国际长、短期信贷，促进国际投资和资本流动，便利各国间资金供需关系的调节，活跃资金市场。

第四，外汇储备是衡量一国国际经济地位的标志之一。当一国国际收支顺差时，本国外汇储备就会增加，该国的对外支付能力和国际经济地位就会相应提高；相反，若该国的国际收支发生逆差，则其外汇储备的减少就会使该国的国际经济地位受到不利影响。

第五，外汇是政府调节宏观经济活动的有力工具。汇率水平的高低以及外汇管制的宽严程度如何，可以直接影响该国的生产、消费、就业和产业结构的调整等许多方面。

因此，在当今世界各国，无论是政府、企业还是个人，都高度重视外汇和汇率问题。

第二节 汇 率

一、汇率的概念与标价

汇率(Exchange Rate)是两个国家货币之间的比率，它反映一国货币的对外价值，在实际外汇买卖中，又称外汇行市或汇市。

(一) 直接标价法

直接标价法(Direct Quotation)又称应付标价(Giving Quotation)，是指以一定单位(一、百、万等)的外国货币为标准，折算成若干单位的本国货币。在直接标价法下，外国货币数额固定不变，汇率涨跌都以相对的本国货币数额的变化来表示。除了个别国家外，绝大多数国家采用直接标价法。美国曾经长期采用直接标价法，但在第二次世界大战后，随着美元在国际结算和国际储备中逐渐取得统治地位以及国际金融市场的高速发展，为了与国际外汇市场上对美元的标价一致，美国从 1978 年 9 月 1 日起，除了继续对英镑使用直接标价外，对其他货币一律采用间接标价。人民币汇率采用的是直接标价法。

(二) 间接标价法

间接标价法(Indirect Quotation)又称应收标价(Receiving Quotation)，是指以一定单位(一、百、万等)的本国货币为标准，折算成若干单位的外国货币。在间接标价法下，本国货币数额固定不变，汇率涨跌都以相对的外国货币数额的变化来表示。目前只有英国、美国、新西兰和澳大利亚等少数国家采用间接标价法。

直接标价法与间接标价法之间存在一种倒数关系，即直接标价法的倒数是间接标价。因此，直接标价法下汇率的涨跌含义与间接标价法下汇率的涨跌含义正好相反。所以，在引用某种货币的汇率和说明其汇率涨跌幅度时，必须交代清楚，以免概念混淆。

二、汇率的种类

从不同的角度出发，可以将汇率划分为不同的种类。

(一) 按照国际汇率制度的演变或各国金融当局所采取的汇率政策划分

1. 固定汇率

固定汇率(Fixed Rate)是指一国货币与另一国货币的汇率基本固定,汇率的波动仅限制在一定的幅度之内。在金本位制度下,黄金输送点是汇率波动界限。第二次世界大战后到20世纪70年代初的固定汇率制度下,汇率波动被规定在一定的幅度之内,如果汇率涨至上限或跌至下限,就要采用干预措施,维持既定汇率水平。

2. 浮动汇率

浮动汇率(Floating Rate)是指由市场供求决定的汇率,即一国货币当局不规定本国货币与另一国货币的官方汇率,不规定汇率波动的上下限,不承担维持汇率波动幅度的义务。在一般情况下,汇率随市场供求力量的变化而自由波动。外国货币供不应求时,外汇汇率就上浮,汇率升值(Appreciation);外国货币供过于求时,外汇汇率就下浮,汇率贬值(Depreciation)。

(二) 按照指定汇率的不同方法划分

1. 基本汇率

外国货币的种类很多,但制定汇率时必须选择某一国货币作为主要对象。充当这种货币的条件是:本国国际收支中使用最多,外汇储备中比重最大,同时又是可以自由兑换且国际上普遍可以接受的货币。这种货币被称为关键货币(Key Currency)。针对本国货币与这个货币的实际价值对比而制定出的汇率为基本汇率(Basic Rate)。一般而言,各国都把美元当作指定汇率的主要货币,因此,常把本币对美元的汇率作为基本汇率。

2. 套算汇率

套算汇率(Cross Rate)是指根据两种基本汇率而套算出的一国货币与其他国家货币的汇率。在国际外汇投机或套利时经常使用套算汇率。

(三) 从银行买卖外汇的角度划分

1. 买入汇率

买入汇率(Buying Rate or Bid Price)即银行向同业或客户买入外汇时所使用的汇率。采用直接标价法时,外币买入价是外币折合本币数较少的那个价格。采用间接标价法时,外币买入价为本币折合外币数较多的那个价格的倒数。

2. 卖出汇率

卖出汇率(Selling Rate, Offer Price or Ask Price)即银行向同业或客户卖出外汇时所使用的汇率。采用直接标价法时,外币卖出价是外币折合本币数较多的那个价格。采用间接标价法时,外币卖出价为本币折合外币数较少的那个价格的倒数。

3. 中间汇率

中间汇率(Middle Rate)是指买价和卖价的平均数。它不是在外汇买卖业务中使用的实际成交价,而是为了方便计算(如计算远期升水、贴水率和套算汇率)或使报道更加简洁。各国政府规定和公布的官方汇率以及在经济理论中论述的汇率,一般也是中间汇率。

4. 现钞汇率

一般国家都规定,不允许外国货币在本国流通,只有将外币兑换成本国货币才能够购买本国的商品和劳务。因此,产生了外币现钞的兑换率(Bank Note Rate)。由于现钞(纸币和铸币)不能生息,因此持有这种外币资产有机会成本。此外,外币现钞必须被运送到其发行国才能流通以用作购买或支付手段,为此,银行在将外币现钞收兑后,要耗费运输费和保险费。所以,现钞的买入价一般低于现汇买入价2%~3%,而现钞的卖出价则与现汇的卖出价相同。

(四)按照银行汇付方式及付款速度的快慢划分

1. 电汇汇率

电汇汇率(Telegraphic Transfer Rate,T/T Rate)是指经营外汇业务的本国银行,在卖出外汇后,即以电讯委托其国外分支机构或代理行付款给收款人所使用的一种汇率。以电报、电信或传真等方式委托付款速度快,可减少用款单位的外汇风险,并且银行无法占用客户资金头寸,因而,电汇汇率较一般汇率高,也是计算其他汇率的基础。

2. 信汇汇率

信汇是由银行开具付款委托书,用信函方式通知邮局,寄给付款地银行转付收款人的一种汇款方式。由于付款委托书的邮递需要一定时间,银行在这段时间内可以占用客户的资金,因此,需要把邮程时间的利息在汇率中扣除。因此,信汇汇率(Mail Transfer Rate,D/D Rate)比电汇汇率低。

3. 票汇汇率

票汇汇率又分为两种:一种是即期票汇汇率(Demand Draft Rate,D/D Rate或Sight Bill Rate),是银行买卖即期外汇汇票所使用的汇率;另一种是长期票汇汇率(Long Bill Rate),是银行买卖长期票汇所使用的汇率。票汇是银行在为客户办理汇付业务时,通过签发一纸由其在国外的分支行或代理行付款的支付命令给汇款人,并由其自带或寄往国外取款的一项业务。由于卖出汇票与支付外汇间隔一段时间,因此,票汇汇率需要在电汇汇率的基础上对利息因素做些调整,并且期限越长其价格就越低。

(五)按照外汇买卖的价格时间划分

1. 即期汇率

即期汇率(Spot Rate)也称现汇汇率,是指买卖外汇双方当天成交或在两个营业日内进行交割所使用的汇率。即期外汇表面上看似乎是同时支付,没有风险,但由于各国清算制度技术上的原因,只能在1天后才知道是否已经支付,因此,也承担一种信用风险。此外,由于亚、欧、美三大洲之间各有6~8小时时差,有时会遇到营业时间结束的问题。

2. 远期汇率

远期汇率(Forward Rate)又称期汇汇率,是指在未来约定日期进行交割,而事先由买卖双方签订合同,达成协议的汇率。到了交割日,由协议双方按照约定的汇率、金额进行钱汇两清。远期外汇的交割期,常见的为1个月至1年,而少数几种主要西方国家货币有1年以上的远期。与单一的即期汇率不同,远期交易涉及各种交割期限,因此,在某一特定时点上同时存在着数个远期汇率,如30天、90天、180天及360天的远期汇率。

远期汇率建立在即期汇率的基础上,并且反映汇率变化趋势。由于决定远期汇率的因素与即期汇率的决定因素大致相同,因此两者关系密切,未来的即期汇率与现在的远期汇率一般是同方向变动,当然变动幅度不一定完全相同。远期汇率与即期汇率之间的差额为远期差价(Forward Margin)。如果一国货币趋于坚挺,远期汇率高于即期汇率,则该差价为升水(At Premium)。如果一国货币趋于疲软,远期汇率低于即期汇率,则该差价为贴水(At Discount)。

如果远期汇率等于即期汇率,不升不贴,则称为平价(At Par)。

由于汇率的标价方法不同,按远期差价计算远期汇率的方法也不同。下面就伦敦与法兰克福两地的标价方法说明升水与贴水。

伦敦外汇市场上采用间接标价法。以英镑和美元的即期汇率与3个月的远期汇率为例:即期汇率为1.887 0~1.889 0美元,如果3个月的远期差价为"103~98 bps"或"1.03~0.98 cpm",则3个月远期汇率为1.876 7~1.879 2美元;如果3个月的远期差价为"98~103 bps"或"0.98~1.03 cdis",则3个月远期汇率为1.896 8~1.899 3美元。总之,在间接标价法下,远期差价如为外汇升水,则远期汇率为即期汇率减去外汇升水;如为外汇贴水,则远期汇率为即期汇率加上外汇贴水。

德国法兰克福外汇市场采用直接标价法。以美元对欧元的即期与远期汇率为例:美元即期汇率为0.869 0~0.872 0欧元,如果3个月远期差价为"128~118 bps"或"1.28~1.18 cdis",①则远期汇率为0.856 2~0.860 2欧元;如果3个月远期差价为"118~128 bps"或"1.18~1.28 cpm②",则远期汇率为0.880 8~0.884 8欧元。总之,在直接标价法下,远期差价如为外汇贴水,远期汇率为即期汇率减去外汇贴水;远期差价如为外汇升水,则远期汇率为即期汇率加上外汇升水。

从上述两例可以说明,虽然标价方法不同,具体计算恰好相反,但是,升水和贴水的概念却完全一致。需要强调的是,在任何一个外汇市场上,如不加以说明,则其所公布的升水和贴水都是指外汇的升水和贴水。

(六) 按照对汇率的管制宽严划分

1. 官方汇率

官方汇率(Official Rate)即由中央银行或外汇管理局公布的汇率,当外汇管制严格时,官方汇率就是执行汇率,规定一切外汇交易都以该汇率为准。官方汇率又分为单一汇率(Single Rate)和复汇率(Multiple Rate)。单一汇率是指一种货币(或一个国家)只有一种汇率,这种汇率通用于该国所有的国际经济交往中。复汇率是指一种货币(或一个国家)有两种或两种以上的汇率,不同的汇率用于不同的国际经贸活动,如果复汇率只有两种,则称为双重汇率(Dual Rate)。

2. 市场汇率

市场汇率(Market Rate)即由外汇市场上供求关系决定的汇率,波动频繁。

(七) 按照银行营业时间划分

1. 开盘汇率

开盘汇率即开盘价(Opening Rate),是外汇银行在一个营业日开始时进行外汇买卖所使用的汇率。

2. 收盘汇率

收盘汇率即收盘价(Closing Rate),是外汇银行在一个营业日终了时外汇交易所使用的汇率。

---

① bps是basis points的简写;cdis是cent discount的简写。
② cpm是cent premium的简写。

在汇率波动频繁的情况下，一个营业日内的开盘价和收盘价往往相差很大。此外，由于外汇交易已实现电子化，因此世界各国外汇市场的联系更加密切，时差因素也把各外汇市场连接起来。伦敦外汇市场的后半段交易时间与纽约外汇市场前半段交易时间重叠，而香港外汇市场的收盘时间正好是伦敦外汇市场的开盘时间。国际外汇交易市场的开盘汇率一般受前一个外汇交易市场的收盘汇率的影响。

（八）按照经济意义划分

1. 名义汇率

名义汇率（Nominal Rate）是指某一市场上的汇率，如欧元与美元的汇率 €1＝ $1.278 0 就是名义汇率，表明在外汇市场上兑换 1 欧元所需要的美元数量。名义汇率仅仅是一种货币所表示的另一种货币的价格，并没有充分考虑其购买商品和劳务的实际能力，名义汇率的升值和贬值并不一定表明一国商品在国际市场上竞争能力的增强或减弱。

2. 实际汇率

实际汇率（Real Exchange Rate）有两种含义：一种含义是相对于名义汇率而言，是名义汇率与各国政府为达到奖励出口、限制进口而对各类出口商品进行财政补贴或税收减免之和或之差，即

$$\text{实际汇率} = \text{名义汇率} \pm \text{财政补贴和税收减免}$$

另一种含义是指在名义汇率基础上剔除了通货膨胀因素后的汇率，反映通货膨胀对名义汇率的影响。实际汇率在研究汇率调整、货币购买力、倾销调查与反倾销措施时，经常被采用。

一般而言，实际汇率以指数形式表示为：

$$S_n = \frac{S_{nt}P_{ft}}{P_{dt}}$$

其中，S_n是实际汇率指数，S_{nt}是名义汇率指数，P_{ft}是国外价格指数，P_{dt}是国内价格指数。例如，若在 2015 年欧元与美元的实际汇率指数为 100，名义汇率为 €1＝ $1.250 0，价值 100 欧元的一组欧元区国家商品价值 125 美元，价值 125 美元的一组美国商品值 100 欧元。若到了 2016 年名义汇率没有发生变化，而欧元区国家物价指数上涨到 140，美国物价指数不变，则实际汇率为：

$S_n = 100 \times 140/100 = 140$

这表明，对美国人而言，欧元区国家的商品变得相对昂贵，他们必须用 175 美元（比原先多支付 50 美元）的价格购买原先值 100 欧元的商品，而同样一批美国商品仍然只值 100 欧元，显然欧元升值美元贬值。虽然名义汇率仍然是 100，但欧元实际汇率指数从 100 上涨到 140。

3. 有效汇率

有效汇率（Effective Exchange Rate）分为名义有效汇率和实际有效汇率。

名义有效汇率是各种双边汇率的加权平均，所以又称名义有效汇率指数。一国货币的名义有效汇率指数的权数是依据一国主要贸易伙伴在其对外贸易总额中所占的比重而定的。从 20 世纪 70 年代开始，人们就利用名义有效汇率考虑某种货币的总体波动幅度及其在国际贸易和国际金融领域中的总体地位，公式为：

$$\text{A 币名义有效汇率} = \sum_{i=1}^{n} \text{A 国货币相对于 i 国货币的汇率} \times \frac{\text{A 国同 i 国的贸易值}}{\text{A 国的全部对外贸易值}}$$

实际有效汇率是剔除通货膨胀对各国货币购买力的影响，一国货币与主要贸易伙伴国货币双边名义汇率的加权平均数。其含义与上页指数形式的实际汇率相同。

国际货币基金组织定期公布主要工业国家的若干个有效汇率指数，包括以劳动力成本、消费物价、批发物价等为权数的经加权平均得出的不同类型的有效汇率指数。

(九) 按照在岸与离岸划分

在岸人民币汇率(CNY)即境内人民币外汇市场形成的人民币汇率，一般是指美元对人民币汇率。在岸人民币汇率主要价格包括中间价、即期汇率、远期汇率。

离岸人民币汇率(CNH)是指离岸人民币外汇市场形成的人民币汇率。自 2010 年 7 月起，人民币在中国香港成为可交割的货币，离岸人民币汇率在香港形成。国际市场采用 CNH 表示香港人民币，以区别于人民币的 ISO 代码 CNY。由于参与主体和市场监管不同，香港人民币市场与国内银行间市场之间存在割裂，CNH 和 CNY 之间存在价差。随着离岸人民币市场的扩张，CNH 成为更为广泛的离岸人民币的符号。

第三节　汇率的决定基础及影响汇率的主要因素

一、金本位制度下汇率的决定基础

金本位制度包括金铸币制、金块本位制和金汇兑本位制。金铸币制是典型的金本位制，后两者是削弱了的、没有金币流通的本位制。

金币本位制度下，各国均规定了每一金铸币单位的含金量(Gold Content)。两国货币之间的比价就是各自所包含的含金量之比，即铸币平价(Mint Parity)。铸币平价是决定两种货币汇率的基础。例如，在 1929 年西方经济大危机之前，世界各国普遍采用金本位制，英国规定每 1 英镑含纯金 7.322 4 克，美国规定每 1 美元含纯金 1.504 656 克，于是，英镑与美元的铸币平价为 $7.322\,4 \div 1.504\,656 = 4.866\,5$，即 1 英镑 $=4.866\,5$ 美元，这是英镑与美元汇率的决定基础。铸币平价虽然是汇率决定的基础，但它不是外汇市场上买卖外汇时的实际汇率。在外汇市场上，由于受外汇供求因素的影响，汇率行市有时高于或低于铸币平价。

金币本位制度下，汇率波动界限为黄金输送点，这是因为各国间进行国际结算可以采用两种方法：第一种方法是利用汇票等支付，进行非现金结算。但如果由于汇率变动从而使用汇率结算不利时，则改用第二种方法，即直接运送黄金的办法。例如，第一次世界大战前，英国和美国之间运送黄金的各项费用约为黄金价格的 0.5%～0.7%，以 1 英镑计，运送黄金的各项费用约为 0.03 美元。在这种情况下，假定美国对英国有国际收支逆差，对英镑的需求增加，英镑汇率必然上涨。如果 1 英镑上涨到 4.896 5 美元(即铸币平价 4.866 5 加送黄金的费用 0.03 美元)以上时，则美国负有英镑债务的企业就不会购买英镑外汇，而宁愿在美国购买黄金运送至英国以偿还其债务，因为采用直接运送黄金的方法偿还 1 英镑的债务，只需要 4.896 5 美元。因此，引起美国黄金输出的汇率就是黄金输出点，汇率的波动不可能超出黄金输出点。反之，假定美国对英国的国际收支顺差，英镑的供给增加，英镑的汇率必然下跌。如果 1 英镑跌到 4.836 5 美元(即铸币平价以下 4.866 5 减去运送黄金的费用 0.03 美元)以下时，则美国持有英镑债权的企业就不会出售英镑外汇，而宁愿在英国用英镑购买黄金运送回美国，因为用运送黄金的方法收回1英镑债权可以得到4.836 5美元。引起黄金输入的汇率就是黄金输入点。汇率波动不可能低于黄金输入点。

由此可见，在金币本位制度下，汇率波动的界限是黄金输送点，即最高不超过黄金输出点即铸币平价加运费，最低不低于黄金输入点即铸币平价减运费；汇率波动的幅度是相当有限的，汇率水平比较稳定。

第一次世界大战爆发后，参战各国的金铸币制度陷于崩溃，战后分别实行了金块本位制和金汇兑本位制。在金块本位制度下，黄金已经很少直接充当流通手段和支付手段，金块大部分由政府掌握，其自由输出入受到限制。同样，在金汇兑本位制下，黄金储备集中在政府手中，在日常生活中，黄金不再具有流通手段的职能，输出入受到很大的限制。在金块本位制和金汇兑本位制度下，货币汇率由纸币所代表的含金量之比来决定，称为法定平价。法定平价也是金平价的一种表现形式。实际汇率因供求关系而围绕法定平价上下波动。但此时，汇率波动的幅度已不再受制于黄金输送点。黄金输送点存在的必要前提是黄金的自由输出入。在金块本位制和金汇兑本位制度下，黄金输送点实际上已不复存在。在这两种削弱了的金本位制度下，虽说法定汇率的基础依然是金平价，但汇率波动的幅度是由政府规定而后维持。政府通过设立外汇平准基金来维持汇率的稳定，即在外汇汇率上涨时抛外汇，在外汇汇率下跌时买外汇，从而使汇率波动局限在允许的幅度之内。很显然，与金币本位制相比，金块本位制和金汇兑本位制下的汇率稳定程度已降低。

二、纸币制度下汇率的决定基础

1929～1933年的经济大萧条使西方各国的金本位制相继崩溃，并先后实行纸币流通制度。在纸币制度下，纸币不再代表或代替金币流通，而金平价(即铸币平价和法定平价)也不再是决定汇率的基础。

纸币制度下的汇率决定不同于金本位制下的汇率决定。在1944～1971年间实行的以美元为中心的布雷顿森林体系中，美元与黄金挂钩，其他货币与美元挂钩，因此，该体系下的固定汇率制度实质仍是以黄金为基础。布雷顿森林体系崩溃后，大多数国家实行了浮动汇率制度。根据马克思的货币理论，纸币是价值的一种代表，两国纸币之间的汇率可用两国纸币各自所代表的价值量之比来确定。纸币所代表的价值量或纸币的购买力是决定汇率的基础。换言之，一国货币的对内价值是决定其汇率(即对外价值)的基础。而货币的对内价值是由其国内物价水平反映的。受纸币流通规律的制约，流通中的货币若与客观需要的合理货币流通量相等，则物价平稳，即货币的对内价值稳定；若流通中的货币量超过客观需要的合理货币流通量(即通货膨胀)，则物价上涨，即货币的对内价值下降，此时，若汇率仍保持不变，则表现为高估本国货币的对外价值。本国货币的对外价值不能长期高估，若长期高估，则必然影响本国的国际收支，到一定时候，就不得不进行调整，使之与国内购买力基本一致。因此，在纸币制度下，一国货币的对内价值(物价)是该货币汇率(即对外价值)的基础。

三、影响汇率变动的主要因素

虽然从理论上讲，外汇市场上的供求关系决定汇率，但具体来说，影响汇率变动的因素很多,既有经济因素,也有政治因素和心理因素。而各种因素之间又是相互联系、相互制约的,它们在不同国家及不同时间所起的作用也不相同。

(一) 相对利率水平

利率水平的高低对资本的流入和流出产生直接的影响。假设一国资本和金融账户是开放的,则该国利率的相对上升将吸引国际短期资本流入,本国资本不流出,外汇供给相对增加,于是外汇汇率下跌,本币汇率相对上涨;反之,则外汇汇率上涨,本币汇率相对下跌。例如,自20世纪80年代以来,每当美国联邦储备银行提高利率时,总能够吸引日本、德国等国大量的资本流入美国,从而在一定程度上提高美元汇率。

(二) 国际收支

如果一国国际收支(尤其是经常账户)出现顺差,则外国对该国货币的需求相对增加,并使该国货币汇率上涨;如果为逆差,则该逆差国对外国货币需求增加,本币汇率下跌,外汇汇率上涨。

(三) 通货膨胀

通货膨胀一般表现为物价上涨,导致出口减少,进口增加,从而使国际收支产生逆差。逆差的结果使外汇市场上对外汇的需求增加,因而导致外汇汇率上涨,本币汇率下跌。同时,一国货币对内价值的下降不可避免地使该国货币在国际市场上的信用地位削弱,最终导致该国货币汇率下跌。此外,通货膨胀率越高,则表明该国的实际利率越低,投资者为了获取高投资回报,会将资本抽逃出去,于是,资本流出规模的增大会导致该国国际收支逆差,进而促使该国货币汇率贬值。

(四) 各国中央银行对汇率的干预

由于汇率变动对一国的对外收支、进出口贸易和资本流动等经济活动有直接的影响,进而又影响国内生产、投资和价格等,因此,各国中央银行为了避免汇率对国内经济造成不利影响,往往对汇率进行干预,即由中央银行在外汇市场上买卖外汇,使汇率变动有利于本国经济。这种干预有三种情况:一是在汇率变动剧烈时使变动趋于缓和;二是使汇率稳定在某个水平;三是使汇率上浮或下浮到某个水平。

(五) 各国的宏观经济政策

一国宏观经济的主要目标是实现充分就业、稳定物价、经济增长和改善国际收支。财政政策和货币政策对经济增长率、通货膨胀率、利率和进出口及资本的流动等会产生一定的影响,这样势必会影响该国货币汇率的变动。紧缩性的货币政策和财政政策往往会使该国货币汇率上涨,而扩张性的货币政策和财政政策则可能使该国货币汇率下跌。

(六) 市场预期心理

自20世纪70年代以来,预期被引入汇率的研究领域。预期对汇率的影响很大,其程度有时远远超过其他因素对汇率的影响。预期有稳定型和破坏稳定型之分。稳定型预期,是指人们预期一种货币汇率不会再进一步下跌时,就会买进该货币,从而缓和该货币汇率下跌程度;

反之，则抛出该货币，从而降低该货币汇率升值幅度。显然，按这种预期心理进行的外汇买卖行为有助于汇率的稳定。而破坏稳定型预期则相反，按这种预期心理进行的外汇买卖，会在汇率贬值时进一步抛出该货币，在汇率升值时进一步买入，从而导致汇率暴涨暴跌，加剧汇率的不稳定。

影响公众预期心理的重要因素有信息、新闻和传闻。信息是指与外汇买卖和汇率变动有关的资料、数据和消息，如经济增长率、外汇储备、货币供给量、资本流动及国际收支等。新闻既有经济新闻也有政治新闻。传闻是指未经证实的消息。有时，信息、新闻和传闻难以区分。预期心理受这些因素的影响，具有易变、捉摸不定的特点。

（七）其他因素

其他因素主要是指金融工具，如股票、债券及外汇期货等价格变动，石油和黄金价格变动，以及国际政治经济局势等。

一般来说，一国股票价格上升通常会带动该国货币汇率升值，因为股价上涨表明该国经济前景看好，值得投资；反之，货币汇率会下跌。债券价格的上涨通常发生在利率看跌之时。从短期来看，利率下跌会使一国货币汇率下跌，但从长期来看，低利率和高债券价格会刺激经济发展，所以，从某种程度上讲，货币汇率又有可能回升。外币期货价格也是影响汇率的因素之一。当期货价格下跌时，现汇价也会下跌；反之，现汇价上涨。价格对产油国和对依赖石油进口的国家所产生的影响各不相同。油价上涨会使产油国货币汇率坚挺，石油进口国货币汇率疲软；反之，则相反。黄金价格对美元汇率影响很大，通常，金价上涨时美元疲软，金价下跌时美元坚挺，两者呈反向变动。国际政治局势的动荡会导致大量的投机，加剧汇率波动，而一旦局势趋于稳定，则外汇投机便会相应减少，汇率波动趋于平稳。

四、汇率变动的经济影响

汇率作为一个重要的金融变量，在受其他宏观经济因素影响的同时，其变动也对经济产生广泛而复杂的影响。汇率变动有上升和下跌两个方面，产生的经济影响也正好相反。这里以货币贬值为例，阐述货币贬值对贸易逆差国家所产生的经济影响。①

（一）货币贬值对进出口贸易收支的影响

货币贬值并不一定直接带来出口增加和进口减少，其对贸易收支的影响主要受以下三方面因素制约：

1. 进出口商品的价格需求弹性

从理论上讲，一国货币贬值后，要满足马歇尔—勒纳条件才能改善贸易收支。货币贬值后，进出口商品的相对价格发生变化。以外币表示的本国出口商品价格下降，会带来出口量增加；至于出口值是否也相应增加，则取决于出口量的增加所带来的收益能否抵消出口商品价格的下跌所产生的损失而有余。另一方面，如果本币表示的进口外国商品价格上涨使得进口量减少，则以外币表示的进口值也会因此减少；或者，即使出口值有所下降，但只要下降的幅度小

---

① 由于本国货币升值通常会导致本国出口减少，因此，除非来自国际压力，通常一国不会主动采取本国货币升值的做法，所以，这里主要讨论货币贬值对该国所产生的经济影响。

于进口值减少的幅度,货币贬值也能改善贸易逆差。但需要强调的是,即使满足了马歇尔—勒纳条件,贬值对贸易差额的影响往往还有一个先恶化后改善的过程,即J形曲线效应。

2. 国内总供给的数量和结构

货币贬值之后,由于进口商品本币成本上涨,国内部分需求从进口产品转向进口替代品。在实际中,这部分需求转移能否最终实现以及实现的程度还取决于国内总供给的数量和结构,即国内能否向社会提供相应的进口替代产品。

3. 闲置资源是否存在

货币贬值后,本国能随时用于出口品和进口替代品生产的资源是否存在也直接影响贬值效应。具体说来,闲置资源不仅包括原材料,而且包括资金、土地、劳动力和科学技术。如果没有这些可供随时调用的闲置资源,出口和进口替代品的增加就不可能实现。

(二)货币贬值对贸易条件的影响

贸易条件(Terms of Trade)即国际贸易交换条件,是指出口商品单位价格变动率与进口商品单位价格变动率之间的比率。若这一比率上升,则贸易条件改善,即表示由于进出口相对价格的有利变动而使相同数量的出口能换回较多数量的进口;反之,若这一比率下降,则贸易条件恶化,即表示由于进出口相对价格的不利变动而使相同数量的出口只能换回较少数量的进口,这意味着实际资源的损失。若贸易条件改善(或恶化)时进出口数量仍不变,则贸易收入将会增加(或减少)。货币汇率的变化会引起进出口商品价格变化,从而影响贸易条件。但贸易条件的恶化并不一定是货币贬值的必然结果。

贬值对贸易条件的影响与一国的进出口商品供求弹性有密切关系,当进出口需求弹性较大而供给弹性较小时,货币贬值对贸易条件的影响就越显著。

(三)货币贬值对物价水平的影响

一般来说,在需求弹性较大的前提下,货币贬值可以使一国进口减少,并且使进口替代业和出口产业得以扩展,由这两方面可以带动国内产量和就业的增加。

但在现实经济生活中,货币贬值的结果并非那么理想。货币的贬值通过货币工资机制、生产成本机制、货币供应机制和收入机制,有可能导致国内工资和物价轮番上涨,并最终使汇率贬值带来的好处全部被抵消。

首先,从货币工资机制来看,进口物价的上涨会导致人们的生活费用上涨,人们会要求更高的名义工资,而工资的增加会使生产成本和生活费用进一步上涨,并最终使出口商品和进口替代商品甚至整个经济物价上涨。由此可见,货币贬值有助长通货膨胀并抵消贬值带来的好处的倾向。而通货膨胀本身又是引起货币贬值的一个重要原因。于是,许多国家有可能陷入“贬值→通货膨胀→再贬值→通货膨胀进一步加剧”的恶性循环中。

其次,从生产成本机制来看,当进口的原材料和机器设备等资本货物投资再生产后,尤其是当它们构成出口产品的重要组成部分时,货币贬值会导致出口商品价格上涨,并可能使本国贸易收支最终恶化。

再次,从货币机制来看,由于货币工资机制以及生产成本机制的作用,货币当局可能会通过扩大货币供给来迁就这种价格上涨的压力(而不是采取任何通货紧缩的抵消政策),以维持原来的生产规模,满足原来的消费水平。此外,贬值后,政府在外汇市场的结汇方面将支出更多的本国货币,这也导致货币供给增加。

最后，从收入机制来看，若由于国内对进口商品的需求弹性较小从而货币贬值不能使进口总量减少(或总量的减少不足以抵消价格的上涨)，外国对本国出口产品的需求弹性较小从而货币贬值不能使本国出口总量增加(或总量的增加不足以抵消价格的下降)，那么，本国的贸易收支会由于外汇收入的减少及支出的增加而恶化，并且物价水平也会因此上涨。

当然，货币贬值是否会引起物价上涨，不仅仅取决于进出口商品的需求弹性，而且取决于整个经济制度、经济结构和人们的心理因素。一国经济越开放，货币工资收入者和企业对生活费用的上涨越敏感。可以说，任何较大程度的货币汇率贬值都会或多或少地引起国内物价上涨。

(四) 货币贬值对资本输出入的影响

如果一国货币是自由兑换货币，那么，当该国货币贬值后，人们会由于对本国货币币值的稳定失去信心，或由于本国货币资产收益率相对较低，不足以抵补因通货膨胀而损失的收益，从而进行货币替代，并产生资本外逃。

货币替代和资本外逃最严重的经济后果是削弱了政府运用货币政策的能力，导致国内金融秩序不稳定：一是外币的流入与流出扰乱了国内货币的供需机制，妨碍了国内经济目标的实现；二是货币替代和资本外逃使利率的决定更为复杂，这是因为中央银行对信贷和货币流通总量的控制能力被削弱，从而使货币政策的设计和操作的难度加大。

另一方面，无论一国货币是不是自由兑换货币，其货币贬值都可能引起外资流入，外资通过扩大出口及实现零部件国产化等策略从贬值中获益，从而使该国进一步扩大引进外国直接投资和证券投资。

(五) 货币贬值对国民收入再分配的影响

根据国际贸易理论，货币贬值会使国际贸易商品的制造商及其销售额出口相关产业和进口替代业获益。因为他们的竞争地位在本币汇率贬值后得到了加强，其销售收入自然会有所增加。与此同时，货币贬值使另一些行业或阶层的利益受到损害，即使本币贬值后贸易条件没有发生恶化，也是如此。受损害的主要是依靠生产和出售非贸易商品而赚取收入的阶层，如建筑工人、公务员、教师等，其生活费用因货币贬值而增加。

此外，从生产要素的角度分析，货币贬值使某些企业的生产规模扩大，因而使与这些企业有关的生产要素的所有者获利，而其他行业的生产要素所有者则相应地有所损失。例如，贬值使一国的出口生产扩大，若该国的出口部门都属于资本和技术密集型，则资本和技术的所有者将大获其利；若出口部门是劳动密集型的，则劳动力所有者会受益(即工人的工资会增加)。需要强调的是，发达国家的出口部门大多是资本和技术密集型的，不仅如此，在贬值加剧一国通货膨胀后，劳动力工资虽然也有所增加，但其增幅总是低于物价的涨幅，而企业所有者的利润却总是领先增加。因此，从一定程度上讲，货币贬值后国民收入再分配总是有利于企业所有者的。

(六) 货币贬值对民族工业、劳动生产率及经济结构的影响

货币贬值可视为一种税赋行为，即对出口是一种补贴，对进口是一种征税，并且操作简便，没有歧视性。但恰恰由于它过于简单，因此会产生一系列问题。

货币贬值可以保护本国民族工业。由于贬值后进口商品的本币成本上涨，削弱了进口商

品的竞争力,因此为本国进口替代品的生存和发展提供了条件。

但是货币的过度贬值使那些以高成本且低效益生产出口产品和进口替代业企业得到鼓励,这样便保护了落后,不利于提高企业竞争力及优化配置社会资源。此外,汇率过度贬值还使本国该进口的那些商品尤其是高科技产品的进口成本增加,不利于一国经济结构的调整和劳动生产率的提高。

总之,汇率变动对一国产生的经济影响错综复杂,它往往与其他宏观经济变量结合在一起共同产生作用。因此,在分析研究货币贬值效果时,一定要结合当时的基本经济情况。就国内经济而言,要考虑国民经济闲置资源状况,以及国内的通货膨胀及发展趋势等问题;就对外经济而言,研究货币贬值效果,必须考虑本国经济的对外开放程度以及该国在国际经济中所处的地位等问题。一般而言,如果一国经济开放程度较高、对海外市场依赖性较大、出口商品集中系数过高、进出口商品需求弹性相对不足,那么该国受汇率变动的影响就比较大;反之,就比较小。

上述分析是站在一国角度来进行的,实际上,汇率的波动也会影响国际经济的许多方面。例如,国际贸易的结算及风险、国际资本的流动、发展中国家与发达国家的债权和债务关系以及汇率的压低或抬高造成国际经济关系紧张等。因此,汇率(尤其是主要货币的汇率)的稳定与否,对世界各国都至关重要。

第四节 国际主要汇率理论

西方国家的汇率理论很多,它们从不同角度阐述汇率问题,有的阐述影响汇率变动的因素,有的论证汇率的决定基础。

一、国际收支说

国际收支说是从国际收支角度分析汇率决定的一种理论。该理论的发展经历了以下两个阶段:

(一) 国际借贷理论

国际借贷理论(Theory of International Indebtedness)是早期的国际收支说,该理论是英国学者葛逊(G. L. Goschen)于1861年在其著作《外汇理论》(*The Theory of Foreign Exchange*)中提出的,在第一次世界大战前该理论颇为流行,是阐述金本位制度下汇率变动原因的主要理论。

国际借贷理论认为,外汇汇率由外汇供求关系决定,而外汇的供求又是由国际借贷引起的。商品的进出口、债券的买卖、利润与捐赠的收付、旅游支出和资本交易等都会引起国际借贷关系。在国际借贷关系中,只有已经进入支付阶段的借贷(即流动借贷)才会影响外汇的供求关系。当一国的流动债权(外汇收入)多于流动债务(外汇支出)时,外汇的供给大于需求,汇率下跌;当一国的流动债务多于流动债权时,外汇的需求大于供给,汇率上升。当一国的流动借贷平衡时,外汇收支相等,于是汇率处于均衡状态,不会发生变动。葛逊所说的流动债权和流动债务实际上就是狭义的国际收支概念,因此,该理论又被称为国际收支说,实际上就是外汇的供求决定理论。

该理论认为各国间各种支付差额都会引起汇率变动，并分析了汇率变动的调节作用，这无疑是有说服力的。但该理论认为外汇供求的变动是决定汇率变动的最根本原因，没能说明外汇供求平衡(即国际借贷平衡)时汇率水平由什么来决定，显然，葛逊未认识到汇率水平是由两国货币各自实际代表的价值对比来决定的。他只注意到了实际经济因素与汇率间存在的因果关系，而对汇率与货币供求和资本流动之间的关系没有进行充分的解释与分析。此外，该理论不能解释纸币流动条件下汇率的变动。

尽管国际借贷理论存在一定的缺陷，但由于该理论提出的时间较早，因此，在汇率理论史上的地位比较重要。

(二) 现代国际收支说

现代国际收支说产生于第二次世界大战后，很多学者以汇率自由浮动为假设前提，在运用凯恩斯模型分析了影响国际收支的主要因素之后，进而分析这些因素如何通过国际收支影响汇率。

假设国际收支仅有两个账户，即经常账户(CA)与资本和金融账户(K)，汇率的变动使外汇市场达到平衡，进而使国际收支始终处于平衡状态，于是有：

$$BP = CA + K = 0 \tag{2-1}$$

如果简单地将经常账户视为贸易账户，则经常账户主要由商品和劳务进出口来决定。其中，出口主要是由外国国民收入(Y^*)和实际汇率决定，进口主要由本国国民收入(Y)和实际汇率$\left(\frac{\varepsilon P^*}{P}\right)$决定。于是，影响国际收支经常账户的主要因素可表示为：

$$CA = f(Y, Y^*, P, P^*, e)$$

为简便起见，假设资本和金融账户收支取决于本国利率(i)、外国利率(i^*)和预期未来汇率变动幅度$\left(\frac{Ee_f - e}{e}\right)$。于是，影响国际收支的主要因素可表示为：

$$BP = f(Y, Y^*, P, P^*, i, i^*, e, Ee_f) = 0$$

若将汇率以外的其他变量视为已给定的外生变量，那么，汇率将在这些因素的共同影响下变动至某一水平，从而对国际收支产生平衡作用，即：

$$e = g(Y, Y^*, P, P^*, i, i^*, Ee_f)$$

具体来说，当其他条件不变时，就各变量的变动对汇率所产生的影响可做以下分析：

(1) 国民收入的变动。本国国民收入的减少将通过边际进口倾向减少本国进口，使本国对外汇需求减少，本币汇率上升。外国国民收入的减少将使本国出口减少，本币汇率贬值。

(2) 价格水平的变动。本国价格水平的下跌将使本币实际汇率下跌，本国产品出口竞争力增强，经常账户改善，结果使本币汇率升值(此时实际汇率恢复到原来水平)。外国产品价格的下跌将使实际汇率升值，本国经常账户恶化，本币汇率贬值。

(3) 利率的变动。本国利率的下降将导致资本流出，本币汇率贬值。外国利率的下降将使本币汇率升值。

(4) 对未来汇率预期的变动。如果预期本币汇率在未来将升值,则资本将会流入,导致本币即期汇率升值;反之,本币即期汇率将贬值。

显然,现代国际收支说是一种具有浓厚的凯恩斯主义色彩的汇率决定理论,是凯恩斯的国际收支理论在浮动汇率制度下的运用。由于该理论认为国际收支引起的外汇供求流量决定了短期汇率水平及其变动,因此,从实质上讲,该理论是关于汇率决定的流量理论。尽管它分析并阐述了汇率与国际收支之间存在的密切关系,有利于全面分析汇率在短期内的变动和决定,但该理论还是存在一些明显的缺陷,并不能视为完整的汇率决定理论。

现代国际收支说的缺陷突出表现为:没有对影响国际收支的众多变量之间的关系,以及国际收支与汇率之间的关系进行深入分析,并得出具有明确因果关系的结论。例如,本国国民收入减少会在减少进口的同时,使货币需求减少从而降低市场利率,产生资本外流。因此,国民收入的减少对汇率产生的影响取决于以上两种效应的相对大小。另外,本国国民收入的减少还有可能使人们对本币汇率未来预期发生变化,于是国民收入变动对汇率产生的影响就更难确定。此外,任何汇率理论的分析前提都应是外汇市场供求平衡时汇率才处于稳定状态这种关系,所以,从这一角度来看,该理论只是可利用的深入分析汇率决定的一种工具。再如,本国利率下跌并不一定会产生资本外流,从而引起汇率发生相应变动。外汇市场不同于一般商品市场,汇率变动往往是剧烈、频繁的,用普通商品市场上的价格与供求之间的关系来分析汇率变动并不十分恰当。

二、汇兑心理理论

汇兑心理理论(Psychological Theory of Exchange)是由法国学者阿夫达里昂(A. Aftalion)在20世纪20年代后期提出的。

该理论认为,人们之所以需要外国货币,是因为除了需要购买外国商品外,还要满足支付、投资、外汇投机和资本外逃等的需要,这种欲望是使外国货币具有价值的基础。因此,外国货币的价值决定于外汇供求双方对外币所做的主观评价。外币价值的高低是以人们主观评价中边际效用的大小为转移的。每个人使用外汇的具体目的不同,各自对外汇的主观评价也不相同。这里包括"质"和"量"两方面的因素。所谓"质"方面的因素,是指某特定外币对商品的购买力、对债务的偿付能力、外汇的投机利润、政局的稳定程度和资本外逃等;所谓"量"方面的因素,是指国际借贷数额的增减、国际资本流动的规模以及外汇供求的增减等。当外汇供给增加时,边际效用就递减,人们所做的主观评价就降低。在这种主观评价下,外汇供求相等时所达到的汇率就是外汇市场上的实际汇率。然后,人们对外汇的主观评价的改变将打破旧的汇率均衡,达到新的汇率均衡。

第一次世界大战后,汇兑心理理论独树一帜,迄今为止,由汇兑心理理论演变而来的心理预期理论还有相当大的市场。必须承认,它在说明客观事实对主观评价产生影响、主观评价又反过来影响客观事实这一点上,有其正确的一面。人们不能否认心理因素对汇率的影响,因为国际上对一种货币的评价一般表现为一种对汇率变动趋势的估计,它是以人们所观察到的经济活动为依据的。人们可以利用过去的预期误差来修正其对未来的预期,一旦预期形成,它必然影响经济发展过程的许多方面。因此,主观心理因素对客观经济过程是起作用的。汇兑心理理论和心理预期理论在解释外汇投机、资本外逃、货币投放、国际储备下降及外债累积对未来汇率的影响方面是很有说服力的。汇兑心理理论解释了国际借贷理论和购买力平价理论都无法解释的现象。

但汇兑心理理论分析的是对短期汇率的影响，是影响汇率变动的因素，而不是汇率(尤其是长期汇率)的决定基础。此外，它毕竟是一种以心理学为基础的理论，难免带有一定的主观片面性，特别是在国际金融动荡时期，更是如此。

三、购买力平价理论

购买力平价理论(Theory of Purchasing Power Parity，PPP)是自第一次世界大战以来最有影响力的汇率决定理论之一。该理论起源于16世纪西班牙萨拉蒙卡学派对货币购买力所做的阐述。1922年瑞典经济学家G.卡塞尔(G. Cassel)在其著作《1914年以后的货币与外汇理论》(*Money and Foreign Exchange after 1914*)中对购买力平价理论进行了系统阐述。

该理论认为，本国人之所以需要外国货币或外国人之所以需要本国货币，是因为这种货币在各自发行国具有购买力，两种货币的购买力之比是汇率的决定基础，当货币购买力发生变化后，两种货币之间的汇率也随之发生变化。购买力平价有绝对购买力平价(Absolute Purchasing Power Parity)和相对购买力平价(Relative Purchasing Power Parity)两种形式。

(一) 绝对购买力平价

绝对购买力平价是指在某一时点上，两国购买力(或物价水平)之比决定两国货币之间的汇率。绝对购买力平价的公式为：

$$E = \frac{P_A}{P_B} \tag{2-2}$$

其中，E 为绝对购买力平价形式下的汇率；P_A为A国的一般物价水平；P_B为B国的一般物价水平。

绝对购买力以“一价定律”(Law of One Price)为基础，即在自由贸易条件下，同一种商品在世界各地以同一货币表示的价格相同。但由于各国使用的货币不同，因此，一种商品以不同货币表示的价格需要用均衡汇率进行折算才能保持相等，即 $P_A = EP_B$；否则，人们在各国间进行的商品套购(Commodity Arbitrage)活动将促使同一商品在世界各地以同一货币表示的价格相同。

(二) 相对购买力平价

相对购买力平价将汇率在一段时间内的变动归因于两国货币购买力或物价水平在这段时间内的相对变动，即在一定期限内，汇率的变动要与同一期限内两国货币购买力或物价水平的相对变动成比例。相对购买力平价的公式为：

$$E_1 = \frac{P_{A1}/P_{A0}}{P_{B1}/P_{B0}} \times E_0 \tag{2-3}$$

其中，E_1为当期汇率；E_0为基期汇率；P_{A1}为A国当期物价水平；P_{A0}为A国基期物价水平；P_{B1}为B国当期物价水平；P_{B0}为B国基期物价水平。

根据上述公式，如果在一定期限内，A国的物价上涨幅度超过B国的物价上涨幅度，则A国货币相对于B国货币汇率贬值，如果A国采用直接标价法，则E_1会大于E_0。

(三) 购买力平价理论的合理性

购买力平价理论从产生至今,对许多国家的外汇理论和汇率政策产生了重要影响,并且至今仍被人们用来预测长期汇率趋势,其合理性主要表现在以下三个方面:

一是论证了各国放弃金本位制后汇率的决定基础,阐明了货币的对内贬值必然导致货币对外贬值,揭示了汇率变动的长期原因。

二是有实用性。该理论有可能在新建和恢复两国贸易关系时提供一个可供参考的均衡汇率。

三是利用物价变动来阐述汇率的变动,该理论的研究方向是正确的。

(四) 购买力平价理论的缺陷

之所以当今没有哪一个国家的货币汇率是完全根据购买力平价理论来决定的,是因为该理论有以下明显的缺陷:

第一,该理论以货币数量说为前提。卡塞尔认为,两国纸币的交换决定了纸币的购买力,但根据纸币购买力来认定纸币价值显然是本末倒置。因为事实是,纸币的法定赋予价值决定其购买力大小。

第二,该理论在阐述物价决定汇率的同时,忽视了影响汇率变动的其他经济和非经济因素,有一定的片面性。

第三,该理论严格假设贸易完全自由化和"一价定律",但现实情况并非如此,各国往往存在政府干预和歧视税率等因素。

第四,汇率的计算存在客观技术困难。例如,各国的物价指数成分、物价基期等不可能完全相同,所以不同国家的物价指数很难有可比性。

四、利率平价理论

利率平价理论(Theory of Interest Rate Parity)的基本思想产生于19世纪后半期,20世纪20年代后凯恩斯等人对该理论予以了完整阐述。利率平价理论认为,汇率的远期差价是由两种货币发行国利率差异决定,两国之间存在的抵补套利活动将使高利率的货币在远期市场上有贴水,低利率的货币在远期市场上有升水,如果不考虑交易成本,则汇率的升水(或贴水)幅度等于两国利差,此时,利率平价成立。

利率平价理论可分为抵补利率平价(Covered Interest Rate Parity)和非抵补利率平价(Uncovered Interest Rate Parity)。

(一) 抵补利率平价

以英国和美国之间发生的抵补套利为例,可以对该理论的主要思想加以推导。假设英国的利率(i_{uk})高于美国的利率(i_{us}),如果两国资本自由流动,资金借贷自由,则美国人会在利率相对较低的美国市场上借入美元(假设只借1美元,并且借1年),并立即在外汇市场上按照即期汇率(e)将所借入的美元卖出并买进英镑$\left(£\frac{1}{e}\right)$,将所买入的英镑立即存入英国银行(假设存款期限为1年)，美国套利者为了防止1年后英镑到期存款$\left[£\frac{1}{e}(1+i_{uk})\right]$贬值，可在当天的外汇市场上按照现在的英镑与美元的远期汇率(F)卖出1年期的远期英镑，以锁定英镑1年期存款在1年后的美元收益$\left[\$\frac{F}{e}(1+i_{uk})\right]$，但这一行动的本身对英镑的远期汇率产生了打压，如果所有美国人都跟着这样做，那么，打压英镑远期汇率的结果将使其锁定的美元收益与其在美国发生的1年期美元债务$(1+i_{us})$不断接近，当所锁定的英镑到期存款的美元收益等于其在美国所发生的美元债务数额$\left[即\frac{F}{e}(1+i_{uk})=1+i_{us}\right]$时，货币市场和外汇市场上将达到均衡状态，抵补套利活动将不存在。将$\frac{F}{e}(1+i_{uk})=1+i_{us}$进行整理，便可得到：

$$\frac{F-e}{e}=\frac{i_{us}-i_{uk}}{1+i_{uk}} \qquad (2-4)$$

由于$1+i_{uk}$一般约等于1，因此可将式(2-4)简化为：

$$\Delta E\%=i_{us}-i_{uk} \qquad (2-5)$$

式(2-4)为利率平价，它表明高利率的货币(英镑)有远期贴水，货币(英镑)高利率带来的好处将会被货币(英镑)的远期贴水所抵消。高利率货币(英镑)贴水幅度约为两种货币(英镑与美元)的利率之差。

(二) 非抵补利率平价

在前面所举的例子中，如果美国套利者根据自己对未来汇率变动的预期来计算预期的美元收益，则其套利活动将承担一定的汇率风险。

如果美国套利者打算将其在英国1年后到期的英镑存款按照1年后的即期汇率(e_f)卖出(而不是现在按照远期汇率卖出1年期远期英镑)，并且认为其将实现的美元收益$\frac{e_f}{e}(1+i_{uk})$大于其在美国市场上发生的美元债务$(1+i_{us})$，则会有更多的套利者跟着这样做。当他们预期将实现的美元收益与美国市场上发生的美元债务额相等时，美国和英国的货币市场与外汇市场将达到均衡，于是有：

$$\frac{e_f}{e}(1+i_{uk})=1+i_{us} \qquad (2-6)$$

将式(2-6)加以整理，则有：

$$\frac{e_f-e}{e}=\frac{i_{us}-i_{uk}}{1+i_{uk}} \qquad (2-7)$$

将式(2-6)加以简化，则有：

$$\Delta e\%=i_{us}-i_{uk} \qquad (2-8)$$

式(2-8)就是非抵补利率平价，它表示预期汇率远期变动($\Delta e\%$)等于两种货币(英镑和美元)利率之差。当非抵补利率平价成立时，如果本币汇率高于外币汇率，则外汇市场将预期本币汇率在远期会贬值。

不过,人们很少对非抵补利率平价进行实证检验,因为对汇率的预期变动率是一个很难统计的心理变量,而且实际意义不大。

显然,利率平价理论的推理是严密的,在阐述远期汇率变动以及利率对汇率产生的影响方面具有实践价值。

但是,该理论也存在以下几个方面的缺陷:没有考虑交易成本,假设资本在各国间自由流动,忽略外汇投机者对外汇市场的冲击。

五、资产市场说

资产市场理论(Asset Market Approach)是20世纪70年代中期以后发展起来的一系列重要的汇率决定理论,它是在国际资本流动高度发展的背景下产生的,由于充分考虑了金融资产市场均衡对汇率产生的影响,并广泛受到重视,成为货币当局制定汇率政策,以及跨国公司、商业银行和学术研究机构分析和预测汇率变动的重要依据。比较有代表性的资产市场理论有以下三种:

(一)汇率的货币论

汇率的货币论(Monetary Approach to Exchange Rate)又称弹性价格货币分析法。该理论是由货币学派金融专家杰考伯·弗兰克尔(Jacob A. Frankel)和哈里·约翰逊(Harry G. Johnson)等人在《汇率经济学》中提出的。该理论主要阐述货币市场和货币存量的供求对汇率变动产生的影响,着重研究短中期汇率决定与汇率变动。

该理论假设:(1) 资本市场无管制且资本流动性较强;(2) 市场是有效的,人们对未来汇率的预期可以对汇率产生很大影响;(3) 一价定律在充分商品套购活动中得以实现;(4) 名义利率等于实际利率加通货膨胀率,并且各国实际利率相同;(5) 市场参与者能够根据信息和其他资料对汇率做出合理预期。其数学模型推导如下:

$$P_A = EP_B \tag{2-9}$$

其中,P_A表示A国物价水平,P_B表示B国(用外币表示的)物价水平,E表示汇率。A国物价水平必须满足货币市场的均衡条件,即:

$$M_d = M_s/P_A \tag{2-10}$$

其中,M_d是对实际货币存量的需求;M_s是货币供给(名义)存量,根据式(2-10),可得到国内外物价水平P_A和P_B:

$$P_A = M_{sa}/M_{da} \tag{2-11}$$

$$P_B = M_{sb}/M_{db} \tag{2-12}$$

其中,M_{sa}和M_{da}表示A国变量,M_{sb}和M_{db}表示B国变量,将式(2-11)和式(2-12)代入式(2-9),可得:

$$E = \frac{M_{sa}/M_{da}}{M_{sb}/M_{db}} \tag{2-13}$$

式(2-13)表明:A国和B国的货币汇率等于A国货币供给存量与实际货币需求量之比

除以 B 国货币供给存量与实际需求量之比，而对实际货币存量的需求取决于实际收入(y)和名义利率(i)，因此，A 国和 B 国实际货币存量的需求函数可分别表示为：

$$M_{da} = K_a \cdot \frac{Y_a}{i_a} \tag{2-14}$$

和

$$M_{db} = K_b \cdot \frac{Y_b}{i_b} \tag{2-15}$$

将式(2-14)和式(2-15)分别代入式(2-13)，得：

$$E = \frac{K_b}{K_a} \cdot \frac{M_{sa}}{M_{sb}} \cdot \frac{Y_b}{Y_a} \cdot \frac{i_A}{i_B} \tag{2-16}$$

式(2-16)表示，A 国和 B 国的货币汇率等于 A 国与 B 国货币供给存量之比乘以 B 国与 A 国实际收入之比乘以 A 国与 B 国名义利率之比，再乘以一个常数因子$\frac{K_b}{K_a}$。

根据假设条件，名义利率等于实际利率(i)加上预期通货膨胀率 $E(P)$，则有：

$$i_A = i_a + E(P_a),\ i_B = i_b + E(P_b) \tag{2-17}$$

其中，i_A表示 A 国名义利率，i_a表示 A 国实际利率，i_B表示 B 国名义利率，i_b表示 B 国实际利率。

将式(2-17)代入式(2-16)，得：

$$E = \frac{K_b}{K_a} \cdot \frac{M_{sa}}{M_{sb}} \cdot \frac{Y_b}{Y_a} \cdot \frac{i_a + E(P_a)}{i_b + E(P_b)} \tag{2-18}$$

如果假设 A 国货币为本国货币，B 国货币为外国货币，则从式(2-18)中可以看出，两种货币汇率的变动取决于三个因素的变动：(1) 两国货币供给存量的变化。当本国货币供给存量增加时，由于外币汇率与本币供应量 M_{sa} 呈正相关关系，因此外币汇率上升，本币汇率下跌。(2) 两国实际收入水平的变化。当本国实际收入水平增加时，由于本国实际收入水平与外币汇率呈负相关关系，外币汇率会下跌，本币汇率会上升。(3) 两国通货膨胀率的变动。本国通货膨胀率与外币汇率呈正相关关系，当本国通货膨胀率(预期)高于外国通货膨胀率时，外币汇率将上升，本币汇率将下跌。

归纳起来，汇率的货币论主要强调：货币因素在汇率决定中起重要作用，一国货币政策和通货膨胀与该国货币汇率走势具有相关关系，“一价定律”具有合理作用。

当然，该理论也有其缺陷：第一，只注重与货币因素有关的因素(如国民收入、利率水平和价格水平等)对汇率变动产生的影响，忽略了其他因素(如政治因素、社会经济内部结构等)对汇率变动产生的影响，有一定的片面性；第二，其基本假设过于绝对化，在现实生活中很难成立；第三，以抽象的数学等式来说明汇率变动因素之间的复杂关系，很难在实践中进行论证；第四，对汇率变动的阐述与其他传统汇率理论观点有矛盾之处，容易引起人们的误解。

(二) 黏性价格模型

黏性价格模型(Sticky Price Model)又称汇率超调模型(Overshooting Model)，由美国麻省理工学院教授鲁迪格 · 多恩布什(Rudiger Dornbusch)于 1976 年提出。多恩布什、德里斯克尔(Driskill,1981)、帕佩尔(Papell,1985)和列文(Levin,1986)等经济学家认为金融市场的调节可在瞬间完成,而商品市场的调节则较缓慢,他们修正了货币主义汇率理论关于所有市场的调节都能在瞬间完成这一重要假定,提出了汇率超调理论,并对此进行了论证。

多恩布什认为,货币市场(因货币供应量增加等因素)失衡后,由于短期内商品价格黏性不变,而证券市场反应极其灵敏,利率将会立即发生调整,使货币市场恢复均衡,正是由于价格短期粘住不动,货币市场恢复均衡完全由证券市场来承受,利率在短期内就必然会超调,即调整的幅度要超出其新的长期均衡水平。如果国际资本可自由流动,利率的变动就会引起大量套利活动,并使汇率立即变动。汇率的变动幅度与利率的超调相对应,也会超过新的长期均衡水平,出现超调特征。

假设货币需求取决于收入和利率,则货币需求函数表示为:

$$M_d = aY + bi \tag{2-19}$$

其中,M_d 为货币需求的实际存量,Y 为收入,i 为利率。

货币需求与收入呈正相关关系,Y 增长时,人们对货币的需求也趋于增长,因此,a 大于零。由于利率是持有货币的机会成本,因此,货币需求与利率呈负相关关系,b 小于零。一般而言,当货币供应量增加后,短期内收入和物价是相对不变的,只有利率发生变动。利率只有下降才能使货币供求保持平衡。A 国和 B 国的利率平价关系可表示为:

$$\frac{i_A - i_B}{1 + i_B} = \frac{F - E}{E} \tag{2-20}$$

将式(2-20)简化,可得:

$$i_A - i_B = \frac{F - E}{E} \tag{2-21}$$

在给定 B 国利率(i_B)的条件下,A 国利率(i_A)下降,$\frac{F-E}{E}$(F 为远期汇率,E 为即期汇率)就必然会下降。当 A 国货币供应量增加时,A 国的物价水平就会上涨。A 国较高的未来物价意味着要有一个较高的未来即期汇率才能维持购买力平价关系:

$$\Delta E = P_A - P_B \tag{2-22}$$

显然,在式(2-22)中,在给定 B 国物价的情况下,A 国物价会随着货币供应量的增加而上涨,A 国货币汇率将下降,外汇汇率 E 将上升。根据式(2-21),如果 F 上升,则为了维持利率平价,$\frac{F-E}{E}$ 就必须下降,E 上升的幅度必须大于 F 上升的幅度。然而,一旦 P_A 开始上涨,实际货币存量就会减少,因货币的供求关系改变,i_A 则趋于上升。随着 i_A 的上升,E 将下降以维持利率平价。所以,E 最初的上升将超过未来即期汇率 E,出现汇率超调。

图 2-1(a)、(b)和(c)所给出的就是物价水平、利率和 A 国货币汇率因 A 国货币供应量增加而发生的相应变动情况。在时间 t_0 货币供应量增加时,本国利率下跌,即期汇率下跌,此时并没有引起价格水平的变化,最终长期均衡物价和汇率变动随着货币供应量的增加而相应变动。虽然远期汇率将立即变动至一个新的均衡价位,但为了维持利率平价,即期汇率将降低并低于最终的均衡价位 E_{LR}。随着时间的推移,物价会上涨,利率也将上升,汇率将朝着新的均衡价位变动。

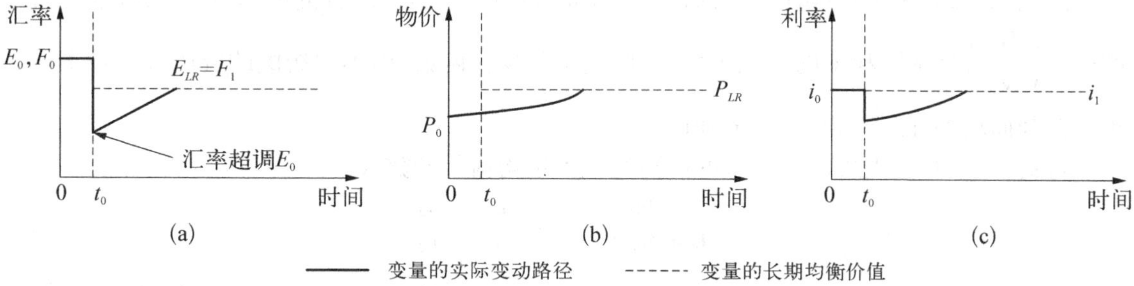

图 2－1 国内货币供应量增加后远期汇率、即期汇率、利率和物价的变动路径

显然，多恩布什的黏性价格模型对汇率超调现象的总结和理论上的系统阐述，对人们分析购买力平价理论和现实汇率波动具有一定的价值。

但该理论还是存在一定的缺陷：一方面，该模型假设国内外资产具有完全替代性，而实际上由于存在交易成本、风险和税收等因素，资产的完全替代性难以实现；另一方面，该模型将汇率变动完全归因于货币市场失衡，而未考虑商品市场对汇率的影响，因而有一定的片面性。

(三) 资产组合平衡说

资产组合平衡说(Portfolio Balance Theory)产生于 20 世纪 70 年代，是资产组合选择理论的应用。W. 伯莱逊(W. Branson)于 1975 年提出了初步模型，之后，H. 霍尔特纳(H. Halttune)和 P. 梅森(P. Masson)等人进一步对该模型进行了充实和修正。

该理论结合了传统汇率理论和货币主义分析方法，认为汇率是由货币供求和经济实体等因素诱发的资产调节与资产评价过程共同决定的。由于国际金融市场实现了一体化，各国资产之间存在高度的替代性，因此，一国居民的资产形式既可以是本国货币和各种证券，又可以是外国各种证券。当利率、货币供给量和居民愿意持有的资产种类等发生变化时，居民原有的资产组合就会出现失衡，进而使各国资产之间出现替代和选择，由此又引起各国间资本流动，对外汇市场供求产生影响，最终使汇率发生变动。

在任何时候，一国资产总量(即财富总额)可表示为：

$$\boldsymbol{W_c = M_0 + B_0 + e \cdot B_d} \tag{2-23}$$

其中，W_c 为一国资产总量，M_0 为以本国货币持有的财富形式，B_0 为本国居民愿意以本国债券持有的财富形式，B_d 为本国居民愿意以外国债券持有的财富形式，$e \cdot B_d$ 为以本国货币表示的外国债券的财富持有额。

一国持有的资产总额的变动也可表示为：

$$\boldsymbol{\frac{M_0}{W_c} = \frac{a_1}{r} + \frac{a_2}{r_d}} \tag{2-24}$$

$$\boldsymbol{\frac{B_0}{W_c} = a_3 r + \frac{a_4}{r_d}} \tag{2-25}$$

显然，式(2－24)表示，本国财富持有者在其财富总额(W_c)中愿以本国货币形式(M_0)持有的比率$\left(\frac{M_0}{W_c}\right)$是本国利率($r$)和外国利率 r_d 的反比函数，本国居民的财富总额在本国与外国的利率下降时增加，或在本国与外国的利率上升时减少。

而式(2-25)表示，本国财富持有者以本国债券形式(B_0)持有的财富在其总财富中所占的比率$\left(\frac{B_0}{W_c}\right)$是本国利率的正比函数、外国利率的反比函数，即本国居民的资产总额随本国利率的上升而增加，随外国利率的下降而减少。

将式(2-23)代入式(2-24)，可得到货币市场均衡的函数式：

$$\frac{M_0}{M_0+B_0+eB_d}=\frac{a_1}{r}+\frac{a_2}{r_d} \tag{2-26}$$

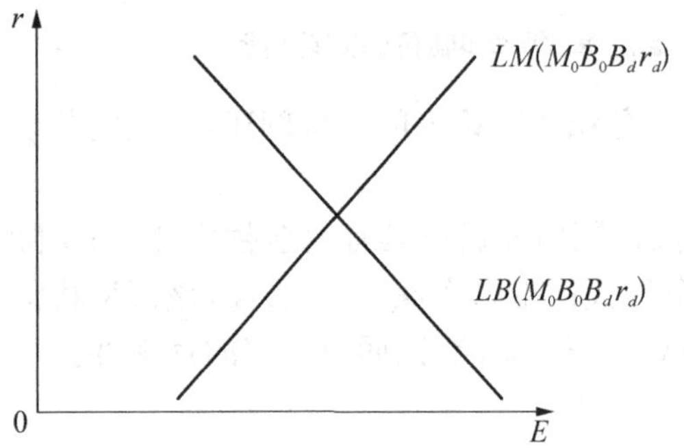

图 2-2 资产组合平衡下利率与汇率的变动关系

从式(2-26)中可以看出，当M_0、B_d、B_0和r_d固定不变时，在直接标价法下，为维持市场均衡，本国利率和汇率应是同方向变动(参见图2-2中的LM曲线)。LM曲线由左下方向右上方延伸，表明在M_0、B_d、B_0和r_d一定的情况下，本国利率上升时，本国居民以本币形式持有的财富比率必定减少，这就要求通过汇率升值来提高本国居民持有的外国资产的本币价值。

将式(2-23)代入式(2-25)，可得债务市场均衡的函数式：

$$\frac{B_0}{M_0+B_0+eB_d}=a_3r+\frac{a_4}{r_d} \tag{2-27}$$

显然，式(2-27)表明，在M_0、B_d、B_0和r_d一定的情况下，为了使债务市场达到均衡，本国利率和汇率必须反向变动(参见图2-2中的LB曲线)。LB曲线由左上方向右下方延伸，表明在M_0、B_d、B_0和r_d一定的情况下，若本国利率上升，则本国居民以债务形式持有的财富比率也一定增加，从而迫使外汇汇率贬值，以降低人们持有的外国资产的本币价值。

图2-3列出的是在直接标价法下利率与汇率之间的关系。当本币财富额(M_0)增加时，LM曲线右移，LB曲线左移[见图2-3(a)]，随后，市场上会出现对本国债券和外国债券的过度需求，最终使本国利率下降，外国汇率升值。当外国利率r_d上升时，LM和LB曲线将右移[见图2-3(b)]，随后，市场上会出现本币和本国债券的过度供给，以及对外国资产的过度需求，外汇汇率升值才能使市场恢复平衡。当本国债券B_0供给增加时，LM曲线将左移，LB曲线将右移[见图2-3(c)]，随后，市场上会出现本国债券的过度供给和对本币及外国资产的过度需求，本国利率上升才有助于恢复平衡，但难以判断汇率的变动。当外国资产B_d增加时，LM和LB曲线都将左移[见图2-3(d)]，随后，市场上将出现对本币和本国债券的过度需求，但利率基本稳定，进而导致汇率贬值。

资产组合平衡理论认为，汇率会随着人们对资产选择和资产组合的变动而变动。具体来说，人们一般将拥有的金融财富分布于可供选择的本币、本国债券和外国债券等资产之中。当人们考虑所持有的财富的收益时，将对资产进行选择，构建新的资产组合，这一行为又会对市场上本国货币、本国债券和外国债券的需求产生影响，最终影响汇率变动。该理论摆脱了传统汇率理论和货币主义汇率理论的片面性，不仅分析了经常账户失衡对汇率产生的影响，而且分析了货币市场失衡对汇率产生的影响，比较全面地分析了影响汇率变动的因素。

资产组合平衡理论的缺陷主要表现在：第一，只分析了目前的汇率水平对人们的金融资

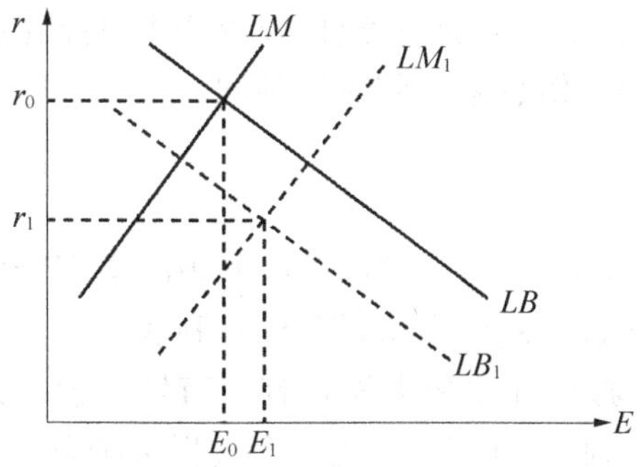

(a) M_0增加对汇率的影响

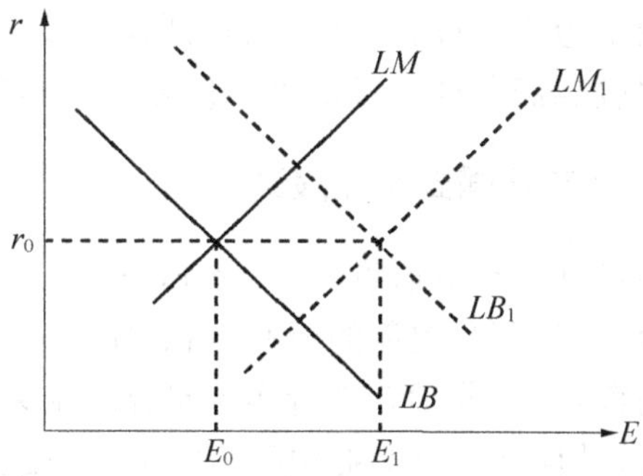

(b) r_d上升对汇率的影响

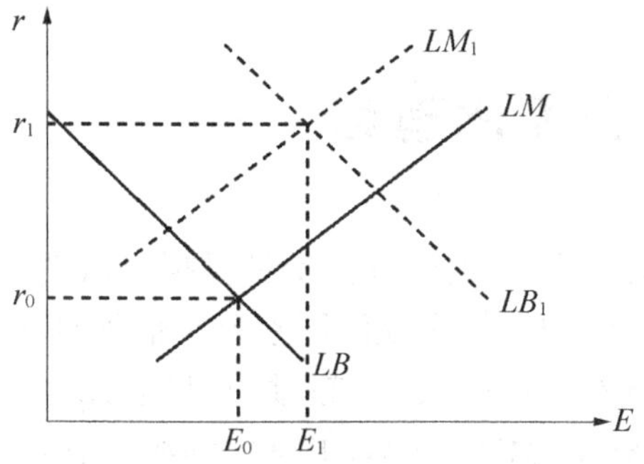

(c) B_0增加对汇率的影响

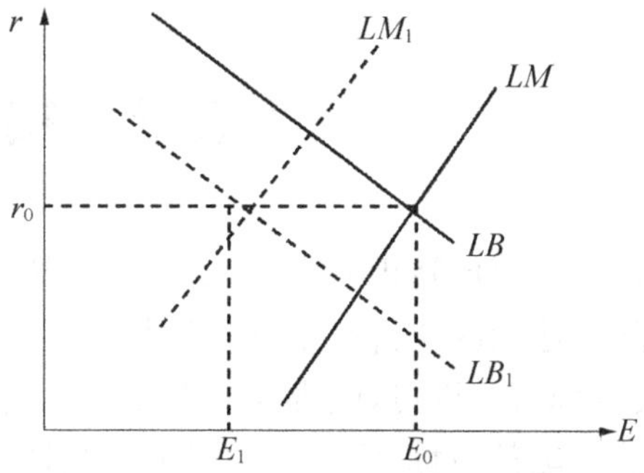

(d) B_d增加对汇率的影响

图 2-3 资产替代和选择与汇率变动

产实际收益产生的影响，而忽略了汇率的未来变动也会对金融资产实际收益产生影响；第二，在分析经常账户失衡对汇率产生的影响时，只关注资产组合变化所产生的作用，而未分析商品和劳务变动对汇率产生的影响；第三，可操作性不强，因为现实生活中有关人们所持有的财富数量和具体组合的质量等方面的信息是很难获得的。

六、有效市场假说

有效市场假说(Efficient Market Hypothesis)是外汇市场行为分析理论之一。传统的资产组合理论的假定前提是外汇市场是有效率的，该理论侧重探讨了这一基本前提。

有效市场是指市场上信息完全，即信息是同质的，市场参与者不能通过分析和处理相关信息而得到额外的投机利润。在有效市场中，价格就是信息的体现，无论是外汇市场还是资本市场都是如此。

(一) 市场弱式有效假说

市场弱式有效假说(Weak Form Efficiency Hypothesis)认为，现行的市场汇率充分反映了包含在过去价格中的所有信息，投机者不可能通过分析过去的汇率信息得到额外利润。

(二) 市场半强式有效假说

市场半强式有效假说(Semi-strong Form Efficiency Hypothesis)认为，现行的市场汇率不

仅反映了包含在过去汇率中的信息，而且反映了所有公开的当前信息，投资者不可能通过分析财务报表、红利分配、货币供应量和收入等当前的公开信息来得到额外利润。

(三) 市场强式有效假说

市场强式有效假说(Strong Form Efficiency Hypothesis)认为，现行市场汇率充分反映了包括过去、目前和内部的所有信息，任何人都不能通过垄断信息来得到额外利润。

目前，大部分学者进行实证研究的结果都支持弱式有效和半强式有效市场假说。人们通常认为，对有效市场假说不能加以简单地接受或拒绝，而应该将其作为一个过程来研究。外汇市场在短期内是无效率的，市场上充斥着各种不同的封闭信息，导致汇率不能充分反映所有信息。而长期的外汇市场会接近有效市场，因为信息在长期内会扩散，汇率将逐渐反映所有可得信息。

第五节　货币的数字化趋势

自2008年比特币问世以来，区块链技术在金融领域的运用日益受到重视。截至2015年底，国际上运用区块链技术推出的数字货币已经有数千种，许多欧洲国家允许企业拥有数字货币的发行牌照和许可，欧洲国家的数字货币交易量在2015年已经超过10亿欧元。芬兰、瑞典、挪威等国都声称，它们将迎接无现金社会的到来，而德国、日本、加拿大和澳大利亚等国已经官方承认比特币是合法货币。数字货币的问世正在给各国的中央银行和货币政策的执行带来新的机遇和挑战。

专栏2-1　货币数字化的国际趋势和国内趋势

1. 货币数字化的国际趋势

2016年8月，全球四大银行(瑞士银行、德意志银行、桑坦德银行和纽约梅隆银行)已经联手开发新的数字货币，希望未来能够通过区块链技术来清算交易，并成为全球银行业通用的标准。

这四大银行还将与英国券商ICAP携手共同向各国中央银行推销该方案，并计划在2018年初进行首次商业应用。方案于2016年8月正式公布，四大银行计划运用区块链技术和“去中心化”的电脑网络来提高金融市场运行效率。该方案是迄今为止，国际大银行在这方面达成的最具体、最具有现实意义的一次合作。

2. 中国中央银行对数字货币的态度

中国人民银行于2014年成立专门的数字货币研究团队，于2015年初对数字货币发行和业务运行框架、数字货币的关键技术等进行深入研究，已取得阶段性成果。

中国人民银行推出数字货币的目标是：第一，降低传统纸币发行流动的高昂成本；第二，减少“洗钱”、逃税等违法犯罪行为；第三，提升中央银行对货币供给的货币流通的控制力；第四，进一步完善支付体系，提升支付清算效率。

2016年中国人民银行传递了一种信号：货币数字化是一种趋势。2016年1月20日中央银行发布消息：数字货币研究团队将积极吸收国内外数字货币研究的重要成果和实践经验，争取早日推出中央银行发行的数字货币。并且表示：随着信息科技的发展以及移动互联网、区块链等技术的演进，全球范围内支付方式发生了巨大的变化，数字货币的发展正在对中央银行的货币发行和货币政策带来新机遇和挑战。

2016年6月24日中央银行调查统计司司长盛松成在“首届大数据金融论坛”上表示：“未来的央行数字货币可实现‘点对点’支付结算，不需要借助第三方中心化机构，这将有助于中国建设全新的金融基础设施，进一步完善中国支付体系，提升支付结算效率。”盛松成认为：未来的中央银行数字货币将可能是基于区块链技术、具有分散式账簿特点的本位币，并涉及包括移动支付、可信可控云计算、密码算法、安全芯片等在内的其他相关技术。中央银行数字货币最终可形成一个公开透明的大数据系统，提升经济交易活动的便利性和透明度，减少洗钱、逃漏税等违法犯罪行为。中央银行数字货币将有助于提升货币供给和货币政策的有效性。

2016年12月，中国人民银行成立数字货币研究所，主要职能有：学术研究，培训教育，科研孵化，咨询顾问，信息出版，国际合作，加强与国际互联网金融界的交流与合作。

本章小结

外汇的概念有静态和动态之分。静态概念的外汇是一种以外币表示的用于进行国际结算的支付手段，动态概念的外汇是一种国际汇兑行为。人们一般所说的外汇是静态概念。

外汇的基本特征有三个方面：外汇是以外币表示的，可用于对外支付的金融资产；外汇必须具有可靠的物质偿付保证，并能为各国所接受；外汇必须具有充分的可兑换性。

外汇的种类可以按照不同的标准划分。按照外汇来源的用途，可分为贸易外汇和非贸易外汇；按照是否可以自由兑换，可分为自由外汇和记账外汇；按照外汇买卖交割期，可分为即期外汇和远期外汇。

外汇的作用表现在：实现国际购买力的转移，促进各国在各领域的交流；促进国际贸易的发展；调剂各国间资金供求的不平衡；外汇储备是一国国际经济地位的标志之一；外汇是政府干预经济的有力工具。

汇率是不同货币之间的折算比率，它代表一国货币的对外价值。汇率有直接标价和间接标价两种。汇率的种类很多，从不同的角度出发可以划分为：固定汇率与浮动汇率；基本汇率与套算汇率；买入汇率、卖出汇率、中间汇率与现钞汇率；电汇汇率、信汇汇率与票汇汇率；即期汇率与远期汇率；官方汇率与市场汇率；开盘汇率与收盘汇率；名义汇率、实际汇率与有效汇率；贸易汇率与金融汇率。

在不同的货币制度下，汇率的决定基础也不同。在国际金本位制度下，铸币平价是汇率基础，黄金输送点是汇率波动的上下限。在纸币制度下，影响汇率变动的主要因素有：利率、国际收支、通货膨胀、政府干预及宏观经济政策、市场预期心理等。

汇率变动的经济影响是多方面的，主要包括一个国家的贸易收支、贸易条件、物价水平、资本输出入、国民收入再分配、民族工业、劳动生产率及经济结构等。一国货币贬值或升值都将对该国上述几个方面产生有利和不利的影响。

西方主要汇率理论有：国际收支说(包括国际借贷理论和现代国际收支说)、汇兑心理理论、购买力平价理论、利率平价理论、资产市场说(包括汇率的货币论、黏性价格模型和资产组合平衡说)和有效市场假说。每一种理论所产生的背景各不相同，并且其理论前提、论点及缺陷也各不相同。

比特币和区块链技术的运用使国际和国内出现货币数字化趋势。

思考题

1. 名词解释

外汇　可兑换性　汇率　直接标价　间接标价　基本汇率　套算汇率　现钞汇率　电汇汇率　信汇汇率　票汇汇率　即期汇率　远期汇率　升水　贴水　官方汇率　市场汇率　实际汇率　有效汇率　名义汇率　汇率指数　黄金输送点　购买力平价　利率平价　汇率超调　有效市场　弱式有效　半强式有效　强式有效

2. 外汇的动态概念与静态概念有什么区别?

3. 外汇的基本特征是什么？它对国际经济起到什么有利作用?

4. 外汇汇率是怎样标价的？根据不同的标价方法应如何理解一国货币汇率的升降？试举例说明。

5. 简述外汇汇率的种类。

6. 纸币制度下影响汇率变动的主要因素有哪些?

7. 根据国际清算银行的计算，2017 年 1～3 月，人民币名义有效汇率下降 1.59%，实际有效汇率下降 1.95%；自 2005 年人民币汇率形成机制改革以来至 2017 年 3 月末，人民币名义有效汇率上升 35.15%，实际有效汇率上升 44.23%。自 2005 年人民币汇率形成机制改革以来至 2017 年 3 月末，人民币对美元汇率中间价累计上升 19.96%。请分别分析人民币贬值或升值对中国各行业产生的有利或不利影响，并分析具体原因。

8. 简述主要汇率理论的基本内容，以及这些理论的前提和局限性。

9. 2016 年 6 月，英国“公投”结果是英国将离开欧盟，请分析并阐述英国“脱欧”给英镑未来汇率波动可能带来的影响。

10. 请评述比特币和区块链技术对货币数字化带来的影响。

11. 请运用所学的金融理论知识分析一国货币数字化将会给该国的中央银行和货币政策的执行带来怎样的机遇和挑战。

12. 若一个英国银行给出的汇率报价是：

即期汇率：　　　£1 = $1.632 5/35

1 月期远期差价：　0.75～0.73 cpm

2 月期远期差价：　1.35～1.32 cpm

3 月期远期差价：　2.03～2.00 cpm

问：(1) 银行买入即期美元的价格是多少?

(2) 客户卖出 1 月期美元的价格是多少?

(3) 银行卖出 2 月期美元的价格是多少?

(4) 客户卖出 3 月期英镑的价格是多少?

第三章　外汇市场与外汇交易

- 外汇市场是指经营外汇买卖的交易场所。这个市场的职能是经营货币商品，即买卖不同国家的货币。外汇市场是国际货币体系的重要组成部分，其存在便利了各国间资本的调拨，使各国间的债权债务得以清偿，促进了国际资本流动，也使跨国界资金融通得以实现。
- 本章要点：外汇市场的功能、参与者和国际外汇市场的主要特点；基本外汇交易类型；外汇市场的管理。

第一节　外汇市场概述

一、国际外汇市场种类

（一）按照外汇交易的参加者划分

1. 狭义的市场

狭义的市场主要是指银行同业之间的外汇买卖行为及其场所，又称外汇的批发市场。银行同业的外汇交易的目的主要是避险和投机。

2. 广义的市场

广义的市场是指所有货币买卖行为及其场所。它不仅包括银行同业之间的批发市场，而且包括银行与客户之间的零售市场，以及中央银行因政策需要干预外汇市场而引起的外汇交易。

一般所说的外汇市场多指狭义的市场。

(二) 按照有无固定场所划分

1. 抽象的外汇市场

抽象的外汇市场是指外汇交易没有具体的交易场所，也没有一定的开盘和收盘时间，而是由进行外汇交易的银行和经纪人通过现代通信工具连接的通信网络来达成外汇交易。目前，英国、美国等西方发达国家的外汇市场都属于这一类型。当然，这个交易网络还包括银行为满足客户交易需要而设置的交易柜台。

2. 具体的外汇市场

具体的外汇市场是指从事交易的当事人能在固定的交易场所和规定的营业时间内进行外汇买卖，如中国的外汇交易中心、比利时的布鲁塞尔等都属于此类，伦敦和纽约则是国际上最发达的外汇市场。

一般所说的外汇市场是指抽象的外汇市场。

(三) 按照外汇受管制的宽严程度划分

1. 自由外汇市场

自由外汇市场是指政府、机构和个人可以买卖任何币种、任何数量外汇的市场，汇率随行就市。这种市场主要出现在无外汇管制的西方发达国家。一些发展中国家也存在公开的外汇市场，但采用某种形式的固定汇率，由于存在外汇管制，外汇交易的数额和币种受到严格限制。

2. 平行市场

平行市场又称替代市场。它是受管制的官方市场的一种替代。政府默许这一市场存在的主要理由有两个：一是缓解公开市场上外汇供求的矛盾；二是以平行市场上的汇率水平作为政府进行汇率管理的参考。由于平行市场上的汇率水平能相对地反映外汇的实际供求状况，因此政府以此为参考，可以对官方汇率进行微调。

3. 外汇黑市

外汇黑市是指非法外汇交易市场。一般来说，当一些国家外汇管制比较严格时，就会存在一些政府加以限制或法律上禁止的黑市外汇交易。

(四) 按照外汇市场的主次划分

在美国，主要的外汇市场在纽约，而芝加哥、旧金山和波士顿等地的外汇市场则是次要的或辅助性的。在德国，除了法兰克福外汇市场外，还有柏林、汉堡等地的次要外汇市场。在瑞士，除了苏黎世是重要的外汇市场外，还有伯尔尼和洛桑等次要的外汇市场。

英国的情况则不同，所有的外汇交易都集中在伦敦外汇市场，不存在辅助性的外汇市场。

二、外汇市场的参与者

(一) 外汇指定银行

外汇指定银行(Appointed Bank 或 Authorized Bank)即中央银行指定或授权经营外汇业务的外汇银行。外汇银行是外汇市场的主要参与者，它在外汇市场上主要从事两方面的活动：一是代客买卖，作为中介，在用客户账户代客户从事外汇交易的同时收取佣金；二是自营买卖，用银行自己的账户从事外汇买卖并承担交易的损益。

(二) 非金融机构与个人

非金融机构主要是指各种进出口贸易公司、政府机构和跨国公司等。第二次世界大战前，进出口贸易公司是外汇市场的主要供求者，但第二次世界大战后，尤其是近三十余年，跨国公司及投机者已经成为外汇市场的主要参与者，买卖外汇的规模异常庞大，它们在外汇市场上发挥着重大作用。此外，个人主要包括旅游者和出国留学生等。

(三) 外汇经纪人

外汇经纪人(Foreign Exchange Broker)是在银行间或银行与客户之间进行联系，接洽外汇买卖的交易员，他们以收取佣金为目的，不承担外汇买卖的损益。

(四) 投资银行、信托公司、保险公司、财务公司等非银行金融机构

随着投资银行越来越多地从事各国间的证券发行和交易、企业重组和金融衍生产品交易，它们已经成为外汇市场非常重要的参与者。国际知名的投资银行，如美国的高盛、JP 摩根和日本的野村等公司在外汇市场上都非常活跃。一国金融体系越开放，则其非银行金融机构参与的相关外汇业务就越多，它们在外汇市场上就越活跃。

(五) 中央银行

许多国家的中央银行负有监管外汇市场的职能，当外汇市场受到投机者冲击而出现外汇风潮时，中央银行就在外汇市场上通过买卖外汇以稳定汇率。此外，中央银行有时作为政府的银行参与外汇买卖，此时，其作用与外汇指定银行是一样的。

(六) 做市商

做市商(Market Maker)是指那些不断地、大规模地从事某种货币或某种类型的外汇业务以使该货币或该类型业务得以形成市场的外汇银行，通常是一些具有雄厚资本、拥有大量技术娴熟的专业交易员、声誉良好以及交易网络广的国际知名外汇银行。它们的买卖报价最具有竞争性和影响力，是其他规模小的银行从事外汇交易的基础。

三、国际外汇市场的主要特征

外汇市场是国际金融市场的一个重要组成部分，它与其他金融市场关系密切。例如，国际货币市场的借贷业务、国际资本市场上的投资活动，以及国际黄金市场和衍生产品市场都离不开外汇买卖。此外，国际商品和劳务市场上的贸易与非贸易结算都离不开外汇收支。尽管如此，国际外汇市场也有其本身的特征。自 20 世纪 70 年代以来，国际外汇市场迅猛发展，目前整个国际外汇市场的日交易量已经超过 3 万亿美元，而且正以非常快的速度增加。伦敦外汇市场是全球最发达的外汇市场，其次是纽约和东京等外汇市场。当今国际外汇市场具有以下特征：

(一) 全球的外汇市场在时间上和空间上连成一个国际外汇大市场

自 20 世纪 70 年代以来，现代化通信技术被广泛运用于银行业，亚太地区的外汇市场发展

迅速,各国外汇市场之间已形成一个迅捷、发达的通信网络,任何一个金融中心的外汇报价可在瞬间被发送出去,任何一个外汇市场的交易信息可以被很快地传到世界各地。整个西欧外汇市场统一了营业时间,而且与非洲、美洲及亚洲的外汇市场的营业相互衔接并有部分重叠。具体来说,欧洲外汇市场的营业时间从上午 9:00 开始,至欧洲时间下午 14:00,纽约外汇市场开始营业。纽约外汇市场下午 15:00 关闭时,正值旧金山时间中午 12:00。在旧金山外汇市场关闭后,交易又可以转到东京,之后依次为新加坡、中国香港和欧洲。这些外汇市场按照时差顺序活动,如此周而复始,使得国际外汇交易一天 24 小时能在世界各地不间断地进行。所以说,从全球范围看,外汇市场从来不闭市。

(二) 各外汇市场之间的汇率差异日益缩小

借助于发达的通信网络,人们可以随时随地获得有关货币汇率的信息。例如,纽约外汇市场上的交易虽已结束,但总部设在纽约的跨国公司和银行在海外的子公司和分支机构可能正在其他时区内的外汇市场上积极活动。当今外汇市场的国际性使外汇的供给与需求是在全世界范围内而不是在一国范围内取得平衡的。例如,一家进口美国货的英国公司,在伦敦外汇市场上对美元的需求会迅速传递到纽约外汇市场从而形成英镑的供给。这便使各主要金融市场的外汇行情在任何时点上总是趋向一致而不会有显著差异。有时即使出现套汇差异,套汇活动也会使差异在瞬间消失。由于外汇市场的国际性,以及庞大的外汇交易规模,汇率不易被垄断且具有高度的竞争性。

(三) 汇率波动频繁

20 世纪 70 年代后,西方国家普遍采用浮动汇率制度。汇率的波动频繁已经成为一种正常现象。特别是自 20 世纪 80 年代以来,由于各国经济发展不平衡日益加剧,国际资本流动的规模越来越大,各国金融自由化促使汇率波动更加频繁,汇率风险也随之增大。

(四) 各种金融创新工具不断出现

早在以美元为中心的固定汇率制度下,外汇市场上就已经出现远期外汇交易。随着后来汇率的频繁波动,企业和金融机构承担了越来越大的汇率风险,它们迫切需要更多的金融工具和交易方式进行避险和投机。于是,各种金融创新工具(如外汇期货、期权和互换等衍生产品交易)应运而生。近几十年来外汇交易形式发展迅速,外汇市场交易更具有活力。

(五) 绝大多数外汇交易涉及美元

由于美国的 GDP 占全球的 1/4,且美国在国际贸易中占有近 1/5 的比例,此外,还有许多国家实行了美元化,因此,在目前国际外汇交易中,绝大多数外汇交易涉及美元,几乎都是美元与其他货币之间的相互兑换,即使银行外汇交易的真正目的是以某种非美元货币去换取另一种非美元货币,情况也是如此。国际外汇市场上交易的主要货币对(Currency Pair)是:美元/欧元、美元/日元、美元/英镑等。

(六) 政府对外汇市场干预频繁

在布雷顿森林体系下,各国中央银行有义务使本国货币汇率维持在法定的幅度之内,超过规定限度须加以干预。实行浮动汇率后,虽然从理论上讲,各国的中央银行不再承担干预外汇市场的义务，货币汇率开始由市场供求关系来决定，但实际上，各国政府对汇率从未放任不管。尤其是自 20 世纪 80 年代以来，西方货币汇率的剧烈波动给各国经济都带来不利影响，所以干预始终没有停止过。干预的方式主要是通过中央银行买卖外汇来控制汇率。不仅本国的中央银行介入市场，而且有时几个国家的中央银行联合起来进行干预。1998 年当索罗斯在中国香港外汇市场冲击港币时，中国中央银行为了帮助香港稳定港币与美元汇率水平，就曾经动用中国外汇储备在香港外汇市场上抛美元买港币，最终，成功地阻击了投机者，捍卫了港币汇率。

四、外汇市场的作用

（一）实现购买力的国际转移，使各国经济贸易得以清算或结算

国际经济贸易的结果往往需要债务人（如进口商）向债权人（如出口商）进行货币支付，将购买力从债务人所在国转移到债权人所在国，这种购买力的转移是通过外汇市场实现的。外汇市场所提供的是使购买力转移的交易得以顺利进行的经济机制。它的存在使国际经济往来及国际政治、军事、文化、科技和体育等各个领域的交流成为可能。当市场的汇率变动使外汇供求相等时，所有潜在出售和购买愿望都得到了满足，外汇市场就处于均衡状态。

（二）便利各国间的资金融通

当今世界，国际货币市场和资本市场与外汇市场已经紧密地联系在一起，使外汇市场在买卖外汇的同时，也为国际借贷和国际投资活动提供了资金融通便利。例如，美国财政部发行国库券中有相当一部分是由外国官方机构和私人企业购买的，而这种证券投资当然是以不同货币之间可自由兑换为前提的。又如，人们能够在一国借款筹资，而在另一国提供贷款或进行投资，从而使各种形式的套利活动得以进行，各国的利率水平因此也具有趋同性。当然，这必须有一个前提条件，即政府允许资本自由流动。

（三）规避或降低汇率风险

外汇风险是国际贸易中广泛存在的一种金融风险。借助于外汇市场及各种金融工具，避险企业可以实现风险最小化或利润最大化的目标。当然，从另一个角度来讲，外汇市场也为谋取风险利润的外汇投机者提供了一个大显身手和兴风作浪的场所。

第二节 外汇交易的基本类型

一、即期外汇交易

即期外汇交易（Spot Exchange Transaction）又称现汇交易，是指外汇买卖成交后在两个营业日内办理有关货币收付交割的外汇业务。当今零售市场上外汇交易主要是即期外汇交易，而许多利用远期外汇交易进行投机者，也往往借助于即期外汇交易实现投机目标。

即期外汇交易的交易金额一般较小，但交易双方无论是进行投机还是避险，都必须交割十足的资金。

需要指出的是,即期外汇交易虽然在两个营业日内交割,但仍有风险。按照惯例,外汇交易双方应在同一营业日内办理交割。但是,由于时区不同,同一天交割的交易,交易时间在远东开始较早,欧洲较晚,而美国就更晚,这就使即期外汇交易包含了一定的风险。例如,一家德国银行和一家美国银行进行了一笔即期外汇交易,卖出欧元,买入美元。德国法兰克福外汇市场的交易时间是格林尼治时间 7:30～16:00,纽约外汇市场的交易时间是格林尼治时间 12:30～21:00。这样,在交割日如果出现以下情况,德国银行将蒙受损失,即该德国银行在 12:30 之前已经将欧元交割,将资金打入对方账户了。在德国银行交割欧元之后到12:30,纽约外汇市场开市这段时间内,与该银行交易的美国银行恰巧破产倒闭。结果使德国的银行没有收入相应的交换资金,因为在既定的交割日在纽约还没有到来时,美国银行还未交割美元就倒闭了。

二、远期外汇交易

(一) 远期外汇交易的特点

远期外汇交易(Forward Exchange Transaction)又称期汇交易,是指买卖双方在成交时先就交易的货币种类、汇率、数额以及交割期限等签订远期合约,并在未来约定的交割日进行交割。远期外汇交易的期限可以是7 天、1 个月、2 个月、1 年或更长期限。不过,1 年以上的远期外汇交易比较少。

远期外汇交易的特点是:

第一,它是场外交易,银行通过通信工具与其他银行、外汇经纪人和客户进行交易。

第二,交易的交割日有定期交割和选择日期交割。

第三,交易合约是非标准化合约,合约的金额和期限根据客户的需要度身定做,因此,合约难以转让,流动性差。

第四,远期外汇交易不收取保证金,所有的交易成本被银行打入远期汇率中。

第五,远期外汇交易的金额一般比较大,主要被金融机构或企业用于避险或投机。

第六,银行提供远期外汇交易时往往承担着客户到期不履约的信用风险,因此,一般在交易时要求客户有信用额度。

(二) 远期汇率的表示方法与计算

远期外汇交易中使用的汇率是远期汇率(Forward Rate)。由于在成交和实际交割时有一个时间差,而货币的时间价值同时是以利息来表示的,因此,远期汇率与有关货币的利率关系密切。在一般情况下,远期汇率很少与合约交割之日的即期汇率正好相等。通常是高于即期汇率(表现为升水),或低于即期汇率(表现为贴水)。这两种偏差额,行话称为掉期率。在外汇交易中,远期外汇的报价可以直接报出整个远期汇率,即单纯远期汇率,也可以仅报出掉期率,即升水、贴水值。在实际操作中,银行与客户之间的远期汇率报价多用单纯远期汇率,而银行同业之间报价则以掉期率为主。

在阐述升水、贴水时应指明是何种货币,因为就汇率而言,A 国货币的升水就意味着 B 国货币将有一定程度的贬值,而 A 国货币的贴水意味着 B 国货币将有一定程度的升值。一般而言,在一国外汇市场上公布的升水(或贴水)往往是指外汇的升水(或贴水)。出现升水、贴水的原因主要是相交换的两种货币的同期同业拆放利率不同。本着利息损失汇率补的原则[①]，远期差价可用下述公式表示：

$$远期差价 = 即期汇率 \times (A国货币利率 - B国货币利率) \times \frac{天数}{360}$$

上述公式可改写为：

$$远期差价 = 即期汇率 \times 两国利差 \times \frac{月数}{12}$$

由此推论，远期差价实质上是以即期汇率为本金，以两种货币利差为利率，从即期到远期交割日这段时间内产生的利息。

例如，伦敦市场利率为年利率 9.5%，纽约为 7%，伦敦市场上即期汇率为 1 英镑等于 1.960 0 美元，则 3 个月美元升水为：1.960 0×[(9.5−7)/100]×3/12＝0.012 3，则 3 个月期汇率为：1 英镑＝1.960 0−0.012 3＝1.947 7 美元。如果市场对英镑期汇的需求增加，英镑的期汇汇率上升，即美元对英镑期汇的升水减少。如果上例中 3 个月美元期汇汇率减少为升水 1 美分(即 0.010 0)，则其升水率约合年利率 2%，其计算公式为：

$$升水(或贴水)率 = \frac{升水或贴水 \times 12}{即期汇率 \times 月数}$$

即(0.010 0×12)/(1.960 0×3)＝2.04%。相反，如果市场上对英镑期汇的需求减少，英镑期汇汇率下跌，也就是美元对英镑期汇的升水增大。如果上例中 3 个月美元期汇汇率升水 1.5 美分(即 0.015 0)，则其升水率合年利率为 3%，即(0.015 0×12)/(1.960 0×3)＝3.06%。

在正常情况下，利率高的货币期汇汇率表现为贴水，利率低的货币期汇汇率表现为升水。但如果出现大规模的外汇投机活动，往往会使期汇汇率与现汇汇率的差异完全脱离两国利率水平的差异，甚至与货币市场上的利率毫无关系。

(三) 远期外汇交易的作用

1. 利用远期外汇交易避险

所谓远期避险(Forward Market Hedge)，是指买进或卖出一笔价值等于远期负债(或资产)的外汇，以锁定外汇负债(或资产)的本币成本(或收入)。从事国际贸易的进出口商、经营外汇业务的银行都可以通过远期外汇交易规避风险。对于进出口商而言，利用远期外汇交易有两方面的好处：一是可以在将来某一特点时间以合约约定的汇率出售或购买合约中规定数额的外汇，而不管在支付或收入外汇货款时汇率怎样变动，从而规避了汇率风险；二是虽然外汇货款的收付要在将来才发生，但通过远期外汇交易，出口商或进口商在签订贸易合约的同时就可以精确地计算出贸易合同的本币价值，有利于成本核算。

现举例说明。一美国进口商从日本进口价值 500 万日元的商品，以日元计价支付，3 个月后结算。签订合同时即期汇率为 1 美元＝125.00 日元。若 3 个月后由于各种原因美元贬值，汇率变为 1 美元＝110.00 日元，则该美国进口商由于汇率的变动将承担买入相同数额日元须支付更多本币成本(美元)的损失。若汇率不变，他只需要支付 4 万美元(即 5 000 000/125)就可以买到 500 万日元支付给日本出口商，而现在汇率已发生变动，他不得不支付 45 454 美元

---

① 远期差价与抵补套利关系密切，请结合利率平价理论来分析远期汇率的计算。

(即 5 000 000/110)才能买到 500 万日元,多支付 5 454 美元。此外,在签订贸易合同时,该进口商并不知道 3 个月后的汇率到底是多少,因而无法在订立合同时准确地核算进口成本。但是,如果该进口商在与日本出口商订立贸易合同时就同时以远期汇率 1 美元等于 120.00 日元从银行那里买入 3 月期 500 万日元,那么,无论 3 个月后美元与日元的汇率如何变动,该进口商都始终可以在 3 个月后按照约定的远期汇率支付 41 666 美元买进 500 万日元支付进口货款,从而规避了将来外汇升值的风险。同样,出口商可以在签订出口合同的同时卖出远期外汇,以锁定其外汇出口收入将来折算为本币的数额,从而规避外币贬值的风险。

不过,由于远期交易是场外交易,流动性差,难以转让,因此,进出口商在利用远期外汇交易避险的同时,也就失去了将来利用汇率有利变动可能带来的经济利益。沿用上例,如果 3 个月后的即期汇率高于 120 日元,假定为 122 日元,则如果原先不签订远期合约,美国进口商在交割日只需要支付 41 000 美元(即 5 000 000/122)就可买到 500 万日元,显然,远期合约的签订使进口商失去了获取该利益的可能性,这也是远期交易的缺陷。

那么,银行接受进出口商的要求做远期是否就承担了客户转移的外汇风险并将蒙受损失呢?一般情况下不会,理由是:第一,银行作为外汇交易的中介,同时与许多客户、外汇银行进行外汇交易,而交易对手的需求不一定都相同,有的买入期汇,有的卖出期汇,银行承担的风险在一定程度上可以相互冲抵。所以,对大银行而言,它们可以综合调整,轧平头寸。第二,银行还可以采用其他更专业的方法在许多市场上规避风险,积极地保护自己。

2. 利用远期外汇交易投机

外汇投机者既可以在即期外汇市场上投机,也可以在远期外汇市场上投机。两者的区别在于,在现汇市场上投机时,必须要有充足的资金进行交割,而不论资金来源如何。在期汇市场上投机由于不涉及资金或外汇的即期收付,因而在该市场上投机不必持有充足的资金。

【例 1】 在现汇市场上的投机

假定欧元的即期汇率为 1 欧元=1.200 0 美元。一投机者预期 1 个月后欧元将上涨,于是,他在现汇市场上买入 10 万欧元,支付 12 万美元。如果 1 个月后欧元汇率果然上升到 1 欧元=1.35 美元,则他再卖出 10 万欧元,并得到 135 000 美元,投机利润为 15 000 美元。当然,如果他的预测是错误的,即 1 个月后欧元汇率没有上涨反而下跌,如跌到 1 欧元=1.15 美元,那么,该投机者将蒙受损失,因为此时 10 万欧元只值 115 000 美元。无论怎样,该投机者在一开始进入现汇市场对欧元进行投机时都必须手中持有十足的美元资金才行。

【例 2】 在期汇市场上的投机

假定在纽约外汇市场上,某年 3 月 1 日,某银行给出的 3 月期美元与英镑的远期汇率为 1 英镑=1.80 美元。一投机者预期英镑将贬值,于是现在卖出 3 月期英镑 100 万,交割日为 6 月 1 日。在 3 月 1 日成交时,他只需要签订远期合约,锁定将来的交割价格。如果此后英镑汇率果真下跌,假如在 5 月 1 日 1 月期的英镑远期汇率为 1 英镑=1.76 美元,则该投机者再买入 1 月期的远期英镑,交割日与先前的 3 月期交易的交割日同为 6 月 1 日。这样,在 6 月 1 日交割时,两笔期汇交易可以使投机者赚得 4 万美元(即 180 万美元－176 万美元)。如果投机者的预测是错误的,英镑汇率不跌反升,则他将蒙受汇率损失,投机失败。

在例 2 中,期汇投机者手中不一定持有资金,只需要与银行签订一个远期合约,保证到期以约定的远期汇率进行交割。所以,期汇市场上的投机行为一般被称为买空(Buy Long)或卖空(Sell Short)。

可见,即期外汇投机与远期外汇投机是有区别的。当今,国际外汇投机高手一般倾向于在期汇市场上投机，并借助于现汇交易实现投机利润。例如，预期某一货币贬值时先远期卖出该货币，等其汇率下跌后再即期买入。如果预期正确，他将获利，否则将蒙受损失。

(四) 远期外汇交易的类型

1. 固定外汇交割日的远期外汇交易

固定外汇交割日的远期外汇交易(Forward Transaction with Fixed Delivery Date)，是指交易双方商定在未来某一确定的日期进行外汇买卖交割，不提前，也不推迟。例如，8 月 1 日，A 银行和 B 银行签订一笔 3 月期固定交割日的远期合约。A 银行愿以 1 英镑＝1.5 欧元的汇率卖出 100 万英镑，买入等值 150 万欧元，交割日为 11 月 1 日。届时，A 银行和 B 银行必须在 11 月 1 日这一天，同时按照对方的要求将卖出的货币打入对方账户。如果一方提前交割，则另一方既不需要提前交割，也不需要因对方提前交割而支付利息。但如果有一方延迟交割，则另一方可向其收取滞付息费。

2. 选择日期交割的远期外汇交易

选择日期交割的远期外汇交易(Option Forward Transaction)即择期远期交易，是指交易一方可以把签订远期外汇合约的第三天到合约到期日之前的任何一天选择为交割日。例如，如果 C 银行和 D 客户在 4 月 5 日签订一笔 3 月期的择期远期合约，D 客户想在 4 月 8 日到 7 月 5 日之间的任何一个营业日向 C 银行卖出 100 万英镑，并买入等值美元，则 C 银行在此期间将承担随时买入 100 万英镑，卖出美元的义务。由于 C 银行为 D 客户提供了外汇交割的灵活性，因此，它将在即期和 3 月期远期汇率中选择一个对客户而言最不利(即对 C 银行最有利)的远期汇率与客户签订择期远期合约。

3. 非本金交割的远期外汇交易

非本金交割的远期外汇交易(Non-deliverable Forward Transaction，NDF)，是指期汇买卖双方在成交时敲定一个参考汇率，在约定的未来交割日双方将进行参考汇率与未来即期汇率之间的差额支付。例如，美国某一出口商将在 6 个月后收入 100 万欧元，但由于担心 6 个月后欧元贬值，该出口商与一家银行签订一个非本金交割的远期合约，参考汇率水平为：1 欧元＝1.32 美元。如果 6 个月后该出口商收入 100 万欧元货款时，欧元汇率贬值到 1 欧元等于 1.25 美元，则银行将向出口商支付 7 万美元(即 132 万美元－125 万美元)，以弥补其承担的汇率风险损失。当然，如果欧元汇率届时上涨为 1 欧元等于 1.35 美元，则出口商需要向银行支付 3 万美元(即 135 万美元－132 万美元)。

(五) 远期外汇交易的了结与展期

1. 交易的了结

远期合约一旦签订，对交易双方都具有法律效力，双方到期必须要履约。例如，某英国出口商与银行签订了一份远期合约卖出 1 月期的 200 万美元。如果到期时他能从进口商那里得到 200 万美元的货款，则可如期履约进行交割。但如果 1 个月后由于某种原因出口商未收到货款，那他也必须履约。出口商可以先在市场上即期买入 200 万美元，再按照先前约定的远期汇率与银行进行交割，并得到等值的英镑。同样，一个有外汇负债的债务人，如果已买入远期外汇，到交割日又不需要外汇时，也可以即期交易了结其远期合约，即在交割日按照远期汇率买下外汇，之后，在现汇市场上售出。

由于汇率的变动，交易者在了结其不能正常履行的远期合约时可能获益，也可能蒙受损失。例如,卖出期汇的出口商,如果在将来以低于期汇的价格买入现汇用于履约,则可赚取一笔利润;相反,则蒙受汇率损失。

交易的了结只是客户处理其不能正常履行的远期合约的方法之一,假如客户在银行开立了外币账户,也可将其外币存款支付给对方或将收到的外币存入其外币账户。此外,客户(如出口商)还可在货币市场上借款支付给远期交易的另一方。到底是否选择了结这一方法,要经过权衡比较才能决定。

2. 新合约和展期

如果客户在了结之后,仍打算进行远期抛补,那就可能出现两种情况:签订新的远期合约或对原合约进行展期。签订新合约,适用的是新汇率,交易金额与前一份合约或许不一样。对远期合约展期往往是由于银行很看重有关客户,于是,对原已签订的远期合约提供展期,即在与客户了结原来的合约后,对将签订的新的远期合约给予一定的汇率优惠。

三、套汇交易

套汇(Arbitrage)交易可在不同的外汇市场或同一外汇市场上进行,也可在货币市场和外汇市场上同时进行。套汇交易可分为地点套汇、时间套汇和利息套汇。

(一) 地点套汇

地点套汇(Locational Arbitrage)是指在某一短暂时刻,利用不同外汇市场上汇率出现的差异,按照贱买贵卖的原则同时进行买卖,赚取无风险利润。最简单的地点套汇是两点套汇(Two Points Arbitrage 或 Bilateral Arbitrage),也就是直接套汇(Direct Arbitrage),即利用两个外汇市场出现的汇率差异进行套汇。例如,在某一交易日的某时某分某秒:

在法兰克福外汇市场上　　£1 = €1.520 3 ~ 1.522 6

在伦敦外汇市场上　　£1 = €1.524 0 ~ 1.526 3

这表明英镑在伦敦外汇市场上贵,在法兰克福外汇市场上便宜。此时,套汇者可以1.524 0欧元在伦敦卖出英镑,同时,在法兰克福以 1.522 6 欧元买入英镑。这样,每一英镑的买卖可使套汇者立即获得 0.001 4 欧元的套汇利润。若套汇本金为 100 万英镑,则可获利1 400美元。

地点套汇比较复杂的形式为间接套汇(Indirect Arbitrage),通常是指三点套汇(Three Points Arbitrage 或 Triangular Arbitrage),即简单型间接套汇,如有四点或五点套汇,则称为复合型间接套汇。复合型间接套汇在外汇市场上极为罕见。所谓三点套汇,就是指套汇者利用某一短暂时刻三个外汇市场上汇率出现的差异进行套汇,从汇率差异赚取利润。例如,在某一交易日的某一短暂时刻:

在伦敦外汇市场上　　£1 = €1.476 3 ~ 1.477 5

在法兰克福外汇市场上　　\$1 = €0.802 4 ~ 0.804 0

在纽约外汇市场上　　£1 = \$1.809 0 ~ 1.812 2

根据三个外汇市场上的外汇行情,套汇者可以在纽约外汇市场上卖出 100 万美元,买入英镑(100 万/1.812 2),再在伦敦外汇市场将英镑(100 万/1.812 2)卖出,并得到欧元(1.476 3×100 万)/1.812 2;同时,在法兰克福外汇市场上卖出欧元(1.476 3×100 万)/1.812 2,得到美元 1.476 3×100 万/(1.812 2×0.804 0),约为 1 013 240 美元,套汇者瞬间可获得套汇利润 13 240

美元(未除去套汇费用及有关纳税等)。

对于地点套汇,需要强调以下几点:

第一,套汇交易只能在没有外汇管制的前提下顺利进行。

第二,由于现代通信技术发达,不同外汇市场上汇率出现的差异日益缩小,因而成功的套汇须有大额交易资金和传递迅速的外汇信息系统及分支代理机构,才能及时捕捉和把握瞬息即逝的套汇时机,并在抵补成本基础上获利。

第三,地点套汇涉及的不同外汇市场的交易时间必须是重叠的。

第四,由于套汇还涉及一些费用的支付,所以,买卖差价一般要在$\frac{1}{16}$%以上,才能使套汇者真正从套汇中获利。

第五,由于套汇遵循的原则是贱买贵卖,因此,套汇的结果是,市场上货币的低价格因人们买入而瞬间被抬高,而货币的高价格因人们的卖出而瞬间被打压。

第六,地点套汇不是投机。

(二)时间套汇

时间套汇(Time Arbitrage)又称外汇掉期(Foreign Exchange Swap),是指在同一个外汇市场上同时买卖期限不同而金额相等的外汇,例如,买入即期(或远期)货币的同时,卖出该货币的等额远期(或即期),或者,买入较短期限(或较长期限)货币的同时,卖出较长期限(或较短期限)该等额货币。掉期的主要目的是避险。掉期主要有两种类型:纯粹的掉期(Pure Swap)和分散的掉期(Engineered Swap)。前者是指同时与同一对手进行买进或卖出不同交割期限的等额外汇,后者是指掉期涉及分别与两个交易对手进行交易,如在与某一对手签订合约远期卖出某一货币后,再从另一对手那里即期买入等额的该货币。企业和银行常利用掉期避险。

例如,一家美国投资公司需要100万英镑现汇到英国投资,预期在2个月后收回投资,因此,这家公司在买入100万英镑现汇的同时,为了规避2个月后英镑汇率贬值的风险,卖出2月期的等额英镑以锁定将来投资本金的本币收益。当时纽约外汇市场上的即期汇率为1英镑=1.784 5—1.785 5美元,2月期远期汇率贴水为0.15~0.25美分(即远期汇率为1.782 0—1.784 0美元),则买入100万英镑现汇的成本为1 785 500美元,卖出2月期英镑锁定的本币收益为1 782 000美元,通过这笔掉期交易,该投资公司用有限的成本3 500美元(即1 785 500—1 782 000美元)规避了将来可能很大的汇率损失,而对于投资的预期收益,则可单独卖出2月期,以锁定其将来的美元金额。

再如,美国某银行在3个月后应向外支付100万英镑,同时在1个月后又将有100万英镑的收入,此时,银行为了规避3个月后英镑汇率上涨的风险,以及1个月后英镑汇率贬值的风险,可选择运用掉期交易。

假定此时纽约外汇市场上的汇率为:

即期汇率	£1 = \$1.696 0 ~ 1.697 0
1月期远期汇率	£1 = \$1.686 8 ~ 1.688 0
3月期远期汇率	£1 = \$1.672 9 ~ 1.674 2

银行可选择两种掉期方法:

一种是分别进行两笔"即期/远期"的掉期交易,具体来说,将3个月后应支付的英镑,先在远期市场上买入(期限为3个月,汇率为1.674 2美元),再在即期市场上将其卖出(汇率为

1.696 0美元)。这样每买卖1英镑可获益0.021 8美元。同时,将1个月后应收入的英镑在远期市场上卖出(期限1个月,汇率为1.686 8美元),并在即期市场上将其即期买入(汇率为1.697 0美元),这样,每1英镑贴出0.010 2美元。两笔掉期交易合起来总计每英镑可获净收益0.011 6美元。

另一种是进行一笔“远期/远期”的掉期交易,即买入3月期英镑(汇率为1.674 2美元)的同时卖出1月期英镑(汇率为1.686 8美元),这样做银行可得净收益为0.012 6美元。

显然,在本例中后一种方法对该银行更有利些。但需要强调的是,获利并不是主要目的,其主要目的是避险。

(三) 利息套汇

利息套汇(Interest Arbitrage)又称套利,是指套利者根据两个国家货币市场上短期利率水平的高低,从低利率国家借入资金,将其在即期外汇市场上卖出并买入高利率国家的货币,并在那个国家投资债券或存款。或者,套利者直接将低利率货币卖掉并买入高利率货币,进而通过在高利率国家存款或投资债券赚取其高利率收益。根据套利者是否规避套利交易中所涉及的汇率风险,可将套利分为不抵补套利(Uncovered Interest Arbitrage)和抵补套利(Covered Interest Arbitrage)。

1. 不抵补套利举例说明

假设在美国,1年期国库券的年利率为5%,而英国1年期国库券的年利率为10%,当时即期外汇市场上的汇率为1英镑=2美元。有一美国人想将手中暂时闲置的10万美元投资1年。他当时面临的选择有两个:一是在国内投资,购买美国国库券,投资期满,可连本带息收回10 500美元;二是到英国去投资,购买英国国库券。假如投资期满时的即期汇率仍为1英镑=2美元,则该美国投资者届时可收回110 000美元。与国内投资相比,他赚得的利差收益为5 000美元。

然而,1年后,汇率不太可能仍维持在原先的水平上。投资期满后,英镑的汇率可能上涨也可能下跌。如果1年后的即期汇率为1英镑=2.1美元,则英镑总投资(55 000英镑)可给美国投资者换回115 500美元,其中有5 500美元的汇率收益。但是,国际金融的理论和实践证明,高利率的货币汇率往往会下跌,而低利率的货币汇率往往会上涨。因此,如果1年后的即期汇率为1英镑=1.80美元,那么,美国投资者同样的英镑收益只能让其实现99 000美元。这个结果不仅不如在美国购买国库券,而且不如他当初不做任何投资。若当初做个守财奴,把美元放在家里,其境况也要比现在好些。还有一种情况,那就是假如英镑汇率下跌,但幅度不大,恰巧跌至1英镑=1.909 09美元,那么美国投资者此时会发现,在美国国内投资与在英国投资的结果是一样的,在英国无利可赚。总之,这个例子表明,不抵补套利的结果是不确定的,因为套利者没有规避汇率风险。

2. 抵补套利举例说明

抵补套利是指借入低利率货币后,在外汇市场上将该货币即期卖出以买入高利率货币,进而将资金存入高利率国家银行或购买其国库券;与此同时,运用掉期交易规避将来高利率货币贬值的汇率风险。如果从较高的利息收入中减去掉期成本仍能赚取利润,则该交易值得套利者去做。例如,伦敦外汇市场上英镑与美元的即期汇率为1英镑=2.004 0～2.005 0,1年期升水是2.00～1.90美分,伦敦1年期国库券的年利率为13%,美国1年期国库券年利率为11%。假定一美国投资者在伦敦买进1万英镑,投资于英国国库券;同时,卖出1年期期汇1万英镑,以规避汇率风险。这笔抵补套利交易的损益计算如下：

（1）掉期成本

买入现汇 1 万英镑	支付 20 050 美元
卖出 1 年期期汇 1 万英镑	锁定收入 19 840 美元
	掉期成本 210 美元

（2）利息收支

利息收入 10 000 英镑×13%×1%×1.984 0	=2 579.2 美元
利息支出 20 050 美元×11%×1	=2 205.5 美元
利息净收入	373.7 美元

套利净收入=利息净收入－掉期成本

=373.7 美元－210 美元

=163.7 美元

四、外汇期权交易

外汇期权交易(Currency Options)是期权买方在支付了不可退回的期权费后，便得到一个在某一特定时间按照敲定汇率买入或卖出一定数量货币的权利。在外汇期权交易中，期权的卖方一般是银行，期权的买方一般是企业。当然，企业与企业之间也可以进行外汇期权交易。

外汇期权有两种：看涨期权(Call)(又称买权)和看跌期权(Put)(又称卖权)。看涨期权是指期权买方支付了期权费后，在合约期满时或在到期前，按照敲定汇率买入一定数额的外汇的权利。看跌期权是指买方支付了期权费后，在合约期满时或在到期前，按照敲定汇率卖出一定数额的外汇的权利。

例如，一个美国出口商在货物运出后将在 3 个月内收到英镑货款，但他担心收款时英镑贬值。为了规避汇率风险，他可以支付一定的期权费(如每英镑 0.04 美元)与银行订立按照某一敲定汇率(如 1 英镑=1.8 美元)卖出英镑货款的 3 月期看跌期权合约。如果 3 个月后在收入英镑货款时，即期汇率已经下跌到 1 英镑=1.6 美元，则美国出口商此时可以行使其英镑看跌期权，按照 1.8 美元/英镑的汇率卖出英镑，而不是按照 1.6 美元/英镑的汇率卖出，从而规避了英镑贬值风险。但是，万一 3 个月后英镑汇率上涨并达到 1 英镑=2.0 美元，那么，美国出口商可以放弃其看跌期权，按照更有利的即期汇率卖出英镑货款，从而实现更高的本币收入。显然，期权对买方而言是一种权利，而不是义务，当市场上即期汇率更有利时买方可放弃期权，此时，其最大的损失就是期权费。而期权的卖方在收取了期权费后只有义务，没有权利。

与远期外汇交易相比，外汇期权交易有很多优点：(1) 它比远期交易更具有灵活性，期权可行使，也可放弃，而远期合约就必须履行；(2) 外汇期权交易可选择不同的敲定汇率，而远期交易中只有一个远期汇率可供选择；(3) 在未来现金流量不确定的情况下，可选择使用期权规避汇率风险。例如，一家公司投标生产并出口一套成套设备，但不能肯定是否会中标，此时，该公司可以买入货币的看跌期权。如果不中标，则其最大的损失就是期权费；如果中标，看跌期权就能保证该公司为其将来的出口收入规避汇率风险。自 20 世纪 80 年代以来，期权交易发展迅速，成为一种非常重要的外汇交易形式。

外汇期权按照其交易场所的不同，可分为场内期权和场外期权。场内期权(Exchange Traded Options)一般是在外汇期货交易所进行，其合约是标准化的，流动性强；场外期权

(Over-the-Counter Options)的合约往往是根据客户的需要度身定做的,流动性较差。

外汇期权按照权利行使日的不同,还可分为美式期权和欧式期权。美式期权(American Style Options)是指期权买方在合约期限内的任何一天都可以行使其权利,而欧式期权(European Style Options)是指期权买方只能在合约到期日行使其权利。

根据国家外汇管理局于2011年11月发布的《关于银行办理人民币对外汇期权组合业务有关问题的通知》(汇发〔2011〕43号,简称《通知》),办理外汇期权组合业务,意味着企业既能买入期权,也能卖出期权,风险可控,交易更为灵活。《通知》的主要内容为:推出外汇看跌和外汇看涨两类风险逆转期权组合业务,规定银行对客户办理期权组合业务应遵循实需交易和整体性管理等监管要求,允许已取得银行间外汇市场和对客户人民币对外汇期权业务经营资格的银行直接开办对客户期权组合业务。《通知》显示,期权组合是指客户同时买入一个和卖出一个币种、期限、合约本金相同的人民币对外汇普通欧式期权所形成的组合,具体类型有两种:

一种是外汇看跌风险逆转期权组合,即客户针对未来的实际结汇需求,买入一个执行价格较低(以一单位外汇折合人民币计量执行价格,以下同)的外汇看跌期权,同时卖出一个执行价格较高的外汇看涨期权。

另一种是外汇看涨风险逆转期权组合,意味着客户针对未来的实际购汇需求,卖出一个执行价格较低的外汇看跌期权,同时买入一个执行价格较高的外汇看涨期权。

本书第九章“国际金融市场”将对外汇期货交易和互换交易详述,在此从略。

第三节 外汇市场的管理

一、美国的外汇市场管理

在外汇市场操作管理方面,美国的经验值得借鉴。

2004年11月,美国外汇委员会发布了新版《外汇操作风险管理》,其主要内容是提出60条外汇操作风险管理的最佳实践,以供市场特别是银行机构参考。

美国外汇委员会成立于1978年,是在纽约联邦储备银行的支持下,由美国外汇市场上主要金融机构代表组成的行业性组织,其宗旨是充当健全外汇市场操作和有关技术问题的论坛,制定有关建议和指引,以便加强外汇市场风险管理,并推动市场秩序的完善。

《外汇操作风险管理(第一版)》于1996年问世。2004年问世的第二版则根据市场发展的新情况、新问题进行了若干修订。这些新情况包括:市场更复杂;交易量猛增;新的交易程序、操作方式以及风险管理工具;市场进一步整合;后台业务外包;清算银行出现;危机处理和业务连续性计划受到重视;反洗钱要求;对操作风险的监管资本准备;等等。

这份文件不仅在美国产生较大影响,而且受到其他国家外汇市场管理机构的重视。例如,加拿大外汇委员会在文件新版本公布后,立即向本国外汇市场参与各方发出通知,建议它们认真研读这份文件。

60条“最佳实践”中的47条,按照外汇交易的流程步骤,可归纳为以下七大类:

(一)交易前的准备

首要的事情是了解顾客,这是确定授信额度、签订合同、预防欺诈和犯罪的第一条防线。

在某些国家，这也是法律责任，如有疏忽，将有严重后果。要制定和签订完备的基础合同、操作协议和特殊安排等文书。在采用电子交易方式时，需要特殊的协议，如顾客身份认证方法及安全保障措施等。

（二）交易获取

交易获取是指来自各种渠道的交易信息，输入前台系统并转至操作部门和供其他相关部门使用。这方面的最佳实践，包括输入和传递的及时、准确，采用不同系统间的电子直通方式以减少多次人工录入的差错，信用管理系统的信息应实时更新，使用标准清算指令，操作部门对清算指令负责，及时修正或取消错误输入，严密监控市场外交易和深度期权交易。

（三）确认

交易确认领域的最佳实践有：交易双方应在交易后两小时内（最晚也要在当天之内）发出交易确认信息，如有违反，要记录在案；收到安全性较差的确认信息，要做到尽职调查，如回电核实；对不能按通常方式进行确认的结构性交易（如非本金交割的远期交易）或非标准交易，应有特殊处理程序；电话确认应予以录音，其后补以书面或电子确认信息的交换；通过电子交易平台进行交易，要确保信息在直通传递过程中准确无误且无遗漏；核对交易对方的清算指令是否相符；轧差清算时，也要确认每一笔交易；所有内部交易都应确认；确认所有的组合交易及其子项；银行应该直接与交易商确认交易，而不是仅依靠第三方交易平台提供的信息；电子自动确认的配对和跟踪系统，应该作为标准操作程序；及时报告无确认或有争议的交易。

（四）轧差清算

轧差清算是将交易双方之间的所有交易在一个特定清算日按币种计算出一个净额的支付。交易双方可使用线上清算轧差系统，线上实时软件可使计算更为快捷、准确；如没有采用电子系统，交易双方应相互确认净差；为保证计入所有交易和降低风险，银行应该尽可能晚地确认轧差支付净额，这样，信用管理系统才能准确地反映出轧差的影响；管理人员应该保证操作实践符合信用管理政策和其他规章制度。

（五）清算

在外汇交易的清算过程中，银行的往来账应该实时调整，反映最近的成交、取消和休整；应向自己的往来账银行发出电子信息，告知预期收款；应与往来账银行建立实时的通信机制，以发出取消或修正支付的指令；取消和改变支付指令的截止时间越晚越好；操作部门应及时报告清算风险暴露，包括所有未达账交易；操作任免应做好应付清算危机事件的准备。

（六）往来账对账

往来账对账的主要目标，是保证预期现金流与往来账内的实际现金流相符。银行应该及时进行往来账的全面对账，越早越好；应该能够自动接收往来账的变动信息，并采用自动化的往来账对账系统；严格往来账使用者的操作标准。

（七）财务会计控制

在财务会计控制方面，银行应该逐日进行总账对账，每日总账与操作系统对账，交易系统与操作系统对账;每日在交易部门和操作部门之间进行头寸和盈亏对账;每日由独立于交易部门的班子(如风险管理人员)进行头寸评估,尤其是对流动性弱的币种和外国期权;采用直通电子系统输入汇率和价格。

外汇期权和非本金交割远期外汇交易具有特殊性,应该建立清晰的期权操作策略和程序,界定职能和责任,明确内部控制;对非本金交割远期交易等非标准化交易应锁定条件;要严格监控期权交易的清算。

在《外汇操作风险管理》中,除上述七大类外,60 条中的其他 13 条是作为一般性最佳实践提出的,具体包括:外汇交易相关部门和人员的职责分工要明确,工作人员要有足够的知识和能力;引入新产品、新类型客户或新交易方式,要在充分识别、计量和控制其风险的前提下实施;各有关部门对数量模型的认识和使用应一致;严格控制对生产系统的访问和修改;建立强有力的独立审计和风险控制部门;对分支机构和卫星网点应采用统一标准严密监控;注意保存交易执行、确认的资料及交易记录;制定和定期检验业务连续性方案。

专栏 3-1　美国监管机构对外汇经纪商账户的监管

全美期货协会(NFA)是保障高效创新的监管流程的独立机构,旨在保护衍生品市场的完整性。全美期货协会的活动范围包括:(1) 对外汇经纪商进行全面调查,授予合格经纪商必要的外汇运营牌照;(2) 保证外汇经纪商符合必要的资金要求;(3) 打击诈骗;(4) 要求外汇经纪商的所有交易和相关业务活动做好完备的记录并进行报告。

美国监管的重要规定包括:(1)"客户"的定义是"资产少于 1 000 万美元且大多为小额交易的个人"。美国监管主要是保护个人投资者。高净值个人可能不作为标准监管外汇经纪商账户类型。(2) 主要货币对的杠杆比例限制在 50∶1,或者入金要求为外汇交易名义价值的 2%,以保护没有专业知识储备和经验不足的投资者过度交易或者冒太大的风险。主要货币对包括英镑、瑞郎、加元、日元、澳元、新西兰元、瑞典克朗、挪威克朗和丹麦克朗。(3) 次要货币对的杠杆比例限制在 20∶1,或者名义交易价值的 5%。(4) 做空外汇期权时,名义交易价值加上期权费将作为保证金。(5) 做多外汇期权时,所有期权费将作为保证金。(6) 先进先出法则(FIFO)禁止在同一类外汇资产中同时持有头寸,这样避免了外汇交易对冲的可能。(7) 外汇经纪商保管的客户资金只能由美国或者全球金融中心国家的合格机构持有。

总之,由于市场在不断发展,因此,金融监管不仅需要保持平衡,更要有改变的空间。监管太少会导致对投资者保护力度不够,而监管太严苛则会缺乏国际竞争力,并且也不利于经济活动的开展。从美国每年零售外汇经纪商数量减少的趋势就可以看出,美国对零售外汇市场的监管还是很严格的。

二、中国的外汇市场管理

中国银行业监督管理委员会(以下简称银监会)于 2006 年 2 月 28 日发出了《关于进一步

加强外汇风险管理的通知》，鉴于有关部门就人民币汇率形成机制和中国银行间外汇市场出台的一系列改革措施，特别是 2006 年 1 月 4 日，在银行间即期外汇市场引入的询价交易方式和做市商制度，给银行业的经营和风险管理提出了新的要求和挑战，要求各银监局，各政策性银行、国有商业银行、股份制商业银行，以及各城市商业银行、城市信用社、农村商业银行、农村合作银行、农村信用社和外资银行有效控制银行业外汇风险，确保银行业安全、稳健运行，专门就下列有关事项发出通知：

第一，高度重视、全面评估人民币汇率形成机制改革与银行间外汇市场发展对本行外汇业务和外汇风险可能带来的影响。各行(含城乡信用社)董事会和高级管理层要主动研究并积极制定各项应对措施，并确保外汇业务发展战略与本行的风险管理水平、资本充足水平相适应。各行要根据新的人民币汇率形成机制和交易方式，进一步完善外汇风险管理制度；积极建立与外汇业务经营部门相独立的外汇风险管理部门或职能，将风险管理贯穿于整个外汇业务的全过程。

第二，准确计算本行的外汇风险敞口头寸，包括银行账户和交易账户的单币种敞口头寸和总敞口头寸，有效控制银行整体外汇风险。与此同时，还应注意监控和管理银行贷款客户的外汇风险，及时评估贷款客户的外汇风险水平变化对其偿债能力的影响。

第三，加强对外汇交易的限额管理，包括交易的头寸限额和止损限额等。各行应对超限额问题制定监控和处理程序，建立超限额预警机制，对未经批准的超限额交易应当按照限额管理政策和程序及时进行处理。做市商银行要严格控制做市商综合头寸。

第四，提高价格管理水平和外汇交易报价能力。各有关银行机构要实现银行与外汇交易市场之间、与客户之间、总分行之间外汇价格的有效衔接，实现全行统一报价、动态管理。各行在同业竞争和向客户营销时，要基于成本、收益和风险分析合理进行外汇交易报价，避免恶性价格竞争。

第五，不断加强系统建设。做市商银行要加强交易系统、信息系统、风险管理系统建设，将分支行外汇交易敞口实时归集总行，并根据实际情况尽量集中在总行平盘，不断提高外汇交易和外汇风险管理的电子化水平。

第六，制定并完善交易对手信用风险管理机制。在询价交易方式下，各行要通过加强对交易对手的授信管理等手段，有效管理交易对手的信用风险，并定期对交易对手的信用风险进行重估。各行应把外汇交易涉及的客户信用风险纳入企业法人统一授信管理。

第七，有效防范外汇交易中的操作风险。各行要按照交易前准备、交易的实现、确认、资金清算、往来账核对、会计和财务控制等步骤严格识别和控制外汇交易中的操作风险。外汇交易的前、中、后台职责应严格分离。交易员要严格按照业务授权进行交易；后台人员要认真、及时进行交易确认、资金清算和往来账核对，发挥独立、有效的风险监控作用；必要时可设置独立的中台岗位监控外汇交易风险。切实加强各项规章制度的执行力度，有效控制合规性风险。

第八，加强对外汇风险的内部审计。审计部门应配备熟悉外汇交易业务、能够对外汇风险进行审计的专业人员；要加强外汇风险内部审计检查，及时评估本行在外汇风险控制方面的差距，确保各项风险管理政策和程序得到有效执行。

第九，严格控制外汇衍生产品风险。从事人民币兑外币衍生产品交易业务的银行，要严格按照《金融机构衍生产品交易业务管理暂行办法》的要求，建立有效的、与所从事的衍生产品交易相适应的风险管理制度；要从系统开发、会计核算等方面，积极支持与配合新的衍生产品开发及业务发展。

第十,配备合格的外汇交易人员、外汇风险管理人员。要充分运用市场化的手段招聘和遴选外汇交易人员和风险管理人员,建立有效、合理的激励机制和业绩考核系统,以适当的待遇留住人才、吸引人才。

此外,银监会还要求各行认真落实《商业银行市场风险管理指引》《金融机构衍生产品交易业务管理暂行办法》等监管法律规范,建立并完善风险管理体系,积极提升包括外汇风险在内的市场风险管理水平,防止产生重大外汇交易损失。对于银行间外汇市场上的进一步创新,要积极与有关部门沟通,尽可能做好预案,提前做好各方面准备工作;对于重大事项,要及时通报监管部门。

这一通知标志着中国外汇市场管理上了一个新台阶。

2014 年 7 月,中国人民银行发布《中国人民银行关于银行间外汇市场交易汇价和银行挂牌汇价管理有关事项的通知》,取消银行对客户美元挂牌买卖价差管理①,由银行根据市场供求自主定价,促进外汇市场自主定价。这意味着,银行可以自行调整美元现汇和现钞的买卖价格,而不再受价差幅度范围的控制。美元则与其他非美元货币一样,不再受现汇和现钞挂牌买卖价差幅度的限制。显然,管理层取消银行对客户美元挂牌买卖价差管理之举符合市场化改革方向,也是外汇市场发展到现阶段水到渠成的事情。企业和个人今后的外汇买卖需要价比三家。但同时,商业银行自主定价汇率的波动会更大,整个微观经济主体对汇率波动风险暴露的头寸会上升,这些微观主体必须进行套期保值。而银行风险头寸会更明显,客户买卖的净头寸都会反映在商业银行的账上,这便使得商业银行更需要去管理汇率波动的风险。

本章小结

外汇市场是买卖外汇的场所。外汇市场的种类很多,根据不同的划分标准可分为:狭义和广义的外汇市场;抽象和具体的外汇市场;自由外汇市场、平行市场和外汇黑市;主要和次要的市场;等等。外汇市场还可划分为:客户市场、银行同业市场以及中央银行与外汇银行之间的交易市场。

外汇市场的参加者有:外汇指定银行、非金融机构与个人、外汇经纪人、非银行金融机构、中央银行、做市商等。

在国际外汇市场上,外汇交易分直接交易和间接交易两种,而间接交易在外汇银行之间的外汇交易中占主导地位。

当今国际外汇市场的主要特征是:没有时空限制,24 小时内可在全球不断进行交易;各外汇市场差价日益缩小;汇率波动频繁;金融创新工具不断出现;美元是外汇交易中的主要货币;西方国家对汇率的干预频繁。

外汇市场的主要作用是:实现购买力的国际转移;便利各国间资金融通;有利于企业和银行规避汇率风险。

外汇银行的外汇报价采用的是双价制,即同时报出买价和卖价。银行报价是从自身角度出发的。

在国际外汇市场上,外汇买卖有一定的交易规则和程序。交割期是买卖双方的结算日,也

---

① 2010 年颁布的规定是,外汇指定银行为客户提供当日美元最高现汇卖出价与最低现汇买入价之差不得超过当日汇率中间价的 1%,最高现钞卖出价与最低现钞买入价之差不得超过当日汇率中间价的 4%。在上述规定的价差幅度范围内,外汇指定银行可自行调整美元现汇和现钞的买卖价格。

是有效起息日。交割日的推算应遵循国际惯例。

外汇交易的主要类型有：即期外汇交易、远期外汇交易、套汇交易、期货及期权等衍生交易等。即期外汇交易一般是小额交易。远期外汇交易是场外交易，分固定日期交割和择期交割两种。套汇交易分地点套汇、时间套汇（即掉期）和利息套汇（即不抵补套利和抵补套利）。外汇期权交易是一种关于买入或卖出外汇的权利的交易，对于买方而言，期权是一种权利而不是义务。按照不同的划分标准，期权可划分为看涨期权和看跌期权、欧式期权和美式期权、场内期权和场外期权。

在外汇市场的操作管理方面，美国的经验值得许多国家借鉴。中国银监会于 2006 年 2 月发布有关通知，以强化外汇市场的管理。

思考题

1. 名词解释

外汇指定银行　外汇经纪人　现汇交易　期汇交易　地点套汇　时间套汇　利息套汇　看涨期权　看跌期权　场内期权　场外期权　欧式期权　美式期权

2. 外汇市场主要有哪些类型？

3. 国际外汇市场的主要特征有哪些？

4. 请解释即期外汇交易、远期外汇交易、地点套汇、时间套汇、利息套汇（包括不抵补套利和抵补套利）以及外汇期权交易的特点、目的及操作方法。

5. 假设在某月某日某时某分某秒，某外汇交易员得到以下外汇行情：

香港：US$1 = HK$7.812 3 ～ HK$7.851 4

纽约：£1 = US$1.332 0 ～ HK$1.338 7

伦敦：£1 = HK$10.614 6 ～ US$10.721 1

请问：若该外汇交易员进行三点套汇，你认为该如何操作？若卖出 HK$1 000 万，他将获得多少利润？

6. 假设一加拿大人有 Can$10 000，目前加拿大元与美元的即期汇率为 Can$1.280 0～Can$1.283 5；90 天的远期汇率为 Can$1.300 0～Can$1.303 0；加拿大元的年利率为 8%，美元的年利率为 6%。如果此人要实现 3 个月的投资收益最大化，应该选择在加拿大投资，还是在美国投资？请写出详细的计算过程。（假设不存在任何外汇管制，资本可以自由流动，剔除税收和手续费等因素。）

第四章　外汇风险管理

- 当今世界，各国普遍实行了多种不同形式的浮动汇率制度，汇率波动频繁，企业和银行或多或少承担了汇率风险。
- 本章要点：外汇风险的含义及其类型、企业的外汇风险管理、银行的外汇风险管理。

第一节　外汇风险的含义及其类型

一、外汇风险的含义

外汇风险又称汇率风险（Exchange Rate Risk 或 Exchange Rate Exposure），是指经济实体的资产与负债、收入与支出，以及未来经营活动可望产生现金流的本币价值因货币汇率的变动而产生损失的可能性。之所以称为风险，是因为这种损失只是一种可能性，而非必然性。

汇率变动所产生的直接影响因人、因时而异，不能一概而论，因为汇率变动的结果有可能产生外汇收益，也有可能产生外汇损失，具体情况要根据有关实体的净外汇头寸及汇率的变动方向而定。如果持有的是外汇多头寸，则外汇汇率的上升对其有利，而下跌则不利；反之，如果持有的是外汇空头寸，那么外汇汇率上升对其不利，而下跌则有利；如果外汇净头寸为零，即轧平头寸，则汇率无论怎样变动都不会产生外汇损益。汇率变动产生的外汇损益见表 4－1。

由表 4－1 可以看出，外汇风险是有两重性的，持有外汇净头寸或外币净资产，既有蒙受损失的可能性，也有获得收益的机会。如何看待风险，在某些情况下能决定外汇交易的性质。例如，外汇投资者是想通过预测汇率走势，承担风险并赚取投机利润，而远期外汇市场上的避险者则想通过交易免受汇率变动的影响，从而达到避险以锁定本币收益或成本的目的。因此，由于经济主体对风险的态度不同，在面临汇率变动的情况下会做出不同的策略选择，并从事不同

表 4-1 汇率变动产生的外汇损益表

最初外汇头寸情况	汇率变动方向	
	外汇汇率上升 本币汇率下跌	外汇汇率下跌 本币汇率上升
预期的外汇收入大于外汇支付 或外汇资产大于外汇负债	有外汇收益	有外汇损失
预期的外汇收入小于外汇支付 或外汇资产小于外汇负债	有外汇损失	有外汇收益
预期的外汇收入等于外汇支付 或外汇资产等于外汇负债	既无外汇收益 也无外汇损失	即无外汇收益 也无外汇损失

类型的外汇交易。对于那些想通过稳定经营某种专门业务来赚取正常营业收益和利润的企业及机构而言，它们往往首先考虑的是汇率变动造成外汇损失的可能性，这与外汇投机者的行为截然不同。外汇风险管理的侧重点是引导企业和银行等机构避免外汇净头寸的产生，以及在外汇净头寸的产生不可避免的情况下，避免或减少汇率变动可能带来的损失。换言之，外汇风险所假定的主体对象既不是风险爱好者，也不是风险中立者，而是风险回避者。

二、企业承担的外汇风险

银行以外的企业在外向型经济环境中所遇到的风险，虽然有些与银行承受的外汇风险相似，但在具体承担的汇率风险类型、对汇率走势预测和管理汇率风险的办法等方面有很大的区别。即使是同类企业，由于各自的经营范围和经营方法不同，其承担的汇率风险程度也不相同。

（一）交易风险

交易风险（Transaction Exposure）是指企业以外币计价进行贸易与非贸易（如外汇借贷等）交易时因将来结算所使用的汇率不确定而产生的汇率风险。

企业在从事贸易和非贸易业务的过程中，从双方达成协议到最终结清债权和债务，一般需要几个月甚至1年或更长的时间，而在此期间，若计价货币汇率发生变动，必将使交易双方中的某一方蒙受损失，这便是交易风险。例如，美国某公司从日本进口一批货物，双方于某年3月1日签约，约定以日元计价，货款为1 000万日元，支付日期为6月1日。假定3月1日美元与日元的汇率为1美元＝100日元，则需要用10万美元买入1 000万日元。如果到6月1日实际付款时，日元升值，美元贬值，即期汇率为1美元＝85日元，则美国进口公司需要用11.765万美元买入1 000万日元，与3月1日汇率相比，多支付1.765万美元，美国公司的进口成本增加。再如，假设一家加拿大企业在2006年1月借入5年期3亿欧元贷款，如果借入时的汇率为1欧元＝1.500加拿大元，则按照该汇率计算，需要4.5亿加拿大元偿还该贷款本金，但是，如果2011年该企业偿还欧元贷款时，欧元升值，加拿大元贬值，汇率为1欧元＝1.7加拿大元，则需要5.1亿加拿大元来偿还相同欧元的贷款本金，该企业因此承担了欧元升值的汇率损失0.6亿加拿大元。

(二) 折算风险

折算风险(Translation Exposure)又称转换风险、会计风险或换算风险。这种风险主要涉及企业会计科目中以外币入账的各个科目。一般来说,出于财务会计报告的目的,一国企业应该使用本国货币为单位编制会计报表,而不能在会计报表中使用几种不同的货币单位。所以,拥有以外币入账的会计科目的企业在编制正式的会计报表时,都要将外币科目的余额折算为以本币表示的余额。折算风险就是指当跨国公司子公司的财务报表汇总到母公司时,由于换算时所使用的汇率与当初入账时使用的汇率不同而产生的账面损益的状况。尤其是,当子公司的盈利被汇总到母公司的损益表时往往受汇率变动的影响。

(三) 经济风险

经济风险(Economic Exposure)是指企业的实际经济价值因汇率变动而产生的不确定性。一般来说,企业的实际经济价值由未来税后现金流量的现值来衡量,这样,经济风险的受险部分就是长期现金流量,其实际本国货币价值因受汇率变动的影响而不确定。不仅长期经营进出口、长期从事国际投资的企业承担经济风险,而且内销企业甚至国内旅游服务业等都承担经济风险。对于企业来说,经济风险至关重要。企业不一定担心国际交易的会计记录或账面价值,但却很重视长期现金流量的现值,因为它决定企业的实际价值。企业实际经济价值有多大,在于它产生的资金是分期进行而不是一次性进行的,因此,在不同时期发生的现金流量因其单位价值不同而不能简单地相加。解决这一问题的方法就是将不同时期的单位价值折算为现值。在求出不同时期现金流量的现值后,就可以求出企业的净现值。

三、银行承担的外汇风险

(一) 外汇交易风险

所谓外汇交易风险,是指外汇银行在经营外汇买卖业务中,外汇头寸多或头寸缺时,因汇率变动而蒙受损失的可能性。

外汇银行的外汇头寸可分为:(1) 现金头寸,指外汇指定银行的库存现金及同业往来存款;(2) 现汇头寸,指现汇买卖余款;(3) 期汇头寸,指买卖期汇的净余额;(4) 综合头寸,即净外汇头寸,为以上各种头寸之和。

这里需要注意两点:一是应对外汇头寸与外汇银行持有的日常周转余额加以区别,后者是指外汇银行在国外同业往来账户上维持一定的贷方余额以备国际支付之用,这部分余额无须计入外汇头寸;二是应对外汇风险头寸与银行境外的长期投资的资金头寸加以区别,后者属于对外投资,一般不包括在外汇风险头寸之内。

外汇银行每天都要从事外汇买卖业务。当外汇买入多于卖出时,称为头寸多或外汇头寸的多头,这种多头将来在卖出时会因汇率下跌而使银行蒙受损失;如果外汇卖出多于买入,就称头寸缺或外汇头寸的空头,这种空头将来再补进时,会因汇率上升而使银行承受损失。上述外汇空头或多头,就是外汇银行进行外汇买卖时的受险部分(Exposure)。

此外,银行在对客户以外币进行贷款、投资以及随之进行的外汇兑换活动中,都有可能因汇率变动而遭受损失。例如,银行开展代客购汇业务,在得到客户订单与交割期间汇率发生异常变动，或者银行外汇存款与贷款的币种头寸错配，或者外币存款期限与外币资金运用的期限不匹配，等等。

（二）外汇经济风险

外汇经济风险是指由于汇率非预期变动而引起商业银行未来现金流变化的可能性，它将直接影响银行整体价值的变动。

汇率波动可能引起商品价格、进出口、市场总需求等经济情况的变化，而这些变化又将直接或间接地对银行的资产负债规模及结构、结售汇、国际结算业务量等产生影响。例如，当本国货币升值时，企业出口往往下滑，收汇就减少。而此时企业进口有可能增加，于是其对外付汇增加，企业对外投资规模可能扩大。再如，本国货币升值后，企业和个人在银行的外币存款可能减少，于是银行的外汇负债规模就会出现相应的缩减。

（三）外汇折算风险

外汇折算风险是指由于汇率变动而引起商业银行资产负债表某些外汇项目全额变动的风险，其产生原因是：在进行会计处理时将外币折算为本币计算，而不同时期使用的汇率不一致，从而可能出现会计核算上的损益。例如，合并财务报表。中国规定，中资银行国际业务形成的利润须逐年办理结汇。如果在利润结汇前发生人民币汇率变动，就会对银行当期收益产生影响。

第二节　企业的外汇风险管理

银行以外的企业对外汇风险应有的状态和掌握程度与银行有很大区别。在外汇风险管理上，由于企业的经营方式多种多样，加上它们对外汇市场和其他金融市场不甚了解，往往处于被动地位。因此，企业为管理外汇风险所采取的措施及相应的操作办法也比银行的形式多，并且比较复杂。

在实际操作过程中，企业对本身持有的或可能要持有的受险部分，应根据其具体的业务特点、企业本身的资力状况及外汇银行的态度等情况综合考虑应采取的风险管理措施。企业不仅要对未来的汇率变动趋势进行预测，还应根据实际情况选用下述几个方面的避险措施：

一、灵活选择和使用结算货币

对外经济交易，如商品进出口、劳务输出、资本借贷等，需要双方签订合同，合同中都有支付条款，载明结算货币。选择何种结算货币直接关系到交易主体是否将承担汇率风险。因此，选择结算货币是交易双方在谈判过程中的重要议项，其重要程度并不亚于谈判价格或利率。结算货币一般在本国、交易对方国和第三国的货币之间进行选择。若选择可自由兑换货币，可便于双方日后结算及转移汇率风险。但在具体选择结算货币时，应注意以下几点：

（一）在对外交易中应尽力争取使用本国货币计价结算

在商品出口中，如能用出口国货币计价结算，则与商品在国内销售一样，出口商不承担汇率风险,而是把汇率风险转移给了进口商。但采用这种策略往往需要出口商所在国的经济实力强,使对方不得不采用出口国货币计价结算。在商品进口中,进口商如能使用本国货币作为支付手段,那么,这不仅有利于成本核算,而且可以避免进口付汇中的汇率风险损失。

然而,如果出口国或进口国的本国货币不是自由兑换货币,在国际贸易中几乎不使用,那么以本币计价的愿望往往就不能实现。此外,国际惯例规定,国际黄金、石油、主要农产品等交易都是以美元计价结算,由于这方面的原因,以本币计价结算愿望的实现也受到限制。

(二) 争取用硬货币收汇,用软货币付款

在出口方面,若企业的产品以硬货币报价,虽然这些货币未必一定升值,但从长远来看至少具有保值的作用,使出口外汇利润不会因计价货币贬值而减少,甚至亏损。在进口方面,则要争取以汇率有下跌趋势的软货币报价。

但是,也不能不分对象、不分市场、僵硬地使用这个原则,而是要采取灵活的办法。在出口业务中,如果出口商坚持收入硬货币但进口商坚持支付软货币,则往往会因相持不下而影响成交。在商品出口时,一方面不能因双方计价货币币种发生争执而影响成交;另一方面,经多方努力却未能争取到用硬货币出口,而同意出口收汇用软货币时,应适当提高出口商品的价格,以弥补损失。与此同时,采用软硬货币各半的办法也比较公平合理,易为双方接受。同样,在进口业务中,虽然用软货币对进口商有利,但由于在现实进口贸易中,计算结算货币的选择须由双方同意签约方可生效,外国出口商与本国进口商一样,也会出于自身利益的考虑和资金安排的需要来选择货币。因此,本国进口商为维护价格或其他方面的利益有时不得不在货币选择上做出让步,在对方不同意进口商选择软货币时,进口商可提出软硬货币各半,或用两种以上的货币来计价结算。

(三) 以多种货币报价

在国际外汇市场上,各国货币汇率的变动在一定时期内往往可以相互调节,如日元与美元汇率总是反向变动。因此,企业在进出口贸易中,尽可能分散贸易地区,争取购销地区分散和广泛,并设法以各地区的主要货币报价,从而使各种计价货币的汇率变动得以相互调节,风险也随之减少。

(四) 出口配合进口币种对外报价

如果企业在进口贸易中支付的货币与其在出口贸易中收入的货款是相同货币或货币汇率波动具有正相关性,则无论计价货币汇率如何变动,企业都可以在一定程度上规避汇率风险。

二、调整价格

在国际贸易中,坚持出口收硬货币、进口付软货币无疑是防范外汇风险的有效方法,但在实际中结算货币的选择要受交易意图、市场要求、商品价值和价格条件等因素制约,其结果是出口不得不使用软货币,进口不得不使用硬货币成交。为了规避汇率风险,可采用调整价格法。

(一) 加价保值法

这种方法主要用于出口交易中,它是指出口商接受软货币计价成交时,将汇率损失摊入出

口商品价格中，以规避汇率风险。其计算公式如下：

加价后商品总价值 = 原商品总价值 ×（1 + 计价货币贬值率）

（二）压价保值法

这种方法主要用于进口贸易中，是指进口企业在进口业务中接受硬货币计价成交时，将汇率变动可能造成的损失从进口商品价格中剔除，以规避汇率风险。其计算公式与上述加价保值公式正好相反：

压价后商品总价值 = 原商品总价值 ×（1 − 计价货币升值率）

例如，某英国出口商出口以软货币美元计价，如果按照签订合同时 1 英镑＝1.85 美元的汇率计算，其价值 100 万英镑的货物的美元报价应为 185 万美元。考虑到 6 个月后美元对英镑要贬值，英国出口商要做一笔卖出美元的远期外汇交易予以防范。当时 6 个月的远期汇率中美元对英镑的贴水为 0.006 0，贴水率为 0.324 3%（即 0.006 0/1.85）。到期收汇时，按远期汇率交割，其 185 万美元仅能兑换到 99.68 万英镑，亏损 0.32 万英镑。有鉴于此，英国出口商应将美元贴水率计入美元报价，美元报价应为：

185 ×（1 + 0.324 3%）＝185.6（万美元）

按照这个报价，到期英国出口商可兑换到 100 万英镑而不至于亏损。

三、损益均摊法

这种方法并不是选择某种货币作为结算货币的参照物，而是在交易结算时，根据汇率的变动情况，直接按一定的公式对合同中的价格总额做相应的调整。这种方法的实质是由交易双方共担风险。损益均摊的计算公式为：

$$V_f = \frac{2V_d}{r_0 + r_t}$$

其中，V_f表示调整后的外币总价格，V_d表示签订合同时等值的本币总价值，r_0表示签订合同时的汇率（直接标价法），r_t表示结算时的汇率。

例如，有一家德国公司从美国进口一批商品，以美元计价，总价款为 200 万美元，签约时的汇率为 1 美元＝0.910 0 欧元，200 万美元等于 182 万欧元，而结算时美元汇率上涨为 0.97 欧元，则：

$$V_t = \frac{182}{0.97 + 0.91} = 193.6\text{（万美元）}$$

在结算时，鉴于损益均摊条款，进口商便可以不按签约时的货价 200 万美元支付，而是按调整后的 193.6 万美元支付。为买入 193.6 万美元，德国进口商要支付 187.792 万欧元，比签约时多支付 5.79 万欧元，损失为 3.2%，而出口商少收入 6.4 万美元，损失也为 3.2%。

由此可见，在进口场合，由计价结算货币汇率上涨而带来的损失被进出口双方分摊，双方的损失程度大致相当。同样，由计价结算货币汇率下跌所带来的收益也被进出口双方分摊。

四、货币保值法

(一) 黄金保值条款

黄金保值条款是一种传统的货币保值条款。该条款将合同货币的金平价载入合同,在订立合同时,按当时的黄金市场价格将支付的货币金额折合为若干盎司的黄金,到实际支付日时,合同货币的金平价发生变动,则支付或偿付的合同货币金额应做相应调整。

自第二次世界大战后到 20 世纪 70 年代初,在 30 年左右的时间里黄金的美元价值基本上是固定的,因此,黄金具有保值作用。但自 1973 年后,西方国家都不再以黄金作为货币的定值基础,不再宣布黄金平价,黄金的价格开始随市场供求关系的变化而出现剧烈的波动。因此,黄金保值条款也就失去了存在的基础。

(二) 外汇保值条款

外汇保值条款又称货币风险条款,即在国际经济合同中明文规定,从签约成交到货币实际收付结算这段期限内,交易结算货币若发生贬(升)值或贬(升)值超过双方商定的幅度时,应由买卖双方按一定比例共同承担外汇风险损失。

(三) "一篮子"货币保值条款

"一篮子"货币是指多种货币。使用"一篮子"货币保值条款就是选择多种货币对合同货币保值,即在签订合同时,将所选择的多种货币与合同货币的汇率固定下来,并规定每种所选择货币的权数,如果汇率发生变动,则在结算时,根据汇率变动幅度和每种所选择货币的权数,对支付的合同货币金额做相应的调整。由于"一篮子"货币中各种货币汇率有升有降,汇率风险分散,因此可以有效地避免外汇风险,将无限的风险限制在规定的幅度内。

在国际支付中,有些进出口中长期贸易合同和国际信贷合同常选用复合货币(Composite Currency)(如特别提款权等)作为计价单位来进行保值。复合货币由一篮子货币定值,其价值本身比较稳定。

利用复合货币保值的具体做法是:首先,在磋商交易和签订合同时确定以何种货币为支付货币;其次,选定某种复合货币为保值货币;再次,在结算日,根据外汇市场上的即期汇率,将各种保值货币按其权数折算成合同货币规定的货币;最后加总,再进行实际收付。

五、提前或延期结汇

这种方法又称为迟收早付、迟付早收(Leads and Lags)。它是指在国际支付中,通过预测计价货币汇率变动趋势,提前或延期收付有关款项,即更改外汇资金的收付日期来规避外汇风险。

在进出口贸易中,如果预测计价货币将要贬值或汇率下浮,对贸易双方会产生如下影响:在出口方面,出口企业与外商及早签订出口合同或把交货期提前,提前收汇时间,以便早收货款,也可以给进口商某些优惠条件,使其提前付款,以免受该计价货币贬值或下浮的损失;在进口方面,推迟向国外购货,或要求延期付款,也可以允许国外出口商推迟交货日期,以达到迟付货款的目的。这样做，进口商便可在商定的计价货币贬值后用较少的本国货币来换取该计价货币。

在进口贸易中，如果预测计价货币将要升值或汇率上浮，对贸易双方会产生如下影响：在出口方面，可推迟交货，或采取允许进口商延期付款的方式，以期获得该计价货币汇率上浮的利益；在进口方面，应提前购买，或在价格条件合适的情况下预付货款，以避免将来计价货币升值或汇率上浮后，须用较多的本国货币购买该计价结算外币。

提前或延期结汇具有外汇投机的性质，因为它涉及在预期的基础上采取行动，以期获得风险收益。此外，这种方法还受到许多其他因素的影响，其中包括政府的外汇管制措施。

六、资产与负债管理

外汇管理中的资产与负债管理与流动资金的管理相似。流动资产主要包括股票存量、应收款项、短期投资、现金和银行存款。流动负债主要包括应付款项、银行透支、银行贷款、拟派股利和到期税款等。上述这些项目就是流动资金管理的主要内容。如果跨国公司的一个子公司预计其所在国的货币将贬值，就应减少这种货币资产并增加这种货币债务；如预计其所在国货币将升值，则应增加这种货币资产并减少这种货币债务。然而，流动资金的管理往往涉及许多费用（如借款费用），所以在采取行动时要权衡利弊。

调整长期资产与负债的难度更大一些。但是，长期债务的预付是减少负债的一种方法。固定资产一般不受汇率变动的影响，只有在按照收盘汇率折算时才会受险，厂房和设备的租赁可以消除资产负债表上的这种风险，但是，只有当国内货币贬值时才会合算。

七、配对管理

配对（Matching）是一种使外币流入（收入）与外币流出（支付）在币种、数额及时间上相互平衡的机制，它既可以运用于跨国公司内部资金管理，也适用于公司与第三方的交易结算。

（一）自然配对

自然配对是指将某种特定的外币收入用于该货币的支出。例如，不将某种货币的出口货款兑换成本币，而是将它全部存入外币账户，作为从该国进口的货款支付或做其他方面的使用。这样就没有必要进行两笔外汇交易，不仅可以节约银行手续费和货币买卖差价，而且可以规避汇率风险。

（二）平行配对

平行配对是指企业收入与支出不是同一币种，但两种货币汇率的变动呈正相关关系。例如，瑞典克朗与瑞士法郎的变动往往具有正相关关系。但也有一些偶然的情况出现，即一旦这些货币之间的汇率正相关性发生背离，期望中的资金配对就不能实现，企业就有可能承受双重的外汇损失（即将收入的外币贬值，将要支付的外币升值），所以，平行配对并未使企业完全规避外汇风险。

如果两种货币之间的汇率呈负相关关系，则需要换一种方式，即同时保持这两种货币的多头寸或空头寸（同时有这两种货币的收入或同时有这两种货币的支出），从而减少或规避汇率风险,以达到配对管理的目的。

运用配对管理技巧,大大减少了企业在外汇市场上买卖外汇的必要性。在节约费用的同时又规避了汇率风险,使资金管理和运作更加简单化。但有一个前提条件,即它须以跨国公司内部子公司之间或者与第三方之间存在着双向性的资金流动为前提。此外,配对管理还涉及本币资金周转,总公司财务部门的协调与信息汇总的问题,并且可能受到外汇管制的某种限制。

八、净额结算

净额结算又称冲抵(Netting),是指跨国公司在清偿其内部贸易所产生的债权和债务关系时,对各子公司之间或子公司与母公司之间的应收款项和应付款项进行划转与冲销,仅对净额部分进行支付,以此来规避汇率风险。

(一) 双边净额结算

这种方法比较简单。例如,美国有家跨国公司在英国和德国各设有一家子公司。由于内部贸易往来,英国子公司欠德国子公司 100 万欧元,德国子公司欠英国子公司 100 万英镑。如果该跨国公司内部存在双边净额结算的安排,并假设汇率为 1 英镑=1.5 欧元,则德国子公司只需要向英国子公司支付相当于 50 万欧元的英镑就可以了结彼此之间的债权债务关系。这种冲抵安排使两家子公司各自的外币应收款项和应付款项的金额大大减少,从而总共节约了相当于 200 万欧元资金的兑换与汇付费用。当然,双边净额结算可由许多子公司相互结对共同来组成,而并不只限于两家子公司。

(二) 多边净额结算

这种冲抵方法的原则与双边净额结算相同,只是在安排上略为复杂,并且跨国公司总公司的财务部门在多边冲抵中居于中心地位,对各家子公司之间的净额结算进行协调和组织。

例如,假设在某个净额结算期间,英国子公司从瑞士子公司处购买了价值 600 万美元的货物,同时它向法国子公司提供了价值 200 万美元的劳务;而瑞士子公司曾从法国子公司那里购买过 200 万美元等值的货物。三家子公司相互之间的债权债务经过多边冲抵后只要求英国子公司向瑞士子公司支付相当于 400 万美元的某种预先商定的货币资金即可结清。

可见,多边净额结算的安排加强了跨国公司对其内部资金往来的控制,它使支付数额和次数减少,从而大大节约了向银行支付的买卖差价与手续费等费用。但必须注意,这一规避汇率风险的做法只适用于跨国公司内部,它对跨国公司以外的企业进行经济交易所产生的外汇头寸不适用。此外,这种做法也许会受到外汇管制国家的限制。

九、建立多国货币管理中心

建立多国货币管理中心(Multicurrency Management Center)非常适用于有大量进出口业务和国际借贷业务并且每年要发生规模巨大的跨国界资金流动的跨国公司。它是指由跨国公司出资建立一个再开票中介(Reinvoicing Vehicle)或冲抵中介(Netting Vehicle),以取代公司财务部门来专门管理外汇风险。

多国货币管理中心的主要活动有两个部分：

一是跨国公司内部企业之间从事贸易，商品和劳务直接由出口方提供给进口方，但有关贸易收付则要通过货币管理中心或再开票公司(Reinvoicing Corporation)来进行，即出口企业用当地货币向该中介机构开出账单和汇票，中介机构再以进口企业的当地货币对其再开票。这样，无论是出口企业还是进口企业都不承担任何外汇风险，所有的外汇风险都集中到再开票公司并由它来承担。再开票公司可充分利用其独特地位进行多边冲抵，同时可运用提前或延期结汇及转移价格等方法来集中控制与操作跨国公司内部的资金流动，并根据公司对待外汇风险的一贯态度，对外汇头寸净额做出有关抛补的决策。这样做可以使公司外汇风险管理成本大大减少。

二是对跨国公司以外的第三方的出口，先由出口方以当地货币向再开票公司开票，然后由再开票公司按贸易合同中双方商定的货币向客户开票；从第三方的进口也按同样的方法办理。显然，再开票公司这样做是集中承担了跨国公司对外经济往来中所面临的全部外汇风险。当然，在这些进出口交易中，再开票公司都是作为货物的法定所有者的身份出现的，所以，即使在实施外汇管制的国家里，再开票公司为弥补外汇风险而进行的各种避险交易，一般也都得到管制当局批准。

以上阐述的都是在企业内部处理外汇受险头寸的方法，是企业外汇风险的内部技巧。但是，除此以外，还有企业管理风险的外部技巧，以下阐述的是企业规避外汇风险的外部技巧，即企业利用金融机构提供的服务和外汇市场上的各种方法来规避外汇风险。

十、参加汇率保险

该方法是指企业参加官方或半官方机构所开办的汇率保险以规避外汇风险。许多国家的政府为了“奖出限入”，都专设机构，在向出口企业提供资金融通的同时，还开办出口信贷保险和汇率保险业务。所谓汇率风险保险，就是由投保人按期缴纳少量的保险费，承保机构则以负担全部或部分的汇率变动风险作为回报。目前，在西方发达国家中办理这种汇率风险保险业务的机构有美国“进出口银行”的“对外信贷协会”、日本的“输出入银行”、瑞士的“出口风险保险部”、英国的“出口信贷保证局”和德国的“海尔梅斯出口信贷保险公司”等。

十一、利用金融交易抵补或调整以外币计价的债权债务

(一) 远期外汇市场避险

跨国公司规避外汇风险时，经常使用远期市场避险。具体来说，出口商或将收入外汇者为了规避外汇贬值风险，可按照现在的远期汇率卖出外汇以锁定将来的本币收益；而进口商或将支付外汇者可按照现在的远期汇率买入外汇以锁定将来的本币成本。利用远期外汇市场避险将未来本币收益或本币成本的不确定性因素转化为固定的可计算因素，有利于企业进行资金管理。

(二) 货币市场避险

它是指通过在货币市场上进行短期借贷，以建立配比性质或抵消性质的债权或债务，从而

达到抵补外币应付款项和应收款项所承担的汇率风险的目的。

在进口付汇的情况下,进口商可在货币市场上借入一定数额的本国货币,随即将这笔资金在即期外汇市场上兑换成计价结算的外币,并在货币市场上投资于某外币债券或存款,使其到期连本带息正好能收回相当于进口货款的金额,以用于偿付进口货款。这种做法就是将未来的汇率风险现在加以规避。至于偿还本币借款则是另一回事。

在出口收汇的情况下,为规避外汇风险,出口商可在货币市场上借入以一定金额计价结算的外币,并马上在即期外汇市场上将这笔资金兑换成本币,并在货币市场上投资或存款。到期时,将这笔本币资金(连本带息)卖出,并买进计价外币偿还借款,或直接用出口收入偿还。出口商在货币市场上避险可较早地得到本币资金,并有可能在较高的收益水平上加以具体运用,因此,这种方法具有一定的灵活性。而远期外汇市场避险,在资金运用或投放方面则无活动余地。

在一定程度上,货币市场避险与在远期外汇市场上避险一样,也涉及合同及履行合同的资金来源问题。但在这里签订的是一个贷款协议,即寻求在货币市场避险的企业需要从某个渠道借入一种货币,并将其在即期外汇市场上兑换成另一种货币。至于履约资金来源不外乎有两种可能:一是偿还贷款的资金来源于商业经营的某个承诺(或约定),这种是抵补的货币市场避险;二是偿还贷款的外币资金目前尚无着落,要等到贷款偿还期来临时,再在即期外汇市场上买进,这种是未抵补的货币市场避险。

必须指出的是,无论是进口商还是出口商,利用货币市场避险的一个前提条件是,资金借贷和货币买卖的渠道必须畅通,政府对资金借贷和外汇交易不加以管制。

除了上述两种避险方法外,企业还可以运用期货交易和期权交易进行避险。此外,自 20 世纪 80 年代以来,互换交易也越来越受到金融机构和企业的青睐,有关金融期货和互换交易将在本书第九章中阐述。

十二、福费廷

福费廷(Forfaiting)是指在延期付款的大型设备贸易中,出口商把经过进口商承兑的期限在半年以上到 5 年或 6 年的远期汇票无追索权地向出口商所在地银行或大金融公司进行贴现,以便提前获得资金。由于办理福费廷所贴现的票据不能使出票人行使追索权,因此,出口商把票据贴现给银行时,实际上就是一种卖断行为,如果发生票据遭到拒付的情况,与出口商无关。显然,出口商将票据拒付的风险完全转移给了办理福费廷业务的银行。这就是福费廷业务与一般贴现业务的最大区别。通过福费廷交易,出口商与进口商之间的信贷交易变为现金交易。这样做既有利于出口商融资和周转资金,又可以使出口商将其可能承担的外汇风险转移给办理福费廷业务的银行,从而最终免受汇率变动及债务人偿还能力的风险影响。

十三、出口押汇

出口押汇(Outward Bill/Outward Documentary Bills/Outward Bill Credit/Bill Purchased)是指企业(信用证受益人)在向银行提交信用证项下单据议付时,银行(议付行)根据企业的申请,凭企业提交的全套单证相符的单据作为质押进行审核,审核无误后,参照票面金额将款项垫付给企业,然后向开证行寄单索汇,向企业收取押汇利息和银行费用并保留追索权的一种短期出口融资业务。该融资方式不仅可帮助出口企业规避其承担的汇率风险，而且可加速其企业的资金周转。

专栏 4－1　不与外汇打交道的企业承担汇率风险吗？

通常，人们认为，当外向型企业以外币计价进出口时，由于存在本外币之间的兑换，因此，它们承担汇率风险。其实，只要国家经济是对外开放的，内销型企业同样也承担汇率风险。

1. 国内旅游景点承担汇率风险

在中国，旅游景点的门票收入是人民币。当人民币汇率升值时，因购买外汇的人民币成本下降，国内的老百姓会倾向选择去国外度假，而与此同时，货币汇率贬值的国家居民因购买人民币的成本增加就会放弃来中国旅游，所以，中国旅游景点的门票收入会或多或少地受到影响。

2. 内销型企业承担汇率风险

虽然产品只在国内销售的企业不与外汇打交道，但并不意味着这些企业不承担汇率风险。例如，一家只在中国国内出售汽车的企业，如果其汽车的销售价格不变，那么，在人民币汇率升值后，国内进口外国车的人民币价格会因此变得更加便宜，这会使得中国内销汽车缺乏相对价格竞争力，进而导致其在国内市场上的汽车销量下降，这便是内销型企业承担的汇率风险。总之，在人民币汇率升值的情况下，由于进口外国商品的人民币价格会变得相对便宜，国内产品也势必降价，以与进口外国商品在国内市场上展开竞争，最终，这将有助于降低国内的物价水平。

第三节　银行的外汇风险管理

银行经营外汇业务的情况和目的主要有三个方面：一是经营中介性买卖，即代客买卖外汇，为客户提供尽可能满意的服务，并赚取买卖差价；二是从事自营买卖，即根据汇率的走势判断买卖及管理银行自身的外汇头寸，自营买卖是一种投机行为，风险自然很大；三是进行平衡性买卖，即为平衡外汇头寸而买卖外汇以防范风险，减少外汇风险对银行及其客户的影响程度。

虽然规避风险要付出一定的代价，有些避险措施可能使银行失去一部分客户，有些避险措施可能增加银行的交易成本，但是，在汇率波动频繁的情况下，外汇风险管理仍是每一家银行在从事外汇业务过程中所要制定的重要决策之一。

一、外汇交易风险的管理

银行在从事外汇业务过程中所遇到的外汇风险是外汇买卖风险。而在买卖风险中其拥有的受险部分是以外汇头寸表示的,因此,外汇银行管理买卖的关键是要制定适度的外汇头寸,加强自营买卖的风险管理。具体而言,银行在防范外汇交易风险时要做好以下三个方面的工作:

第一,制定和完善交易制度。

一是确定外汇交易部门整体交易额度。这主要取决于以下五个方面:(1) 根据自身的资金结构和规模,正确地制定一个外汇交易损益指标,然后确定交易规模。(2) 防范超过承受度的亏损。亏损承受度越强,则交易额度可以定得越大,控制亏损程度比达到盈利目标要容易一些。(3) 银行在外汇市场上扮演的角色。银行若要想成为外汇市场上的做市商和活跃的参与者,则交易额一定要大。但如果银行只想成为一般参与者,则交易额度一定不能定得太高。(4) 交易的币种。在国际外汇市场上,交易最频繁的货币主要有十几种可兑换货币。交易的币种越多,交易量自然越大,允许交易的额度也应大一些。银行从事自营买卖,并非交易的币种越多,盈利就越多,而是应根据自身的实际情况,有选择地交易几种货币。(5) 外汇交易员的状况以及外汇交易部门的管理能力。交易额度即总受险额度,其制定和分配是分级进行的。首先银行自营买卖的交易额度即总受险额度由上级主管部门制定,受险最高额度即开盘交易后允许存在尚未平盘的最大头寸。未平盘头寸余额不得超过规定限额,否则将被视为越权行为。

二是制定和分配交易员额度。这一过程往往是分级进行的。先是银行高层管理人员交易额度的确定。他们掌握的额度很大,头寸有长线、中线和短线投资。后是外汇交易部各级别交易员额度的确定。

第二,交易人员的思想准备。从事外汇买卖的主要目的是盈利,但在汇率波动频繁的情况下难以确保百分之百盈利,所以一定要做好亏的思想准备。身处逆境时不能赌博拼杀,要保持头脑清醒,否则损失更惨重。

第三,根据本身的业务需要,灵活运用掉期等保守型交易,对外汇头寸进行经常性的有效的抛出或补充,以轧平头寸,规避风险。

二、外汇经济风险的管理

银行外汇经济风险的管理不仅应该涉及其财务部门或有关交易部门,而且应该涉及银行的更多部门。由于经济风险是一种长期风险,因此,银行不仅需要在汇率的预测、汇率的报价、汇率风险的度量以及金融产品的创新方面下功夫,而且要与银行所承担的其他类型的金融风险度量和管理有机地结合起来,按照有关的监管要求和指标进行综合管理。

三、外汇折算风险的管理

银行的折算风险管理方法可适当地参考企业的有关做法,如远期避险以及有效的资产和负债管理等。随着中国银行业国际化运作规模的扩大,银行应越来越关注折算风险的管理。

本章小结

外汇风险是指货币汇率变动而产生损失的可能性。外汇银行遇到的外汇风险一般有:外汇交易风险、外汇经济风险和外汇折算风险。企业遇到的外汇风险一般有:外汇交易风险、折算风险和经济风险。

企业对付外汇风险时，可考虑采取以下避险措施：灵活选择和使用结算货币、调整价格、损益均摊法、货币保值法、提前或延期结汇、资产与负债管理、配对管理、净额结算、建立多国货币管理中心、参加汇率保险、使用福费廷及使用金融交易手段规避风险等。

外汇银行应针对不同类型的外汇风险采取相应的对策。在对付交易风险时，应制定和完善交易制度，让交易人员做好思想准备，灵活地运用调期等外汇交易手段避险。在管理外汇经济风险时，应注重银行各部门工作的衔接，结合其他风险的度量和管理，按照有关的监管要求和指标进行综合管理。在折算风险管理方面，可借鉴企业的相关做法，有效地运用远期市场避险以及有效地管理外汇资产和负债。

思考题

1. 名词解释

外汇风险　交易风险　折算风险　经济风险　加价保值法　压价保值法　损益均摊法　配对　净额结算　多国货币管理中心　远期外汇市场避险　货币市场避险　福费廷　出口押汇

2. 简述外汇风险的含义。

3. 企业在外向型经济中可能会遇到哪些外汇风险？应采取怎样的对策？

4. 为什么说不与外汇打交道的企业也承担汇率风险？

5. 外汇银行在经营外汇业务中可能遇到哪些外汇风险？应采取怎样的对策？

第五章　汇率制度及选择政策

- 汇率制度一直是所有国家宏观金融政策中非常重要的一个方面，汇率的政策选择是否得当，不仅影响本国的金融稳定，而且大国的汇率制度与政策对国际金融和国际经济都产生重要影响。
- 本章要点：汇率制度的基本类型、汇率制度与政策有效性、人民币汇率制度、香港的联系汇率制度。

第一节　汇率制度的基本类型

所谓汇率制度，是指一国货币当局对本国货币汇率的确定、汇率变动方式等问题所做的一系列安排或规定。其具体内容包括：(1) 确定货币汇率的原则与依据。例如，汇率水平的高低和汇率种类如何确定等。(2) 维持与调整汇率的办法。例如，是实行自由浮动，还是钉住某一国货币，抑或参考一篮子货币。(3) 管理汇率的政策或法规。例如，一国外汇管理当局可能会有针对不同行业、不同企业及不同地区的汇率政策。(4) 确定维持与管理汇率的机构，如外汇管制局、外汇管理局或外汇平准基金委员会等。汇率制度主要有固定汇率制度和浮动汇率制度，以及介于两者之间的汇率制度，如汇率目标区制和爬行钉住汇率制等。

一、固定汇率制度

固定汇率制度(Fixed Rate Regime)是指政府用法律或行政手段确定、公布和维持本国货币与某一种(或几种)参照货币或某种贵金属之间的固定比价的汇率制度。

固定汇率制度的特点是：实行固定汇率制度的国家或地区对本币都规定有平价或金平价，汇率水平相对稳定，市场汇率围绕平价波动的幅度很小。

固定汇率制度的形式主要有以下三种：

（一）金本位制度下的固定汇率制度

在金本位制度下，固定汇率制度的主要特点是：

第一，各国货币都有其法定含金量，两国货币的含金量之比即铸币平价，是自发形成的汇率基础。

第二，由于金币可以自由铸造，银行券可以自由兑换黄金，黄金可以自由输出入，因此，市场汇率总是围绕铸币平价上下波动，汇率波动的上下限为黄金输送点，汇率非常稳定。正是由于各国货币在金本位制度下能保持真正的稳定，使黄金得以实现其世界货币的职能，从而有力地促进国际贸易的发展。

（二）布雷顿森林体系下的固定汇率制度

在布雷顿森林体系下，固定汇率制度的主要特点是：

第一，"两挂钩"，即美元与黄金挂钩，35 美元＝1 盎司黄金；国际货币基金组织其他成员国的货币与美元挂钩。

第二，"一固定"，即国际货币基金组织其他成员国货币与美元实行固定比价（即平价）。

第三，"上下限"，即允许上述固定比价波动的幅度为±1％。

第四，"政府干预"，是指如果国际货币基金组织成员国国际收支出现严重失衡，则其有在±10％范围内调整平价的权利，如果平价的调整幅度超过 10％，则须由国际货币基金组织审批。

显然，以美元为中心的固定汇率制度是一种可调整的钉住汇率制度。该制度与金本位制度下的固定汇率制度相比，有以下突出的特点：一是汇率的决定基础是黄金平价，但货币发行已与黄金无关；二是汇率的波动幅度小但仍大于黄金输送点所规定的上下限；三是汇率不具备自动稳定机制，其波动与波动幅度需要人为的政策来维持；四是只要有必要，汇率平价和汇率波动的界限可以改变，然而变动幅度有限；五是货币当局运用外汇平准基金和公开市场业务等间接干预方式来调节外汇供求及稳定汇率。

（三）货币局制度下的固定汇率制度

货币局（Currency Board）制度是指在法律中明确规定对本国货币的发行进行特殊限制以保证履行这一法定的汇率制度。货币局一般要求货币发行必须以一定（通常为百分之百）的该外国货币作为准备金，并且要求在货币流通中始终满足这一准备金要求。这一制度中的货币当局被称为货币局，而不是中央银行。因为在这种制度下，货币发行量的多少不再完全取决于货币当局的主观愿望或经济运行的实际状况，而是取决于可用作准备的外币数量的多少，货币当局失去了货币发行的主动权。例如，中国香港的联系汇率制度和危机之前阿根廷的汇率制度，都属于这一类型。

二、浮动汇率制度

浮动汇率是指汇率水平完全由外汇市场上的供求决定，政府对汇率波动不进行任何干预的汇率制度。

(一) 浮动汇率制度的种类

由于世界各国对浮动汇率制度管理的方式与宽松程度不同,浮动汇率制度又可分为以下种类:

1. 按照是否有政府干预,可分为自由浮动与管理浮动

自由浮动(Free Float)又称不干预浮动(Clean Float),是指国家政府对汇率上下浮动不采取任何干预措施,完全听任外汇市场供求变化,自由涨落。这纯粹是理论上的划分,实际上,各国政府往往为了本国的经济利益,还是干预外汇市场。

管理浮动(Managed Float)又称干预浮动(Dirty Float),是指政府采取各种方式干预外汇市场,使汇率不致发生剧烈的波动,而是向对本国有利的方向浮动。第一次世界大战后,英国、美国等国曾实行管理浮动,第二次世界大战后初期,法国、意大利、加拿大等国也曾实行过。现在西方各国普遍实行管理浮动。

2. 按照汇率浮动方式,可分为单独浮动、钉住浮动和联合浮动

单独浮动(Single Float),即一国货币价值不与其他国家货币发生固定联系,其汇率根据外汇市场的供求变化而自动调整,如英镑、爱尔兰镑等。这一浮动方式经常被形容为"大洋中的蛇"(Snake in the Ocean)。

钉住浮动(Pegged Float)又分两种情况:

(1) 钉住某一种货币。由于历史、地理等原因,有些国家对外贸易、金融往来主要集中于某一工业发达国家,或主要使用某一国货币。为使这种贸易及金融关系得到稳定发展,免受相互之间货币汇率频繁变动的不利影响,这些国家通常使本国货币钉住该工业发达国家的货币,随其波动。例如,一些与美国贸易和投资关系比较密切的美洲国家以及亚洲国家或地区的货币钉住美元,一些英联邦国家的货币钉住英镑,一些前欧洲殖民地国家的货币钉住欧元,还有的国家则钉住特别提款权。

(2) 钉住一篮子货币,即选择若干种与本国经济贸易关系密切的国家的货币和对外支付中使用最多的货币在国际市场上的汇率作为参考,来规定本国货币的汇率。特别提款权就是钉住一篮子货币的复合货币。

联合浮动(Joint Float),即某些国家出于发展经济关系的需要,组成某种形式的经济联合(如欧洲经济共同体),建立稳定的货币区,对参加国之间的货币汇率制定有上下波动幅度的固定汇率,各有关国家共同维持彼此之间汇率的稳定,而对经济联合以外的国家的货币则采取联合浮动的方法。这一浮动方式有时被称为"隧道中的蛇"(Snake in the Tunnel)。

(二) 浮动汇率制度的主要特点

自1976年实行《牙买加协议》以来,世界各国实行的浮动汇率制度的特点大致可归纳为以下几个方面:

第一,汇率浮动方式呈多样化。每个国家都根据自己的国情,在上述几种浮动方式中选择适合自己的浮动方式。

第二,大多采用管理浮动。每个国家根据自身情况,都直接或变相采取措施对汇率进行干预。

第三,国际外汇市场上汇率波动频繁且幅度大。

第四,影响汇率变动的因素错综复杂。利率、通货膨胀率和国际收支等主要经济变量成为

影响汇率变动的主要因素。

第五，特别提款权等钉住一篮子货币的复合货币成为汇率制度的组成部分。

三、介于固定汇率制与浮动汇率制之间的汇率制度

（一）爬行钉住汇率制

爬行钉住汇率制(Crawling Peg)，是指在短期内将汇率钉住某种平价，但根据一组选定的指标频繁且小幅度地调整所钉住的平价。于是，一方面，这一汇率制度因使本国在短期内负有维持某种平价的义务而具有固定汇率制度的特点；另一方面，这一平价可以频繁进行小幅度调整，又具有浮动汇率制度的特点。巴西等拉美国家就是采取这种汇率制度。

（二）汇率目标区制

1. 汇率目标区制的类型

(1) 狭义的与广义的目标区制(Target Zone)。美国学者约翰·威廉姆森(John Williamson)于20世纪80年代中期提出了狭义汇率目标区方案。狭义的汇率目标区以限制汇率波动范围为核心，包括中心汇率及变动幅度的确定方法、维系目标区的国内政策搭配、实施目标区的国际政策协调等一整套内容的国际政策协调方案。

广义的汇率目标区泛指将汇率浮动限制在一定区域内(例如，中心汇率的上下各10%)的汇率制度。

(2) 严格的与宽松的目标区。严格的目标区区域较小，极少变动，目标区域公开，政府负有较大的维持目标区的义务。

宽松的目标区区域较大，经常进行调整，目标区域保密，政府只是有限度地将货币政策用来维持汇率目标区。

2. 汇率目标区制与其他汇率制度的区别

汇率目标区制与其他类型的汇率制度有一定的区别。与可调整钉住浮动相比，目标区下汇率允许变动的范围更大。它与管理浮动汇率制相比，主要有两点区别：一是在目标区中，货币当局在一定时期内对汇率波动制定比较确定的区间限制；二是在目标区中，货币当局更关注汇率变动，必要时会利用货币政策等措施将汇率变动尽可能限制在目标区内。

四、固定汇率制度与浮动汇率制度的比较

（一）固定汇率制度的利弊

1. 固定汇率制度的有利影响

(1) 有利于国际经济交易的发展，减少交易成本。由于固定汇率制度下各国货币之间的汇率长期保持稳定，国际经济交易中的汇率风险很小，容易准确核算成本，并降低交易成本。

(2) 有利于抑制国际金融投机活动。国际金融投机者在汇率稳定的情况下无机可乘，这对稳定国际金融局势是有利的。

(3) 使各国宏观政策的调整受到约束。在固定汇率制度下，各国有义务稳定汇率，因此，

宏观经济政策的调整因纪律约束而不能不负责任。

2. 固定汇率制度的不利影响

(1) 各国政府在很大程度上丧失了调整经济政策的自主权。由于在固定汇率制度下各国货币汇率不能随意变动,因此,各国政府不能将汇率当作调整国际收支的政策工具,只能依靠调整国内经济政策来调整国际收支,并且有可能与国内经济目标发生冲突。

(2) 容易发生通货膨胀的国际传递。在固定汇率制度下,国外的通货膨胀很容易通过两种途径被传递到国内:一是国外的通货膨胀通过一价定律使本国商品和劳务价格直接上涨;二是国外的通货膨胀通过外汇市场干预和外汇储备的增加,造成本国货币供应增加,从而导致本国物价上涨。

(3) 在可调整固定汇率制度下,汇率调整的不及时会导致一系列消极后果。在布雷顿森林体系下,由于政治和经济等方面的原因,以美元为中心的固定汇率的平价虽然是可调整的,但其调整往往不及时。于是,当出现国际收支失衡的国家不愿以调整国内经济的方式调整国际收支时,其货币汇率就会越来越偏离均衡汇率,此时,不仅会对相关国家产生更大影响,扭曲国际经济交易格局,而且容易助长外汇投机,使投机者赚取无风险投机利润。

(二) 浮动汇率制度的利弊

1. 浮动汇率制度的有利影响

(1) 汇率水平比较合理。在浮动汇率制度下,汇率水平反映了市场供求关系,货币当局可以根据本国实际情况对汇率进行调整,因此,与固定汇率制下的汇率水平相比,汇率水平相对合理。

(2) 可以防止国际金融市场上大量游资对硬货币的冲击。由于各国的国际收支状况不同,有些顺差国家的货币往往趋于坚挺,成为硬货币。在固定汇率制度下,国际金融市场上的游资为了保持币值或企图获得汇率变动利润,纷纷抢购硬货币,于是使硬货币受到冲击。而在浮动汇率制度下,汇率基本上由外汇市场上的供求关系决定,比固定汇率制度下由于政府干预所出现的汇率较为切合实际。因此,从这个意义上讲,可以使某些硬货币受冲击的可能性减小。

(3) 可以防止某些国家的外汇和黄金储备流失。在固定汇率制度下,当某一国货币在国际市场上被抛售时,因该国有维持固定汇率的义务,它必须用其外汇和黄金储备干预汇率,购买本币,这便造成该国外汇和黄金储备大量流失。在浮动汇率制度下,各国并无义务在国际市场上维持其汇率,因而不会出现某一国家外汇和黄金储备大量流失的问题。

(4) 各国推行本国经济政策有较大的自由。例如,当一国通货膨胀高并导致国际收支逆差时,可以通过调整汇率来平衡国际收支,而不一定非要采用紧缩性的政策措施,从而增加了本国货币政策的独立性,并有利于保持国内经济的相对稳定。

2. 浮动汇率制度的不利影响

(1) 汇率风险加大,不利于国际贸易的发展,人们不愿签订长期贸易契约。在浮动汇率制度下,由于汇率容易暴涨暴跌,波动频繁,进出口商不仅要考虑进出口货价,而且要注意规避汇率风险。由于要考虑汇率的变动趋势,因此,报价往往不稳定。这不仅影响本国商品在国际市场上的竞争力,而且容易引起借故延期付款、要求降价或取消合同等现象,进而对本国的进出口产生不利影响。

(2) 助长国际金融市场上的投机活动,使国际金融局势更加动荡。由于汇率波动频繁,波幅加大,投机者便有机可乘,通过一系列外汇投机活动牟取暴利。若预测失误,投机失败,还会引起银行倒闭之风。

(3) 可能导致竞争性货币贬值。各国采取以邻为壑政策(Beggar-my-neighborhood Policy),实行贬值,向贸易伙伴出口本国失业,在损害别国经济利益的基础上减少本国的国际收支逆差。这种做法既不利于正常的贸易活动,也不利于国际经济合作。

五、影响一国汇率制度选择的主要因素

自 20 世纪 60 年代以来,有关固定汇率制与浮动汇率制孰优孰劣的争论一直没有停止过,并成为理论界和政府决策部门的重大议题。归纳起来,一国究竟实行怎样的汇率制度,主要取决于以下几个方面:

(一) 本国经济的结构性特征

对于大国(如美国、英国等)而言,其对外贸易已经实现多元化,不适宜选择一种基准货币实施固定汇率,而适宜实行浮动性较强的汇率制度。此外,大国经济内部调整的成本较高,经济政策的独立性很强。而对于小国和地区(如韩国、中国香港等)而言,由于它们一般对少数几个大国的贸易依存度较高,因此,比较适合采用固定性较强的汇率制度,而汇率的浮动则不利于其对外贸易的发展。此外,小国或地区经济内部调整的成本也较小。

(二) 国际和国内经济条件的制约

例如,自 21 世纪以来,随着外国游资越来越多地进入中国,欧盟、美国和日本等主要贸易伙伴不断对中国出口产品实施反倾销调查并对人民币升值施加压力,国家外汇管理局考虑到国内外汇储备的激增和消费物价指数增加等情况,本着汇率制度改革的主动性、可控性和渐进性的原则,于 2005 年 7 月 21 日将中国汇率制度由钉住美元的浮动方式,改为参考一篮子货币同时根据市场供求关系进行浮动的汇率形成机制。再如,马来西亚针对国内通货膨胀率不断上升的情况,将林吉特钉住美元的固定汇率制度改为钉住一篮子货币进行浮动的管理浮动方式,因为政府采取灵活汇率政策,有利于货币当局实行独立的货币政策,进而通过外汇市场汇率调节,以解决马来西亚国内通货膨胀的问题。

(三) 特定的政策目的

例如,2005 年 7 月 21 日当天汇率调整的初始水平定为人民币相对于美元升值约 2%,这一调整幅度主要是从中国贸易顺差程度和结构调整的需要来确定的,同时考虑了国内企业的承受能力和结构调整的适应能力。这个幅度基本上趋近于实现商品和服务项目大体平衡。再如,中国目前实行的参考一篮子货币的浮动方式中,所选择的一篮子货币主要是与中国贸易关系密切的国家的货币,如美元、欧元、日元和韩元等。

(四) 区域性经济合作情况

对于某一区域内的各个国家和地区,由于其经济和贸易关系比较密切,它们的货币之间采取固定汇率制度就对彼此之间维持良好的经济关系比较有利。例如,欧盟部分国家自 20 世纪 70 年代末实行的联合浮动方式对后来欧元的诞生和欧洲国家经济贸易关系的进一步发展起了非常重要的促进作用。

第二节　汇率制度与政策有效性

一、蒙代尔—弗莱明模型和 *IS—LM* 曲线

(一) 蒙代尔—弗莱明模型前提及 *IS—LM* 曲线的含义

20 世纪 60 年代发展起来的蒙代尔—弗莱明模型(Mundell-Flemming Model)对固定汇率制度下和浮动汇率制度下货币政策及财政政策的相对有效性进行了经典分析。

该模型拓展了凯恩斯主义产出决定理论,用宏观经济学中 *IS—LM* 模型框架和外汇市场均衡分析来阐明观点。

该模型的前提是假设利率平价成立,即

$$\frac{e_1 - e_0}{e_0} = \frac{i_f - i_d}{1 + i_d}$$

其中,i_d 和 i_f 分别为国内外利率水平,e_1 和 e_0 分别为直接标价法下预期和当期的本国汇率水平。若对未来汇率的预期变化不大,i_f 外生不变,则当前汇率与国内利率呈反向变动,见图 5－1 的左半部分。

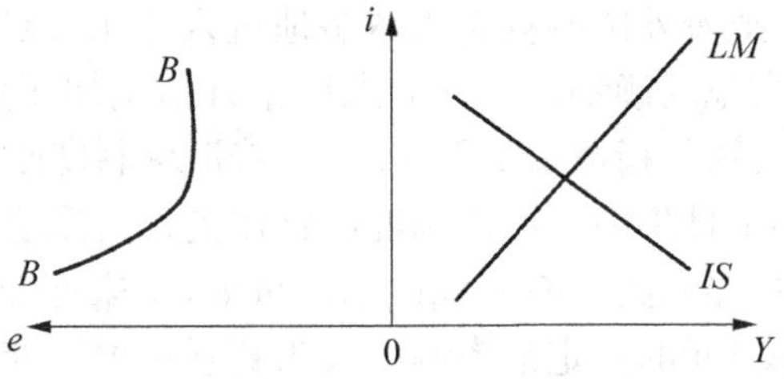

图 5－1　蒙代尔—弗莱明模型

图 5－1 的右半部分是标准的 *IS—LM* 模型。图中纵轴为市场利率水平(i),横轴为国民收入水平(Y)。*IS* 曲线为商品劳务市场的均衡线,即所有能够使商品劳务市场总支出等于总收入的市场利率和国民收入的组合。在简单模型中,要实现商品和劳务市场的均衡,投资 I 必须等于储蓄 S。其中,投资是利率(i)的函数,并与利率呈负相关关系。储蓄是国民收入的函数,并与国民收入呈正相关关系。由于在均衡条件下,当其他条件不变而利率下降、投资增加时,若要恢复均衡,国民收入就必须增加,从而使储蓄也相应增加,所以,*IS* 曲线向右下方倾斜。所有影响总需求的因素(如消费、投资、进出口净额和政府购买支出等)都能够使 *IS* 曲线移动,总需求增加时,*IS* 曲线向右移动。而一国货币汇率贬值后,因能增加出口、改善国际收支,也能使 *IS* 曲线向右移动。

图 5－1 中的 *LM* 曲线为货币市场均衡线,即所有能使货币市场上货币供应(M)等于货币需求(L)的市场利率和国民收入的组合。在简单模型中,货币供应是由中央银行决定的外生变量或常数;货币需求则是市场利率和国民收入的函数,并且(货币的投机需求)与市场利率呈负相关关系,(货币交易和谨慎性需求)与国民收入呈正相关关系。由于在均衡条

件下，当其他条件不变而市场利率上升，则货币的投机需求下降，因货币供应是常数，因此，若要恢复平衡，国民收入就必须增加，从而增加货币交易和谨慎性需求，所以，*LM* 曲线由左下方向右上方倾斜。当其他条件不变而货币需求下降时，*LM* 曲线会向右移动；反之，则向左移动。

（二）固定汇率制度下财政政策和货币政策的有效性分析

1. 固定汇率制度下财政政策的有效性

在固定汇率制度下，当财政政策扩张时，*IS* 曲线向右移动，利率上涨并导致外资流入，本币汇率有升值压力。为维持固定汇率制，货币当局会将流入的外资完全货币化，*LM* 曲线相应右移，国内利率开始下跌，于是产出增加，进一步加强财政政策的扩张作用，见图 5－2。

2. 固定汇率制度下货币政策的有效性

在固定汇率制度下，若货币当局实行扩张性货币政策，*LM* 曲线右移，利率下跌，国内资本外流，本币汇率面临贬值压力。货币当局为维持固定汇率制度，就会在外汇市场上卖出外汇储备，减少基础货币的投放，使 *LM* 曲线被迫重新向左移动，利率回升，膨胀作用下降，产出恢复到原先水平，最终使基础货币供应量保持不变，而只改变了基础货币的构成（即国内信用扩张而来自国外的信用紧缩），见图 5－3。

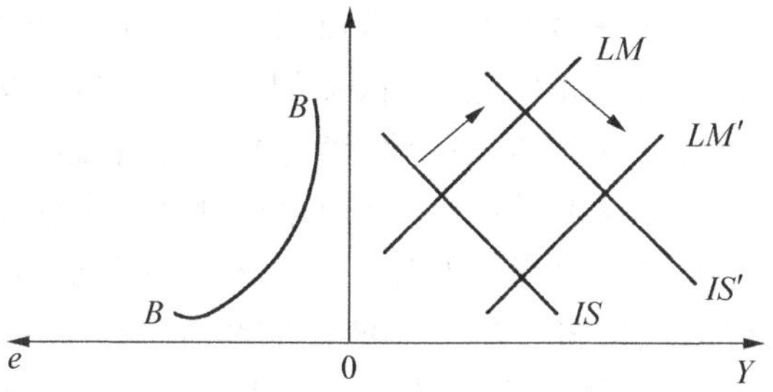

图 5－2　固定汇率制度下财政政策的扩张

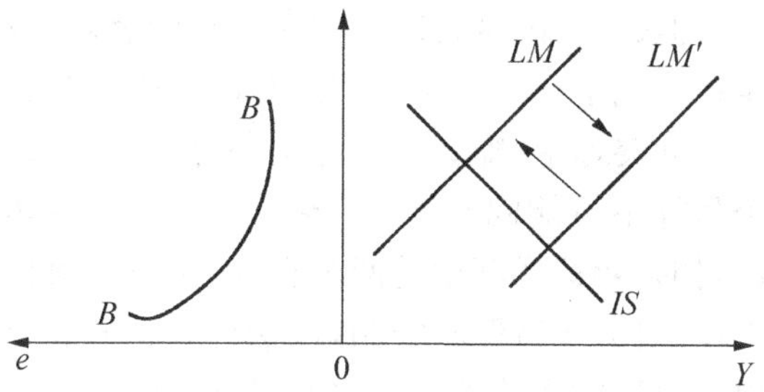

图 5－3　固定汇率制度下货币政策的膨胀

由此可见，在固定汇率制度下，财政政策相对有效，而货币政策相对无效，但可以改变基础货币的构成。

（三）浮动汇率制度下财政政策和货币政策的有效性分析

1. 浮动汇率制度下财政政策的有效性

在浮动汇率制度下，当财政政策扩张时，利率上升将导致本币汇率升值，使本国出口商品价格竞争力下降，进而出口减少，进口增加，国内总支出减少，*IS* 曲线向左移动，产出恢复到原先水平，最终只通过增加财政支出，减少净出口，改变了国内总支出的构成，但总支出规模未变，见图 5－4。

2. 浮动汇率制度下货币政策的有效性

在浮动汇率制度下，如果实行膨胀性货币政策，则 *LM* 曲线右移，利率下跌，本币汇率贬值将带动本国出口增加、进口减少，于是，总支出增加，*IS* 曲线右移，放松银根的作用进一步得到加强，见图 5－5。

因此，在浮动汇率制度下，货币政策相对有效，而财政政策相对无效，但可以改变总支出的构成。

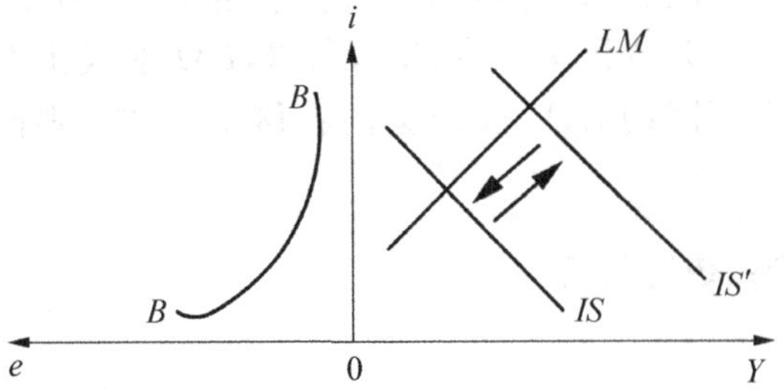

图 5-4 浮动汇率制度下财政政策的扩张

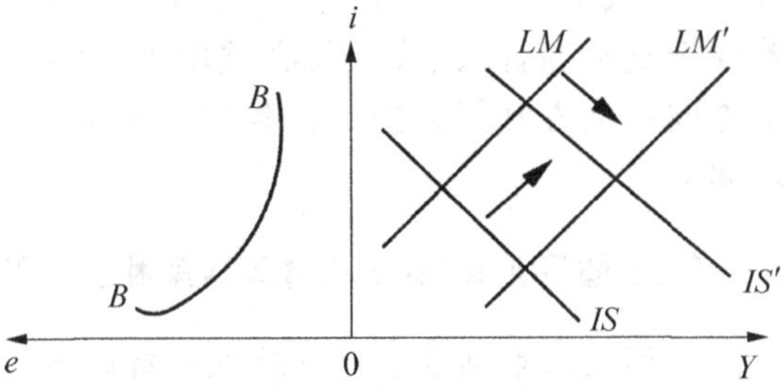

图 5-5 浮动汇率制度下货币政策的膨胀

二、三元悖论与汇率制度选择

众所周知,国际货币基金组织的宗旨是达到三个目标:本国货币政策的独立性、汇率的稳定性和资本的完全流动性。货币政策的独立性,是指一国货币政策无须考虑汇率因素,而执行宏观稳定政策进行经济调节,也就是指一国是否具有使用货币政策影响其生产和就业的能力;汇率的稳定性,是指本国汇率保持一个相对稳定的状态,以稳定本国的经济发展,特别是对外贸易的发展;资本的完全流动性,即开放本国的资本市场,使本国资本与外国资本可以任意进出,不受限制。

但是,美国麻省理工学院(MIT)著名的经济学家保罗·克鲁格曼(Paul Krugman)于 1999 年在蒙代尔—弗莱明模型的基础上进一步提出了著名的三元悖论(Impossible Trinity),又称三元冲突理论,即在开放经济条件下,货币政策的独立性、汇率的稳定性和资本的自由流动三个目标不可能同时实现,各国充其量只能实现这三个目标中对自己有利的两个目标,也就是说,如果要选择其中的两个目标,第三个目标就一定要完全放弃。例如,一国为了维持稳定的汇率,要么实行资本管制,以牺牲资本的完全流动性为代价将影响汇率波动的经济因素消除;要么通过货币政策——主要是利率的提高与降低,以牺牲货币政策的独立性为代价调节外汇供求,维持汇率稳定。从历史情况来看,在 1944~1973 年的布雷顿森林体系中,各国实现了货币政策的独立性和汇率的稳定性,但资本流动受到严格限制;1973 年后,发达国家实现了货币政策的独立性、资本自由流动,但汇率稳定不复存在。之所以在 1973 年后选择了资本自由流动和本国货币政策独立性这两个目标,是因为它们对汇率不稳定的承受力较强。所以,不顾其他两个目标而单纯追求一个目标(如发达国家近年来向发展中国家所推销的资本完全自由流动),在理论上是站不住脚的。参见表 5-1。

表 5-1 开放经济体三难选择的组合

货币政策	汇率政策	资本市场
无效	固定	开放
有效	固定	管制
有效	浮动	开放

自 20 世纪 60 年代以来,国际货币基金组织所采取的政策主要是依据蒙代尔的政策主张,即以货币政策和财政政策相互搭配来达到经济平衡。于是,当其成员面临金融危机时,国际货币基金组织始终要求它们提高利率以留住短期资本,从而达到稳定汇率的效果。这种措施对

于发展中国家而言，很容易因过高的利率而导致本国经济衰退。可见，鱼与熊掌不可兼得，尤其是对于发展中国家，深刻认识三元悖论，做出适合自己国家的政策取舍，对于防范金融危机有着深远的意义。

显然，有管理的浮动汇率制度可以突破上述悖论。在有管理的浮动汇率制度下，尽管货币政策受到一定的制约，但由于汇率变动的区间较宽，货币政策仍有较大的独立性，也使得三元悖论转变为紧密的三角关系：资本流动、自主决定的货币条件指数以及随利率差异变动的汇率。有管理的浮动汇率制度在资本流动的情况下，可以结合上述两个两极解决方案的优点（即控制汇率和调控国内货币条件），并使其融为一体。

第三节 人民币汇率制度

西方主要货币是中国国际收支中经常使用的货币，也是人民币对外汇率的主要对象。随着国内外经济和金融形势的变化，人民币对这些货币的汇率具体经历了三个不同时期。

一、计划经济体制时期人民币汇率制度的特点

（一）国民经济恢复时期（1949～1952 年底）

这一阶段的特点是，人民币汇率的制定基本上与物价挂钩，变化比较频繁。

在 1949～1950 年 3 月期间，国内物价不断上涨，人民币币值下跌，而国外物价则相对稳定，所以，人民币汇率不断下跌。例如，自 1949 年 1 月 19 日天津首先对美元挂钩起，到 1950 年 3 月 13 日美元汇率上调达 52 次，由 1 美元折合 80 元旧人民币上调至 42 000 元。

解放战争前夕，国民党政权把多年搜刮的外汇劫掠一空。解放初期，面临国内恢复工农业生产和开展对外政治经济外交活动的需要，我们必须保持一定数量的外汇储备，而刺激出口就是自力更生增加外汇收入的可靠途径。在当时，为了扶持出口，更多地积累外汇资金，购买主要的进口物资，有力地促进国民经济的恢复和发展，制定了“繁荣经济、城乡互助，内外交流、劳资两利”的经济政策。在人民币汇率上，采取了“奖出限入，照顾侨汇”的方针，并随时机动调整人民币汇率。所谓“奖出”，就是奖励出口，保证对 75％～80％的大宗出口物资的出口有利，对私营出口则保证获得 5％～15％的利润；“限入”主要是限制奢侈品进口。“照顾侨汇”就是保证侨汇汇入后的实际购买力，不使侨胞侨眷吃亏。

1950～1953 年初，人民币币值升高，外汇汇率下跌。以美元为例，由 1950 年 3 月 13 日的 1 美元兑 42 000 元旧人民币降为 1951 年 5 月 23 日的 22 380 元，下跌幅度为 46.8％。这是因为国内外物价对比情况发生了显著变化。

为了给国家有计划地开展大规模经济建设创造有利条件，1950 年 3 月政务院发布了《关于统一国家财政经济工作的决定》。通过对这一决定的执行，国内金融物价日趋稳定。例如，若 1950 年 3 月的批发物价为 100，则 1950 年 12 月的为 86.2％，下跌幅度为 13.8％。但同时期，由于发动朝鲜战争，美国国内财政收支日趋恶化，通货膨胀严重，并且在国际市场上抢购战略物资，导致其国内物价以及西方国际商品市场价格上涨。以美国国内物价为例，如以 1950 年 1 月为 100，则 1950 年 7 月（朝鲜战争刚开始）已经上升为 123.2％。而中国国内物价下跌，

相对国外物价上涨,人民币汇率理应上涨。

从当时中国进出口贸易形势看,由于国外物价上涨,西方国家货币贬值,因此,中国出口所得外汇如不加速使用,必然会遭受外币贬值的损失。根据当时中国的贸易政策,人民币汇率政策由奖励出口改变为“奖励出口,兼顾进口”。此外,抗美援朝开始后,美国对中国封锁禁运,冻结中国资金,为了打破美国对中国的封锁,在积极发展生产、增加出口的同时,必须在政策上发展进口贸易,冲破封锁。人民币币值相应上升,外汇汇率下跌,使进口成本减少,对开展进口贸易、加速外汇资金周转是有利的。

从照顾侨汇的利益方面考虑,人民币汇率上升,使汇入同等数量的外汇所得的人民币较以前减少。但汇率上升对侨汇是否合理,主要应从货币的实际购买力的对比来看,比较同等数量的外汇汇入国内折合成人民币后,是否保持了汇入外汇的购买力。从当时情况看,人民币汇率调整后,使侨眷所得人民币不仅不低于外币的购买力,而且有一定程度的超过,这就照顾到侨眷的合理收入,使国内广大侨眷的生活仍然得到合理照顾。

(二) 固定汇率制度下的人民币汇率(1953～1971年)

这一阶段的显著特点是汇价与计划固定价格和计划价格管理体制的要求相一致。人民币汇率与物价逐渐脱钩。

在这一阶段,中国开始有计划地进行社会主义建设,人民币汇率开始对西方国家计价结算。为了有利于国内经济建设,人民币汇率基本上采取稳定的方针。

自1953年起,中国开始执行第一个五年计划,物价保持基本稳定,计划经济体制正在逐步健全,主要产品(包括出口物资)的生产、销售、价格制定等都纳入了国家计划。与此同时,对私人进出口贸易行业的社会主义改造顺利完成,进出口贸易已由国营对外贸易机构全部垄断,人民币汇率的高低已不再是调节进出口贸易的工具(这一阶段的人民币汇率作用主要是鼓励非贸易外汇收入),进出口贸易的盈亏平衡问题由国家财政统一解决,在一定意义上,汇率已成为国营对外贸易企业编制计划的计价折算标准。

从国外看,在这一阶段,西方以美元为中心的固定汇率制度基本稳定,国际金融市场虽然动荡,但仍在官定的上下限内波动。此外,由于美国非法冻结中国资金,中国对外支付已不使用美元。因此,20世纪60年代末期的美元危机对中国影响不大。

由于上述国内外条件,人民币在该阶段保持稳定不仅有利,而且具备客观物质基础。人民币参照各国政府公布的汇率,在原定汇率的基础上制定,实行固定汇率。只有在西方国家宣布其货币贬值或升值时,才能相应地调整。人民币与英镑的汇率相对固定。1967年11月18日美元贬值14.3%,人民币对英镑的汇率做同幅度的调整,从1英镑合6.73元人民币调至5.908元人民币。1971年12月18日美元贬值7.89%,人民币对美元的汇率由1美元合2.461 8元人民币调整为2.267 3元人民币。人民币汇率逐渐与国内物价的变动脱节。

(三) 浮动汇率制度下人民币汇率的确定(1972～1980年)

为避免西方国家货币贬值带来的汇率风险,保证收汇安全,自1968年起,中国改变出口以外币计价结算的方式,对香港、澳门地区的贸易试用人民币计价结算,1970年推广到与欧洲、日本、美国和其他地区的贸易。

在这段时期,人民币汇率的政策是:(1) 坚持人民币汇率水平稳定的方针,既不随上升货币上浮,也不随下跌货币下降;(2) 贯彻执行对外经济往来中平等互利和公平合理的政策,使人民币汇率有利于中国和外国双方贸易及经济往来的发展；(3) 参照国际外汇市场的行市，按自己规定的“货币篮子”及时调整人民币汇率。具体做法是，选择中国在对外经济贸易往来中若干种主要贸易伙伴的货币，按其在中国贸易所占比重和政策上的需要确定权数，以这些货币对美元在市场上上升或下跌的幅度作为调整人民币对美元汇率的参考依据。

二、经济体制转型阶段人民币汇率制度的特点

（一）人民币内部结算价与官方汇率双重汇率并存时期（1981～1984年底）

自1979年开始，中国为增强出口创汇能力，把发展对外经济贸易提高到战略地位，对外贸体制进行了改革，改变过去由外贸专业公司统一经营的体制，把一部分商品的进出口权下放，成立了一批由部门、地方、企业经营的工贸、技贸结合的贸易公司，允许生产出口产品的企业经营出口，并按责、权、利相结合的原则改变外贸财务体制。外贸体制改革实行自负盈亏，需要有一个符合进出口贸易实际的合理汇率。

与此同时，中国于1979年开始积极引进外资。中国对外资企业的政策是要求其带入资金和技术，产品外销，外汇自行平衡，因此，也需要有一个合理的汇率。

然而，当时的人民币汇率不适应进出口贸易的发展要求，特别是对扩大出口和引进外资不利。例如，1979年中国出口1美元平均换汇成本为2.65元人民币①，而出口收汇按照官方汇率卖给银行只能得到1.5元人民币。这样，每出口1美元商品，出口商要亏1.15元人民币。其后果是，出现出口越多、亏损越多，而经营进口反而赚钱的不合理现象。这种状况对引进外资和发展外贸极为不利，因此，迫切要求对人民币汇率进行改革。

为了奖出限入，促进外贸经济核算并适应外贸体制改革和引进外资的需要，中国于1981年起实行双重汇率：一种是“贸易外汇内部结算价”，即1美元合2.8元人民币（按1978年全国出口平均换汇成本1美元合2.53元人民币再加10%的利润计算），主要适用于进出口贸易外汇的结算，从1981年到1984年这个汇率一直没变。另一种是官方公布的人民币汇率，主要适用于非贸易外汇的兑换和结算，仍是沿用原来的“一篮子货币”加权平均的计算方法，经常调整。实行双重汇率的目的是既鼓励出口及外资流入，又避免非贸易外汇收入由于人民币贬值而遭受损失。实行贸易外汇内部结算价使汇率与进出口贸易的实际相适应并趋向合理，然而由于外贸体制改革缓慢，除少数省份实行外贸包干外，其他省、自治区及直辖市的出口仍由外贸部统负盈亏，而先前实行外贸包干的省份又退出了包干。绝大部分进口商品仍按调拨价在国内销售，价格没有放开，由外贸部承担亏损。外贸“吃大锅饭”的问题未能解决。所以，汇率只对出口换汇成本低于1美元合2.8元人民币的出口商品和实行自负盈亏的地方或部门的外贸公司起作用。进口方面，由于中国的进口商品是国内生产需要和人民生活必需品，按照国家确定的指令性计划进口，因此汇率对调节进出口的作用未能充分发挥。

此外，实行双重汇率，由于难以划分贸易外汇与非贸易外汇范围而出现混乱，管理难度增加；在对外关系方面，国际货币基金组织认为双重汇率不符合国际货币基金协定，建议取消。还有一些国家认为双重汇率是政府对出口的补贴，将对从中国进口的商品征收反补贴税。为了解决双重汇率问题，中国在国际市场上美元汇率上浮的情况下，逐渐调低对外公布的人民币

① 出口换汇成本等于出口成本（人民币）与出口外汇净收入（外币）之比。

汇率,使之与贸易外汇内部结算价相接近。1984 年底,人民币官方汇率已调至 1 美元合 2.7963 元人民币,与贸易外汇内部结算价相同。1985 年 1 月 1 日起取消贸易内部结算价,恢复单一的汇率制度,都按 1 美元合 2.8 元人民币结算。

(二) 官方汇率与外汇调剂市场汇率并存,人民币汇率大幅度下调时期(1985～1993 年底)

自 1985 年以来,根据全国平均换汇成本的变化,人民币汇率经历了几次大幅度下调。例如,1985 年 10 月 3 日,人民币贬值 12.5%,由 1 美元合 2.8 元人民币下调到 3.2 元人民币;1986 年 7 月 5 日又贬值 13.6%,由 1 美元合 3.2 元人民币下调到 3.7 元人民币;1989 年 12 月 16 日,贬值 21.2%,由 3.7 元人民币下调到 4.72 元人民币;1990 年 11 月 17 日,贬值 9.58%,由 4.72 元人民币下调到 5.22 元人民币。这几年调低人民币汇率的原因主要有两个方面:一是由于以前人民币汇率高估,1981～1984 年期间贸易外汇内部结算价格使人民币与进出口贸易的实际脱节需要调整;二是由于国内通货膨胀率上升,物价上涨,人民币对内价值降低。在这种情况下,调低人民币汇率是合理的。

人民币汇率的下调是深化外贸体制改革的需要。1988 年中国全面推行外贸承包责任制,实行以补贴包干为主要内容的外贸体制改革。同时,对服装、工艺、轻工三个出口行业实行自负盈亏机制,在汇率进一步下调的基础上取消补贴,使各类外贸企业实行自负盈亏的管理体制。人民币汇率的多次下调,减轻了财政负担,为外贸企业自主经营、自负盈亏创造了条件,促进了出口增长,改善了国际收支状况。

1988 年以后,各省、自治区、直辖市、计划单列市及经济特区都建立或加强了外汇调剂中心,在北京设立了外汇调剂中心,于是,形成了人民币官方汇率与调剂汇率并存的汇率制度,把汇率的计划分配与市场调节有机地结合起来。截至 1993 年底,官方汇率的下调和调剂价格的上升不断使两个汇率的差距缩小,这实际上是经济体制改革和价格体系理顺的必然结果。

三、社会主义市场经济时期人民币汇率制度的特点

(一) 人民币官方汇率与外汇调剂市场汇率并轨(1994～2005 年 7 月 21 日)

为了适应社会主义市场经济的发展,中国于 1994 年 1 月 1 日起,对外汇管理体制进行了以下改革:(1) 自 1994 年 1 月 1 日起,人民币官方汇率与外汇调剂市场汇率并轨,实行以市场供求为基础的、单一的、有管理的浮动汇率制度;(2) 实行银行结售汇制,取消外汇留成和上缴制;(3) 建立银行间外汇交易市场,改进汇率形成机制;(4) 取消外国货币在中国境内计价、结算和流通,停止发行外汇券,逐步收回已发行的外汇券;(5) 取消外汇收支中的指令性计划,国家主要运用经济、法律手段,实现对外汇和国际收支的宏观调控。

这一阶段人民币汇率制度的特点是:第一,汇率的安排以市场供求为基础,由外汇银行自行确定和调整,不再由中国人民银行通过行政方式制定,只由中国人民银行公布;第二,取消多重汇率,全国所有的外汇收支活动均以中国人民银行公布的汇率来进行结算;第三,允许汇率在中国人民银行公布的基准汇率的一定幅度内上下波动;第四,中国人民银行通过国家外汇管理局和外汇交易中心对人民币汇率实行宏观调控与监管;第五,由于中国外汇市场不完善,结售汇具有强制性,外汇市场的供求行情并非真正意义上的市场供求情况。

(二) 实行以市场供求为基础、参考一篮子货币进行调节、有管理的浮动汇率制度(2005年7月21日～2008年8月)

1994年后,随着中国国际收支顺差和外汇储备的不断增加,以及美国、欧盟和日本要求人民币升值的呼声越来越高,调整人民币汇率机制迫在眉睫。

2005年6月26日,温家宝出席第六届亚欧财长会议时,针对国内外颇为关注的人民币汇率问题,阐明了三个观点:第一,每个国家都有权选择适合本国国情的汇率制度和汇率政策,这是国际上的共识。第二,保持人民币汇率在合理、均衡水平上的基本稳定,有利于中国经济的发展,有利于周边国家和地区经济的发展,有利于国际金融稳定和贸易发展。第三,人民币汇率改革必须坚持主动性、可控性和渐进性的原则。所谓主动性,就是根据中国自身改革和发展的需要,决定汇率改革的方式、内容和时机。汇率改革要充分考虑对宏观经济稳定、经济增长和就业的影响,考虑金融体系状况和金融监管水平,考虑企业承受能力和对外贸易等因素,还要考虑对周边国家、地区以及世界经济金融的影响。所谓可控性,就是人民币汇率的变化要在宏观管理上能够控制得住,既要推进改革,又不能失去控制,避免出现金融市场动荡和经济大的波动。所谓渐进性,就是有步骤地推进改革,不仅要考虑当前的需要,而且要考虑长远的发展,不能急于求成。

2005年7月21日,中国人民银行发布《中国人民银行关于完善人民币汇率形成机制改革的公告》,其主要内容是:(1) 自2005年7月21日起,中国开始实行以市场供求为基础、参考一篮子货币进行调节、有管理的浮动汇率制度。人民币汇率不再钉住单一美元,形成更富有弹性的人民币汇率机制。(2) 中国人民银行于每个工作日闭市后公布当日银行间外汇市场美元等交易货币对人民币汇率的收盘价,作为下一个工作日该货币对人民币交易的中间价格。(3)2005年7月21日19时,美元对人民币交易价格调整为1美元兑8.11元人民币①,作为次日银行间外汇市场上外汇指定银行之间交易的中间价,外汇指定银行可自此时起调整对客户的挂牌汇价。(4) 现阶段,每日银行间外汇市场美元对人民币的交易价仍在中国人民银行公布的美元交易中间价上下一定幅度内浮动,非美元货币对人民币的交易价在中国人民银行公布的该货币交易中间价上下一定幅度内浮动。中国人民银行将根据市场发育状况和经济金融形势,适时调整汇率浮动区间。同时,中国人民银行负责根据国内外经济金融形势,以市场供求为基础,参考一篮子货币汇率变动,对人民币汇率进行管理和调节,维护人民币汇率的正常浮动,保持人民币汇率在合理、均衡水平上的基本稳定,促进国际收支基本平衡,维护宏观经济和金融市场的稳定。

2005年9月23日,中国人民银行为进一步发展外汇市场,增强外汇指定银行制定挂牌汇价的自主性和灵活性,满足企业和外汇指定银行规避汇率风险的需要,加强对人民币汇价的监测,发出《中国人民银行关于进一步改善银行间外汇市场交易汇价和外汇指定银行挂牌汇价管理的通知》。其主要内容包括:(1) 每日银行间即期外汇市场非美元货币对人民币的交易价在中国人民银行公布的该货币当日交易中间价上下3%的幅度内浮动。(2) 外汇指定银行对客户挂牌的美元对人民币现汇卖出价与买入价之差不得超过中国人民银行公布的美元交易中间价(上一日银行间市场美元收盘价)的1%[(现汇卖出价－现汇买入价)/美元交易中间价×100%≤1%],现钞卖出价与买入价之差不得超过美元交易中间价的4%[(现钞卖出价－现钞

---

① 由1美元兑8.276 5元人民币改为1美元兑8.11元人民币,人民币对美元升值2.1%。

买入价)/美元交易中间价×100%≤4%]。在上述规定的价差幅度范围内,外汇指定银行可自行调整当日美元现汇和现钞买卖价。(3) 取消非美元货币对人民币现汇和现钞挂牌买卖价差幅度的限制,外汇指定银行可自行决定对客户挂牌的非美元货币对人民币现汇和现钞买卖价。(4) 外汇指定银行可与客户议定现汇和现钞的买卖价。美元对人民币现汇和现钞的议定价格不得超过规定的价差范围。(5) 政策性银行、国有商业银行、股份制商业银行总行应在每个工作日上午 9 时之前向国家外汇管理局报送本行上一工作日初始挂牌汇价、最高价、最低价、结束挂牌汇价以及当日营业初始挂牌汇价。政策性银行、国有商业银行、股份制商业银行的分支机构,城市商业银行、农村信用社(含农村商业银行、农村合作银行)、外资银行以及其他金融机构按照上述要求报送所在地国家外汇管理局分局或外汇管理部。(6) 外汇指定银行应建立健全有关挂牌汇价的内部管理制度和风险防范机制。外汇指定银行应根据本通知规定修改完善有关全系统挂牌汇价的管理办法(包括定价机制、风险防范办法、内部控制制度和汇价信息联网技术规范等),自执行之日起 1 个月内报国家外汇管理局或其分支机构备案。政策性银行、国有商业银行、股份制商业银行总行报送国家外汇管理局,同时抄送所在地国家外汇管理局分局或外汇管理部;城市商业银行、农村信用社(含农村商业银行、农村合作银行)、外资银行以及其他金融机构报送所在地国家外汇管理局分局或外汇管理部。(7) 各级外汇管理部门要加强对辖区内外汇指定银行挂牌汇价的监测和管理。

显然,此次改革的不是人民币汇率水平,而是人民币汇率的形成机制。

此次汇率改革总体上对中国实体经济发挥了积极影响,为宏观调控创造了有利条件,也在应对国内外形势变化中起到了重要作用,取得了预期的效果:一是促使企业提高技术水平,加大产品创新力度,提升核心竞争力,使出口保持了较强的整体竞争力;二是汇率浮动为推动产业升级和提高对外开放水平提供了动力和压力,促进了出口结构优化和外贸发展方式转变,有利于经济发展方式转变和全面协调可持续发展;三是企业主动适应汇率浮动的意识增强,应对人民币汇率变动和控制风险的能力提高,外汇市场得到培育和发展;四是向国际社会展示了中国促进全球经济平衡的努力。

2006 年 1 月 4 日,中国人民银行在银行间外汇市场引入询价交易方式和做市商制度,进一步改善了人民币汇率中间价的形成方式。

(三) 汇率制度改革进程暂停(2008 年 9 月~2010 年 6 月)

2008 年 9 月,美国莱曼证券公司破产后,美国的"次贷"危机演变成国际金融危机。国际金融危机给全球和中国经济带来了较大的困难和不确定性,中国适当收窄了人民币波动幅度以应对国际金融危机。相比 2005~2007 年期间人民币对美元呈缓步走高的态势,自国际金融危机以来,人民币对美元汇率则相对保持了一定程度的稳定。

外汇市场数据显示,在金融危机期间的较长一段时间里,人民币对美元汇率中间价围绕 6.83 元上下浮动,弹性也相对趋弱。以 2010 年第一季度为例,人民币对美元双边汇率基本上在 6.81~6.85 元的区间内运行。

就金融危机期间的汇率政策,中央银行表示,这符合中国经济的自身利益,有助于中国经济较快实现稳定和复苏。

需要强调的是,在金融危机最严重的时候,许多国家货币对美元大幅贬值,而人民币汇率保持了基本稳定,这无疑是中国对全球经济复苏做出的巨大贡献。对金融危机之中中国采取的汇率政策,国际上的主要国家给予了充分认可。

(四) 汇率制度改革重新启动(2010年6月～2015年8月)

2010年6月19日，中国人民银行表示，根据国内外经济金融形势和中国国际收支状况，中央银行决定进一步推进人民币汇率形成机制改革，增强人民币汇率弹性。此次进一步推进人民币汇率形成机制改革，意味着中国汇率政策结束了国际金融危机期间的特殊阶段，重回常态。

中央银行认为进一步推进人民币汇率改革的有利时机已经到来：一是2010年上半年中国经济回升向好的基础进一步巩固，经济运行趋于平稳，这为进一步推进人民币汇率形成机制改革提供了有利的契机。二是中国正在加快经济结构调整、转变发展方式，国际金融危机爆发使得这一任务更加重要和紧迫。汇率形成机制改革有利于促进经济结构调整，提高发展的质量和效益。三是进一步增强人民币汇率弹性，实现双向浮动，也是提高宏观调控的主动性和有效性的需要，可应对不同情景下的外部冲击。

随着对外开放程度的不断提高，中国主要经贸伙伴已呈现明显的多元化态势。2010年1～5月前5位贸易伙伴(欧盟、美国、东盟、日本和中国香港地区)进出口已分别占同期中国进出口总值的16.3%、12.9%、10.1%、9.4%和7.5%；同时，资本往来也呈现多样化和多区域特征。在此背景下，人民币汇率如果只钉住单一货币变化，既不能适应贸易投资货币多元化的需要，也不能反映汇率的实际水平。多种货币组成的货币篮子及其变化更能准确反映真实的汇率水平。因此，需要以市场供求为基础、参考一篮子货币进行调节，这有利于形成更为科学合理的汇价水平。对企业和居民来说，在中国贸易和资本往来多元化的格局下，不宜单纯依据美元来衡量人民币汇率，而应从双边汇率转向多边汇率，更多关注篮子汇率变化，以人民币相对一篮子货币的变化来看待人民币汇率水平。

时任中央银行副行长的胡晓炼在2010年7月15日指出，在2005年汇率改革的基础上进一步推进人民币汇率形成机制改革，其核心是坚持以市场供求为基础，参考一篮子货币进行调节，继续按照已公布的外汇市场汇率浮动区间，对人民币汇率浮动进行动态管理和调节。归纳起来，中国有管理的浮动汇率制度主要包括三个方面内容：一是以市场供求为基础的汇率浮动，发挥汇率的价格信号作用；二是根据经常账户，主要是贸易平衡状况动态来调整汇率浮动幅度，发挥"有管理"的优势；三是参考一篮子货币，即从一篮子货币的角度看汇率，不片面地关注人民币与某个单一货币的双边汇率。这是继续完善有管理的浮动汇率制度的重大举措，更有利于保持人民币汇率在合理、均衡水平上的基本稳定，促进国际收支基本平衡和金融市场的稳定，实现宏观经济又好又快发展，增强货币政策的有效性。

胡晓炼进一步指出，对汇率浮动的管理主要体现三个取向：一是在宏观经济上要应对国际国内市场异动，防止汇率过大波动和金融市场投机；二是汇率向引导优化资源配置、趋向国际收支平衡的方向调整；三是与大多数企业在资源配置优化过程中的承受力相适应，避免出现大规模的关闭和裁员。①

可见，进一步推进人民币汇率形成机制改革，完善有管理的浮动汇率制度，是根据中国国情和发展战略做出的选择，符合完善社会主义市场经济体制的改革方向，符合落实科学发展观的要求，是中国深度融入全球化条件下国家利益的需要，符合中国长远和根本的核心利益。一是有利于促进结构调整和全面协调可持续发展。浮动汇率可灵活调节内外部比价，有助于引

---

① 资料来源：中国人民银行网站。

导资源向服务业等内需部门配置，推动产业升级，转变经济发展方式，减少贸易不平衡和经济对出口的过度依赖。二是有利于抑制通货膨胀和资产泡沫。增强宏观调控的主动性和有效性，改善宏观调控能力。三是有利于维护战略机遇期。作为经济全球化的受益者，继续推进汇率改革有利于实现互利共赢、长期合作和共同发展，维护有利于中国经济发展的战略机遇期和国际经贸环境。

(五) 人民币汇率中间价格机制改革(2015 年 8 月 11 日)

2015 年 8 月 11 日，中国人民银行提高了中间价形成机制的透明度，即做市商在每日银行间外汇市场开盘前，参考上日银行间外汇市场收盘汇率，综合考虑外汇供求情况以及国际主要货币汇率变化向中国外汇交易中心提供中间价报价。2015 年 12 月 11 日，中国外汇交易中心在中国货币网发布了 CFETS 人民币汇率指数，强调要加大参考一篮子货币的力度，以更好地保持人民币对一篮子货币汇率基本稳定。

“8 · 11”汇改的核心是建立了参考“上一日收盘汇率＋一篮子货币汇率变化”的双锚机制，有效分化了当时人民币汇率单边贬值预期。具体来看，双锚机制的重点主要有以下几个方面：

第一，中间价报价是由 14 家人民币外汇做市银行负责，中国外汇交易中心在每日开盘前收到 14 家做市银行报价后，去掉最高报价和最低报价，然后将剩余做市商报价加权平均后得到每日 9:15 公布的官方中间价。不同的做市商所占权重根据做市商在外汇市场的交易量和报价情况等综合指标来决定。

第二，做市银行遵循共同的“上一日收盘汇率＋一篮子货币汇率变化”定价机制。

第三，根据“参考一篮子货币”规则，做市银行要参考 CFETS、BIS 和 SDR 三个货币篮子，计算当日人民币汇率指数与上一日人民币汇率指数持平时所需要的人民币兑美元汇率与前一日中间价的差值。由于三个篮子的币种构成不同，权重也不同，因此需要根据三个货币篮子计算出的差值进行平均，得到最终的差值。

第四，根据“参考前一日收盘汇率”，做市银行要将前面计算的最终差值与前一日 16:30 银行间外汇市场人民币兑美元收盘汇率相加，即可得到中间价报价。

第五，为提高中间价报价的客观性，做市银行必须以书面形式向中央银行报告定价模型的具体细节。

显然，双锚机制最大的优势是有效分化了自 2014 年以来人民币强烈的单边贬值预期。由于影响一篮子货币汇率的走势的因素较多，将人民币汇率走势的不确定性与一篮子货币汇率走势的不确定性联系在一起，使得人民币兑美元汇率既可以贬值也可以升值，因此，以往强烈的单边贬值预期不再成立。2016 年 3 月到 4 月底，美元指数最高从 98.345 1 跌至 93.048 2，贬值幅度达到 5.4%，在此期间人民币兑美元汇率从 6.547 2 升至 6.485 5，升值幅度达到 1%，人民币汇率实现了双锚机制后比较明显的回升。

自 2016 年 2 月以来，市场初步形成了“上一日收盘汇率＋一篮子货币汇率变化”的人民币兑美元汇率中间价双锚机制，提高了汇率机制的规则性、透明度和市场化水平。但是尽管如此，双锚机制仍存在一定的不足。2017 年 4 月初，国内经济平稳回升，美元受特朗普政策的不确定性影响再次走弱，美元指数从 4 月 7 日的 101.164 7 回落至 5 月 22 日的 96.983 3，降幅达 4.1%。而在此期间人民币兑美元中间价仅由 6.894 9 升至 6.867 3，升幅仅 0.4%；人民币兑美元汇率仅由 6.899 3 微升至 6.892 4，并没有充分反映中国经济基本面情况。

2017 年 2 月，中间价对一篮子货币汇率变化的参考时段由 24 小时调整为 15 小时，避免了美元日间变化在次日中间价中重复反映。

2017年后，全球外汇市场形势和中国宏观经济运行出现了一些新的变化，美元整体走弱，同时中国主要经济指标总体向好，出口同比增速明显加快，经济保持中高速增长态势。汇率根本上应由经济基本面决定，但在美元指数出现较大幅度回落的情况下，人民币兑美元市场汇率多数时间在按照“收盘价＋一篮子”机制确定的中间价的贬值方向运行。这一现象表明，中国外汇市场仍存在一定的顺周期性，容易受非理性预期的惯性驱使，放大单边市场预期，进而导致市场供求出现一定程度的“失真”，增大市场汇率超调的风险。

显然，双锚机制存在一个明显的缺陷，即当市场对人民币汇率有一个强烈的主观预期，而且这种市场预期并没有真实反映经济基本面时，即使中间价定价合理，收盘价也可能会明显偏离中间价。这使得收盘价虽然体现了外汇市场的供求关系，但也大概率地夹杂了市场顺周期的非理性情绪。2014～2016年，中国结售汇处于逆差，外汇供小于求，市场对人民币贬值的预期比较强。2017年1月逆差环比大幅减少50%，这直接导致年初人民币汇率大幅升值。但是进入4月之后，逆差规模再次扩大，人民币重新走弱。这表明，中国外汇市场上人民币汇率的确存在顺周期性。

(六) 人民币汇率中间价格机制引入逆周期因子(2017年5月26日)

2017年5月26日，中国外汇交易中心发布公告，在人民币兑美元汇率中间价报价模型中引入逆周期因子，主要目的是适度对冲市场情绪的顺周期波动，缓解外汇市场可能存在的“羊群效应”。整体来看，近年来人民币汇率中间价形成机制不断完善，在稳定汇率预期方面发挥了积极作用。

自引入逆周期因子以来，人民币兑美元汇率实现稳步升值。美元指数从2017年6月15日的97.506 6回落至7月19日的94.847 1，降幅达2.73%。在此期间，人民币兑美元中间价由6.785 2升至6.745 1，升幅达0.6%；人民币兑美元汇率由6.797 5升至6.755 6，升幅也达到0.62%。显然，逆周期因子的引入对引导人民币汇率走势存在一定的效果。这主要是因为，引入逆周期因子的报价商理论上是外汇市场主要的参与银行，它们对外汇市场的供求关系以及基本面的判断更为精细，能够在一定程度上减少顺周期行为。但是从中长期来看，逆周期因子的影响作用还需要观察。

第四节 香港特区的联系汇率制度

联系汇率制度是中国香港特别行政区实行的一种独特汇率制度。虽然香港已于1997年7月回归祖国，但按照“一国两制”的原则，香港的联系汇率制度将长期保持不变，因此，有必要对这一特殊汇率制度进行介绍。

一、香港特区联系汇率制度的由来

在20世纪，香港共实行过6种汇率制。在1935年前是银本位制。1935年后实行的是纸币本位制和固定汇率制，港元先是与英镑挂钩，1英镑兑16港元；1949年英镑贬值30.5%后，港元兑英镑的汇率相应调整为1英镑兑14.545 5港元；1972年6月起英镑开始自由浮动，港英政府则于同年 7 月宣布港元与美元挂钩，汇率定为 1 美元兑 5.56 港元，并允许在 2.25%的幅度内上下浮动；1973 年美元再度贬值，港元兑美元的汇率变为 1 美元兑 5.8 港元；从 1974 年 11 月起，香港改用浮动汇率制，并放弃了与美元挂钩的管理浮动汇率，而开始与所有的硬通货自由兑换。在 1978 年后的 5 年内，香港经济不断恶化，外贸逆差和通货膨胀居高不下，加上港币自由发行制度在保障上的不足，多次发生挤兑事件，使这种自由浮动汇率制出现了崩溃的迹象。

1982 年 9 月，恒隆银行因挤兑而被港英政府收购；1983 年初，7 家接受存款的公司倒闭，9 月 24 日，受中英政府关于香港问题谈判的影响，发生港元危机，人们大量抛售港元而收购美元，港元在外汇市场上暴跌，对美元的汇价逼近 10 元大关，港汇指数也锐挫至 57.2 的历史最低水平。同年 10 月 15 日，在一个由时任港督尤德、财政司彭励治和汇丰银行董事长沈强等要人出席的会议上，港英政府宣布放弃不干预货币市场的原则，转而接受经济学家格林伍德的建议——建立一个钉住美元的浮动汇率制。据说，当时有人提议将汇率钉住在 1∶8 的水平，因为它有着象征发财的谐音，但此建议却被彭励治否定了，理由是它太简单，给人一种没有经过科学测算的印象。最后，彭励治力主将汇率定为 1∶7.8，至此，一个重要的经济变量就这样“科学”地产生了。港英政府于两天后，即 10 月 17 日正式宣布港元与美元直接挂钩，实行 1 美元兑 7.8 港元的预定官价，从而开始了联系汇率制度。

二、联系汇率制度的主要内容和运行机制

（一）联系汇率制度的主要内容

港英政府要求发钞银行[①]在增发港元纸币的同时，必须按照 1 美元兑 7.8 港元的固定汇率水平向外汇基金缴纳等值美元，以换取港币的债务证明书，并使港币的发行重新获得百分之百的外汇准备金支持。而回笼港币时，发钞银行可将港币的负债证明书交回外汇基金以换取等值的美元。这一机制又被引入了同业现钞市场，即当其他持牌银行向发钞银行取得港元现钞时，也要以百分之百的美元向发钞银行进行兑换，而其他持牌银行把港元现钞存入发钞银行时，发钞银行也要以等值的美元付给它们。这两个联系方式对港币的币值和汇率起到了重要的稳定作用。

（二）联系汇率制度的运行机制

联系汇率与市场汇率、固定汇率及浮动汇率并存，是香港联系汇率制度最重要的机理。

在香港的公开外汇市场上，港币的汇率是自由浮动的，即无论在银行同业之间的港币存款交易（批发市场），还是在银行与公众间的现钞或存款往来（零售市场），港币汇率都是由市场的供求状况来决定的，实行市场汇率。一方面，政府通过对发钞银行的汇率控制，维持着整个港币体系对美元汇率的稳定联系；另一方面，通过银行与公众的市场行为和套利活动，使市场汇率在一定程度上反映现实资金供求状况。联系汇率使市场汇率在 1∶7.8 的水平上做上下窄幅波动，并自动趋近，不需要人为去直接干预；市场汇率则充分利用市场套利活动，通过短期利率的波动，反映同业市场情况，为港币供应量的收缩与放大提供真实依据。

---

① 当时的发钞银行为渣打银行和汇丰银行，自 1993 年 1 月起增加了中国银行。

显然,由外汇基金与发钞银行因发钞关系而形成的公开外汇市场和发钞银行与其他持牌银行因货币兑换而形成的同业钞票外汇市场的结合,对货币投机者而言犹如一个虎口,使投机者面临极大的风险。具体来说,当投机活动使市场汇率低于联系汇率时,这两个平行的外汇市场将形成一种相互作用的合力把汇率向上提升:因汇率下滑,银行界所拥有的资产无不面临贬值压力,故会自动齐力护盘,持牌银行会将多余的港币现钞交还发钞银行,发钞银行则会将负债证明书交还外汇基金,然后把以 1:7.8 的汇价换回的美元一并以市价在公开市场上抛售,使市场汇率逐渐抬高;而当市场汇率高于联系汇率时,这股合力又将按相反的方向进行,促其下降。联系汇率制度无疑发挥了最重要的作用,但当事者的行为又纯属市场行为。而政府当局守护汇率的压力是不大的。

三、联系汇率制度的合理性

(一) 有利于香港金融、贸易和经济的稳定与发展

香港历次所采取的汇率制度基本上与当时国际货币体系的变迁有关,但联系汇率制度却是一个例外,与其说它是经济波动的结果,不如说是特定历史背景下,社会、政治和经济发展的产物。联系汇率制度是伴随中国、英国关于香港主权问题的谈判而产生的,从它出现的第一天起,就与香港的"九七"平稳过渡和未来的稳定繁荣结下了不解之缘。近 30 年来,香港经济运行良好,其国际金融中心、国际贸易中心和国际航运中心的地位不断得到巩固和加强,港币信誉卓著,坚挺走俏,联系汇率制度是功不可灭的。在 1983 年以来的历次全球性、区域性的经济灾情和政治风波中,中国、英国之间的一系列大小摩擦中,以及发生在东南亚及香港的金融风暴中,港元的市场汇率波动从未超过 1%的水平,这足以证明联系汇率制度相对其社会政治背景的合理性。

联系汇率制度真正成为香港金融管理制度的基础,是在经历了一些金融危机和 1987 年股灾之后的事情,主要是香港金融管理当局为完善这一汇率机制,采取了一系列措施来创造有效的管理环境,如与汇丰银行的新会计安排,发展香港式的贴现窗,建立流动资金调节机制,开辟政府债券市场,推出即时结算措施等。此外,还通过货币政策工具的创新,使短期利率受控于美元利息的变动范围,以保障港元兑美元的稳定。而对于联系汇率制最有力的一种调节机制,还在于由历史形成的、约束范围广泛并具有垄断性质的"利率协议",其中还包括举世罕见的"负利率"规则,它通过调整银行的存、贷利率,达到收紧或放松银根进而控制货币供应量的目的,因此至今仍然是维护联系汇率制度的一项政策手段。

(二) 符合香港的实际制度安排

联系汇率制度有其独特的经济现实基础和技术操作因素。香港经济是小岛经济,缺乏资源,外资在经济中占有相当大的比重,受许多不可控外部因素的制约,所以用利率或货币供应量作为货币政策目标显然是不切实际的。为了减少国际贸易中的外汇风险,缔结长期贸易契约和集中国际资本,而采取钉住美元、稳定汇率的办法,应该是一个正确的选择。此外,美元作为国际储备资产和国际货币的重要地位是已经确立的,在未来数年还不大可能发生动摇,并且美元是香港贸易的主要结算货币,因而钉住美元也是具有现实经济价值的。从技术操作角度看,联系汇率制集中了世界上许多重要汇率制度的优点,特别是将联系汇率与市场汇率结合起

来，并在调节机制上沿用了香港历史上商业制度的一些优秀做法，加上十几年的创新和完善，它已臻于成熟，运作起来得心应手，功效显著，并为香港社会和市场接受和习惯，一方面投机者从来无法从正面进攻香港汇率，另一方面积极意义上的市场参与者真正进行套利活动的也很少。香港金融管理局的成立和调控力度的日益增强，稳定的外汇储备，也为维持联系汇率提供了重要的保障。

当然，也有人认为联系汇率制弊端比较明显。例如，它使香港的经济行为、利率和货币供应量等指标过分依赖和受制于美国，使金融管理局运用利率和货币供应量调节当地经济的能力受到严重削弱；曾经使香港高通货膨胀与实际负利率并存；使通过汇率调节国际收支的功能无法发挥。在美国 2007 年爆发的次贷危机于 2008 年 9 月演变成国际金融危机后，美元的不断贬值和人民币的不断升值一度使大量国际投机资金涌入香港，使香港的联系汇率制度承受着巨大压力。

但总的来说，联系汇率制度对中国香港的经济影响是利大于弊，国际货币基金组织也对联系汇率制度给予了充分肯定。

本章小结

所谓汇率制度，是指一国货币当局对本国货币汇率的确定、汇率变动方式等问题所做的一系列安排或规定。汇率制度主要有固定汇率制度和浮动汇率制度，以及介于两者之间的汇率制度，如汇率目标区制和爬行钉住汇率制等。

固定汇率制度的特点是：实行固定汇率制度的国家或地区对本币都规定有平价或金平价，汇率水平相对稳定，市场汇率围绕平价波动的幅度很小。固定汇率制度的形式有：金本位制度下的固定汇率制度、布雷顿森林体系下的固定汇率制度和货币局制度下的固定汇率制度。

浮动汇率是指汇率水平完全由外汇市场上的供求决定，政府对汇率波动不进行任何干预的汇率制度。浮动汇率制度的种类有：自由浮动与管理浮动；单独浮动、钉住浮动和联合浮动。浮动汇率制度的主要特点有：汇率浮动方式呈多样化；大多采用管理浮动；国际外汇市场上汇率波动频繁且幅度大；影响汇率变动的因素错综复杂；特别提款权等钉住一篮子货币的复合货币成为汇率制度的组成部分。

介于固定汇率制与浮动汇率制之间的汇率制度有：爬行钉住汇率制和汇率目标区制。汇率目标区的类型有：狭义与广义的目标区，严格的与宽松的目标区。汇率目标区制与其他汇率制度有一定的区别。

固定汇率制度的有利影响有：有利于国际经济交易的发展，减少交易成本；有利于抑制国际金融投机活动；使各国宏观政策的调整受到约束，宏观经济政策的调整因纪律约束而不能不负责任。

固定汇率制度的不利影响有：各国政府在很大程度上丧失了调整经济政策的自主权，容易发生通货膨胀的国际传递。

浮动汇率制度的有利影响有：汇率水平比较合理；可以防止国际金融市场上大量游资对硬货币的冲击；可以防止某些国家的外汇和黄金储备流失；各国推行本国经济政策有较大的自由。

浮动汇率制度的不利影响有：汇率风险加大，不利于国际贸易的发展，人们不愿签订长期贸易契约；助长了国际金融市场上的投机活动，使国际金融局势更加动荡；可能导致竞争性货币贬值,各国采取以邻为壑政策。

影响一国汇率制度选择的主要因素有:本国经济的结构性特征,国际和国内经济条件的制约,特定的政策目的和区域性经济合作情况。

蒙代尔—弗莱明模型对固定汇率制度下和浮动汇率制度下货币政策和财政政策的相对有效性进行了经典分析。在固定汇率制度下财政政策相对有效,而货币政策相对无效,但可以改变基础货币的构成。在浮动汇率制度下,货币政策相对有效,而财政政策相对无效,但可以改变总支出的构成。

人民币汇率制度具体经历了三个不同时期:一是计划经济体制时期,此时人民币汇率制度的特点可分三个阶段进行分析;二是经济体制转型阶段,此时人民币汇率的特点可分两个阶段进行分析;三是社会主义市场经济时期,可以 2005 年 7 月 21 日为转折点,分三大阶段分析人民币汇率的特点。2015 年 8 月 11 日后人民币汇率中间价格机制的运作有一定的缺陷,为此,2017 年 5 月后,逆周期因子被中国人民银行纳入人民币汇率的中间价格形成机制中。

联系汇率制度是中国香港特别行政区实行的一种独特的汇率制度。它的产生有其特殊的历史背景。联系汇率与市场汇率、固定汇率与浮动汇率并存,是香港联系汇率制度最重要的机理。联系汇率制度的合理性表现为:有利于香港金融、贸易和经济的稳定与发展,并且符合香港的实际制度安排。

思考题

1. 名词解释

固定汇率　浮动汇率　自由浮动　管理浮动　单独浮动　联合浮动　钉住浮动　以邻为壑政策　联系汇率　可调整钉住　爬行浮动　蒙代尔—弗莱明模型

2. 固定汇率制度有哪些类型? 其特点分别有哪些?

3. 请分析固定汇率制度与浮动汇率制度的利弊。

4. 请利用蒙代尔—弗莱明模型分析财政政策和货币政策分别在固定汇率制度和浮动汇率制度下的有效性。

5. 人民币汇率制度的演变与发展大致经历了几个阶段?

6. 请分析自 2005 年 7 月 21 日以来,人民币汇率制度改革的原则和特点。

7. 为什么在 2017 年 5 月,中国人民银行在人民币中间价格机制中引入逆周期因子?

8. 香港特区的联系汇率制度的主要内容是怎样的? 其合理性表现在哪些方面?

第六章　外汇管制

- 在当今世界，许多国家在不同时期实行不同程度的外汇管制，以便政府实现其经济目标。
- 本章要点：外汇管制概述、外汇管制的主要内容、货币的可兑换性、中国的外汇管理。

第一节　外汇管制概述

一、外汇管制的概念及目的

外汇管制(Foreign Exchange Control)是指一个国家通过法律、法令和条例等形式对外汇资金的收入与支出、输入与输出、存款或放款，以及本国货币的兑换和汇率进行的管理。

一国实行外汇管制，主要有以下几个目的：(1) 限制外国商品的输入，促进本国商品的输出，以扩大国内生产；(2) 限制资本外逃和外汇投机，以稳定外汇汇率和保持国际收支平衡；(3) 稳定国内物价水平，避免国际市场价格巨大变动的影响；(4) 增加本国的黄金和外汇储备。

二、外汇管制的演变

外汇管制是西方国家国际收支危机与货币信用危机不断深化的产物。第一次世界大战前，西方各国普遍实行金本位制度，各国间的经济和货币关系比较稳定，外汇管制无从产生。第一次世界大战期间，交战国(如英国、法国、德国、意大利等国)为防止资本外逃，弥补国际收支逆差，减缓本国货币汇率波动，纷纷实行战时经济体制，对外汇管制更严，以便动员本国一切人力、物力和财力来应付战争。第一次世界大战结束后，西方各国随着经济恢复和发展，又逐渐恢复削弱了的金本位制度，并取消了外汇管制，以促进对外贸易的正常进行。

1929～1933年，西方各国普遍爆发了严重的经济危机，金本位制度崩溃，各国间的经济和货币关系极不稳定，许多西方国家产生了国际收支危机，自由贸易政策难以推行，一部分国家（如德国、奥地利、南斯拉夫、罗马尼亚、希腊、保加利亚和阿尔巴尼亚等国）恢复了外汇管制。

第二次世界大战期间，西方各国为了缓和经济危机，应付巨额的战争费用，恢复了原先已有所放宽的外汇管制。据统计，在当时100多个西方国家中，实行外汇管制的占90%以上；仅美国、瑞士以及一些美洲国家，由于远离战争中心地带或受中立条约的保护，国际收支巨额顺差，因而没有实行外汇管制。

第二次世界大战结束后，由于西方总危机进一步深化及经济危机周期的缩短，通货膨胀日益加剧。同时，美国利用其战后对其他西方国家的政治经济优势，加紧资本输出，占领国际市场；在本国则高筑关税壁垒，限制其他国家商品的进口，使一些西方国家普遍发生美元荒、黄金储备短缺以及外汇汇率不稳等问题。因此，大多数西方国家在第二次世界大战后，不仅没有放松外汇管制，反而加以强化。它们一方面企图运用外汇管制作为缓和或解决国际收支危机的工具，另一方面将其作为对抗美国扩张政策的手段。但是严格的外汇管制毕竟影响了正常的国际贸易的发展。美国为了便于对外扩张，一再施加压力，迫使英国、法国、日本等国放松外汇管制，借以打入英国、法国等国控制的传统市场。同时，由于美国的国际收支不断恶化，联邦德国、日本、英国和法国等国的经济实力有所加强，力图恢复伦敦、巴黎、法兰克福等地的金融贸易中心地位。因此，自1958年年末起，西欧14个国家——英国、法国、联邦德国、意大利、荷兰、比利时、卢森堡、西班牙、葡萄牙、瑞典、挪威、丹麦、奥地利和爱尔兰，实行了有限度的货币自由兑换（主要是允许非居民所持有的贸易与非贸易外汇可以自由兑换成另一种货币或直接汇出国外）。1960年，日本也宣布实行部分的货币自由兑换，联邦德国则更进一步实行完全的自由后兑换。英国于1979年10月24日起撤销了一切未废除的外汇管制条例。因此，从发展形势看，西方工业化国家为了活跃本国经济，加强对外贸易及金融等方面的竞争，出现了逐步放宽外汇管制的趋势。

综上所述，为了本国利益，根据形势发展，西方各国的外汇管制有时严格，有时放松。由于管制措施涉及其他国家的利益，因此，在一定程度上反映了西方国家间的矛盾。

三、世界各国外汇管制的类型

目前世界上，根据外汇管制的内容和宽严程度不同，可分为三种类型的国家和地区。

（一）实行严格的外汇管制的国家和地区

这类国家和地区对经常账户及资本和金融账户都实行严格的外汇管制，除计划经济国家，如朝鲜等国家外，多数发展中国家，如印度、缅甸、摩洛哥、智利、赞比亚、秘鲁等国均属这一类型。这些国家和地区经济不发达，国民经济生产总值低，出口收入有限，外汇资金匮乏，为了有计划地使用外汇资源，加速经济建设，不得不实行严格的外汇管制。

（二）实行部分管制的国家和地区

这类国家和地区原则上对经常账户不加以管制，但对资本和金融账户仍实行程度不等的管制。一些工业化国家，如丹麦、挪威、澳大利亚、法国、日本等，以及一些经济金融状况较好的发展中国家，如圭亚那、牙买加、南非和1994年后的中国都属于这一类型。这类国家和地区除日本特别发达外，其他都属于经济比较发达或发展较快、国民生产总值较高、贸易和非贸易出口良好、有一定外汇和黄金储备的国家。

(三) 名义上无外汇管制的国家和地区

这类国家和地区准许本国和本地区货币自由兑换，对经常账户及资本和金融账户都不加以限制。一些工业发达的国家，如美国、德国、英国和瑞士等国，以及国际收支有顺差的产油国，如沙特阿拉伯、阿联酋等均属这一类型。这类国家和地区经济发达，国民生产总值高，贸易和非贸易出口在国际市场上占相当份额，有大量的黄金和外汇储备。这些国家虽名义上声称无外汇管制，但都在一定情况下采取变相的措施加以管制。

第二节　外汇管制的内容

不同的国家在不同的时期实行外汇管制的内容有所不同且复杂烦琐，往往因客观形势的变化经常修改。但总的看来，不外乎以下几个方面：

一、外汇管制的机构

凡实行外汇管制的国家，一般都由该国政府授权的中央银行为执行外汇管制的机构，如英国的英格兰银行、美国的联邦储备银行等。但也有些国家另外设立专门机构，担负其外汇管制的职能，如意大利专门设立外汇管制局、中国专设国家外汇管理局负责外汇管制或管理工作。

除了官方机构负责外汇管制外，许多国家还由其中央银行指定或授权一些商业银行作为经营外汇业务的指定银行(Appointed or Authorized Bank)。指定银行可以按照外汇管制法令办理一定的外汇业务，非指定银行不得经办外汇业务。

二、外汇管制的对象

外汇管制的对象是外汇管制法令中应首先明确的问题，具体对象可分为以下五个层次：

(一) 对人的管理

人可划分为居民(Resident)和非居民(Non-resident)、普通个人和法人。居民是指长期定居在本国的任何普通个人和法人，包括本国公民、外国侨民、在本国境内依法注册的国内外机构和单位。非居民是指长期居住在本国境外的任何个人，包括外国人和本国侨民，以及依法设立在本国境外的机构和单位，依法注册在外国的国内外机构和单位以及外国外交使团。一般来说，对居民的管制较严，对非居民的管制较松。

(二) 对物的管理

对物的管理，主要是指对凡是可以作为国际支付手段的货币、票证、黄金等贵金属、外国货币，以及以外国货币表示的股票、债券、汇票存折及外币支付凭证如信用卡、支票等采取限制性措施。

(三) 对地区的管理

对地区的管理，是指对本国不同地区实行不同的管制政策。例如，各国的出口加工区、经济特区、保税区等通常实行较宽松的管理政策。

(四) 对行业的管理

这是拉美一些新兴工业化国家经常采用的一种方法，中国也是如此，即对传统出口行业实行比较严格的管制，对高新技术和重工业出口实行相对宽松优惠的政策。对高新技术和人民生活必需品的进口采取较优惠的政策，而对奢侈品进口则实行严格的管制。中国在 20 世纪 80 年代曾实行的外汇留成制度，就是一种典型的行业差别政策。

(五) 对国别的管理

对国别的管理，是指针对不同国家、不同地区的情况实行不同的管制对策。

三、外汇管制的主要内容

(一) 贸易外汇管制

贸易收支，通常在一国国际收支中所占比例最大。因此，实行严格外汇管制的国家大多对这一项目实行严格管制。

出口外汇管制，一般都规定出口商须将其所得外汇结售给指定银行，即出口商须向外汇管制当局申报出口价款、结算所使用的货币、支付方式和期限等，而在收到出口货款后又须向外汇管制机构申报，并按官方汇率将全部或部分外汇结售给外汇指定银行。

在进口外汇管制方面，一般由有关当局签发进口许可证，即进口商只有获得进口许可证才能购买进口所需外汇。此外，还有征收购买外汇税、限制支付进口的币种等方法。

(二) 非贸易外汇管制

实行非贸易外汇管制的目的在于集中非贸易外汇收入，限制相应的外汇支出。各国根据其国际收支状况，一般在不同时期实行宽严程度不同的非贸易外汇管制。

非贸易外汇收支范围很广，涉及劳务收支、经常性转移收支。不过，与贸易有关的运输费、保险费和银行手续费等属于进出口贸易的从属费用，基本按照贸易外汇管制办法处理，一般无须通过核准手续，就可由指定银行供汇或收汇。对其他各类非贸易外汇收支，都要向指定银行报告或得到其核准。

(三) 资本输出入管制

资本和金融账户是国际收支的一个重要内容，因此，无论是发达国家还是发展中国家，都非常重视资本的输出入，并根据不同的需要对资本输出入实行不同程度的管制。

发展中国家由于外汇资金短缺，一般都实施各种优惠政策，积极引进对发展本国民族经济有利的外国资金，例如，对外商投资企业给予减免税收优惠并允许其利润汇出等。为了保证资本输入的效果，有些发展中国家还采取以下措施：(1) 规定资本输入的额度、期限和投资部门;(2) 国外借款的一定比例在一定期限内存放在管汇银行;(3) 银行从国外借款不能超过其资本与准备金的一定比例;(4) 规定接受外国投资的最低额度;等等。过去,发展中国家都严格管制资本输出,一般不允许个人和企业自由输出(或汇出)外汇资金。但是,近十几年,随着区域经济一体化和贸易集团化趋势的出现,以及本国实力的不断增强、国际储备的不断增加和本国品牌国际知名度的扩大,不少发展中国家(包括中国)开始积极向海外投资,以期通过直接投资来打破地区封锁、避免国外的反倾销政策,同时也可缓解本币升值对本国出口带来的竞争压力。

相对而言,发达国家对资本输出入采取的限制性措施较少,即使采取一些措施,也是为了减少其本币汇率升值的压力,缓和国际储备所承受的管理压力。例如,日本等一些国家,当其国际收支出现巨额顺差时,其本国货币汇率趋于升值,并可能成为国际投机资本的主要冲击对象,并且这些国家国际储备的增长又会在一定程度上加剧本国的通货膨胀,于是,它们便采取一些限制资本输入的措施。这些措施包括:(1) 规定银行吸收非居民存款缴纳较高的存款准备金;(2) 规定银行对非居民存款不付利息或倒收利息;(3) 限制非居民购买本国的有价证券;等等。与此同时,发达国家积极鼓励资本输出,例如,日本自 1972 年起对非居民购买外国有价证券和投资于外国的不动产实行完全自由化等。必须指出的是,虽然限制资本输入、鼓励资本输出是发达国家的一个总特点,但根据不同时期国际收支和本国货币汇率状况,上述措施在运用过程中有时宽松,有时严格,经常被各国政府灵活运用。

(四) 货币兑换管制

1. 自由兑换的含义与分类

经常账户和资本与金融账户的管制是以货币兑换管制为基本前提的。如果一国货币是自由兑换货币,那么,经常账户和资本与金融账户的管制便难以进行。所谓自由兑换,是指在外汇市场上,能自由地用本国货币购买(兑换)某种外国货币,或用某种外国货币购买(兑换)本国货币。货币自由兑换,按范围可分为贸易项目、非贸易项目和资本与金融账户下的自由兑换;按对象可分为企业用汇和个人用汇的自由兑换;按程度可分为完全的和局部有限的自由兑换;按照国际货币基金组织的定义,一国货币若能实现经常账户下的货币自由兑换,该国货币则被列为可兑换货币。

2. 管制货币兑换的原因

货币兑换管制是外汇管制的最主要、最基本的管制。第二次世界大战后初期,除美国、瑞士等个别国家外,世界上其他国家都实行了不同程度的兑换管制。20 世纪 60 年代后,一方面,西欧及日本等国先后放松兑换管制,另一方面,许多发展中国家实行不同程度的兑换管制。发达国家和发展中国家实施货币管制的原因可归纳为以下几个方面:

(1) 外汇短缺,即外汇供不应求。导致国家外汇短缺的原因很多,例如,西欧和日本在 20 世纪 40 年代和 50 年代的外汇短缺是由于第二次世界大战的破坏,工业生产能力未完全恢复造成的;大多数发展中国家的外汇短缺是由于经济发展落后、出口创汇能力差引起的。

(2) 金融秩序的混乱与失控。导致金融秩序混乱的因素是多方面的,就其国内原因而言,一般与货币长期高估有关,而货币的高估又与货币发行量过度增加有关。货币高估诱发人们对该种货币的贬值预期,从而引起人们抛售该货币。而当抛售达到一定规模致使该国政府的外汇储备减少到一定程度时,管制便应运而生。

(3) 经济体制及价格体系的差异。货币自由兑换意味着国内市场与国际市场、国内价格体系与国际价格体系联结得更为紧密。这种联结势必会对国内经济的运行及各种比价关系造成冲击。因此，在国内的经济体制和价格体系与外部世界存在巨大差异的情况下，货币自由兑换的难度很大。

（五）汇率管制

汇率机制涉及汇率制度、汇率水平和汇率种类三方面内容。

汇率制度在前面已经阐述，在此不再赘述。汇率水平的管理是指在浮动汇率制度或固定汇率制度下，对本国货币与外国货币的汇率水平进行管理，具体包括汇率水平的确定和调整。汇率水平管理要考虑的主要因素是：汇率水平的决定基础、汇率政策的主要目标及汇率水平变动的经济影响。由于这三方面的问题在前面都已阐述，因此，这里着重讨论汇率种类管理。汇率种类管制是指实行单一汇率或复汇率，下面着重讨论复汇率。

1. 复汇率的含义

复汇率是指一国实行两种或两种以上高低不同的汇率，即双重汇率和多种汇率。

2. 复汇率的类型

(1) 按复汇率适用的对象，可分为两类：一类是贸易及非贸易汇率，即经常账户汇率，它通常相对稳定；另一类是金融汇率，又称资本账户汇率，通常由市场供求关系决定，政府对此不加以干涉。

实行这种类型的复汇率的原因，通常是国内金融秩序混乱、短期资本流动过于频繁。为了稳定进出口和物价，政府便对贸易和非贸易汇率进行干预，以便让其稳定在一个理想的水平上。

(2) 按复汇率适用的行业或商品种类，可分为鼓励出口与限制进口的本币低汇率、适用于一般性出口和进口的一般汇率，及鼓励进口与限制出口的本币高汇率等差别汇率。

采用这种类型的复汇率的主要原因在于，需求弹性不可能在所有进出口商品的种类中完全一致，即有的高、有的低，所以，根据不同种类进出口商品的需求弹性差异而采取不同的汇率，能使汇率真正起到经济杠杆的作用。此外，这种方法对某些行业或商品的生产给予特殊鼓励，而对另外的某些行业或商品进口予以限制，从而可以更好地调整本国的产业结构。

(3) 按复汇率的表现形式，可分为公开的和隐蔽的两种。隐蔽的复汇率又有多种表现形式：一种形式是对出口按商品种类分别给予不同的财政补贴或税收减免，因而产生不同的实际汇率。还有一种形式是官方汇率与市场汇率混合使用，即在一国已经存在官方汇率和市场汇率的条件下，对不同企业或不同的出口商品实行不同的外汇留成比例，允许企业将其留成外汇在市场上按照市场汇率换成本国货币，其实这等于是变相的出口补贴，对不同的企业规定不同的留成比例，实际上就是对它们实行高低不同的复汇率。

3. 复汇率的弊端

至今，国际货币基金组织仍有几十个国家实行复汇率。实行复汇率的实践证明它存在许多弊端：

(1) 管理成本较高。汇率种类繁多，势必要耗费大量的人力成本。管理人员主观意识上的缺陷、官僚作风及信息不畅通等都会导致复汇率的错误运用，使经济运行的整体效益下降。

(2) 复汇率是一种歧视性的金融措施，容易引起各国间的矛盾和别国的报复，不利于国际经济合作和国际贸易的正常发展。

(3) 复汇率使价格扭曲。多种汇率导致多种商品价格，从而使价格关系变得复杂和扭曲。

(4) 导致不公平竞争。复汇率在某种意义上是一种变相的财政补贴，因而使不同企业处在不同的竞争地位,不利于建立公平竞争关系及形成透明的市场关系。

从第二次世界大战后世界各国的历史来看,实行复汇率的频率相当高,但是,终止复汇率的频率也相当高,即复汇率被经常性地作为一种权宜之计或过渡性措施利用,较少国家长期实行某种特殊形式的复汇率制度。

(六) 黄金输出入管制

实行外汇管制的国家,一般都禁止私人输出黄金等贵金属,有的国家对出售黄金实施征税,但对输入黄金等贵金属不做限制。

第三节　货币的可兑换性

货币的可兑换有三种类型:经常账户可兑换、资本和金融账户可兑换和完全自由兑换。

一、经常账户可兑换

(一) 经常账户可兑换的含义

经常账户可兑换是指取消对经常账户外汇支付和转移的汇兑限制。实行经常账户可兑换的国家,保证在经常账户交易中本国货币可自由地兑换成外国货币。国际货币基金组织协定第8条款对经常账户可兑换的定义是:不得对各国间经常账户往来的对外支付和资金转移施加限制;不得实行歧视性的货币措施或多重汇率兑付外国持有的在经常交易中所取得的本国货币,即对经常账户下的用汇,只要有真实的交易凭证,就可以到银行购汇支付。一般而言,如果国际货币基金组织成员国的外汇管理符合第8条款的上述规定,则称该国货币实现了经常账户下的可兑换,该国即被称为第8条款国。一国货币实现经常账户可兑换,并不意味着该国居民可以自由地将本国货币兑换成外汇。只有发生各国间的交易行为,且必须是属于经常账户下真实的交易行为,才能持真实的交易凭证购汇支付。

(二) 经常账户可兑换的条件

国际货币基金组织在审查一国货币是否具备可兑换条件时,主要的审查内容如下:

第一,对无形交易是否进行限制。例如,对出国旅游、公务外出、海外就医、赡家汇款和保险费支付等所需外汇,规定一定金额,超过定额则不予以提供,而加以限制。

第二,对非居民投资所得转移是否进行限制,即对非居民投资所得利润、红利、贷款所得利息的汇出在金额或时间上进行限制。例如,有的国家规定,外商投资期限不超过一定年限者不得汇出利润,或前几年内汇出的利润不得超过外汇收益总额等。

第三,对经常账户下支付是否实行核批制,即对贸易和劳务等外汇支付实行核批制,或申请购买外汇许可证,在核准外汇的支付方向、支付内容和支付金额后才许可提供外汇。

第四,外汇预算是否实行分配制,即按外汇预算指标分配商品和劳务进口的所需外汇,若超过外汇计划预算指标,则不提供外汇。

第五,外汇支付是否存在拖延现象,即由于政府的直接行为而拖延对经常性国际交易所需外汇的获取和使用。例如,有些国家政府不拒绝向国外债权人偿还债务,但仅允许将偿还的贷款拨付给债权人在该国开立的账户,进而禁止该账户资金转移出境。

第六,居民是否用自有外汇资金对外支付。有的国家政府规定,居民在经常账户下所需要的外汇,由其自有外汇资金或外汇收益支付,若自有外汇资金不足,则需另外申请核批。

二、资本和金融账户可兑换

(一) 资本和金融账户可兑换的含义

资本和金融账户可兑换是指取消对资本流入、流出的汇兑限制。实行资本和金融账户可兑换的国家,在其参与的国际性资本项目交易中,保证本国货币的持有者可以自由地兑换外国货币,对资本的流入和流出不加以限制。国际货币基金组织在国际货币基金组织第 6 条款中,区分了经常账户与资本和金融账户的自由兑换,允许成员国运用必要的控制手段来调节资本的转移,即成员国没有必需的义务来实施资本和金融账户的可兑换。

对任何一个国家而言,资本流动产生的影响和冲击都很大。如果一国没有完善的市场运行机制、合理的利率和汇率机制、健全的金融监管制度,那么,过早地开放资本和金融账户就很容易使国内经济受到国际投机资本的冲击。

(二) 资本和金融账户可兑换的一般顺序

一般而言,凡成功地实现资本和金融账户下货币自由兑换的国家,其共同的顺序是:

第一,先放开长期资本交易,再放开短期资本交易。因为长期资本以追求长期利益为主,相对比较稳定,易于控制,风险也较小。

第二,先放开有交易背景的交易(如直接投资和贸易融资),再放开无交易背景的资本交易(如证券投资、金融信贷等)。因为有交易背景的资本以实体经济活动做支撑,先行开放有利于促进经济的发展,而且直接投资总体可逆性小,风险也较小。

第三,先放开间接与实物部门有关的交易(如对外借款、资助企业对外投资),后开放与证券有关的资本交易。

第四,先放开居民的国外融资与交易,后放开非居民的国内融资与交易。因为允许居民到国外交易(如海外直接投资)对国内经济的冲击较小,可先开放。

第五,有真实交易背景的金融服务由于风险易于控制,可先开放。

第六,先放开居民提供的金融服务,再放开非居民提供的金融服务,有助于提高本国居民金融服务的竞争力和改善国内经济条件。

第七,居民在国内设立的分支机构提供的金融服务先于其跨国提供的金融服务自由化。因为跨国金融服务会加大国内金融产业的竞争压力,损害国内货币政策的自主性和金融监管的有效性,所以应后开放。

第八,与金融部门无关的资产管理和咨询服务的开放,应先于与金融部门有关的经纪和证券承销服务。

第九,先放开金融服务交易,后放开外汇兑换交易。放开自由兑换意味着两方面的风险:一是汇率不稳定,二是如果国内汇率与国际汇率相偏离,将给国际套利者机会,刺激短期投机性资本流动,从而威胁国内经济的稳定性。因此,应该最后开放外汇兑换交易。

三、完全自由兑换

货币完全自由兑换是指取消外汇交易的所有限制，任何一个持币者都可以按照市场汇率将本币自由兑换成某一种国际货币。当一国货币在经常账户及资本和金融账户下都实现了可兑换时，该货币就被称为完全自由兑换货币。

归纳起来，一国货币走向完全自由兑换大致有四个阶段：一是经常账户有条件可兑换，二是经常账户可兑换，三是经常账户可兑换与资本和金融账户的有条件可兑换，四是经常账户及资本和金融账户都可兑换。

四、货币自由兑换的利弊分析

综观当今世界，货币在经常账户与资本和金融账户下的自由兑换存在以下有利和不利影响。

(一) 货币自由兑换的有利影响

第一，有利于完善金融市场，增强国内金融服务竞争力和经济效率。当资本和金融账户放开后，一国国内金融机构不仅在吸引外国资本方面与国外金融机构展开竞争，也与外来的金融机构在本国金融市场上展开竞争。面对这两方面的竞争，国内金融机构必然要不断改进服务质量，提高经营效率，并在产品开发、设计、定价和创新方面加大力度。

第二，有利于不同经济实体实现资产组合多元化，分散风险。当一国资本和金融账户放开后，个人、企业和政府可以选择在国内外不同的货币市场和证券市场上运作，进行资产多元化组合，降低风险，提高投资回报。

第三，有利于进一步开放和发展国内经济。第二次世界大战后西方发达国家的经验证明，货币实现自由兑换后，无疑将使一国的对外贸易、金融和国际投资出现大幅度增长，使本国经济更多地融入整个国际经济中，各国优势互补，实现"多赢"。

第四，有利于合理配置社会资源和引进外资。货币的自由兑换，意味着一国的资本流出和流入更为自由。当国家经济高速增长并出现资金缺口时，可以通过扩大利用外资来增强投资能力和生产能力，进而增强综合国力。

第五，有利于节省审批成本。在货币不能自由兑换的情况下，国家的外汇管理机构需要经常审批资本和金融账户，其中，不仅涉及的环节多，容易滋生腐败，而且耗费大量人力、物力和财力，造成高额社会成本。货币实现自由兑换后，国家外汇管理机构只需负责对外汇交易的合规性监督，取消大量烦琐的审批事务，既节约成本又提高效率。

(二) 货币自由兑换的不利影响

第一，容易遭受国际投机资本的冲击。从国际投机资本的本质来看，它们在一国经济和金融出现问题时，很可能对该国货币发起冲击，希望从中赚取投机利润。1997 年亚洲金融危机的爆发充分证明了这一点。

第二，国内金融市场容易发生动荡。货币自由兑换后，资本的流出和流入肯定更加频繁。这势必会使国内的外汇市场、货币市场和资本市场等出现大的金融风潮，并对中央银行的货币政策效力产生不利影响。

第三,有可能出现大量资本外逃。短期资本是国际资本流动中最活跃且破坏性很强的一种资本。货币自由兑换后,一旦国家经济指标恶化,很可能导致资本出现大量外逃。

显然,鉴于上述货币自由兑换的不利影响,一国在开放资本和金融账户方面应该非常谨慎。正因为如此,法国、意大利和日本等国,在接受了国际货币基金组织协定第 8 条款义务实行经常账户货币可兑换 20 多年后,才于 20 世纪 80 年代末实现了本国货币在资本和金融账户下的自由兑换。毕竟,实现货币在资本和金融账户下自由兑换比实现经常账户下自由兑换更为复杂,需要更坚实的基础、更稳健的宏观经济政策条件和更长的时间。

第四节 中国的外汇管理

一、中国外汇管理的必要性

中国是一个发展中国家,曾经在相当长的时间内外汇资金比较缺乏,因此,在较长的时期,中国曾实行了比较严格的外汇管理。随着近几年国家外汇储备的增多,尽管外汇管理的程度逐步放宽,但政府还是在短期资本和长期资本的个别项目上实行比较严格的外汇管理。从根本上讲,外汇管理是为了稳定中国的对外金融,促进国民发展及维护国家权益,具体表现在以下几个方面:

(一) 实行外汇管理是中国对外经济开放的客观需要

自改革开放以来,中国经济生活发生了根本性的变化,进出口贸易发展迅速,对外劳务输出入成倍增长,利用外资增加迅猛,外汇体制改革取得了可喜的成绩。在这种改革开放形势下,如果不进行外汇管理,很容易造成热钱和资本外逃等短期资本以及证券投资等长期资本的频繁流动,并对中国外汇市场和资本市场等产生冲击。因此,在中国金融体系不够强大的背景下,必须有一定程度的外汇管理以确保国家的对外开放政策达到预期效果。

(二) 实行外汇管理是实现中国国际收支平衡的需要

随着中国对外开放的程度不断加深,对外经济的收入与支出越来越频繁,数额也越来越大,这就需要进一步加强外汇管理,以实现中国的国际收支平衡。因为一国的国际收支状况是一国经济实力的体现,并反映该国的国际经济地位,如果放松或不进行外汇管理,就会造成滥用外汇、乱借外汇、套汇及逃汇等严重后果,最终将严重影响国际收支的平衡。

(三) 实行外汇管理是中国维护人民币统一市场的需要

人民币是中国内地唯一的法定货币,国内禁止一切外币流通。曾经有些年份,中国南方部分城市同时流通港币、外汇兑换券和人民币,助长了国内一些地方非法倒卖外汇及外汇兑换券的活动,严重扰乱了金融秩序。为了维护人民币统一市场,维护中国的金融秩序,就必须加强外汇管理。外汇兑换券于 1994 年开始停止使用。

(四) 实行外汇管理是中国提高用汇经济效益的需要

由于中国曾经在较长时间内出现外汇资金短缺,因此国家要对有限的外汇资金进行管理、合理安排,用在重点建设项目上,从而提高用汇经济效益。如果放松外汇管理,将外汇资金过度分散,听任各地方和部门随意使用,那么,国家重点开发项目所需的外汇资金将得不到保证,这对经济建设是不利的。

二、中国外汇管理的历史发展

自中华人民共和国成立以来,中国外汇管理的发展大致分为四个阶段:

(一) 国民经济恢复时期的外汇管理(1949～1952 年)

1949 年前的中国是一个半封建、半殖民地国家,外国银行在中国享有发行钞票、公布汇率、操纵外汇资金和外汇交易等特权。自中华人民共和国成立以后,中央人民政府指定中国人民银行为外汇管理机关。各大行政区实行各自的外汇管理法令。当时,中国外汇管理的主要内容是:肃清外币,禁止外币流通、买卖,防止逃套外汇;管理人民币、外币、金银贵金属出入国境;管理华商和外商指定银行及建立供给外汇的制度;等等。《外汇管理暂行办法》明确规定:出口货款,各种业务、劳务所得外汇,华侨汇入的外汇,必须集中于中国银行;进口所需外汇和其他非贸易用途的外汇,必须申请批准;对进出口贸易实行许可证管理制度。当时全国外汇资金由中央人民政府财政经济委员会统一掌握分配,按照先中央后地方、先工业后商业、先公家后私人的原则分配。这一系列外汇管理措施的实行,保证了外汇收入集中在国家手中,用于恢复和发展国民经济最急需的地方,对稳定物价起了重要作用。

(二) 实行全面计划经济时期的外汇管理(1953～1978 年)

自 1953 年起,中国进入社会主义改造和建设时期,外币在国内已停止流通,外商银行除国外准予保留的设在上海和厦门的 5 家银行外都已停业。到 1956 年,随着对私营工商业的社会主义改造的完成,中国进入了全面建设时期,对外贸易由国营外贸专业公司统一经营,全国物价基本稳定,这一时期中国外汇管理工作是在国家核定的计划范围内,由对外贸易部、财政部和中国人民银行三家单位分口负责管理,对外贸易部负责进出口贸易外汇,财政部负责中央的非贸易外汇,中国人民银行负责地方非贸易外汇和私人外汇。国家实行“集中管理、统一经营”的管汇方针,即一切外汇收支由国家管理,一切外汇业务由中国银行经营。原来各大行政区制定的以私营为重点的《外汇管理暂行办法》已不适用,当时中国外汇管理的工作重点是建立对国营单位外汇收支的计划管理制度。这一时期,根据国家管汇的实际需要,还制定了一些内部规定,如《贸易外汇管理方法》《非贸易外汇管理方法》《个人申请非贸易外汇管理方法》等。由于在这一时期,中国没有确立外汇主管部门,也没有制定全国统一的外汇管理法令,即使有一些内部掌握方法,也因未履行立法手续而不具备法律性质,因此,在对外经济往来中,中国外汇管理工作比较被动。这时中国的外汇管理处在从分散到集中的过渡时期。

(三) 改革开放后逐步健全外汇管理体系时期(1979～1993 年)

1979 年前,中国的那种高度集中统一的、以行政的手段管理为主的外汇管理制度,是与当时指令性计划管理体制和国家垄断的外贸管理体制相适应的。把有限的外汇资金用于经济建设急需的重点项目,对保证外汇收支平衡及汇率稳定起到过积极作用。但这种外汇管理体制过于集中,统得过死,完全依靠计划和行政手段,忽视市场规律和经济手段,并且,经济效益低,应变能力差，不利于调动各方创汇积极性和经济的发展。

1979年后，中国的工作重点转移到社会主义现代化建设上来，实行了改革开放政策，经济体制逐步向着有计划的商品经济转变。1992年又确定了发展社会主义市场经济，对外贸易由国家垄断变为多家经营和自负盈亏，对外贸易、金融与技术合作迅速增加，外汇收入成倍增长。如何积极利用外资，引进外国先进技术，发展外向型经济，这一系列问题要求我们加强和改善对外汇的宏观控制。1993年12月28日，中国人民银行发布了《关于进一步改革外汇管理体制的公告》，进一步深化了中国外汇管理体制改革。这段时期，中国的外汇管理制度改革通过下列举措取得了一定的成效：

1. 设立专门的外汇管理机构：

1979年前，国家计划委员会、财政部等多家机构分别承担管理外汇的任务。为了适应改革开放形势的需要，国务院于1979年3月批准设立国家外汇管理总局，并赋予它统一管理全国外汇的职能。当时国家外汇管理总局与中国银行是一个机构、两块牌子。1982年，根据国务院关于政企分开的决定，国家外汇管理总局与中国银行分开，划归中国人民银行领导。1988年6月，国务院又决定国家外汇管理局升为国务院直接领导的国家局，归口中国人民银行管理，进一步加强了外汇管理工作。

2. 颁布外汇管理条例和各项实施细则

1981年前，中国没有一个全国性的外汇管理法规。随着对外开放，外商和外国银行需要了解中国的外汇管理法规，国内企业对外谈判、签订合同也需要有外汇收支方面的法律依据。1980年12月，国务院公布了《中华人民共和国外汇管理暂行条例》，随后又陆续颁布了一系列外汇管理实施细则和其他管理方法，使中国的外汇管理法律和制度日臻完善。

3. 改革外汇分配制度，实行外汇留成办法

多年来，中国对外汇实行的统收统支、统一分配的办法难以调动创汇单位的积极性。1979年8月，国务院决定在外汇由国家集中管理、统一平衡、保证重点的同时，实行贸易和非贸易外汇留成，区别不同情况，适当留给创汇的地方、部门和企业一定比例的外汇，以进口发展生产、扩大业务所需要的物资和技术。留成外汇是计划分配外汇的补充，对奖励出口、弥补出口亏损、调动各方面创汇的积极性以及发展生产都起到了积极的作用。

4. 建立外汇调剂市场，对外汇进行市场调节

多年来，中国没有外汇市场，外汇是按照指令性计划纵向分配的，不允许外汇横向流通。1979年实行外汇留成办法后，客观上产生了调剂外汇余缺的需要。1980年10月国家公布了《外汇调剂暂行办法》，1981年又补充公布了《关于外汇额度调剂工作暂行办法》，允许有留成外汇的国营和集体企业，通过外汇管理部门，按照高于贸易外汇内部结算价5%～10%的调剂价格，把多余的外汇卖给需要外汇的国营和集体企业，并于1986～1987年两次提高外汇调剂价格。1986年11月，根据国务院公布的《关于鼓励外商投资的规定》，允许外商投资企业之间调剂外汇，价格由它们自己确定。1988年3月，为了配合对外贸易承包经营责任制，根据国务院公布的《关于加快和深化对外贸易体制改革若干问题的规定》，制定了《关于外汇调剂的规定》，各省、自治区、直辖市都设立了外汇调剂中心，办理地方、部门、企业的留成外汇和外商投资企业的自有外汇的调剂业务，价格放开，由买卖双方根据外汇供求状况自行议定。从1991年起允许侨汇和国内居民通过外汇调剂中心买卖外汇。截至1991年底，全国已建立40多个外汇调剂中心，有的城市还开办了公开的外汇调剂交易，根据国家产业政策和进口计划，制定了调剂外汇的投向指导序列，至此，已初步建立起一个中国式的外汇调剂市场。外汇调剂市场

的建立是适应计划经济与市场调节相结合的需要，促进了外汇资金的横向流通，提高了资金使用效益，对协助进口、鼓励出口、解决外商投资企业的外汇平衡，以及促进中小企业的生产和发展科研、文教及卫生事业，都起到了积极作用。

5. 引进外资银行，建立多种形式的金融体系

1979 年前，所有外汇业务由中国银行独家经营。自 1979 年起，中国的经济体制向“以国营经济为主体，多种经济形式并存”的方向发展。对外贸易经营权下放，到 1991 年全国有外贸经营权的企业超过 4 000 家。由于对外经济贸易发展迅速，由一家银行经办外汇业务的状况已不能满足需要。与此同时，中国经济特区和沿海城市的改革开放与发展，促使外汇业务经营体制逐步进行改革。

自 1979 年 10 月开始，中国首先在深圳特区引进外资银行。1985 年 4 月，国务院颁布了《经济特区外资银行、中外合资银行管理条例》后，在经济特区及上海等沿海城市批准了一批经营外汇业务的外资银行及中外合资银行，与此同时，还设立了一批全国性和区域性的综合银行，如交通银行、中信实业银行、深圳发展银行等，批准它们经办外汇业务，从而使中国银行、经营外汇业务的国营专业银行和新兴股份制银行、外资银行、中外合资银行、中外合资财务公司及国营非银行金融机构等共同形成了一个以外汇事业为主、多种金融并存的国内外汇金融体系，对发展中国对外经济贸易、促进外商投资、提高金融服务质量起到了一定作用。

6. 积极引进外资，建立外债与外商投资企业的外汇管理

自 20 世纪 60 年代中期到 1979 年期间，中国基本上不向外国借款，也不允许外国来华投资。改革开放后，中国引进了大量外资，到 1992 年底外债余额近 700 亿美元。同时，中国还在 120 多个国家设立了大量的非贸易性生产企业。

在这一阶段，中国逐步建立对外借款的计划管理制度、向外借款的窗口管理制度、借款的审批制度、外债的监测登记制度和外汇的对外担保方法及短期债务余额的控制办法，从而使中国的外债规模控制在国家承受能力范围之内，使偿债率(当年还本付息额/当年外汇收入额)和债务额(年底外债余额/当年外汇收入)均低于国际公认的外债警戒线(20%和 100%)。

为了鼓励外商来华投资，改善投资环境，保障投资者的权益，中国对外商投资企业的外汇管理采取比较灵活的办法。1983 年 8 月，公布了《侨资企业、外资企业、中外合资经营企业外汇管理施行细则》。1986 年 1 月，国务院发布了《关于中外合资企业外汇收支不平衡问题的规定》。1986 年 10 月，国务院又发布了《关于鼓励外商投资的规定》。中国对外商投资企业外汇收支的政策是鼓励外商投资的产品出口，允许企业保留出口或提供劳务所得的全部外汇，在银行开立外汇账户，自行安排使用；正常业务的外汇支出、外方投资者分得的纯利润、外籍职工的工资收入、外汇资本的转移，都允许从其外汇存款账户中支取并汇往境外；允许外商投资企业向国内外银行借用外币贷款，自借自还；允许外商投资业务在外汇调剂市场买卖外汇；允许在国内市场购买中国的商品出口换取外汇，将所得的人民币利润再投资于能创汇的企业。

7. 放宽对国内居民的外汇管理

自 1979 年起，实行居民收入的外汇按规定比例留存的办法。从 1988 年起，国家银行开办了居民外汇存款，从外国和中国港澳地区给内地居民的汇款和居民持有的外币现钞都允许存入银行并允许在规定的数额和用途范围内提取外汇、汇出外钞，进行外汇买卖或携带出境使用。

8. 中国外汇体制的新方案

1993 年 12 月 28 日，中国人民银行总行公布了中国外汇管理体制的新方案，这是一次力度很大的外汇改革，主要有以下几个方面：(1) 汇率并轨，取消人民币官方汇率，人民币汇率

由市场供求关系决定，政府只是在必要时予以干预和调控。(2) 实行结汇制，取消对国内企业实行长达15年的外汇流程制度，企业出口所得外汇收入须当时结售给指定的经营外汇业务的银行，以后需要用汇时，凭合法进口单据再向银行买汇，无须再经外汇管理当局批准，供求关系由汇率调节。(3) 银行向持有合法进口单据的用汇需求者提供(出售)外汇。为确保供汇，建立银行间外汇市场，中心设在上海(即中国外汇交易中心)，联网全国，相互调剂头寸，形成由银行市场决定的汇率。外汇调剂中心的原有功能将逐渐消退。(4) 取消外币和外汇券计价，经过一段时间过渡后，取消外汇券。(5) 取消外汇收支的指令性计划，国家主要运用经济、法律手段实现对外汇和国际收支的宏观调控。

上述几个方面的改革使中国外汇管理体制进入了一个全新的阶段，其主要特征是：汇率统一，以结售汇代替留成制，以全国联网的统一的银行间外汇市场取代以前的官价市场和分散隔离的调剂市场，以管理浮动汇率取代以前的官价固定和调剂价浮动的双重汇率制，以单一货币(人民币)流通取代以前的多种货币流通和计价。这些重大改革举措使中国外汇管理体系进入了一个更加透明、更加市场化、更加统一和高效的新时期。

(四) 逐步放松的外汇管理时期(1994年至今)

1994年人民币实现了经常账户下有条件可兑换之后，1996年中国在外汇管理体制改革方面做了进一步改革，实现了人民币在经常账户下的可兑换。1996年，为了消除中国外汇管理体制与国际货币基金组织协定第8条款的差距，以及按照国际化的要求完善外汇管理基础工作，相继出台了一系列法规。1996年1月1日，中国正式实施《国际收支统计申报办法》，该申报办法是根据社会主义市场经济的需要而制定的符合社会主义市场经济发展状况的数据收集体系，在制定申报办法时参照了国际货币基金组织《国际收支手册(第五版)》的原则，具有较高的国际可比性和国际化程度。1996年4月1日，《中华人民共和国外汇管理条例》正式实施，该条例是对自1994年以来外汇管理改革体制改革成果的规范化和法制化，立法的基点是人民币经常项目可兑换。该条例在内容上包括了当时出台的新业务和新制度，如银行间外汇市场、银行结售汇制度和国际收支统计申报制度等；在外汇管理方式上，体现了外汇管理由直接管理过渡为以间接管理为主的管理方式的转变；在汇率形成机制上，明确了中国人民币汇率实行以市场供求为基础的、单一的、有管理的浮动汇率制度；在法律责任上，对各类违反外汇管理法规的行为制定了详细而又具体的处罚措施，便于执法并有利于加强人们的法律意识。同年7月1日，中国正式实施了一系列直接缩小与国际货币基金组织协定第8条款差距的外汇管理法规。这些法规包括《结汇、售汇及付汇管理规定》《外商投资企业境内外汇账户管理暂行办法》《外商投资企业外汇登记管理暂行办法》《外资银行结汇、售汇及付汇业务实施细则》《境内居民因私兑换外汇办法》和《境内居民外汇存款汇出境外的规定》等。前四个法规的实施将外商投资企业纳入了银行结售汇体系，消除了中国外汇管理体制与国际货币基金组织协定第8条款的差距，同时允许在中国境内的外资银行、中外合资银行和外国银行分行经营结售汇业务；后两个法规的实施，消除了中国当时外汇管理体制与国际货币基金组织协定第8条款在非贸易性、非经营性项目用汇方面的主要限制。同年10月1日，《境内机构对外担保管理办法》正式实施。同年11月29日，中国人民银行宣布，中国于1996年12月1日起正式实行人民币经常账户可兑换。实行人民币经常账户可兑换，表明中国宏观调控能力进一步增强，有能力通过间接调控方法来管理国际收支。

1997年10月，为了进一步加快国有企业改革，完善企业经营机制，国家外汇管理局允许符合一定条件的中资企业开立外汇结算账户,保留一定限额的经常账户外汇收入。

2001 年 12 月 1 日,国家外汇管理局对企业出口外汇核销和外汇账户管理进行了调整。一方面是对当时的出口收汇核销方式进行了改进,另一方面是对当时中资企业外汇结算账户政策进行了调整,主要是降低了中资企业外汇结算账户的开立标准。

此外,2004 年,国家为了加快中国银行体系的改革,利用外汇储备为建设银行、中国银行注资共 450 亿美元。2005 年,国家再次动用外汇储备为中国工商银行注资 150 亿美元。

自 1994 年以来,中国对于资本和金融账户的开放也采取了循序渐进的方式,采取的具体方针是:先逐步放开长期资本和金融账户,后放开短期资本项目;先放开流入,后放开流出;先放开对金融机构的管制,后放开对非金融企业和个人的管制。在长期资本和金融项目中,在继续扩大利用外国直接投资和鼓励外资参与国内企业和银行并购及参股的同时,资本市场也逐渐开放。自 2003 年以来,中国不断吸引包括境外基金管理公司、保险公司、证券公司、信托机构或政府投资机构等在内的合格境外机构投资者(Qualified Foreign Institutional Investor,QFII)参与证券市场的投资活动。此外,中国银行体系也不断对外开放,一方面为了加快银行体系的改革,一些国有商业银行、股份制商业银行和城市商业银行已经分别从花旗银行、美国银行、汇丰银行和渣打银行等引进了战略投资者;另一方面,政府鼓励国内银行海外淘金,不断地收购或参股国外优质银行,参与国际竞争。2006 年,中国政府鼓励合格境内机构投资者(Qualified Domestic Institutional Investor,QDII)走出国门,参与国际资本市场运作。随着外汇储备的增多,政府鼓励越来越多的国内企业走出国门,进行海外投资,参与海外企业并购。2005 年后,积极探讨开放的领域包括:允许国内企业境外上市募集资金经批准后存放境外或进行保值运作;引进国际开发机构在境内发行人民币债券;支持保险机构、社保基金进行境外证券投资;加大对境外投资企业后续融资的支持力度;研究允许跨国公司购汇进行跨境资金运营。目前,实行严格的外汇管理项目主要集中在短期资本项目、没有实物背景的项目和其他项目。1994 年后,尽管中国汇率名义上实行的是单一的管理浮动制度,但就实质而言,是钉住美元的汇率制度。2005 年 7 月 21 日,中国人民银行总行颁布了《关于完善人民币汇率形成机制改革的公告》,汇率改革政策的三大要点是:人民币不再钉住单一美元,而是参考一篮子货币,同时根据市场供求关系进行浮动;汇率将是浮动的,而且区间是合理的;人民币对美元升值约 2%,并且强调人民币汇率形成机制的重要原则是渐进性。这次汇率机制的改革,使中国的外汇管理改革更加深入。有三点需要特别肯定:在人民币参考的一篮子货币中,美元必然是最重要的参考货币;人民币汇率更富有弹性,更能反映市场供求关系;政府不会放弃对人民币汇率的管理,任凭汇率暴涨暴跌。

2005 年 8 月 3 日,国家外汇管理局再次调高境内机构经常项目外汇账户限额,境内机构经常项目外汇账户可保留现汇的比例由现行的 30%或 50%调高到 50%或 80%,这是自 1994 年实行结售汇制度以来的第八次调整。这一调整有利于理顺外汇市场供求关系,完善人民币汇率形成机制。

此外,为了配合外汇管理的改革,中国人民银行还于 2005 年 8 月颁布了《关于扩大外汇指定银行对客户远期结售汇业务和开办人民币与外币掉期业务有关问题的通知》和《关于加快发展外汇市场有关问题的通知》,为外汇银行的外汇业务开展和进一步发展外汇市场指明了方向。

2007 年,企业的强制结售汇制度调整为意愿结售汇,原先的藏汇于国调整为藏汇于民。

2010 年 7 月,国家外汇管理局指出,防范热钱仍是国家外汇管理的重点之一。国家外汇管理局将不断提高应对和打击热钱流入的针对性和有效性。国家外汇管理局将加大对违规资金流入的查处和惩罚力度,对地下钱庄、网络炒汇等外汇违法违规行为开展打击行动。同时,将完善监测预警体系，完善跨境资金流出入应急预案，形成对资本流出入的双向监测、预警与应急反应机制，密切防范国际收支风险，切实维护国家经济金融安全。国家外汇管理局还将进一步改进外汇管理，推进外汇市场建设，防范跨境收支风险。

国家外汇管理局指出，中国跨境资金流动大部分是合法合规的，是合理的，是在国际收支平衡表中可以解释的，但也不排除部分违法套利的资金混入。防范热钱是外汇管理部门的职责之一，同时需要各方配合，标本兼治。

在推进贸易便利化方面，2013 年 7 月，国家外汇管理局发布《国家外汇管理局关于印发服务贸易外汇管理法规的通知》(汇发〔2013〕30 号)，决定自 2013 年 9 月 1 日起，在全国范围内实施服务贸易外汇管理改革。此次改革的主要内容包括：推进简政放权；小额交易无须审单；简化单证审核；清理整合法规；放宽境外存放；强化均衡管理和事后管理。

2013 年 12 月，国家外汇管理局发布了关于完善银行贸易融资外汇管理的通知，要求银行在积极支持实体经济发展的基础上，对贸易融资特别是 90 天以上的远期贸易融资的真实性、合法性进行认真审查；同时要求银行，无论企业贸易融资是否足额交付了保证金，都要针对不同企业的特点，按照企业是否存在一些异常的交易行为等，进行真实性审查。

此外，国家外汇管理局加大了对异常企业的关注，特别是对远期贸易融资建立起一系列事后管理制度，如现场核查制度、分类管理制度、综合分析制度等。现场核查制度就是针对系统筛查出的异常企业，以约谈企业负责人、深入企业进行现场核查等方式，要求企业对异常情况进行解释说明。分类管理制度是根据企业遵纪守法的程度对其进行分类，对 A 类企业给予充分的收支便利，对 B、C 类企业在单证审核、业务办理、结算方式等方面实施严格监管，建立起“便利守法者、关注可疑者、惩戒违规者”的正向激励机制。国家外汇管理局同时加大了对银行和企业违法违规处罚的力度。

与此同时，国家外汇管理局还将推进合格境外机构投资者制度和合格境内机构投资者制度，以配合中国资本和金融账户开放进程。据国家外汇管理局统计，截至 2017 年 1 月 25 日，累计批准 873.09 亿美元 QFII 额度，累计批准 QDII 投资额度 899.93 亿美元，累计批准 RQFII 投资额度 5 296.29 亿元人民币。

此外，国家外汇管理局还将促进外汇市场发展，进一步发挥外汇市场在价格发现、资源配置和风险防范中的作用。完善市场交易机制，提高外汇交易清算效率，加大外汇市场产品创新力度，继续支持多种主体进入银行间外汇市场，改进银行间外汇市场做市商管理。

总之，改革开放三十多年来，中国的外汇管理改革成绩斐然，并为将来人民币实现自由兑换打下了坚实的基础。

三、中国外汇管理机构及其职能

中国外汇管理机构是国家外汇管理局及其分支局。国家外汇管理局是国务院领导下，归中国人民银行管理的国家局，在全国各省、自治区、直辖市、计划单列市、经济特区都设有分支局，目前分支局已达 440 多个。其主要职能如下：(1) 根据国家的政策和经济建设的需要，制定外汇管理的法规和制度，并组织实施；(2) 会同国务院有关部门，编制国家外汇收支计划并监督执行；(3) 管理国家外汇资金和外汇储备；(4) 制定和调整人民币汇率政策；(5) 管理银行间外汇市场，代理中国人民银行干预外汇市场；(6) 管理外债，审批向国外银行借款、在国外发行债券和对外担保业务，办理全国外债的监测、登记和统计；(7) 审批与管理银行和非银行金融机构的外汇业务;(8) 监管贸易、非贸易外汇收支和外商投资企业的外汇收支;(9) 管理在境外投资企业的外汇收支;(10) 编制国家外汇收支统计和国际收支平衡表;(11) 检查和处罚违反外汇管理的案件。

四、人民币自由兑换的前提条件

一国货币实现自由兑换既有利,也有弊:一方面可以促进国际资本流动,带动技术及其他生产要素的流动,从而带动经济的发展;另一方面,国际资本流动反复无常,各国对资本大进大出的承受能力差异很大,抵御危机的能力也不尽相同,基础较弱的国家很可能在受到冲击后一蹶不振。综观发展中国家的历程,尤其是东南亚国家危机带来的教训,可将发展中国家货币自由兑换的前提条件归纳为以下几个方面,这几个方面同时也是人民币实现自由兑换的前提条件:

(一) 经济体系良好

从世界上大多数货币已经实现自由兑换的国家经验来看,其资本和金融账户之所以最终能够开放,与其具有良好的经济体系是分不开的。只有建立良好的经济体系,才能保证国民经济持续增长和国际收支平衡。良好的经济体系包含两方面的内容:(1) 国民经济结构合理,具有良好的规模优势和强大的国际竞争力;(2) 各个微观经济主体市场运营机制完善,技术先进、管理科学、运行效率高。显然,只有拥有良好的国内经济体系,才能保证金融市场的健康发展,才能支持利率和汇率市场化进程,并确保货币政策和财政政策的有效性,从而实现国际收支长期均衡,维持货币在资本和金融账户下自由兑换。1997 年亚洲国家爆发金融危机的教训之一就是它们在国内经济体系质量较差的情况下,过早地开放了本国资本市场,实现了资本和金融账户下货币的自由兑换,最终导致金融危机爆发。

(二) 宏观经济政策健全

一国要成功实现自由兑换,就必须有健全有效的货币政策和财政政策,并且搭配得当,这样,才能确保国民经济持续增长,使国际收支实现平衡。具体来说,货币政策要有效控制通货膨胀,防止泡沫经济,促进经济出现实质性增长;财政政策要平衡中央财政,特别是限制政策的直接支出,同时有能力征收基础广泛的税收,消除财政赤字或将其保持在国际公认的低水平。尤其要注意使国内金融交易的税负与国际市场持平,避免国内外税负差异增大,从而导致大量资本流动。如果货币政策和财政政策的实施不当或配合不好,就会导致经济增长过热,国际收支严重失衡,从而严重影响宏观经济的稳定,使预算收支恶化、通货膨胀(或紧缩)加剧、投机频繁、人们信心动摇等相互影响并引发恶性循环,最终,也就不存在货币在资本和金融账户下可兑换的基础和前提。所以,只有宏观经济政策健全,才能有助于社会总需求与社会总供给之间达到平衡,使国民经济得以持续、健康、稳定地发展;有助于发展中国家有效地调整经济结构;有助于生产能力的开发,保持充足的偿债能力,有助于一国保持稳定的实际汇率。

(三) 国内金融体系完善

完善的金融体系包括良好的金融监管、健全的金融市场、发达且具有竞争力的金融机构和充分的金融工具。具体来说,良好的金融监管能够确保金融业的发展和管理有法可依。金融市场能够应付利率市场化和汇率市场化后人们规避风险和投机的需要。在金融机构中,无论是银行还是证券公司，都应有良好的公司治理结构和风险防范机制。银行体系要完善，并且满足巴塞尔协议的有关要求，而证券公司也要规范其在资本市场上的行为。金融监管部门和金融机构应该审时度势地推出新产品、设计新的金融工具，并且善于对新的工具进行合理定价。只有建立一个稳健、高效的国内金融体系，才能充分抵御外部冲击，为货币实现资本和金融账户下自由兑换提供操作系统的保证。

(四) 汇率制度安排合理和形成机制有效

一般来说，浮动汇率制度适合于经济结构较为合理的大市场国家，固定汇率制度则适合于小规模的开放经济国家。对任何一个国家来说，要使货币实现在资本和金融账户下的自由兑换，就必须积极稳妥地推进汇率制度改革，结合本国经济金融的实际情况做出合理安排。对多数发展中国家而言，退出固定汇率制度的最佳时机是外汇市场相对稳定的时候，因为此时人们没有较强的贬值预期。退出钉住浮动汇率制度的较好选择是一国经历大规模资本流入、汇率有较强升值压力的时候。恰当的汇率制度安排是货币实现资本和金融账户下自由兑换的一项重要保证。通常，管理浮动被认为是一种灵活且富有弹性、适于微调的汇率制度，能给国内货币政策一定的回旋余地。只有汇率形成机制和汇率水平符合实际，才能有效地反映市场供求状况、外汇市场和实务部门交易之间的平衡状况，并有效地调节国际收支。对市场汇率进行不恰当的限制或干预而使本币汇率人为地高估或低估，都会影响市场机制发挥作用。当然，中央银行要加强对市场的宏观指导和调控。在汇率由市场决定的基础上，可以通过建立一套指标来监测市场汇率水平是否合理并反映国家的国际收支平衡目标，以确保汇率的合理和相对稳定，防止汇率受国际投机者的冲击而出现暴涨暴跌。

(五) 利率市场化

利率市场化是实现货币在资本和金融账户下自由兑换的保证条件。只有利率实现市场化，才能使利率成为资本市场货币的价格并反映市场资金供求，才能为中央银行提供一个自主制定和执行货币政策的空间，从而有利于调控因资本流动不正常而造成的国内波动。利率市场化是一种历史必然趋势。无论是发展中国家还是发达国家，自第二次世界大战后，大多经历了一个从利率管制到市场化的过程。因为僵化的利率体系和利率水平对社会储蓄、资本形成和国际收支都有不利影响；而且政府通过控制利率水平来降低政府债券的发行成本，不利于提高全社会的资源配置效率。中国于 1996 年开始利率市场化进程，并且采取了先开放外币利率后开放人民币利率、先开放贷款利率后开放存款利率的步骤。尽早在中国完成利率市场化，可以在更高层次上把握货币政策的主动权，这对进一步改革中国汇率形成机制、发挥金融支持国民经济发展的作用，以及最终实现人民币自由兑换都是至关重要的。2012 年的 6 月 7 日和 7 月 6 日，中央银行两次对商业银行存贷款准利率非对称降息；2013 年 7 月 20 日，中央银行放开商业银行贷款利率下限；2014 年 3 月，上海自贸区外币存款利率实现市场化。

(六) 国内资本市场发育良好

国内资本市场不仅直接关系到一个国家的直接融资规模，而且其发展和扩大是任何一国开放资本和金融项目的重要基础条件。当一国资本市场处于发展初期时，其政府对市场的监督和管理往往缺乏经验，此时，若开放资本和金融项目，就很容易受到国际投机者的冲击。因此，政府应针对流入的外资建立有效的监督和管理制度。在当今国际离岸金融市场活动异常活跃和金融衍生工具层出不穷的情况下,发展中国家只有在建立良好的监管和成熟的资本市场后,才能开放资本和金融项目,否则将难以抵御国际投机资本的冲击。东南亚金融危机的爆发已经充分地证明了这一点。

(七) 中央银行监管得力

这是一国开放资本和金融项目最重要的监管调控条件之一。在发展中国家的银行体系中,中央银行的监管和调控能力不是很强,尤其是在透明度的提高、预警系统和风险化解机制的建立,以及金融统计覆盖面、时效性和质量的提高等方面需要不断完善。因为资本和金融账户的开放必然使银行的离岸业务扩展,金融衍生产品的不断运用必然使投机性融资安排增加,怎样防范外资利用本国金融市场进行洗钱等非法活动已经成为各国中央银行面临的头等大事。只要中央银行提高金融监管能力和质量检测能力,提高金融市场透明度和金融体系管理水平,在必要时帮助投资者规避金融风险,那么资本和金融账户的开放就指日可待。

专栏6-1 推进人民币资本账户下可兑换的措施

国际货币基金组织对国际收支平衡表中的资本账户的分类是7大类、40项。截至2016年6月,人民币在资本账户下已经实现完全可兑换的项目有10项,占1/4,部分可兑换的项目是27个,完全不能兑换的项目仅有3个,因此可以说,人民币基本实现了资本账户下可兑换,不可兑换项目是一些小项目。

为了进一步推进人民币资本项目可兑换,中国人民银行政策研究局局长陆磊表示①,将采取七大方面的改革措施:

第一,进一步推动资本市场的双向有序开放,支持更多境外机构在境内发行投资和交易人民币债券,支持境内金融机构和企业在境外发行人民币债券,支持境外优质公司在境内发行股票,适时推出"深港通"。

第二,继续扩大境外机构投资者类型,引进更多中长期投资者,如资产管理机构、养老基金、慈善基金会、捐赠基金等,同时进一步简化管理流程,加强监测,并实施宏观审慎管理。

第三,进一步扩大QFII,待条件成熟时取消资格和额度审批,将相关投资便利扩大到境内外所有合法机构。

第四,推动境内外个人投资更加便利化,研究建立合格的境内个人投资者境外投资制度,即说各方所关心的QDII2。进一步提高国内居民投资海外金融市场以及外国投资者投资中国金融市场的自由程度和便利程度。

第五,稳妥研究推进境内外基础设施的链接与合作。

第六,继续大力推进黄金市场的对外开放,加快国际业务板块的建设工作,积极引入国际投资者参与市场,并研究推出以人民币报价的黄金定牌价格机制。

---

① 资料来源:《上海证券报》,2016年6月17日。

> 第七，推进修订外汇管理将资本项目可兑换纳入法治框架的进度，逐步建立外汇管理负面清单制度，放宽限制，以改进企业和个人的外汇管理。最后是深入研究落实外债和资本跨境流动，建立健全有效的风险预警和防控机制。

五、自2008年以来的人民币国际化进程

2008年，当美国次贷危机逐步演变成国际金融危机后，中国政府先后与韩国、中国香港、马来西亚、白俄罗斯、印度尼西亚、阿根廷和冰岛等国家和地区分别签订了双边货币互换协定（见表6－1），这些协议的签订表明，人民币在跨境贸易结算中的地位提高，开始了其国际化进程。

表6－1　　2008年国际金融危机后中国与部分国家和地区进行的和续签的双边货币互换

年度	日期	规模（亿元）		协议方	续签日期	规模（亿元）	
		本币	外币			本币	外币
2008	12月12日	1 800	380 000	韩国央行（韩元）	2009年4月20日	3 600＋	640 000＋
					2011年10月26日	3 600	640 000
					2014年10月11日	3 600	640 000
2009	1月20日	2 000	2 270	香港金融管理局	2011年11月22日	4 000	4 900
					2014年11月22日	4 000	5 050
	2月8日	800	400	马来西亚国家银行（林吉特）	2012年2月28日	1 800	900
					2015年4月17日	1 800	900
	3月11日	200	80 000	白俄罗斯央行（白俄卢布）	2015年5月10日	70	160 000
	3月23日	1 000	1 750 000	印度尼西亚央行（印尼卢比）	2013年10月1日	1 000	1 750 000
	4月2日	700	380	阿根廷央行（比索）	2014年7月18日	700	900
2010	6月9日	35	660	冰岛央行（克朗）	2013年9月11日	35	660
					2016年12月21日	35	660
	7月23日	1 500	300	新加坡金融管理局（新加坡元）	2013年3月7日	3 000	600
					2016年3月7日	3 000	600
2011	4月18日	250	50	新西兰央行（新西兰元）	2014年4月25日	250	50
	4月19日	7	1 670	乌兹别克斯坦央行（苏姆）			
	5月6日	50	100 000	蒙古央行（图格里克）	2012年3月20日	100＋	20 000＋
					2014年8月21日	150	450 000
					2017年2月22日	150	450 000
	6月13日	70	15 000 000	哈萨克斯坦央行（坚戈）	2014年12月14日	70	2 000
	12月22日	700	3 200	泰国央行（泰铢）	2014年12月22日	700	3 700
	12月23日	100	1 400	巴基斯坦国家银行（卢比）	2014年12月23日	100	1 650

(续表)

年度	日 期	规模(亿元)		协 议 方	续签日期	规模(亿元)	
		本币	外币			本币	外币
2012	1月17日	350	200	阿联酋中央银行(迪拉姆)	2015年12月14日	350	200
	2月21日	100	30	土耳其央行(里拉)	2015年9月26日	120	50
	3月22日	2 000	300	澳大利亚储蓄银行(澳元)	2015年3月30日	2 000	400
	6月26日	150	190	乌克兰国家银行(格里夫纳)	2015年5月15日	150	540
2013	3月26日	1 900	600	巴西中央银行(雷亚尔)			
	6月22日	2 000	200	英格兰银行(英镑)	2015年10月20日	3 500	350
	9月9日	100	3 750	匈牙利国家银行(福林)	2016年9月21日	100	4 160
	9月12日	20	358	阿尔巴尼亚银行(列克)			
	10月9日	3 500	450	欧洲央行(欧元)	2016年9月27日	3 500	450
2014	7月21日	1 500	210	瑞士央行(瑞士法郎)			
	9月16日	100	2 250	斯里兰卡央行(斯卢比)			
	10月13日	1 500	8 150	俄罗斯联邦中央银行(卢布)			
	11月3日	350	208	卡塔尔中央银行(里亚尔)			
	11月8日	2 000	300	加拿大中央银行(加元)			
2015	3月18日	10	5.2	苏里南央行(苏里南元)			
	3月25日	10	770	亚美尼亚央行(亚美尼亚元)			
	4月10日	300	540	南非储备银行(南非兰特)			
	5月25日	220	22 000	智利央行(智利比索)			
	9月3日	30	30	塔吉克斯坦中央银行(索摩尼)			
	9月27日			格鲁吉亚国家银行(框架协议)			
2016	5月11日	100	150	摩洛哥中央银行(迪拉姆)			
	6月17日	15	270	塞尔维亚中央银行(塞第纳尔)			
	12月6日	180	470	埃及中央银行(埃及镑)			

数据来源:中国人民银行网站。

2010年6月,中国多个官方部门联合发布了《关于扩大跨境贸易人民币结算试点有关问题的通知》,以扩大跨境贸易人民币结算试点范围。此次试点扩大后,跨境贸易人民币结算试点地区由上海市和广东省的4个城市扩大到北京等20个省、自治区、直辖市;试点业务范围包括跨境货物贸易、服务贸易和其他经常账户人民币结算;不再限制境外地域,企业可按市场原则选择使用人民币结算。

人民币跨境贸易进一步扩大试点范围,促进了中国与其他国家和地区的贸易往来,同时为鼓励中国人民币国际化创造了更大的机会和空间。自2013年9月国家外汇管理局向17家支付机构发放跨境外汇支付业务资格,到2014年2月上海自贸区正式启动支付机构人民币跨境支付试点，第三方支付机构走向海外市场的步伐越来越快。

（一）人民币国际化面临的历史机遇

1. 新兴经济体传统贸易支付手段短缺，为人民币实现贸易结算提供了机遇

在2008年以来的国际金融危机中，大量美元从新兴经济体流出。这使得中国新兴经济体贸易伙伴在危机环境下虽仍有贸易需求，但一时却因缺乏传统的美元支付手段而无法开展与中国的贸易。这给人民币国际化的第一步即人民币贸易结算提供了良好机遇。

2. 国际金融危机令美元信任危机大幅上升，为人民币国际化打开了历史空间

危机后出现的美元大幅无序波动、巨额贸易逆差和财政赤字，以及美元大量投放所诱发的未来大幅贬值预期，令其他国家特别是新兴经济体可能考虑进行储备资产多元化，在储备中加入其他更具有保值或升值潜力的币种。基于对中国长期经济增长前景的普遍乐观预期，加上中国所保留的全球第一的外汇储备，未来人民币仍将总体保持升值大趋势已成为国际市场的一致看法。这无疑鼓励了更多国家选择人民币作为储备资产的可能性。

（二）促成人民币国际化的主要因素

促成一国货币国际化的主要因素有：该国在世界经济中的相对规模、该国贸易在世界贸易总量中的相对规模、该国的币值稳定性、该国金融市场的稳定和完善程度以及历史偏向。

1. 中国在世界经济中的相对规模

中国经济总量已跻身世界前列。2010年，中国GDP总量超过日本，成为全球第二大经济体。

2. 中国贸易在世界贸易总量中的相对规模

中国2012年的贸易总额为38 667亿美元，基本确定在货物进出口总值上超越美国，成为全球最大货物贸易国。这是继2009年中国成为世界第一大出口国和第二大进口国后，中国对外贸易发展的又一个象征性节点。中国目前已是所有主要东南亚国家的最大贸易伙伴之一。大量研究表明，这些国家大量依赖中国的加工贸易向西方国家间接输出商品。而同一产业链上不同环节价格的相对稳定，对维持产业链的连续、稳定、顺畅运作至关重要；同时，目前中国对东南亚总体还是贸易逆差，人民币流出国内也属自然。显然，这为人民币国际化特别是贸易中的人民币结算首先从东南亚地区起航奠定了重要基础。

3. 人民币币值的稳定性

人民币币值总体稳定性较好。一般来说，一国货币币值可区分为对内价值和对外价值。

从对内价值的稳定性来看，根据国际货币基金组织的《世界经济展望》（2008年10月）提供的以2000年为基准测算的定基CPI（消费物价指数）、1980～2006年间的平均通货膨胀率指数，中国通货膨胀水平的稳定程度甚至与主要发达国家大致相当。近几年中国国内通货膨胀水平的稳定性也较好。

从对外价值的稳定性来看，根据国际清算银行提供的人民币名义有效汇率和实际汇率指数，近几年中国国内通货膨胀水平的总体稳定性较好（见图6-1）。

4. 中国的金融市场完善程度

中国在这方面已有巨大进步，但尚存在巨大差距。从金融市场的建设来讲，中国国内证券市场、外汇市场、黄金市场和衍生品市场等从无到有，发展迅速。但总体上来看，市场发展还处于初级阶段。由于中国当前国内金融市场尚不完善，造成人民币流动性总体仍较差，因此，这构成了人民币国际化进程中最迫切需要解决的基础性问题。

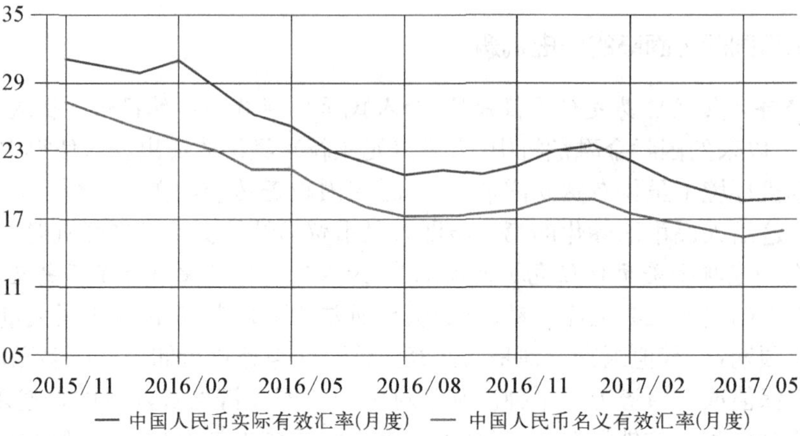

数据来源：国际清算银行。

图6-1 人民币名义有效汇率和实际有效汇率的波动(2015～2017年)

5. 历史偏向

历史偏向是指由于历史原因，在其他货币已先行占据国际货币地位之后，对后起货币国际化所形成的制约。人民币作为一种后起货币，在其他货币已成为区域货币或全球货币的情况下，要使自己最终跻身国际货币行列，需要付出更大的努力。这对中国目前是一个巨大挑战。应对这一挑战的基本原则是，降低当前使用其他国际货币国家的退出成本，同时提高其他国家使用人民币的收益。

专栏6-2 "一带一路"与人民币国际化

2015年3月28日，国家发展改革委、外交部、商务部联合发布了《推动共建丝绸之路经济带和21世纪海上丝绸之路的愿景与行动》。

"一带一路"(The Belt and Road，B&R)是"丝绸之路经济带"和"21世纪海上丝绸之路"的简称。该倡议旨在充分依靠中国与有关国家既有的双多边机制，借助既有的、行之有效的区域合作平台，借用古代丝绸之路的历史符号，高举和平发展的旗帜，积极发展与沿线国家的经济合作伙伴关系，共同打造政治互信、经济融合、文化包容的利益共同体、命运共同体和责任共同体。

"一带一路"建设涵盖政策沟通、设施联通、贸易畅通、资金融通、民心相通等层面。"一带一路"倡议旨在促进经济要素有序自由地流动、资源高效配置和市场深度融合，有利于进一步推动中国金融市场的双向开放，提升跨境贸易和投资的便利化水平，推动资本项目可兑换，推进人民币国际化进程。

1. 资金融通是"一带一路"倡议的重要支撑

在"一带一路"建设中，使用本币开展投融资可以充分调动当地储蓄资源，通过合理的回报形成示范效应，撬动更多当地储蓄和国际资本，也有助于降低换汇成本和汇率波动引发的风险，维护金融稳定，因此，扩大人民币在“一带一路”建设投融资中的使用具有很强的现实意义，会凸显人民币在国际投融资中的重要作用。

跨境资本流动是经济全球化的伴生物，有助于推动资金在全球范围内的有效配置，并带动先进技术和管理经验的传播与流动，有利于全球经济增长。“一带一路”在便利中国企业“走出去”的同时，会吸引境外长期资本流入，促进并形成健康、良性、稳定的跨境资本流动秩序，维护中国国际收支基础平衡稳健。

“一带一路”沿线国家的资源禀赋各异，与中国的经济结构互补性较强，经贸合作潜力和空间较大。基础设施互联互通、企业“走出去”、深化产能合作等将催生大量跨境综合性金融服务需求，带来大量跨境资本流动。金融基础设施的互联互通是“一带一路”互联互通的重要内容，有利于推动金融双向开放和金融市场的高效稳定运行，为人民币国际化、跨境资本流动营造良好的硬件基础和市场环境。同时，政策沟通、贸易畅通、民心相通将提升跨境贸易和投资的便利化、安全性水平，为跨境资本流动营造坚实的政策和制度保障。

2.“一带一路”与人民币国际化相辅相成

“一带一路”倡议与人民币国际化在导向和实施举措方面相辅相成、互为助力。

第一，“一带一路”倡议将重点放在强化对接、促进互联互通、推动企业“走出去”、深化产能合作等方面，有利于中国金融市场的双向开放和人民币离岸市场的深化，以及人民币国际地位和区域认可度的提升，进而推动人民币成为‘一带一路’倡议合作的主要计价货币。

第二，人民币国际化的推进有利于促进中国与沿线国家之间的货币流通，降低金融风险与交易成本，深化中国与沿线国家的经贸合作，直接关系到‘一带一路’倡议实施进程和效果。

从人民币国际化的角度而言，“一带一路”将主要通过投资主导发挥重要推动作用。“一带一路”将使人民币的境外使用从“周边化”走向“区域化”，使用规模也将显著扩大；同时，通过贸易结算、项目融资与直接投资、货币互换以及离岸市场建设等大大推进人民币国际化进程。而且，以“一带一路”为抓手推进人民币国际化还可减少对第三方货币的依赖、节省外汇及换汇成本、减少汇率风险。

但是，从长远来看，除了“一带一路”的推动等因素，人民币要真正走向国际化，关键还要不断地健全人民币汇率机制，逐渐地建立和完善境外人民币顺畅回流的机制，需要增强中国在全球金融体系中的话语权，为“一带一路”沿线国家的贸易和投融资提供稳定价格和风险管理机制。当下，全球的股票市场、金融衍生品市场、股指期货市场、外汇交易市场和债券市场等依旧是欧美国家保持着绝对领先地位，国际信用评级体系、支付清算体系、国际信用卡组织、国际清算体系、国际货币基金组织等决定全球金融规则的机构仍然由欧美国家把持。人民币国际化外部条件的成熟还有待于中国金融国际化的延展使人民币在国际货币格局中站稳脚跟。

(三)中国应借鉴的其他货币国际化的历史经验与教训

从典型货币的国际化性质来看,总体可分为三大类型,即强权辅助下的国际化、区域一体化助成的国际化、金融市场改革推进的国际化,这三种类型的代表货币分别为英镑与美元、马克(欧元)、日元。

1. 无法复制的经验:强权辅助下的国际化——英镑与美元

虽然英镑和美元的国际化都与两国经济实力的提升并最终成为全球经济霸主紧密相连,但不可忽视的是,在英镑和美元国际化进程中,本国强权的大力支持和推进至关重要。在和平与发展已成为全球主旋律的背景下,英镑和美元借助强权进行国际化的经验,对于人民币的国际化几乎不具有可复制性。

2. 可以部分借鉴的经验:区域一体化助成的国际化——马克

与当年英镑和美元强权下的国际化不同,德国马克是在第二次世界大战后特别是20世纪80年代和平环境中,其国际化取得了长足进步,并最终上升为国际货币体系中仅次于美元的国际货币。马克所取得的这一成就,直接奠定了此后欧元国际地位至关重要的历史基础。从马克国际化的历程来看,除德国自身经济地位提升、在世界贸易份额上升外,最重要的是,战后欧洲国家之间强烈的一体化愿望和切实行动。从某种程度上说,是欧洲货币体系(EMS)成就了德国马克的顺利国际化。当然,在当时欧洲一体化的进程中,原本还存在英国和法国两大可与之竞争的"火车头",只是因为德国中央银行对通货膨胀的控制更为成功,维持了马克币值的稳定,从而令德国马克成为欧洲国家不约而同选择的"驻锚"货币,由此将其带入了快速的国际化轨道。

显然,从上述德国马克的国际化成功经验中,中国可得到两点启示:第一,积极面对区域经济一体化进程;第二,因地制宜选择汇率制度,保持币值稳定。这对加快人民币的国际化进程至关重要。

3. 更为类似的情形,经验与教训并存:金融市场改革推进的国际化——日元

日元的国际化进程与英镑、美元及德国马克的情形都有所不同。它既无法借助于强权,也无法获得区域经济一体化的助力,而只能依靠自身金融市场的改革发展来推进其国际化。早在1984年,日本国内就提出了日元国际化的问题。大藏省在1999年即明确提出要认真考虑日元国际化的各种建议。随后日本采取的措施主要集中在取消国内金融市场管制、鼓励日本企业在贸易中以日元结算、建立欧洲日元市场、加强东京金融市场国际化等方面。日本政府的上述一系列措施取得了明显成效,最终使日元在国际贸易结算中的占比出现了显著上升;在国际储备中的比重也有所提高,特别是在亚洲官方储备中的比重高于日元在全球储备中的平均水平。但是,20世纪90年代日本泡沫经济破灭,日本经济坠入了"失去的十年",金融机构的稳健性也备受重创,由此使国际市场对日元信心不足,最终制约了其进一步国际化的进程。

中国需要借鉴日元国际化的主要经验是:第一,货币的国际化进程有可能通过政府顺应潮流的政策选择而得以加快;第二,完善本币金融市场、提高市场流动性、便利国外居民参与本币金融市场活动、建立本币国际金融中心等措施,是有价值的政策努力方向;第三,鼓励贸易中用本币结算,可以作为货币国际化初期的重要步骤。

中国需要吸取日元国际化的主要教训是:没有经济的持续稳定增长,就不可能单纯借助于政策的推进而获得货币持续国际化的成功,也就是说,一国政策不能只注重推进货币国际化本身,而应首先认真权衡利弊和政府对形势的调控能力,在确保经济稳定的前提下,稳步推进

货币国际化的措施。一些日本学者曾认为：与其说出台政策措施是为了推进日元国际化，还不如说所有这些措施只是在为促使金融资源更有效率地利用创造条件，而日元的国际化则是在此基础上水到渠成的自然结果。

（四）人民币国际化的前提条件

从国际货币功能的角度来看，支持人民币国际化需要具备三个主要条件：发挥人民币国际贸易的计价和结算功能，需要人民币币值坚挺；发挥人民币国际货币的交易功能，需要人民币自由兑换；发挥人民币的国际贮藏功能，需要境外人民币能够回流。

1. 发挥人民币国际贸易的计价和结算功能，需要人民币币值适度坚挺

开展跨境贸易人民币结算试点工作是人民币国际化的重要一步，有利于人民币发挥国际贸易未来计价和结算功能。对于中国的进出口企业而言，有利于规避汇率风险和节省汇兑成本，国际金融市场上其他货币汇率的变动，对以人民币结算的中国进出口企业影响会变小。

人民币相对于美元汇率稳定且适度升值，会使人们更愿意接受人民币。人民币汇率稳定有利于促进人民币充当中国与其他国家之间的贸易和投资的货币计价及结算功能。实际上在2010年4月8日国务院已决定，在上海市和广东省的广州、深圳、珠海、东莞4个城市开展与港、澳地区跨境贸易人民币结算试点。这项试点工作被视为人民币“走出去”的开始。

对于中国的进出口企业而言，能够规避汇率风险和节省汇兑成本。国际金融市场上主要货币汇率变动频繁，而用人民币结算会使中国进出口企业汇率风险变小，有利于促进中国进出口企业与其他国家和地区的贸易及投资往来。

对于境外的进出口企业而言，以人民币计价结算也是一个不错的选择。由于国际金融危机和欧洲主权债务危机的爆发，主要国际货币波动频繁，如2010年欧洲主权债务危机的蔓延导致欧元持续走软，汇率风险较高，而人民币一直坚挺，币值稳定，人民币受到市场投资者的青睐。因此，对中国企业而言，人民币币值稳定，可以防范汇率风险；对境外企业而言，人民币币值稳定，有利于防范其他货币贬值的风险。

2. 发挥人民币的国际货币交易功能，需要人民币自由兑换

中国外汇储备充足，在人民币还未实现完全自由兑换的情况下，为人民币的国际媒介功能提供了足够的信用保证，即人民币虽然还不是国际货币，但是中国有足够的国际货币兑换能力。

回顾布雷顿森林体系下，第二次世界大战后美国储备了世界上2/3的黄金，以黄金作为美元的固定锚，增强了美元的信用，其他国家货币才可能与美元挂钩，并愿意接受美元资产，从而确定了美元的国际货币地位。

当今黄金已不是世界各国主要的储备资产，一些主要的国际货币充当了国际货币媒介和储备的功能如美元、欧元等，在某种意义上起到了当时黄金的作用和功能。随着中国综合国力的增强，人民币的国家信用日益提高，同时由于中国外汇储备额较高，实际上也为人民币提供了足够的信用。

换言之，虽然人民币尚未实现完全自由兑换，但人民币与其他国际货币的兑换是不存在障碍的，中国有足够的外汇储备，能够保证人民币与其他国际货币的最终兑换，这也是人民币国际信用的一种保证。

尽管如此，人民币要实现国际化，人民币实现完全自由兑换的需求变得越来越迫切，无论是国内还是境外，人民币与主要国际货币之间的自由兑换将是推动人民币国际化的重要基础。

如果人民币不能够与主要国际货币自由兑换，进出口商持有人民币的意愿将下降，也不利于人民币进一步"走出去"。

3. 发挥人民币的国际贮藏功能，需要境外人民币能够回流

人民币充当贸易往来的结算货币，境外进出口商必然会产生人民币资金的结余，怎样解决人民币资金结余的投资和回流将是一个重要问题。从短期来看，中国的银行在外的分支机构应该吸纳该国的人民币资金存款，为该国人民币资金提供投资渠道。从长期来看，国内的金融市场应该逐步对境外的人民币资金回流开放。要大力发展中国的国债市场，为将来的人民币资金回流做准备，发达的金融市场有利于人民币的国际化。

从美元的国际化来看，通过美元输出促进了美国贸易和投资的发展与便利化，其他国家聚集了大量的美元资产，世界上形成的石油美元、欧洲美元和亚洲美元，这些美元资产将来又会回流到美国，为美国的发展继续提供充足的资金，而这些资金的回流主要是投资在美国的金融市场上，更多的则是投资在美国的国债市场上。

显然，中国在努力推动人民币国际化的时候，要大力发展资本市场，尤其是国内的国债市场，因为这可能会是将来人民币回流的主要投资市场。从长期来看，随着人民币"走出去"，其他国家和地区储备人民币资产会不断增加，除了满足经常账户及资本和金融账户下的交易外，多余的人民币资产必须要寻求投资场所，中国的银行间债券市场可以对这些国家和地区的人民币资产开放，这样才有利于进一步推动人民币的国际化。

(五) 人民币国际化需要注意的问题

基于国内外学者对货币国际化的研究成果和典型国家货币国际化的经验教训，中国可在以下几个方面着手努力：

1. 保持国内经济在尽可能长时期内的平稳较快发展，这是最重要的基本面决定因素

正如一些学者进行的计量研究所显示的，在诸多因素中，一国经济在世界经济中的地位几乎是统计检验中唯一重要的因素。日元国际化后劲不足的教训足以证明，一国经济的持续稳定增长才是一国货币能够持续国际化的原动力。

2. 提高宏观调控能力，做好应对人民币国际化挑战的准备

应该说，宏观调控政策是否得当，直接影响到一国是否能够持续保持经济平稳快速发展。理论和实践都证明，一国货币的国际化的进程中，货币政策会面临最严峻挑战，因为国外货币需求的不确定性和金融市场波动的溢出，常常令总体货币需求变动更加剧烈也更难预期，从而对宏观当局的调控能力和政策目标的达成构成巨大挑战。德国马克国际化的成功经验表明，确定合适的"货币锚"，并根据形势变化调整"锚定机制"，对确保目标达成是极为重要的。

人民币在改革开放以来相当长的时间里都是钉住美元的，而 20 世纪 80 年代后的一段时间里，美国货币政策所取得的巨大成功令人民币也分享到了美联储在币值稳定方面的成果。但是，2008 年国际金融危机后的形势已经显示，未来美元币值无论是对内还是对外，都可能面临剧烈波动，因而，它已不适合作为追求币值稳定国家的"驻锚"货币。如果人民币继续钉住美元，则未来币值的继续稳定将无法得到保证。因此，人民币汇率制度改革在 2010 年 6 月重启是非常必要的。

3. 不断完善多层次金融市场，提高市场流动性，便利非居民参与

虽然这方面的工作繁复、任务艰巨、牵涉甚广，但最重要的是，活跃当前的人民币基础金融产品交易，尽快形成人民币利率、汇率定价基准(SHIBOR 曲线与国债收益率曲线的完善)，提

高商品期货、黄金期货和股指期货交易的国际影响力，并在此基础上促进利率和外汇期货等衍生品交易的发展和完善。

4. 积极推动区域经济一体化进程

中国已成为所有主要东南亚经济体的重要贸易伙伴，东盟国家（或地区）则已成为中国第四大贸易伙伴。通过加工贸易，中国与它们之间初步形成了较为稳定的垂直分工架构。自2005年7月汇率改革以来，中国在未遭受重大国际金融冲击的情况下，人们已经观察到：虽然大量东南亚国家（或地区）都宣布，自身有管理的浮动汇率是参照一篮子货币确定的，但在趋势上，这些国家的货币已与人民币之间出现了兑美元汇率总体共进退的端倪。这意味着，人民币已具备未来可能作为东南亚国家（或地区）"货币锚"的潜力。同时，理论和实践表明，彼此互为主要贸易伙伴时，其中的大国货币更容易上升为区域内的贸易结算货币，而在近来中国对这些国家存在贸易逆差、人民币存在自然流出可能的情况下就更是如此。因此，只要人民币国际清算机制得以完善、投资机制能够形成，未来贸易中的人民币结算将在东南亚国家（或地区）中具有广阔的发展空间。正是基于上述形势，中国未来应积极推进与东南亚国家（或地区）的贸易自由化进程，而经贸联系的密切和加深必将大大推动人民币国际化。

第五节 国际汇率监管

一、国际汇率监管的目的

汇率监管是国际货币基金组织的一项重要职能。根据国际货币基金组织协议的第二次修正案，其实行汇率监督的目的是保证有秩序的汇兑安排和汇率体系的稳定，消除不利于国际贸易发展的外汇管制，避免成员操纵汇率或采取歧视性的汇率政策以谋取不公平的竞争利益。

二、汇率监管的主要内容

（一）宏观经济政策

国际货币基金组织在实施汇率监管时，要同时对一国的财政政策和货币政策的实施进行监管，因为财政政策和货币政策直接对汇率的波动产生影响，财政补贴和税收减免又直接使名义汇率与实际汇率产生差异。国际货币基金组织反对其成员利用宏观经济政策、补贴或任何其他手段来操纵汇率以谋取不公平的竞争利益。

（二）复汇率

国际货币基金组织原则上反对复汇率（包括双重汇率）或任何其他形式的差别汇率政策，但有两种情况是例外：一种是在加入国际货币基金组织时已采用并正在采用复汇率制的国家，这些国家可以有一个过渡期。在过渡期内，国际货币基金组织将与该成员密切磋商，以便使其尽快恢复单一汇率制。另一种是在特殊情况下并事先征得国际货币基金组织的同意，也可采用复汇率作为一种过渡办法，但在国际货币基金组织的协议中，根本没有对"特殊情况"的定义做出说明。从国际货币基金组织对成员进行汇率监督的实践来看，它允许成员在从外汇的计划管制向市场调节的转变过程中采用复汇率,因为国际货币基金组织本身就是建立在市场经济原则上的,它鼓励计划经济向市场经济转变。

(三) 实行经常账户下的货币可兑换

国际货币基金组织协议要求成员实行经常账户下的货币可兑换,暂时不能做到这一点的成员,其货币不能被称为可兑换货币。可见,有关自由兑换的定义是圈定在经常账户的范围。同样,国际货币基金组织有关外汇管制的监督,也是圈定在经常账户的往来。

三、汇率监督的办法

国际货币基金组织在实施汇率监督时采用以下三种方法:

(一) 健全信息披露制度

国际货币基金组织要求成员提供其经济运行和经济政策的有关资料,其中包括政府和政府以外机构所持有的黄金和外汇资产、黄金产量和黄金输出入、进出口值及国别分布、经常账户、资本和金融账户收支的详细分类收支情况、国民收入、物价指数、汇率和外汇管制情况等。1996 年 4 月,国际货币基金组织建立数据公布特殊标准(SDDS);1997 年创立数据公布通用系统(GDDS),对成员信息披露进行了统一要求。中国于 2002 年 4 月 15 日正式加入 GDDS。

(二) 定期磋商

国际货币基金组织在研究上述材料的基础上,与成员在华盛顿或成员国国内或地区内定期或不定期地进行磋商。定期磋商每年举行 1～2 次,不定期磋商视情况需要而定,国际货币基金组织向成员提出有关政策建议和劝告。

(三) 出版分析报告

国际货币基金组织对各国及全球汇率和外汇管制情况进行评价,评价内容包括汇率的安排、汇率的确定、外汇管制情况、财政货币政策的运行状况、引起汇率变动的原因及汇率变动的影响等,并且每年就评价的内容汇集出版《汇率安排与外汇管制年报》,提供指导性意见。

本章小结

外汇管制的主要目的是改善国际收支、增加国际储备、稳定国内物价、防止资本外逃及扩大国内生产等。

一国外汇管制的宽严程度与该国的对外贸易及国际收支状况关系密切,发达国家大多名义上无管制,新兴工业化国家则往往实行部分管制,而大多数发展中国家则实行严格管制。

外汇管制机构有:中央银行、专设机构和指定银行。

外汇管制对象有:人、物、地区、行业和国别。

外汇管制的主要内容有:贸易外汇管制、非贸易外汇管制、资本输出入管制、货币兑换管制、汇率管制和黄金输出入管制。

货币的兑换性可分为经常账户可兑换、资本和金融账户可兑换以及完全自由兑换。货币自由兑换的有利影响是：有利于完善金融市场，增强国内金融服务竞争力和经济效率；有利于不同经济实体实现资产组合多元化，分散风险；有利于进一步开放和发展国内经济；有利于合理配置社会资源和引进外资；有利于节省审批成本。货币自由兑换的不利影响是：容易遭受国际投机资本的冲击；国内金融市场容易发生动荡；有可能出现大量资本外逃。

中国的外汇管理主要经历了四个阶段。中国的外汇管理机构是外汇管理局。

人民币自由兑换的前提条件是：经济体系良好；宏观经济政策健全；国内金融体系完善；汇率制度安排合理和形成机制有效；利率市场化；国内资本市场发育良好；中央银行监管得力。

人民币国际化面临历史机遇，但需要具备一些前提条件，同时需要借鉴别的货币国际化的经验和教训，并且需要注意解决几个主要问题。

汇率监管是国际货币基金组织的主要职能之一。

思考题

1. 名词解释

外汇管制　汇率管制　货币兑换性　外汇管理局

2. 外汇管制的概念及目的是什么？

3. 世界各国外汇管制主要有哪几种类型？

4. 外汇管制的主要内容是什么？

5. 中国国家管理局的职能是什么？

6. 货币自由兑换的有利影响和不利影响有哪些？

7. 人民币实现自由兑换应具备哪些条件？

8. 人民币在资本账户下实现自由兑换的现状是怎样的？未来还需要怎样推进资本账户下人民币的可兑换性？

9. “一带一路”给人民币国际化带来哪些机遇和挑战？

10. 请分析人民币实现国际化的主要促成因素、可借鉴的别国经验或教训、前提条件和需要注意的问题。

11. 国际货币基金组织怎样对成员的汇率进行监管？

第七章　国际货币体系

- 国际货币体系主要涉及各国间货币金融运行的规则，它不仅与每一个主权国家的经济利益和安全息息相关，而且对整个世界经济的稳定与发展至关重要。
- 本章要点：国际货币体系概述、第二次世界大战前的国际货币体系、第二次世界大战后的布雷顿森林体系和牙买加体系、最优货币区、欧洲货币体系与欧元问题。

第一节　第二次世界大战前的国际货币体系

一、国际货币体系的含义

国际货币体系(International Monetary System)是指国家间进行各种交易支付所采用的一系列安排和惯例，以及支配各国货币关系的一套规则和机构。国际货币体系涉及国际金融的各个方面，其主要内容包括：(1) 国际收支及其调节机制；(2) 汇率制度的安排；(3) 国际储备制度的确定；(4) 国际货币事务的协调与管理。

国际货币体系的作用是从贸易和金融方面联系国际经济，协调各个独立国家的经济活动，促进贸易和支付过程的顺利进行，加速国际贸易和信贷的发展，使实际生产和就业达到更高水平。

二、国际金本位制

第二次世界大战前的国际货币体系主要是国际金本位制，它是研究国际货币体系的一个重要开端。该制度大约形成于19世纪末期，虽然英国政府早在1816年就颁布了《金本位制法案》，但到1880年欧美主要国家才普遍通过相关法案实行金本位制，国际金本位制在这一年才真正开始。

(一) 国际金本位制的类型

按照货币与黄金的联系程度,国际金本位制大致可分为三类:金币本位制、金块本位制和金汇兑本位制。

1. 金币本位制

金币本位制(Pure Specie Standard)主要是在第一次世界大战前西方各国普遍实行。在该制度下,国家以法律形式规定铸造一定形状、重量和成色的金币,作为具有无限法偿效力的本位货币自由流动;金币和黄金可以自由输出和输入国境;金币可以自由铸造,也可将金币熔化为金条和金块;银行券可以自由兑换为金币或等量的黄金;本位货币的名义价值与实际价值相等,货币的国内外价值趋于一致,并使它具有贮藏货币与世界货币的职能。

2. 金块本位制

第一次世界大战期间,西方各国经济因参战而陷入困境,为了防止黄金外流,它们相继放弃了金本位制,实行战时的货币管制,禁止金铸币在国内外市场上流通。第一次世界大战后,为避免战争期间滥发的不能兑换成黄金的纸币所带来的通货膨胀和对国际贸易、国际收支所产生的不利影响,西方国家于 1922 年在意大利热那亚召开了国际货币会议,决定恢复金本位制。但当时各国经济实力和通货膨胀水平有差异,难以全部恢复金币本位制,只有美国恢复了较完整意义上的金币本位制,英国和法国改行金块本位制,其他西方国家则改行金汇兑本位制。

在金块本位制下,国内没有金币流通,银行券在一定条件下才能兑换成金块。其主要特点是:国家不铸造金币,只发行纸币,市场上没有金币流通,流通的纸币有无限法偿力;单位纸币规定有含金量并确定黄金官价;禁止私人输出黄金;纸币兑换黄金受到限制。例如,美国在 1925 年规定银行券只能兑现净重 400 盎司的金块,法国在 1928 年规定至少需要 215 000 法郎才能兑换黄金。

3. 金汇兑本位制

金汇兑本位制(Gold Exchange Standard)又称虚金本位制,在该制度下,本国货币直接与实行金币本位制或金块本位制的国家的货币挂钩,从而间接地与黄金相联系。因此,采用金汇兑本位制的国家,在对外贸易和财政金融方面受到与其相联系的金本位制国家的影响和控制,所以,它是一种带有附属性质的货币制度。早在第一次世界大战前,菲律宾、马来西亚、印度及一些拉美国家都曾采用这种制度。通常说的金汇兑本位制主要是指第一次世界大战后的金汇兑本位制。第一次世界大战后,在美国恢复金本位制和英、法等国实行金块本位制的同时,德国、奥地利、意大利、挪威、丹麦等三十多个国家实行了金汇兑本位制,该制度此时已经具有国际性。

第一次世界大战后的国际金汇兑本位制的主要特点是:国家规定金币为主币,但国内不铸造金币,市场上也没有金币流通,流通的是纸币;国家规定纸币的含金量,但不能自由兑换黄金,不过,通过含金量的对比,可以兑换成实行金本位或金块本位制国家的货币(外汇),然后兑换黄金;纸币发行必须以黄金和外汇作物质保证,以维持汇率的稳定。

(二) 国际金本位制的作用

在国际金本位制下,黄金充分发挥了世界货币的职能,对国际经济的稳定发展起了重要作用,具体表现如下:

第一,各国之间的汇率非常稳定。由于各国货币汇率以铸币平价为基础,外汇市场上的实际汇率围绕黄金输送点上下波动,因此,汇率基本上是稳定的。从实际情况来看,英国、美国、法国、德国等西方国家的货币汇率平价,在 1880~1914 年的 35 年内始终没有变动。汇率的相对稳定促进了国际贸易的发展和国际资本的流动。

第二,由于金本位制具有内在的自动调节机制,各国货币直接与黄金挂钩,而黄金可以自由买卖、自由输出入,物价与现金流动机制对国际收支不平衡的调节是渐进的自动调节过程,各国政府就没有必要再为对付外来冲击、调整国际收支失衡而实行贸易管制和外汇管制等一些会给一国国内经济造成消极影响的突然性措施。这无疑有利于商品和资本在各国间的自由流动,使世界范围内的生产要素或组合更具效率。

第三,国际金本位制通过国际收支不平衡所产生的压力,对那些偏好于膨胀国内经济的政府施加了外部约束。因为,在这个国际货币体系下,一国政府扩张货币供应量的能力首先受到了该国黄金存量的限制;其次,即使政府通过其他途径进行了货币扩张,但随之而来的物价上涨也会使该国的国际收支发生逆差。于是,在物价与现金流动机制的作用下,原先的货币供应和物价水平又会逐渐得到恢复。

第四,国际金本位制对供求失衡的调节主要依靠市场的力量,从而使政府的干预降低到最低程度,避免了人为的政策失误。

第五,有利于各国经济政策的协调。在国际金本位制下,西方国家都把国际收支平衡(即对外平衡)和汇率稳定作为经济政策的首要目标而把充分就业、物价稳定和经济增长(即对内平衡)放在次要地位,服从国际收支平衡的需要,因此,便利了各国经济政策的协调。但这种协调是以牺牲国内利益为代价的,从而埋下了加剧经济危机的隐患。

(三) 国际金本位制度的缺陷

金本位制并非完美无缺,它也存在着严重的缺陷:

第一,国际金本位制最致命的缺陷是其赖以生存的基础不稳定,即世界黄金存量的增长跟不上生产和流通范围不断扩大(工业用金和货币用金因此而增加)以及社会财富快速增加(贮藏用金因而增加)的步伐。因为在金本位制度下,铸币平价是固定的,已探明的但还深埋于地下的金矿是有限的。在尚未发现新矿和采金技术尚未得到重大改进之前,每获得一盎司黄金的边际成本是递增的,因此,人们采掘黄金的热情降低,黄金存量的增长速度日趋放慢。而与此同时,人口却按几何级数增长,各国经济在不断发展,国际贸易规模在日益扩大。在这种情况下,假如各国继续实行典型的金本位制(即流通中每1元纸币和银行券都有十足的黄金做发行准备),则产出与收入就会遭到货币紧缩的困扰,挤兑风潮、银行破产、货币危机、失业剧增等经济萧条景象就不可避免。此外,随着社会和技术的进步,非货币用金的需求也在不断增长,这使国民经济的发展与货币基础缩小的矛盾日益尖锐,结果使政府的货币用黄金出现负增长。

第二,金本位制下的自动调节,要求各国严格遵守所谓的"游戏规则",即黄金可以自由地流入与流出,各国政府应按照官价无限地买卖黄金或外汇,各国发行纸币应受黄金储备数量的限制。但由于没有一个国际机构监督执行,顺差国可以将顺差冻结,以便获得更多的顺差,于是,调节负担全部落在逆差国身上,因此金本位制度带有紧缩倾向。一国若发生紧缩情形,往往会加速其他国家经济的衰退,从而破坏国际货币体系的稳定性。

第三,投放货币,需要花费大量的人力和资源,将黄金挖掘出来,再窖藏在严密看守的国库中,这是不必要的资源浪费,是巨大的机会成本。

(四) 国际金本位制的崩溃

无论是金块本位制还是金汇兑本位制,都是削弱了的金本位制度,很不稳定。其原因在于：第一，国内没有金币流通，黄金不再起自发调节货币流通的作用；第二，在金块本位制下，银行券兑换黄金有一定限制，这种限制削弱了货币制度的基础；第三，实行金汇兑本位制的国家使本国货币依附于英镑和美元，一旦英国、美国的货币动荡不安，依附国家的货币就会发生动摇。如果实行金汇兑本位制的国家大量提取外汇，兑换黄金，那么英国和美国的货币也势必会受到威胁。这种脆弱的国际金汇兑本位制，在 1929～1933 年世界经济危机的袭击下，终于全部瓦解。

在 1929～1933 年世界经济危机中，西方国家为了向他国转嫁危机，不惜采用以邻为壑政策。它们或通过提高关税来抑制进口以维护国内替代品的生产，或在宣布本国货币贬值前中止黄金的兑换以便政府在黄金升值中获益。在这种情况下，国际货币关系更为混乱，在狭窄的黄金基础上建立起来的国际金汇兑本位制摇摇欲坠。1935 年 5 月，德国因金融危机率先放弃了金汇兑本位制，英国也于同年 9 月宣布停止黄金的兑换以阻止大量的黄金外流，从而告别了金块本位制。接着，与英镑保持联系的一大批国家和地区也纷纷废止了金汇兑本位制。1933 年，美国爆发了货币信用危机，政府不得不宣布停止美元兑换黄金，并禁止国内私人持有黄金，工业与商业用金须持有政府颁发的许可证。与此同时，美国政府继续承担向外国官方和私人出售黄金的义务，但黄金的官价从 1 盎司 20.67 美元提高到 35 美元。由于英镑和美元是当时最重要的外汇储备资产，因此，这两种货币停止兑换黄金意味着国际金本位制已经开始全面崩溃。金本位制最终崩溃的标志是由法国、比利时、荷兰、意大利、波兰和瑞士 6 国组成的“黄金集团”于 1936 年瓦解。

金本位制崩溃后，世界各国实行了纸币制度，任何国家都不允许用纸币在国内兑换黄金。因此，各国货币之间的比价就丧失了相对稳定性而经常出现剧烈波动。同时，西方各国为了争夺国际市场和投资场所，大多加强外汇管制，高筑关税壁垒，严重影响了国际贸易的发展，造成国际货币金融关系的极端混乱。

1936 年 9 月，英国、法国、美国三国为了恢复国际货币秩序，达成所谓的《三国货币协定》，三国同意维持协定成立时的汇率，尽可能不再实行货币贬值，并共同合作以保持货币关系的稳定。同年 10 月又签订了三国相互间自由兑换黄金的《三国黄金协定》，但由于法郎一再受到投机者的冲击，法国黄金大量流失，终于在 1937 年 6 月宣布放弃金本位制，主要西方国家又分裂为相互对立的英镑、美元和法郎三个货币集团，各国货币之间的汇率再次变为浮动制，各集团之间存在着严格的外汇管制，货币不能自由兑换，在国际收支调整方面，各国也采取了各种各样的手段。国际货币关系仍然充满了矛盾和冲突。

总之，第二次世界大战前的国际货币体系的发展及其对世界经济的影响，对建立第二次世界大战后的国际货币体系具有借鉴意义。

第二节 布雷顿森林体系

一、布雷顿森林体系的建立及其主要内容

（一）布雷顿森林体系建立的历史背景

第二次世界大战后，西方主要国家之间的实力对比发生巨大变化。战争使英国经济实力

受到严重的削弱。与此同时,美国在工业生产、出口贸易、国外投资和黄金储备等方面都有迅速的增长,已成为西方世界最大的债权国,为建立美元的霸权地位打下了基础。早在战争结束前,美国就积极策划改变20世纪30年代国际货币金融关系的混乱局面,企图取代英国而建立一个以美元为支柱的国际货币体系。但是,英国还想竭力保持其国际地位,而且它在货币金融领域仍拥有一定的实力,英镑仍是各国主要储备货币之一,国际贸易的40%左右仍用英镑计价结算,伦敦仍是一个重要的国际金融中心,特别是由于英国特惠制和英镑区的存在,英国在西方世界的地位仍相当重要。因此,它想与美国分享国际金融领域的领导权。

1943年,英国和美国政府从本国的利益出发,为建立战后新的国际货币秩序分别提出了各自的方案,即美国的"怀特计划"和英国的"凯恩斯计划"。

"怀特计划"(White Plan)是由美国财政部官员H. D. 怀特(H. D. White)提出的《国际稳定基金方案》。该方案建议采取存款原则,建立一个国际货币稳定基金,资金总额为50亿美元,由各成员国用黄金、本国货币和政府债券缴纳,认购份额取决于各国的黄金外汇储备、国民收入和国际收支差额的变化等因素,各国缴纳份额的多少决定各国的投票权。基金组织发行一种名为"尤尼他"(Unita)的国际货币,作为计算单位,其含金量为$137\frac{1}{7}$格令,相当于10美元。"尤尼他"可以兑换黄金,也可以在成员之间进行相互转移。各国要规定本国货币与"尤尼他"之间的法定平价。平价确定后,不经国际货币基金组织同意,不得任意变动。国际货币基金组织的任务主要是稳定汇率,并帮助成员国解决国际收支不平衡,维护国际货币秩序。成员国为了应付暂时性的国际收支逆差,可用本国货币向国际货币基金组织申请购买所需要的外币,但是数额最多不得超过它向国际货币基金组织认缴的份额。美国设计这个方案的目的,显然是为了使美国能一手操纵和控制国际货币基金组织,从而获得国际金融领域的统治权。

"凯恩斯计划"(Keynes Plan)是由英国财政部顾问凯恩斯制定的。他从英国的立场出发,主张采取透支原则,设立一个世界性的中央银行,称为"国际清算联盟",由该机构发行以一定量黄金表示的国际货币"班柯"(Bancor)作为清算单位。"班柯"等同于黄金,各国可以用黄金换取"班柯",但不得以"班柯"换取黄金,成员国的货币直接与"班柯"相联系,并允许成员国调整汇率。各国在"国际清算联盟"中所承担的份额,以战前3年进出口贸易的平均额计算,会员国并不需要缴纳黄金或现款,而只是在上述清算机构中开设往来账户,通过"班柯"存款账户的转账来清算各国官方的债权债务。当一国国际收支顺差时,就将盈余存入账户,发生逆差时,则按规定的份额申请透支或提存,各国透支总额为300亿美元。实际上,这是将两国之间的支付扩大为国际多边清算,如清算后,一国的借贷余额超过份额的一定比例时,无论是顺差国还是逆差国,均需对国际收支的不平衡采取措施进行调节。"国际清算联盟"总部设在伦敦和纽约两地,理事会会议在英国和美国轮流举行,以便英国能与美国分享国际金融领域的领导权。这一方案反对以黄金作为主要储备,还强调顺差国和逆差国共同负担调节的责任。这对国际收支经常发生逆差的英国是十分有利的。

"怀特计划"与"凯恩斯计划"有一些共同点:(1) 只看重解决经常账户的不平衡问题;(2) 只看重工业发达国家的资金需要问题,而忽视了发展中国家的资金需要问题;(3) 探求汇率的稳定,防止汇率的竞争性贬值。但在一些重大问题上,这两个计划是针锋相对的,因为两国的出发点不同。美国首先考虑的是要在国际货币金融领域处于统治地位,其次是避免美国对外负担过重。由于战后各国重建的资金需求量异常庞大,美国无法满足,因此坚持存款原则,货币体系要以黄金为基础,"稳定黄金"只有50亿美元,以免产生无法控制的膨胀性影响。

英国显然考虑到本国黄金缺乏，国际收支将有大量逆差，因此英国强调透支原则，反对以黄金作为主要储备资产，“清算联盟”要能提供较大量的清偿能力（约 300 亿美元）。另一方面，“怀特计划”建议由“稳定基金”确定各国汇率，而反对“清算联盟”所设想的汇率弹性。

显然，这两个计划反映了美国和英国经济地位的变化以及两国争夺国际金融霸权的斗争。1943 年 9 月到 1944 年 4 月，两国政府代表团在有关国际货币计划的双边谈判中展开了激烈的争论。由于美国在政治和经济上的实力大大超过英国，英国被迫放弃“国际清算联盟”计划而接受美国的方案，美国也对英国做了一些让步，最后双方达成协议，又经过三十多个国家的共同探讨，于 1944 年发表了《专家关于建立国际货币基金的联合声明》。同年 7 月，在美国新罕布什尔州的布雷顿森林城召开了由 44 国参加的“联合和联盟国家国际货币金融会议”，通过了以“怀特计划”为基础的《国际货币基金协定》和《国际复兴开发银行协定》(统称《布雷顿森林协定》)，从而建立起布雷顿森林体系，即一个以美元为中心的国际货币体系。该协定的宗旨是：(1) 建立一个永久性的国际货币机构以促进国际货币合作；(2) 促进汇率稳定，防止竞争性的货币贬值，建立多边支付制度，以促进国际贸易的发展和各国生产资源的开发；(3) 向成员国融通资金，以减轻和调节国际收支的不平衡。根据上述宗旨，协定还规定了战后国际货币体系的具体内容。

(二) 布雷顿森林体系的主要内容

布雷顿森林体系的主要内容可概括为两大方面：一是有关国际货币体系的，涉及国际货币体系的基础、储备货币的来源及各国货币之间的汇率制度；二是有关国际金融机构的，涉及国际金融机构的性质、宗旨以及在国际收支调节、资金融通和汇率监督等国际货币金融事务中的作用。布雷顿森林体系的主要内容如下：

第一，以黄金为基础，以美元作为最主要的国际储备货币。美元直接与黄金挂钩，即各国确认 1934 年 1 月美国规定的 35 美元 1 盎司的黄金官价，各国政府或中央银行可用美元按官价向美国兑换黄金；其他国家的货币则与美元挂钩，把美元的含金量作为各国规定货币平价的标准，各国货币与美元的汇率可按照各国货币的含金量来确定，或者不规定含金量而只规定与美元的比价。

第二，实行固定汇率制度。各国货币与美元的汇率一般只能在平价上下 1%的幅度内波动。超过这个界限，其中央银行就有义务在外汇市场上进行干预，以维持汇率的稳定。成员国的货币平价一经确定后，就不得任意改变。只有当一国的国际收支发生根本性不平衡，中央银行无法维持既定汇率时，才允许对本国货币进行贬值或升值。假如平价的变更幅度在 10%以内，成员国可自行调整，事后只需通知国际货币基金组织确认即可；但是，如果调整使得 3 年内累积幅度达到或超过 10%时，则必须事先征得国际货币基金组织的批准方可进行。这一固定汇率制度，又称可调整的钉住汇率制(Adjustable Peg System)，它使美元成为各国货币所必须围绕的中心，从而确定了美元的霸权地位。

第三，国际货币基金组织通过预先安排的资金融通措施，保证提高辅助性的储备供应来源。《布雷顿森林协定》规定成员国份额的 25%以黄金或可兑换成黄金的货币缴纳，其余部分(份额的 75%)则以本国货币缴纳。成员国在需要货币储备时，可用本国货币向国际货币基金组织按规定程序购买(即借贷)一定数额的外汇，并在规定期限内以购回本国货币的方式偿还所借用的款项。成员国所认缴的份额越大，得到的贷款也就越多。贷款只限于成员国用于弥补国际收支逆差，即用于贸易和非贸易的经常账户支付。

第四,《布雷顿森林协定》规定,成员国不得限制经常账户的支付,不得采取歧视性的货币措施,要在兑换性的基础上实行多边支付。要对现有国际协议进行磋商,这是成员国的一般义务。

第五,《布雷顿森林协定》规定了"稀缺货币条款",成员国有权对"稀缺货币"采取临时性的兑换限制。

由此可见,在布雷顿森林体系中,美元可以兑换黄金和各国实行固定汇率制度,是这一货币体系的两大支柱。因此,布雷顿森林体系下的国际货币体系实质上是以"黄金—美元"为基础的国际金汇兑本位制。国际货币基金组织则是这一货币体系正常运转的中心机构。它具有管理、信贷和协调三方面的职能。它的建立标志着国际协商与国际合作在国际金融领域的进一步发展。

二、布雷顿森林体系的特点和作用

(一) 布雷顿森林体系的特点

布雷顿森林体系下的金汇兑本位制与第二次世界大战前的国际金汇兑本位制不完全相同,主要区别是:(1) 国际准备金中黄金和美元并重,而不只是黄金受重视。(2) 战前处于统治地位的储备货币除英镑外,还有美元和法郎。依附于这些通货的货币,主要是英国、美国、法国三国各自势力范围内的货币,而战后以美元为中心的国际货币体系几乎包括所有国家的货币,而美元却是唯一的主要储备资产。(3) 战前英国、美国、法国三国都允许居民兑换黄金,而实行金汇兑本位制的国家也允许居民用外汇(英镑、法郎或美元)向英国、美国、法国三国兑换黄金,战后美国只同意外国政府在一定条件下用美元向美国兑换黄金,而不允许外国居民用美元向美国兑换,所以大大削弱了金汇兑本位制的作用。(4) 金汇兑本位制虽然在第二次世界大战前国际货币体系中占有统治地位,但没有一个国际机构维持国际货币秩序,而第二次世界大战后却有国际货币基金组织成为维持国际货币体系正常运转的机构。

布雷顿森林体系下的国际金汇兑本位制与第二次世界大战前的国际金汇兑本位制也有许多相似之处:(1) 各成员国都要规定货币平价,这种货币平价不经国际货币基金组织同意不得改变。这项规定与金汇兑本位制的金平价相似。(2) 各成员国汇率的变动不得超过平价上下1%的范围(1971年12月后调整为平价上下2.25%),这一限制与金汇兑本位制的黄金输送点相似。(3) 各成员国的国际储备,除黄金外,还有美元与英镑等可兑换货币,这项规定与金汇兑本位制下的外汇储备相似。(4) 各成员国要恢复货币的可兑换性,对经常账户在原则上不能实行外汇管制或复汇率,这项规定与金汇兑本位制下自由贸易与自由兑换相似。

归纳起来,布雷顿森林体系的特点是:(1) 汇率固定;(2) 货币可以兑换黄金;(3) 融通资金;(4) 在国际收支根本不平衡时,可以改变汇率;(5) 国家经济政策自主。

(二) 布雷顿森林体系的作用

在第二次世界大战后最初的15年里,布雷顿森林体系在许多方面运行良好。它对战后国际经济的恢复和发展,以及国际贸易的大幅度增长都曾产生重大影响。

第一,这一体系是以黄金为基础,以黄金作为最主要的国际储备货币,它等同于黄金。在战后黄金生产增长停滞的情形下,美元的供应可以弥补国际储备的不足,这在一定程度上解决了国际清偿能力的短缺问题。

第二，这一体系通过建立货币平价、使各国中央银行承担维护外汇市场稳定的义务、为国际收支逆差国家提供辅助性的国际储备融通、建立汇率变更的严格程序等措施，确实使各国货币汇率在一个相当长的时期呈现出较大的稳定性，从而避免了类似 20 世纪 30 年代的竞争性货币贬值。而汇率风险的降低对国际贸易、国际投资与信贷活动的发展无疑是有促进作用的。此外，由于汇率可以调整，因此在调整机制方面，多出了一个汇率政策机制。

第三，国际货币基金组织对成员提供各种类型的短期和中期贷款，使有暂时性逆差的国家仍有可能对外继续进行商品交换，而不必借助于贸易管制。这有助于国际经济的稳定与增长。

第四，融通资金，以及在国际收支根本性不平衡时可以变更汇率，这两项保证了各成员经济政策的独立自主。

第五，作为国际金融机构，国际货币基金组织提供了国际磋商与货币合作的讲坛，因而在建立多边支付体系、稳定国际金融局势方面也发挥了积极作用。

第六，在金本位制下，各国注重外部平衡，因而使国内经济往往带有紧缩倾向。而在布雷顿森林体系下，各国一般偏重内部平衡，因此，国内经济情况比较稳定，与第二次世界大战前相比，危机和失业状况有所缓和。

总之，布雷顿森林体系是第二次世界大战后国际合作的一个较成功的事例，它为稳定国际金融和扩大国际贸易提供了有利条件，从而增加了世界福利。

三、布雷顿森林体系的缺陷及崩溃过程

虽然布雷顿森林体系曾经对当时的国际经济发展起到了积极作用，但这个体系也存在着一些重大的缺陷，在国际经济发生变化的过程中，这些重大缺陷最终导致了它自身的崩溃。

（一）布雷顿森林体系的缺陷

1. 美元的双重身份和双挂钩制度是布雷顿森林体系的根本缺陷

这一体系是建立在“黄金—美元”基础之上的，美元既是一国的货币，又是世界的货币。美元作为一国的货币，其发行必须受制于美国的货币政策和黄金储备；而美元作为世界的货币，其供应又必须适应国际经济和贸易增长的需要。虽然规定了美元与黄金挂钩以及其他货币与美员挂钩的双挂钩制度，但黄金产量和黄金储备的增长却跟不上国际经济和国际贸易的发展，这就导致美元出现进退两难的状况：一方面，为满足国际经济和国际贸易的发展，美元的供应必须不断地增长；另一方面，美元供应的不断增长使美元与黄金的兑换性日益难以维持。美元的这种两难被称为“特里芬两难”(Triffin Dilemma)，它是美国耶鲁大学教授罗伯特·特里芬于 20 世纪 50 年代首先提出的。“特里芬两难”指出了布雷顿森林体系的内在不稳定性和危机发生的必然性及其性质。这个性质就是美元无法按固定比价维持与黄金的兑换性，即美元的可兑换性危机。随着流出美国的美元日益增加，美元按固定价格与黄金的可兑换性必定日益引起人们的怀疑，美元的可兑换性信誉必将日益被严重削弱。因此，导致布雷顿森林体系危机是美元的可兑换性危机或人们对美元可兑换性的信心危机。

2. 国际收支调节机制效率不高

所谓调节效率，是指调节成本要比较低，调节成本的分配要比较均匀，调节要有利于经济的稳定与发展。在布雷顿森林体系的固定汇率制度下，虽然汇率是可以调整的，但是由于固定

汇率的多边性增加了调整平价的困难,而且,汇率只允许在平价上下各1%波动,从而使汇率体系过于僵化。这个体系的创始人显然指望顺差国和逆差国通过国际货币基金组织的融资、合理的国内政策与偶然的汇率调整恢复平衡。这就是说,成员国在国际收支困难时受到双重保护:(1) 暂时性不平衡由国际货币基金组织融通资金;(2) 根本性不平衡则靠调节汇率来纠正。实践证明,这个调节机制不是很成功,因为它实际上着重国内政策调节方面。而从调节政策来看,一个国家很难靠一套政策的配合来恢复国际收支平衡,同时又不牺牲国内经济稳定与对外贸易利益。

3. 调节机制不对称,逆差国家负担过重

在名义上,国际货币基金组织规定顺差国家与逆差国家对国际收支的失衡都负有调节责任;但在实际上,布雷顿森林体系将更多的调节压力放在逆差国家紧缩经济之上,而不是迫使顺差国家扩张经济。就其他调节形式来看,逆差国家承受的货币贬值压力远比顺差国家承受的货币升值压力要大,逆差国家加紧实施管制措施的现象与顺差国家放松外汇管制、拆除贸易壁垒的情形相比更为多见。这便是布雷顿森林体系所特有的调节机制不对称问题。产生这种不对称的根本原因是:逆差国家为弥补逆差而不得不向国际货币基金组织告贷或动用本国的国际储备。但国际货币基金组织的贷款是有条件的,并且是属于中短期性质的;而本国的国际储备则是有限的。如果不及时采取其他有效的措施从根本上消除国际收支不平衡的根源,中央银行的国际储备将会大量流失,甚至发生枯竭。而顺差国家则不同,从理论上讲,它可无限制地积累国际储备。当然,由于中央银行不断地购进外汇,该国的货币基础在不断地扩大,因此,容易引起通货膨胀。为了稳定国内物价,顺差国家往往通过在公开市场上抛出政府债券以回笼货币的方法来"蒸发"国际收支盈余对本国货币供应量的影响。其结果是,顺差国家的调节压力被大大减弱,如日本、联邦德国等经常有巨额盈余的国家,往往不愿意通过及时地使其货币升值来减少或消除国际收支顺差。迫不得已采取措施的绝大多数国家都是逆差国家。据统计,1947～1970年间共发生过200多次货币贬值,而货币升值却仅有5次。国际货币基金组织协定曾有稀缺货币条款以便使国际调节过程更具有对称性。该条款规定:当一国国际收支持有大量顺差时,国际货币基金组织可将其货币宣布为"稀缺货币",其他国家因此有权对这种货币采取临时性的兑换限制。然而令人遗憾的是,出于某种原因,这项旨在向持续顺差的国家施加压力的条款,在整个布雷顿森林体系时期从未被行使过。

4. 储备货币的供应缺乏有效的调节机制

从国际经济和国际贸易发展的角度来看,储备货币的供应不能太少,否则会限制国际经济和国际贸易的发展;从物价和货币稳定的角度看,储备货币又不能太多,太多会引起世界性通货膨胀和货币混乱。在浮动汇率和多种储备货币体系下,一种储备货币的过多供应会导致该种储备货币汇率下浮,需求下降,因而可调节该种储备货币的供应。但在布雷顿森林体系僵化的汇率制度下,世界其他国家为减少调节成本而倾向于不断积累美元,而美国又可以不断地输出美元。对美元供应的唯一限制是用美元兑换美国的黄金储备。于是,当美元供应相对不足时,各国拼命积累美元,引发美元的不断输出;而当美元供应相对过多时,又抛售美元,换取美国的黄金储备,从而直接威胁到布雷顿森林体系的生存。

(二) 布雷顿森林体系的崩溃

以"黄金—美元"为中心的布雷顿森林体系实际上是一部美元兴衰史,是一个从美元荒到美元泛滥,最终爆发危机的过程。布雷顿森林体系的崩溃与美元危机密切相关。通过了解第二次世界大战后美元的变动情况及历次美元危机的爆发及拯救措施，我们可以比较全面地加深对该体系的认识。

1. 美元荒

第二次世界大战后，欧洲各交战国深受战争的破坏，而当时美国的国内经济势力不但没有受到削弱，反而增强，生产大大发展，各国所需要的各种商品都必须向美国购买。但是，购买美国商品，需要用黄金或美元支付，而各国的黄金数量毕竟有限，不足以应付巨额贸易逆差。同时，欧洲以及其他一些地区的国家因经济尚未恢复，也没有多少商品可以输往美国换取美元，因此，各国普遍感到缺乏美元，因而形成所谓的美元荒。相反，美国的商品却源源不断地输入西欧、日本和世界各地，国际收支带来了巨额顺差，从而使西方世界黄金储备的 3/4 集中到了美国。

2. 美元泛滥

1948 年，美国实行马歇尔计划(Marshall Plan)对外提供经济援助，大量美元资金开始流入西欧各国，促使这些国家的经济逐步得到恢复，生产迅速发展。西欧各国所生产的商品进入国际市场后，也与美国竞争，从而使它们的国际收支情况大为好转，不仅逆差减少，而且逐渐转变为顺差，从而获得数量较多的黄金与美元。同时，美国继续执行援外和贷款计划，美国在国外的驻军费用支出庞大，美国的低利率政策又促使国内资金外流，这些因素都导致美元继续流入其他国家。因而美国自 1950 年起，国际收支逐年出现逆差，黄金储备逐渐减少。1958 年，欧洲经济共同体(European Economic Community，EEC)成立，欧洲许多国家的货币恢复自由兑换后，美国国际收支逆差的情况更趋严重，各国持有的美元大量增加，于是，战后最初几年普遍存在的美元缺乏问题变为美元过多问题，这就是所谓的美元泛滥。

3. 第一次美元危机及其拯救措施

第一次较大规模的美元危机是在 1960 年爆发的。20 世纪 50 年代西欧国家普遍出现了美元过剩后，其中有些国家用自己手中的美元向美国政府兑换黄金，美国的黄金储备开始外流。到 1960 年，美国的对外短期债务高达 210.3 亿美元，已超过其黄金储备 178 亿美元。于是，人们普遍开始担心美国政府是否还有能力继续履行美元对黄金的可兑换性的义务。这个义务对于布雷顿森林体系的继续生存以及美元维持国际储备货币的垄断地位是至关重要的。同时，人们还担心美元是否会贬值。如果美元贬值，就会给持有美元净头寸的人造成资本损失。由于这些担忧不断升级，1960 年 10 月，国际金融市场上爆发了战后首次大规模的抛售美元、争购黄金和其他硬通货的风潮。为了维护外汇市场的平稳和金价的稳定，保持美元的可兑换性和固定汇率制度，美国要求其他西方国家在国际货币基金组织的框架内与其合作以稳定国际金融市场。各主要西方国家的中央银行曾精心安排了一系列信贷便利(Credit Facilities)作为应急措施。这些应急措施主要有以下几个方面：

(1) 1961 年，参加国际清算银行的英国、法国、联邦德国、意大利、荷兰、比利时、瑞典和瑞士 8 国中央银行达成了一项不成文的“巴塞尔协定”(Basel Agreement)，其内容是：当某国货币发生危机时，其他国家不但要在一定时间内保持该国的货币头寸，而且应把该国所需要的黄金与外汇贷给该国，以稳定黄金市价，避免汇率变动，保持固定汇率制的继续实行。

(2) 1961 年 10 月，美国为维持黄金的价格和美元的地位，联合英国、法国、联邦德国、意大利、荷兰、比利时和瑞士 7 国建立了“黄金总库”(Gold Pool)，并指定英格兰银行为代理机构，在伦敦黄金市场上买卖黄金，以便将金价维持在 35.2 美元 1 盎司水平上(这一价格是美国出售 1 盎司黄金的价格再加上 1/4 的手续费，即从纽约到伦敦的运费和保险费)。“黄金总库”内的黄金总量为2.7亿美元，其中，美国出50%，德国、英国、法国、意大利各出9.3%，瑞士、荷兰、比利时各出3.7%，当金价上涨时，就在伦敦市场上抛出黄金，而当金价下跌时，就买进黄金，以此来调节市场的黄金供求，稳定金价。建立"黄金总库"的目的，表面上是抑制金价的上涨，实际上是防止美元汇率的下跌。由于国际市场上黄金吞吐量巨大，2.7亿美元的黄金实在是杯水车薪，无济于事。"黄金总库"实际上在1968年美国实行"黄金双价制"后就解体了。

(3)"借款总安排"(General Agreement to Borrow)。它是国际货币基金组织与10个工业化国家(美国、英国、法国、加拿大、联邦德国、意大利、荷兰、比利时、日本、瑞典)于1961年11月签订并于1962年10月生效的借款协议。当时，签订该项借款协议的主要目的是从美国以外的另外9国获取借入资金以支持美元，缓和美元危机，维持国际货币体系的正常运转。因此，当时向"借款总安排"借用款项的主要是美国。"借款总安排"当时的资金总额为60亿美元，其中，美国出20亿美元，英国和联邦德国各出10亿美元，法国和意大利各出5.5亿美元，日本出2.5亿美元，荷兰和加拿大各出2亿美元，比利时出1.5亿美元，瑞典出1亿美元。此后该资金总额不断扩大。"借款总安排"的10个出资国，也就是"十国集团"的成员，又称"巴黎俱乐部"。瑞士不是国际货币基金组织的成员，但于1964年参加了"借款总安排"，出资2亿美元。

(4) 1962年3月，美国又分别与其他14个主要西方国家签订了《双边借款协定》(Reciprocal Currency Agreement)，又称《货币互换协定》(Swap Agreement)，借款额度达180亿美元。《双边借款协定》规定，两国中央银行彼此提供互惠信贷，在一定时间内可按一定汇率互换一定金额的对方货币，还款时仍按照原先商定的汇率偿还。该协定旨在使签字双方，尤其是美国，利用对方货币来干预外汇市场进而稳定汇率。

上述拯救布雷顿森林体系的几大措施都是操作性的，而不是制度性的，其目标全都集中在解决双挂钩引起的"两难"。由于这些措施的局限性，布雷顿体系的缺陷不可能从根本上得到纠正。

4. *第二次美元危机及其拯救措施*

第二次较大规模的美元危机是在1968年爆发的。20世纪60年代中期，美国卷入越南战争，其国际收支进一步失衡，黄金储备不断减少。与此同时，美国的财政金融状况明显恶化，国内通货膨胀加剧，美元对内价值不断贬值，美元与黄金的固定比价再一次受到怀疑。法国在此期间不满美元的霸权地位，带头向美国兑取大量的黄金。而1967年英镑危机的产生使外汇市场上的投机浪潮于1968年初转向美元。到1968年3月，黄金储备只够偿付其对外短期债券的1/3。结果，在伦敦、巴黎和苏黎世黄金市场上爆发了第二次较大规模的美元危机。在危机爆发后的半个月内，美国的黄金储备流失达14亿美元，凭借"黄金总库"和美国的黄金储备，已无力维持美元与黄金的固定比价，这就迫使美国政府采取了两项应急措施：

(1) 美国要求英国自同年3月15日起关闭伦敦黄金市场，宣布停止在伦敦黄金市场上按照每盎司35美元的黄金官价出售黄金。

(2) 解散"黄金总库"并实行"黄金双价制"(Two-tier Price System)。所谓"黄金双价制"，就是指两种黄金市场实行两种不同价格的制度。在官方之间的黄金市场上，仍然实行35美元等于1盎司黄金的比价；而在私人黄金市场上，美国不再按35美元等于1盎司的价格供应黄金，金价由市场供求关系决定。这样，私人市场上的金价就随之上涨，并逐渐拉开了与黄金官价的距离。虽然美国黄金储备流失因此而大大减少，但并没有使美元危机得到缓和。实际上，"黄金双价制"意味着布雷顿森林体系的局部崩溃。它表明，在黄金产量不能满足需求增长的情况下，维持固定金价的任何企图都是短暂的，且不可避免地导致金融市场的混乱；以黄金这种单一商品作为全球货币体系的基础，虽具有短期稳定的优点，但终究将因金价本身无法稳定而使货币体系走向混乱和崩溃。

5. *第三次美元危机及其拯救措施*

第三次美元危机于1971年爆发，这是第二次世界大战后最严重的美元危机。1971年，美国发生了自1893年以来的第一次贸易逆差，其国际收支状况进一步恶化（逆差近300亿美元）。当时美国的黄金储备只有110亿美元，而对外短期债务却高达678亿美元。外汇市场上抛售美元、抢购黄金和其他硬通货的风潮在5月和7月两度迭起。美国政府陷入了困境：假如宣布美元贬值，那等于是奖励了那些不肯累积美元、一直向美国兑取黄金的外国中央银行以及在国际金融市场上大量抛售美元、争购黄金的投机者。此外，作为布雷顿森林体系支柱的美元发生贬值，还会引起人们对整个体系的担忧。然而除了美元贬值外，其他可供选择的措施非常有限。在万般无奈的情况下，尼克松政府于当年8月15日宣布实行“新经济政策”，停止外国中央银行用美元向美国兑换黄金，对所有进口商品征收10%的附加税。这两项涉外措施引起了其他西方国家的强烈不满。在国际金融市场极度混乱的情况下，“十国集团”经过4个月的讨价还价，于1971年12月18日达成一项妥协方案，由于该方案是在华盛顿特区的史密森研究所签订的，所以，又称《史密森协定》(Smithsonian Agreement)，其主要内容有：

(1) 美元对黄金贬值7.89%，黄金官价从每盎司35美元提高到38美元，美元对黄金贬值的目的在于提高美国的黄金储备额，以恢复人们对美元的信心。

(2) 意大利里拉、瑞典克朗、瑞士法郎各贬值1%，日元、西德马克、比利时法郎、荷兰盾则各有不同程度的升值。这次汇率调整的意义不在于汇率调整的本身，而在于它适应了战后各国经济发展不平衡的客观情况，反映出美元地位的下降。这次汇率调整是战后国际货币体系从布雷顿森林体系走向牙买加体系的一个转折点，也是储备货币多样化的正式开始。

(3) 各国货币对美元汇率的波动幅度扩大为平价上下各2.25%，其意图是增加货币制度的灵活性。

(4) 美国政府取消10%的进口附加税，但仍停止美元兑换黄金。

《史密森协议》是西方国家为拯救布雷顿森林体系免于崩溃所做的孤注一掷。它勉强维持了布雷顿森林体系下的固定汇率制度，使扩大的法定汇率波动幅度有助于减少国际收支不平衡的数额；美元的贬值抬高了黄金价格，从而增加了美国、国际货币基金组织和其他国家所持有的黄金储备价值。然而，美元与黄金的可兑换性则从此结束，这实际上意味着，布雷顿森林体系的核心部分已经瓦解，国际货币体系已不再是以“黄金—美元”为基础了。此外，《史密森协议》完全是国际货币体系危机的仓促产物，平价的调整是在非常小的幅度内进行的，反映了各国的矛盾斗争，并且没有涉及国际货币体系的根本变革。

1973年2月美元再次爆发危机，美国政府被迫将美元再贬值10%（黄金官价从每盎司38美元提高到42.22美元）。此后不久，各主要西方国家（加拿大、日本、意大利、联邦德国和瑞士等）货币纷纷与美元脱钩，不再承担维持美元的义务，并改行浮动汇率制度。至此，布雷顿森林体系终于彻底崩溃。

四、特别提款权

特别提款权是布雷顿森林体系危机的产物，是企图缓和这种危机的一项措施。

(一) 特别提款权产生的历史过程

1960 年的美元危机后，布雷顿森林体系开始走上了由盛到衰的历程，因此，在 20 世纪 60 年代中期，西方各国间发生了关于改革国际货币制度的激烈争论。以英国、美国为一方，为了缓和美元、英镑的困境，防止美国的黄金流失，提出了国际流通手段不足的理论，主张创设一种新的储备货币，以补充美元、英镑和黄金的不足，以适应国际贸易发展的需要。以法国为首的西欧六国为另一方，认为国际流通手段不是不足，而是美元泛滥、通货过剩，因此，强调美国应消除国际收支逆差，极力反对创设新的储备货币，主张创建一种以黄金为基础的储备货币单位来替代美元和英镑。1964 年 4 月，比利时提出了一个折中方案，主张增加各国向国际货币基金组织的自动提款权，而不是另创新的储备货币来解决可能出现的国际流通手段不足的问题。国际货币基金组织中的“十国集团”采纳了比利时的方案，并在 1967 年 9 月国际货币基金组织年会上通过。1968 年 3 月由“十国集团”提出的“特别提款权”(SDR)正式方案，因法国拒绝签字而被搁置下来。

1968 年美元危机的爆发使美元独占作为国际储备货币的优越地位摇摇欲坠。此时，如果不能增加国际储备货币或国际流通手段，就会影响国际贸易的发展。为此，国际货币基金组织在其 1969 年的年会上正式通过了“十国集团”提出的关于“特别提款权”的方案，这是国际货币基金组织自成立以来对国际货币基金组织协定的第一次改革，即创造了一种实验性质的新储备货币——特别提款权，以与成员国原有的普通提款权相区别。

(二) 特别提款权的特点和使用分配原则

特别提款权在发行时是一个有黄金保值的记账单位，但不能兑换黄金，所以被称为“纸黄金”(Paper Gold)。特别提款权由国际货币基金组织根据各成员上年年底缴纳份额的比例进行分配，份额越大，所得到的分配就越多。当一成员发生国际收支逆差时，可动用特别提款权，把它转给另一成员，换取兑换货币，偿付逆差。但特别提款权不能直接作为国际支付手段，即不能直接用于贸易结算，它只是成员在国际货币基金组织特别提款权账户上的一种储备资产。

根据国际货币基金组织的规定，特别提款权的分配以 5 年为一个基本期，分期进行。有时不到 5 年就把所定数额分配完毕，那么，该年基本期的时间可能就只有 3 年或 4 年。国际货币基金组织总裁必须在执行董事会或理事会提出下一基本期继续分配或不分配特别提款权的意见后 6 个月内，最迟在上一个基本期结束以前提出下一个基本期的分配或不分配特别提款权的建议，经理事会85%的投票通过后才能生效。

在 20 世纪，国际货币基金组织共进行了两次约 214 亿特别提款权(约 330 亿美元)的分配(第一次在 1970～1972 年，共 93.148 亿特别提款权；第二次在 1979～1981 年，共 121.182 亿特别提款权)。特别提款权在创立之初仅仅只是作为美元的补充，所以它在发行的第一期只有 93.148 亿特别提款权。1973 年布雷顿森林体系崩溃后，国际上一度主张将特别提款权作为最主要的储备资产，并在 1979～1981 年进行了第二期 121.182 亿特别提款权分配工作。1995 年第三次特别提款权的分配因以美国为首的发达国家的反对而只是纸上谈兵。

由于特别提款权的分配量与成员缴纳的份额成正比例，因此，缴纳的份额越大，分得的特别提款权越多。在第一期分配的特别提款权中，25 个发达国家共分得总额的 74.8%。其中，美国为 22.94 亿，英国为 10.063 亿，法国为 4.85 亿，联邦德国为 5.424 亿；而 87 个发展中国家总共分得的特别提款权不仅数量少，而且多数是用于偿还向国际货币基金组织借用的贷款，其总额为25.2%，有的成员甚至只分到100多万。因此，发展中国家要求把特别提款权与援助基金联系起来，并增加他们在国际货币基金组织的份额，让他们能多分和多使用一些特别提款权。也有一些中东石油国家如科威特、利比亚、沙特阿拉伯等始终没有参加分配。

2009年7月20日，国际货币基金组织公布了2 500亿美元特别提款权分配草案，这是第三次特别提款权分配。根据该草案，新兴市场和发展中国家将新增1 000亿美元的特别提款权，其中，低收入国家将分得180亿美元的特别提款权。具体而言，中国新增90亿美元，俄罗斯新增66亿美元，印度新增45亿美元，巴西新增约30亿美元。显然，中国新增数量居“金砖四国”之首。而在发达国家中，美国新增特别提款权426亿美元，日本新增150亿美元。

国际货币基金组织前总裁多米尼克·斯特劳斯-卡恩指出，特别提款权分配是该组织应对国际金融危机举措的重要组成部分，从短期看，有助于成员以较低成本补充储备资产以应对危机；从长期看，有助于成员调整国内政策并防范危机。

显然，第三次分配是特别提款权创立以来规模最大的一次增配。

（三）特别提款权的定值与演变

按照刚建立时的规定，特别提款权与美元等值。1971年12月18日美元贬值7.89%，含金量减至0.818 513克，黄金官价从每盎司35美元提高到38美元。由于特别提款权含金量仍为0.888 671克，因此，1个特别提款权对美元的新比价改为0.888 671÷0.818 513=1.085 71美元。1973年2月12日美元再次贬值10%，含金量减至0.736 62克，黄金官价从每盎司38美元提高到42.22美元，因此，1特别提款权对美元比价又改为0.888 671÷0.736 62=1.206 35美元。

由于美元危机不断加深，从1971年美元贬值后，许多国家调整货币汇价时，不再公布新的含金量，只公布与特别提款权的固定比价，即“中心汇率”。1973年美元再次贬值，西方货币与美元脱钩的日益增多，除实行浮动汇率外，大多只是公布了与特别提款权的固定比价，即中心汇率，有的货币干脆直接与特别提款权挂钩。

自1972年以来，国际货币基金组织开始研究关于改革国际货币制度问题，经过多次讨论，与会国一致确认，今后特别提款权不仅是作为国际储备资产的“补充”，而且要逐步作为主要的国际储备资产，取代美元和黄金。事实上，自美元两次贬值后，国际货币基金组织在计算份额、贷款及其他资产方面，都已改用特别提款权表示。

特别提款权被确认为国际储备主要资产，与它挂钩的西方货币逐步增多，因此，它首先要具有“稳定性”。虽然特别提款权规定有含金量，但这是根据黄金官价制定的，而美国早就停止兑换黄金，自由市场的金价已几倍于官价，黄金官价已名存实亡。在美元第二次贬值后，许多与特别提款权定有固定比价即中心汇率的货币，实行浮动，汇价不断变化，中心汇率已不能反映特别提款权与各有关货币的比价。因此，1973年5月5日，二十国委员会研究了特别提款权重新定值的问题，一致主张改用一篮子货币作为定值的标准。1974年7月1日，国际货币基金组织决定将特别提款权与黄金脱钩，特别提款权不再与黄金和美元定有固定比价，改用16种货币重新定值，并且依照每天外汇行市的变化，公布特别提款权对16种货币的牌价。

选用1974～1978年出口额占世界出口总额1%以上的16个国家的货币，按照各国出口额和货币使用范围大小，确定加权的比例，16种货币在一个特别提款权中所占百分比如表7-1所示。

表 7-1　　1974～1978 年特别提款权的定值货币及其权数

币　种	权　数	币　种	权　数
美　元	33.0	加拿大元	6.0
联邦德国马克	12.5	意大利里拉	6.0
英　镑	9.0	荷兰盾	4.5
法国法郎	7.5	比利时法郎	3.5
日　元	7.5	瑞典克朗	2.5
澳大利亚元	1.5	西班牙比塞塔	1.5
丹麦克朗	1.5	南非兰特	1.0
挪威克朗	1.5	奥地利先令	1.0

例如,在 1974 年 6 月 28 日,改用一篮子 16 种货币定值的特别提款权,是以这一天 1 个特别提款权等于 1.206 35 美元作为计算基础的。按美元在 1 个特别提款权中所占的金额,也就是按美元所占比例为 33%,用 1.206 35 美元×33%=0.40 美元。如要计算其他货币,如联邦德国马克,其所占比例为 12.5%,用 1.206 35 美元×12.5%=0.150 8 美元=0.38 马克。依此类推,6 月 28 日 1 个特别提款权中 16 种货币所占的金额是:0.40 美元,0.38 马克,0.045 英镑,0.44 法国法郎,26 日元,0.071 加元,47 意大利里拉,0.14 荷兰盾,1.6 比利时法郎,0.13 瑞典克朗,0.012 澳元,0.10 西班牙比塞塔,0.099 挪威克朗,0.11 丹麦克朗,0.22 奥地利先令,0.008 2 南非兰特。

有了上述各种固定金额后,自 1974 年 7 月 1 日起,国际货币基金组织的计算方法就是把上述所占金额,分别除当天 15 种货币对美元的汇率,全部折成美元。例如,7 月 2 日美元对联邦德国马克为 1 美元=2.557 5 马克,0.38÷2.557 5=0.148 583 美元。然后逐一加总,最后加上美元所占的 0.40 美元的金额,即得出当天 1 个特别提款权合美元的行市。有了美元汇价,要折算特别提款权合其他货币的行市,用当天外汇行市就可以算出来。例如,7 月 2 日的折算结果为:1 个特别提款权=1.206 375 美元(或 1 美元=0.828 930 特别提款权),外汇市场 1 美元=4.813 5 法国法郎,即得出:1 个特别提款权=1.206 375×4.813 5=5.805 7 法国法郎。

国际货币基金组织用来折算各种货币对美元的汇率,一般为一个外汇市场当天某一时间的实际汇率,如对英镑用的是伦敦外汇市场的中午汇率,对有的货币用的是所谓“有代表性的汇率”。这种汇率是经国际货币基金组织与成员双方同意,用成员中央银行或货币当局当天报来的收盘时买卖平均折算汇率。

特别提款权重新定值后,还规定了成员之间借用对方特别提款权应付的利率,具体计算办法是,根据美国、英国、法国、日本、联邦德国 5 国的 3 个月短期债券利率的变化,得出一个平均市场利率,然后大体上按这个利率的一半定为特别提款权的利率,每 3 个月调整一次。按照各成员市场利率的水平,初步定为年息 5%,1978 年9 月底调整为3.75%。

自 1978 年 4 月起,第二次修改的国际货币基金组织协定正式生效,黄金不再作为货币平价的共同标准。同年 7 月起,国际货币基金组织根据 1972～1976 年经济情况的变化,决定在选用的 16 种货币中去掉丹麦克朗和南非兰特,代之以沙特阿拉伯里亚尔和伊朗里亚尔,在一个特别提款权中占额分别为 3%和 2%。同时,调低了下列货币所占的比重:英镑为 7.5%,意大利里拉和加拿大元为5%，瑞典克朗为2%；调高了下列货币的比重：荷兰盾为5%，比利时法郎为4%，奥地利先令为1.5%。这次调整后，16种货币所占的百分比如表7-2所示。

表7-2　　1978年调整后的特别提款权的定值货币及其权数

币　种	权　数	币　种	权　数
美　元	33	比利时法郎	4
联邦德国马克	12.5	沙特里亚尔	3
日　元	7.5	瑞典克朗	2
法国法郎	7.5	伊朗里亚尔	2
英　镑	7.5	澳大利亚元	1.5
意大利里拉	5	西班牙比塞塔	1.5
荷兰盾	5	挪威克朗	1.5
加拿大元	5	奥地利先令	1.5

1978年6月30日，国际货币基金组织按照以上百分比和当天的市场汇价，定出16种货币在1个特别提款权中所占的金额，具体如下：0.40美元，0.32联邦德国马克，21日元，0.42法国法郎，0.05英镑，52意大利里拉，0.14荷兰盾，0.07加拿大元，1.60比利时法郎，0.13沙特里亚尔，0.11瑞典克朗，1.70伊朗里亚尔，0.017澳大利亚元，1.50西班牙比塞塔，0.10挪威克朗，0.28奥地利先令。自1978年7月1日开始，就用前面所说的同一方法，逐日算出1个特别提款权折合美元和其他15种货币的汇价。

以后为了简化手续，又从1981年1月1日起选用从1975年到1979年出口商品和劳务最多的5国货币定值，代替过去的16种货币定值。1986年1月1日又进行了一次调整，其定值货币与权数如表7-3所示。

表7-3　　1981～1999年特别提款权的定值货币及其权数

币　种		美　元	西德马克	日　元	法国法郎	英　镑
比重(%)	1981年1月1日	42	19	13	13	13
	1986年1月1日	42	19	15	12	12

1999年欧元诞生后，国际货币基金组织规定，每一单位特别提款权是由0.577 0美元、0.426 0欧元、21日元和0.098 4英镑组成的一篮子货币。由于4种货币的汇率在不断变化，因此特别提款权的价格每天都会不同。

国际货币基金组织规定，特别提款权以伦敦市场午市欧元、日元、英镑对美元的汇率中间价作为计算标准，先计算出含有多种货币的特别提款权对美元的比价，得到一个用美元标价的特别提款权价格；然后根据成员中央银行或货币当局公布的各自货币对美元的汇率，计算出各种货币对特别提款权的兑换比例，得到其他各种货币标价的特别提款权值。

为了应对伦敦市场休市，国际货币基金组织还规定，如果当天没有伦敦市场的价格，就以纽约市场的午市中间价进行计算，如果纽约市场价格也没有，那么特别提款权的价格就在欧洲中央银行公布的欧元指导汇率的基础上进行计算。

(四) 特别提款权的局限性

特别提款权是一种没有任何物质基础的记账单位，它既不像黄金本身具有价值，也不像美元、英镑、日元等货币有一个国家的政治经济实力做后盾，所以，它是一种虚构的国际清偿能力，充其量只能作为成员原有提款权的一种补充。虽然特别提款权具有信用便利的性质，但不能兑换黄金，因而它不能减少一般人对黄金的偏好，而美元及其他货币还可以被用来购买黄金。因此，要在短期内使特别提款权完全成为国际储备是不可能的。

此外，特别提款权对国际收支的调节，只能协助暂时解决国际收支困难，并不能改变其国际收支的调节机能，因而不能有效解决国际收支的不平衡问题，而只能使问题拖延下去。

特别提款权的分配比例也是一个争论不休的问题。由于分配比例原则上按成员缴纳份额的比例分摊，因此少数发达国家的分配比例高达 75%，而 90 多个发展中国家只占 25%，只相当于美国一个国家的分配份额，但这些发展中国家却是迫切需要资金的，显然这方面存在某种不合理性。因此，广大发展中国家要求将特别提款权的分配与发展的需要联系起来；而另一些国家则认为发展的需要和储备的建立不是一回事，特别提款权的分配不可能很好地兼顾这两方面。

总之，要扩大特别提款权的作用，就须改变分配方法，增加分配数额，扩大使用范围，使它不仅能用于官方交易，而且能用于私人交易。这对通过市场大量吸收和利用国际资金及发展国际经济贸易都是有利的。

专栏 7-1　　人民币被纳入 SDR 篮子

2015 年北京时间 12 月 1 日，国际货币基金组织总裁拉加德在美国华盛顿宣布，人民币符合特别提款权(SDR)的所有标准，批准人民币进入 SDR，于 2016 年 10 月 1 日起生效。这标志着人民币成为第一个被纳入 SDR 篮子的新兴市场国家货币，成为继美元、欧元、日元和英镑后，特别提款权中的第五种货币。

新的 SDR 货币篮子包含美元、欧元、人民币、日元和英镑共 5 种货币，权重分别为 41.73%、30.93%、10.92%、8.33%和 8.09%，对应的货币数量分别为 0.582 52、0.386 71、1.017 4、11.900、0.085 946。人民币被纳入 SDR 篮子，是人民币国际化进程中的一个里程碑事件，在改变国际货币体系格局的同时，也将给中国经济发展带来以下一系列有利影响：

第一，促进用人民币进行国际结算，使得交易便利化、交易成本降低，同时规避汇率波动风险。例如，在国际贸易中，中方进出口商将会更多地直接用人民币与贸易伙伴进行结算，无须担心汇率波动可能产生的损失。

第二，人民币汇率波动灵活性增强，有助于降低国际风险对国内的传导。如果某一国家突然宣布债务违约而导致国际金融市场发生动荡，进而引发新兴市场国家的货币汇率贬值，发生外汇市场抛售，那么在此情况下，人民币作为国际储备货币，无须担心被恐慌抛售；即使出现外汇市场上人民币被抛售的情况，但因人民币作为国际储备货币，人民币也可以通过汇率的灵活波动来冲销一部分风险。

第三，有助于中国获取国际大宗商品的定价权。长期以来，由于中国等亚洲国家无定价权，亚洲主要石油消费国对中东石油生产国支付的价格比从同地区进口原油的欧美国家的价格要高。由于人民币被纳入SDR篮子而成为国际储备货币，中国未来推出的原油期货交易就可以采取人民币定价，交易方就会将人民币价格作为判断市场以及未来交易决策的重要依据。

第四，有助于维护中央银行货币政策的独立性。根据克鲁格曼的三元悖论，一个国家不可能同时实现固定汇率、自由流动、独立的货币政策，只能同时实现其中两者。中国作为一个大国，必须维护独立的货币政策，三者中唯一放弃的就是固定汇率，而采取浮动汇率。尽管如此，由于人民币被纳入SDR篮子而成为国际储备货币，别的国家也会将人民币作为其外汇储备，因此在一定程度上降低了汇率波动风险。

第五，增强了世界上其他国家持有人民币作为储备资产的愿望，还将为政府带来数目可观的铸币税。同时，各国会增持人民币作为其储备资产、增加对中国金融资产的配置，也将会为中国国内经济带来一定的增量资金。

总之，人民币被纳入SDR篮子，会带动人民币国际化的深入发展，为中国经济带来一系列实质利好的同时，也会推动人民币自身向国际强势货币迈进。

第三节 牙买加体系

一、牙买加体系建立的背景

自从美元停止兑换黄金，两次贬值，各国相继实行汇率单独浮动或联合浮动后，布雷顿森林体系逐步走向瓦解。为了研究国际货币制度如何改革，国际货币基金组织早在1972年7月就成立了一个“国际货币制度和有关问题委员会”作为国际货币基金组织的一个咨询机构，它由11个主要工业国和9个发展中国家共同组成，因此，又称“二十国委员会”。委员会成立后曾多次集会讨论，但由于当时国际经济形势动荡，主要西方国家先后实行浮动汇率制，石油危机与西方世界性的通货膨胀不断发生，因此，工作进展缓慢。直至1974年6月，该委员会举行第六次会议，才拟订了一个《国际货币制度改革纲要》。其主要内容是：以稳定可调整的平价为基础，采取有效的步骤来调整各国的货币平价汇率，在特殊情况下可以承认浮动汇率制，但需经国际货币基金组织授权并加以监督；通过国际合作方式防止扰乱性的国际短期资本流动；加强特别提款权作为国际储备资产的职能，减少黄金及其他主要储备货币的这种职能；等等。另外，建议在“二十国委员会”结束后，另成立临时委员会，继续对有关国际货币制度的改革进行研讨。

国际货币基金组织根据这项建议，于1974年7月设立了一个国际货币制度临时委员会，简称“临时委员会”，代替“二十国委员会”，负责就有关国际货币制度改革的问题向国际货币基金组织理事会提供意见。“临时委员会”成立后，对这个问题积极研讨。经过反复磋商，于1976年1月在委员会举行的第五次大会上，就汇率制度、黄金处理、扩大借款额度、增加成员国在国际货币基金组织的份额等问题达成协议。由于这次会议是在牙买加首都金斯敦召开的,因此又称牙买加协议(Jamaica Agreement)。同年4月,国际货币基金组织理事会以《国际货币基金协定第二次修正案》的形式予以通过,于1978年4月10日起正式生效,这标志着一种不同于布雷顿森林体系的新的国际货币体系诞生。

二、牙买加体系的主要内容

牙买加体系是在保留和加强国际货币基金组织作用的前提下对布雷顿森林体系的一种改革,其改革的内容主要集中在黄金、汇率和特别提款权上。牙买加体系包括以下主要内容:

(一) 浮动汇率制度合法化

第一,成员国可自由选择汇率制度,基金组织承认固定汇率制度和浮动汇率制度暂时并存。

第二,各成员国的汇率政策应受国际货币基金组织的监督,并须与国际货币基金组织协商。

第三,实行浮动汇率制度的成员国,根据经济条件,应逐步恢复固定汇率制度,并防止采取损人利已的货币贬值政策。

第四,经投票权的85%多数票通过,认为国际经济条件已经具备时,国际货币基金组织可以决定采用稳定而可调整的货币平价制度,即固定汇率制度。届时成员国不规定货币平价的,应与国际货币基金组织协商;规定货币平价后亦可实行浮动汇率制,但须通知国际货币基金组织。如国际货币基金组织总投票权85%的多数表示反对,则当事国应重新考虑。

(二) 黄金非货币化

第一,废除黄金官价,使特别提款权逐步替代黄金作为国际货币制度的主要储备资产。

第二,各成员国的中央银行要按市价从事黄金交易。

第三,各成员国相互间,以及国际货币基金组织与各成员国之间取消以黄金清算债权债务的义务。

第四,国际货币基金组织所持有的黄金应逐步处理。其中1/6(2 500万盎司)按市价出售,以其超过官价(每盎司42.22美元)的部分作为援助发展中国家的资金;另外1/6按官价由原缴纳的成员国买回;其余的4/6(1亿盎司)则经总投票权85%的多数票通过,向市场出售或由成员国买回。

(三) 以特别提款权为主要储备资产

在未来的货币体系中,应以特别提款权为主要储备资产,即把美元本位改为特别提款权本位。根据规定,参加特别提款权账户的国家可以用特别提款权来偿还欠国际货币基金组织的债款,使用特别提款权作为偿还债务的担保,各参加国也可用特别提款权进行借贷。国际货币基金组织要加强对国际清偿能力的监督。

(四) 修订基金份额

各成员国对国际货币基金组织缴纳的基金份额,由原来的292亿特别提款权单位增加到390亿特别提款权单位,增加33.6%。各成员国应缴份额所占的比重有所改变,主要是石油输出国的比重提高了1倍(由5%增加为10%);其他发展中国家维持不变;主要西方国家除联邦德国和日本略增外,其余国家都降低了应缴份额。

(五) 扩大对发展中国家资金融通

第一,设立信托基金,用上述2 500万盎司黄金按市价出售的利润(超过官价的部分)以优惠条件向较穷的发展中国家提供贷款,帮助它们解决国际收支困难。

第二,扩大国际货币基金组织的信贷部分贷款额度,即由各成员份额的100%提高到145%。

第三,提高国际货币基金组织的出口波动补偿贷款(Compensatory Financing Facility)的额度,即由各成员份额的50%提高到75%。

三、牙买加体系的特点

(一) 以浮动汇率制度为中心的多种汇率制度

牙买加体系下的汇率制度是多种多样的,这与布雷顿森林体系下单一的固定汇率制不同。发达国家大多采取单独浮动或联合浮动,但也有少数国家采取钉住一篮子货币;发展中国家大多采取钉住某一货币或一篮子货币的相对固定的汇率制度。但自20世纪90年代以来,也有包括中国和马来西亚等在内的许多发展中国家实行了有管理的浮动汇率制度,少数中等收入的发展中国家实行单独浮动的汇率制度。

(二) 国际储备货币多元化

牙买加体系确立了以美元为主导的多元化国际储备资产并存的国际储备制,这也不同于布雷顿森林体系下国际储备结构单一以及美元地位十分突出的情况。在牙买加体系中,黄金的国际储备资产地位被弱化,但并未退出历史平台;美元虽仍是主导性的国际货币,但其地位明显被削弱,各国外汇储备中美元不再具有垄断地位,联邦德国马克和日元等货币成为重要的国际储备货币。特别提款权和欧洲货币单位(ECU)作为储备资产的地位不断提高。

(三) 国际收支调节方式多样化

在牙买加体系下,国际收支的调节方式不仅局限于动用国际储备和从国际基金组织中取得短期贷款,而且呈现多样化特点。

1. 汇率机制调节

这是牙买加体系下调节国际收支的主要方式。其运作机制是:当一国国际收支出现逆差时,该国货币汇率便趋于下跌,于是带动该国出口增加、进口减少,最终减少逆差;相反,当一国国际收支出现顺差时,该国货币汇率便趋于上升,于是该国进口增加、出口减少,最终减少国际收支顺差,使国际收支恢复平衡。不过,在实际操作中,汇率机制对国际收支的调节作用还受到其他因素和条件的制约。

2. 利率机制调节

利用一国实际利率与其他国家实际利率的差异来引导资金的跨国流动,通过影响该国的资本账户来调整一国的国际收支失衡。例如,利用对外发行债券和鼓励外商到本国直接投资等方法都可达到调节国际收支的目的。

3. 国际金融市场的调节

利用国际金融市场上的各种金融业务为国际收支失衡国家进行资金融通。

4. 国际金融机构的协调

通过世界银行、国际货币基金组织等国际金融机构向国际收支逆差国家提供贷款、协调和政策指导,以便这些成员调节国际收支。

四、牙买加体系的作用

第一,牙买加体系摆脱了布雷顿森林体系时期基准货币国家与挂钩货币国家相互牵连的弊端,并在一定程度上解决了"特里芬两难"。在牙买加货币体系中,美元已经不是唯一的国际储备货币和国际清算及支付手段,该体系实现了国际储备多元化。即使美元贬值,也不会从根本上影响其他国家货币的稳定。由于美元与黄金脱钩,各国即使在美元可能贬值的先兆下,也不可能用自己的美元储备向美国挤兑黄金,从而基本摆脱了基准通货国家与依附国家相互牵连的弊端。此外,对于国际储备货币而言,最重要的是信心和清偿力,所以储备货币多元化可以解决任何国家货币单独充当国际储备货币都不能避开的"特里芬两难"矛盾。当某一储备货币发行国发生逆差并使该储备货币发生信用危机时,可用其他信用良好的储备货币进行替代;当某一储备货币国难以提供足够的国际清偿力时,可用其他储备货币补充国际清偿力的不足。显然,这不仅适应了世界经济繁荣与衰退的周期变化,而且缓和了单一储备货币所造成的利益分配不合理的矛盾,有利于国际货币合作。

第二,牙买加体系实行的是灵活的混合汇率体制。一方面,在该体系下,汇率能灵活反映客观经济情况的变化,主要国家货币汇率可根据市场供求关系自发调整,可减少汇率的暴涨暴跌,因而有利于国际经济往来。另一方面,该混合汇率体制与固定汇率制度不同,它使一国的宏观经济政策更具有独立性和有效性。当一国国际收支发生逆差时,该国不必采取紧缩的宏观经济政策来维持本国货币汇率,因而不会加重本国失业问题。本币汇率的下浮有利于扩大出口、减少国际收支逆差。此外,在该体系下,各国还可以减少为维持汇率稳定所必须保留的应急性外汇储备,从而减少这部分资金的机会成本。

第三,牙买加体系下对国际收支的多种调节机制互为补充,成效较好。在该体系下,各国国际收支不平衡的调节不仅依靠国际货币基金组织和汇率变动,还可借助于利率机制、国际金融市场、国家外汇储备的变动及国际资本流动等因素进行调节,这在一定程度上克服了布雷顿森林体系下国际收支调节机制单一与乏力的弊端,进而有利于世界经济的协调与发展。

五、牙买加体系的缺陷

近几十年来,牙买加体系陆续暴露的缺陷已经引起世界各国的重视。这些缺陷主要表现如下:

第一,主要工业化国家全部采用浮动汇率制度,汇率波动幅度较大。这一情况导致的直接后果是:进出口商承担汇率风险,难以核算成本和利润,影响国际贸易的发展;国际储备风险和国际债务风险加大;汇率可以自由向下浮动,容易导致通货膨胀;汇率波动频繁,助长外汇投机,加剧国际金融市场动荡。

第二,国际收支调节机制欠完善。由于汇率机制有时会运转失灵,利率机制有副作用,国际货币基金组织在指导和监督顺差国与逆差国双方对称地调节国际收支方面显得力不从心，所以导致一方面逆差国国际储备锐减，债台高筑，另一方面顺差国国际储备猛增，有的成为主要资本输出国，甚至是最大债权国，最终导致全球性国际收支失衡情况日益严重。

第三，利益分配欠合理。在该体系下，国际储备货币的多元化使各储备货币发行国（尤其是主要储备货币发行国——美国）仍享受着向其他国家征收“铸币税”的特权。此外，多元化储备货币缺乏统一稳定的货币标准，国际货币格局错综复杂，不利于国际货币合作。

针对上述缺陷，各国已经通过多种途径进行国际协调，国际货币制度改革问题在许多国际会议上都曾被专门讨论，旨在建立一个合理、稳定的国际货币新秩序。

第四节 最优货币区理论与欧洲货币体系

一、最优货币区理论

最优货币区理论（Optimum Currency Area）是关于汇率机制和货币一体化的理论，旨在说明在什么样的情况下，某一区域（若干国家或地区）实行固定汇率制和货币同盟或货币一体化是最佳的。该理论是在围绕固定汇率和浮动汇率制度孰优孰劣的争论中发展起来的。20世纪50年代，西方学者对固定汇率制和浮动汇率制的争论达到白热化程度，以金德尔伯格（Kindleberger）为代表的学者主张采用固定汇率制，而以弗里德曼为代表的学者提倡采用浮动汇率制。

最优货币区理论最早是由罗伯特·蒙代尔（Robert Mundell）于1961年在其论文《最优货币区理论》中提出的。由于对该理论的贡献，他于1999年获得诺贝尔经济学奖。之后，罗纳尔·L. 麦金农（Ronal L. Mckinnon）和彼得·凯南（Peter Kenen）等人分别从不同的角度对蒙代尔提出的最优货币区理论进行了修正和补充。这三位学者的思想构成了经典的最优货币区理论框架。

应该说，无论是采用固定汇率还是浮动汇率，各有其利益与成本，并且其利益与成本因经济社会条件不同而各不相同。

（一）蒙代尔提出的最优货币区理论

蒙代尔于1961年在重新系统地阐述不同汇率制度的利弊的基础上提出了最优货币区思想，即如果通过适当的方式将世界划分为若干个货币区，各区域内实行共同的货币或固定汇率制度，不同区域之间实行浮动汇率制度，就可以兼顾两种汇率制度的优点而克服两种汇率制度的弱点。

蒙代尔认为，如果若干个国家或地区因生产要素自由流动而构成一个区域，则该区域内实行固定汇率制度或单一货币就有利于建立该区域与其他区域的调节机制。他指出，货币区是若干个国家组成的一个区域，在该区域内，要么采用单一货币，要么具有这样的汇率安排：(1) 各国货币之间的汇率平价是不可改变的；(2) 各国货币之间的汇率不存在可允许的波动幅度；(3) 各国货币实现自由兑换；(4) 在经常账户和资本账户下的交易完全是自由的。

蒙代尔提出，确定最优货币区的标准是生产要素的高度流动性。他将最优货币区定义为：相互之间的移民倾向很高，足以保证当其中一个地区受到不对称冲击时仍能实现充分就业的几个地区所形成的区域。一国国际收支失衡的主要原因是发生了需求转移。假设有A和B两个区域。如果原先对B地产品的需求现在转向对A地产品的需求,那么,就有可能导致B地失业率上升而A地的通货膨胀压力增大。如果A国就是A地产品的生产者,B国就是B地产品生产者,则B国货币汇率的下跌将有助于减少B国的失业,而A国货币汇率的上升则有助于A国减缓通货膨胀压力。如果A和B是同一个国家的两个区域,因它们使用同一种货币,所以汇率的任何变动都无助于同时解决B区的失业和A区的通货膨胀,货币当局便会陷入一个进退两难的怪圈:若它们实行扩张性货币政策(货币贬值)直接解决B地的失业,则A地的通货膨胀状况会进一步恶化;反之,若它们实行紧缩性货币政策(货币升值)以对付A地的通货膨胀,则B地的失业问题就会进一步恶化。结果是,被用来改善一个地区形势的货币政策会使另一地区的问题恶化,除非这两个区域使用各自的区域货币。

蒙代尔认为,浮动汇率只能解决两个不同货币区之间的需求转移问题,而不能解决同一通货区内不同地区之间的需求转移问题,同一货币区内不同地区之间的需求转移只能通过生产要素的流动来解决。在他的分析中,关键是统一货币区内的劳动流动程度。在上述分析中,若劳动力是常年高度流动的,则人们会发现B地失业工人会向A地迁移,通过抑制A地工资上升甚至降低工资水平来缓解A地的通货膨胀和B地的失业。所以,蒙代尔认为,如果要在几个国家之间保持固定汇率并保持物价稳定和充分就业,就必须有一个调节需求转移和国际收支的机制,该机制只能是生产要素的高度流动。

(二) 麦金农对最优货币区理论的修正和补充

麦金农于1963年指出,应以经济高度开放作为最适度货币区的一个标准。一个经济高度开放的小国难以实行浮动汇率制度,其原因在于:第一,小国的经济在高度开放的情况下,其市场汇率稍有波动,就会引起国内物价剧烈波动;第二,当高度开放的小国的进口占消费很大比重时,汇率波动对居民实际收入的影响极大,从而使存在于封闭经济中的货币幻觉消失,最终使汇率变动无法调整国际收支失衡。

(三) 彼得·凯南对最优货币区理论的修正和补充

彼得·凯南于1969年提出以低程度产品多样化作为最优货币区的一个标准。他的观点也是建立在国际收支失衡的主要原因是宏观需求波动这一假设上,这一点与蒙代尔相同。他提出,当一国产品相当多样化时,其出口也会是多样化的。在固定汇率制下,若某一种出口商品的需求减少,因其在整个出口中所占的比重不大,它对国内就业的影响也不会很大;反之,若外国对本国出口商品的需求减少,则未实现产品多样化的国家,因其出口产品种类不多,势必要对汇率进行更大幅度变动,以维持其原来的就业水平。对于出口多样化的国家,因外部需求变化对内部经济的影响经平均化后变小了,所以,其出口收益也可相当稳定。因此,产品多样化国家可以承受固定汇率,而产品非多样化国家则难以承受固定汇率,它们应是采用灵活汇率的独立(最优)货币区。

(四) 最优货币区理论的新发展

虽然自20世纪70年代后,有关最优货币区标准问题在西方学者之间一直有争论和研究,如国际金融高度一体化标准、政府政策一体化标准以及通货膨胀相似标准等,但进入20世纪90年代后,最优货币区理论有了新发展,突出表现在:该理论随着宏观经济学理论的发展在其他方面有所修正，而这些修正集中在加入通货区的收益和成本分析上。新理论认为，如果在要素流动、金融交易和商品贸易方面高度一体化以及经济高度开放的国家之间组成货币联盟，将会更有效地解决内部平衡与外部平衡的关系，能够带来更多的收益。

归纳起来，按照最优货币区的理论，最优货币区是指由一些彼此之间的商品、服务、劳动力和资本流动自由，经济发展水平和通货膨胀率比较接近，以及经济政策比较协调的国家组成的独立货币区。具体来说，它的建立应有以下几个标准：(1) 劳动力和资本的流动性。跨国劳动力和资本的高度流动性会减少使用汇率作为恢复竞争力和消除国际收支不平衡的调整工具。如果劳动力能从高失业地区流向低失业地区，那么工资和其他成本就会趋同，资本的自由流动可减少通过汇率调整相对成本和价格的必要性。如果劳动力和资本不流动，相对价格的变化将是调整国际收支平衡的唯一手段，那么，浮动汇率比固定汇率和货币联盟更为有效。(2) 经济开放度和经济规模。一国的经济开放度越高而且规模越小，那么固定汇率就越有效，这个国家就越倾向于加入货币联盟。(3) 价格和工资的灵活性。如果价格和工资灵活，那么相对价格的调节可通过市场顺利实现，减少汇率调整的必要。(4) 产业结构相似。拥有相同生产结构的国家，并且多样性程度高，外部冲击会具有对称的影响。(5) 如果成员国实现了财政一体化，那么财政转移支付能够替代利率和汇率等货币政策抵消非对称冲击的影响。

因此，最优货币区的主要特点是：第一，商品、服务、劳动力和资本在区内各国之间是自由流动的，相互间有密切的贸易往来关系；第二，区内各国货币之间实行固定汇率或钉住汇率，对外则实行统一的浮动汇率，各国货币实行完全自由兑换；第三，区内各国货币政策和财政政策进行协调，并建立协调管理机构。若将这种最优货币区进一步发展，则各成员国采用统一货币，建立共同的国际储备，设立共同的中央银行，进而发展为货币联盟。最终，该最优货币区的最优性就是：通过协调的货币政策、财政政策和富有弹性的对外汇率，保持各成员国的充分就业、内部物价稳定和国际收支的平衡。

(五) 对最优货币区理论的评价

最优货币区理论不仅是区域性货币一体化的理论反映，而且对区域性一体化，尤其是对欧洲货币体系的建立及欧元的诞生具有很大的启发性。蒙代尔、麦金农和彼得·凯南较早地关注到了西欧地区所进行的经济和货币一体化的尝试，并试图阐明这一尝试的积极意义，并且后来西欧货币一体化进程中的实际做法在一定程度上也应验了最优货币区理论的观点。应该肯定的是，该理论起到了积极作用。

然而，该理论也有一定的缺陷。例如，它的一些理论前提不符合实际情况，并且采用了静态分析法分析最优货币区等。

尽管最优货币区理论有一定的缺陷，但它毕竟为国际汇率安排、国际收支调节、资本流动与国际经济政策协调等一系列问题提供了一个全新的解决框架，并为人们探索亚洲货币一体化提供了一定的思路。

二、欧洲货币体系

欧洲货币体系的形成和发展是区域性货币一体化的一个典范。

(一) 欧洲货币体系的建立

欧洲货币体系是区域性货币一体化最典型的例证,它的发展最早可追溯到1950年欧洲支付同盟的成立。这一支付同盟有三个特点:一是参与国在所有的清算中都要采用一种货币;二是欧洲内部贸易的不平衡由一个多边机构来统筹;三是顺差国向支付同盟提供自动信贷,再由支付同盟提供给逆差国。欧洲支付同盟的建立促进了成员国贸易和经济的发展。虽然由于种种原因,这一同盟由欧洲货币协定替代,在1958年宣布解散,但它却为以后欧洲货币体系的建立提供了许多经验。

1958~1968年,虽然有"巴尔报告"(Barre Report)的建议,强调采取更有效的措施,以实现区域协商和政策协调,并设想建立使逆差国家能从顺差国家获取信贷资助的体系,但是,欧洲货币合作并没有取得实质性进展。到1969年,欧洲经济共同体首脑在海牙举行会议,提出建立欧洲货币联盟(European Monetary Union,EMU)的建议,并决定由卢森堡首相兼财政大臣魏尔纳(Werner)为首的专家小组制定出具体的方案。1970年10月,魏尔纳向部长理事会提交了《关于在共同体内分阶段实现经济和货币联盟的报告》,又称《魏尔纳报告》,并于1971年2月9日经过部分修改后,由共同体六国部长会议通过。这个报告提出从1971年至1980年底分三个阶段实现货币联盟的目标。

第一阶段为1971~1973年底,主要目标是:缩小成员国货币汇率波动幅度,成立"欧洲货币合作基金"(European Monetary Cooperation Fund),加强有关货币及经济政策的协调工作。该阶段的目标由于受1971年和1973年两次美元贬值的影响,未能全部实现。美元两次贬值后,欧共体国家为了稳定汇率、缩小汇率波动幅度,于1973年3月实行货币联合浮动。1973年4月成立"欧洲货币合作基金"。该基金的主要任务是:通过对外汇市场进行干预,把汇率上下波动幅度限制在2.25%的范围内,稳定成员国相互之间的货币汇率,并对国际收支逆差成员国提供短期信贷,用基金记账单位替代美元作为成员国之间结算单位。

第二阶段为1974~1976年底,是巩固阶段,主要目标是:逐步集中成员国的外汇储备,维持成员国之间的固定汇率,以及逐步实现相互间资本的自由流动。但是,1973年秋欧洲发生石油危机,1974年又发生了第二次世界大战后最严重的全球周期性经济危机,有关成员国都忙于应付本身的经济困难,谈不上执行"欧洲经济货币联盟"计划。

第三阶段为1977~1980年底,主要目标是:把欧洲经济共同体建成一个稳定的统一经济区,区内货币、资本、劳动力自由流动,建立共同固定汇率、共同储备制度、共同中央银行,实现统一的"欧洲货币"。由于第二阶段的目标并未实现,这一阶段的计划受到影响。而1977~1978年又爆发了严重的美元危机,猛烈冲击西欧货币联合浮动集团。欧共体国家为了防止美元危机的冲击,稳定欧洲货币,密切西欧国家的经济联系,决定进一步加强欧洲货币合作,遂于1978年在哥本哈根和不来梅先后举行的两次欧共体国家首脑会议上通过了建立"欧洲货币体系"(European Monetary System)的决定,并于1979年3月12日九国首脑在巴黎举行的欧共体理事会议上正式宣布,欧洲货币体系于同年3月13日起生效。欧洲货币体系把货币一体化的目标缩小到稳定欧共体成员国货币汇率这一现实任务上,体现了求实精神。最初参加的有法国、联邦德国、意大利、荷兰、比利时、卢森堡、爱尔兰和丹麦8个国家,虽然英国暂不加入,但英格兰银行按规定的比例认缴黄金和美元储备,参加了欧洲货币基金,希腊、西班牙、葡萄牙随后也参加了欧洲货币体系。欧洲货币体系的建立标志着欧洲货币一体化已进入稳定发展的新阶段。

欧洲货币体系的产生与发展主要有三个方面的原因：(1) 它反映了欧共体内经济一体化的要求。生产国际化促进了欧共体各国经济的相互依赖关系，它们之间的相互贸易占外贸总额的一半。因此，汇率、货币以及货币政策、财政政策的统一对欧共体内部贸易与经济的发展十分有利；同时，没有各国政府在货币金融领域中的广泛合作，共同农业政策就很难协调，关税同盟也很难维持。(2) 20 世纪 60 年代末 70 年代初正值国际货币体系由固定汇率制转向浮动汇率制的时期，美元危机频频爆发，各国货币汇率动荡不稳，建立货币区不仅使西欧在国际金融领域中与美国抗衡，而且有利于抵御美元的冲击，稳定欧共体内部贸易与经济的发展。(3) 是推动欧洲政治联合的需要。欧共体的最终目标不仅是要实现经济和货币一体化，而且是要实现政治一体化。政治一体化的基础是经济和货币一体化，因此，货币一体化的发展会促进政治联合的发展。

(二) 欧洲货币体系的主要内容

1. 创设欧洲货币单位

欧洲货币单位(European Currency Unit)是欧洲货币体系的核心，它取代了 1975 年 3 月设立的欧洲记账单位(EUA)，类似于特别提款权。欧洲货币单位由欧共体成员国的 12 种货币定值，是一个货币篮子。每种货币在货币篮子中的比重是由各国在欧共体内部贸易总额以及在 GNP 中所占份额加权平均计算的。以这种方式计算出来的欧洲货币单位具有价值比较稳定的特点。1979 年 3 月 13 日第一次确认权数后，6 个月后调整了一次，并规定每 5 年调整一次。在 5 年内，任何一国货币权数超过 25%时，可以要求调整货币篮子的构成。表 7 - 4 列示了 1979 年 3 月 13 日和 1989 年 9 月各国货币在欧洲货币单位的权数及其含量。

表 7 - 4　　欧洲货币单位构成

货币名称	1979 年 3 月 13 日		1989 年 9 月	
	每 ECU 包含的各国货币单位	各国货币权数	每 ECU 包含的各国货币单位	各国货币权数
联邦德国马克	0.828	33.0	0.624 2	30.2
法国法郎	1.15	19.8	1.332	19.3
英国英镑	0.088 5	13.3	0.087 84	12.3
荷兰盾	0.286	10.5	0.219 8	9.4
意大利里拉	109.0	9.5	151.8	9.8
比利时法郎	3.660	9.2		
卢森堡法郎	0.140	0.4	3.431	8.1
丹麦克朗	0.217	3.1	0.197 6	2.5
爱尔兰镑	0.007 59	1.2	0.008 552	1.1
希腊德拉克马	—	—	1.44	0.7
西班牙比塞塔	—	—	6.885	5.3
葡萄牙埃斯库多	—	—	1.047 41	0.8

资料来源：《英格兰银行季报》，1990 年 11 月。

由于德国在欧共体中的实力最强，因此，马克在欧洲货币单位中所占的权数最大，其他货币所占的权数都在 20%以下。根据这样一个权数结构，马克汇率的上升或下降对欧洲货币单位的涨跌往往具有决定性影响。这一点是研究欧洲货币体系时必须牢记的。

最初欧洲货币单位的作用仅限于以下几个方面：(1) 作为确定参加国货币之间中心汇率的计量标准；(2) 作为衡量各国汇率偏离中心汇率的“差异指示器”(Divergence Indicator)；(3) 作为干预外汇汇率和信贷的计算标准；(4) 作为储备计算工具和各成员国中央银行之间的清算工具。

后来，欧洲货币单位的用途不断扩大，不仅银行业形成了欧洲货币单位市场，而且欧洲货币单位还被用作债券、大面额存单及票据的计算单位等。

2. 稳定的汇率机制

欧洲货币体系的汇率制度与 1973 年 3 月开始实行的联合浮动基本相同，也是成员国货币之间实行固定汇率制度，对非成员国货币则实行联合浮动。它们的不同之处，即欧洲货币体系的特别之处，在于欧洲货币体系主要通过两种汇率干预体系来实现汇率稳定机制：一是平价网(Parity Grid)，又称格子体系；二是货币篮子体系(Currency Basket)，又称篮子体系。

平价网体系要求成员国货币之间彼此确定中心汇率，各成员国相互之间的汇率只能在中心汇率上下浮动。其中，西班牙和英国的中心汇率允许在±6%范围内波动，其他国家的货币中心汇率只能在±2.25%之间波动。如果任何一国的货币涨跌超过允许波动的幅度，该国中央银行就有义务采取行动干预外汇市场，使汇率回复到规定的幅度之内。

货币篮子体系首先确定成员国货币对欧洲货币单位的中心汇率，然后计算每种货币对这一中心汇率所允许的最大偏离幅度(Maximum Spread of Divergence, MSD)。

$$MSD = \pm 2.25\% \times (1 - \text{货币比重})$$

对西班牙和英国来说，上式中的±2.25%扩大为±6%(英镑于 1990 年 9 月才正式加入欧洲货币体系的汇率体系)。某一货币在欧洲货币单位的货币篮中的权数越大，其允许的波幅(即偏离界限)就越小，对稳定货币篮子承担的责任越大。在欧洲货币体系成立之初，马克的偏离界限仅为±1.132 5%，而丹麦克朗和爱尔兰镑的偏离界限则分别为±1.635%和±1.665%。为了进一步稳定欧洲货币单位，欧洲货币体系还采用了早期预警系统，即规定了“偏离临界点”(Divergence Threshold)，它等于 $0.75 \times MSD = 0.75 \times [\pm 2.25\% \times (1 - \text{货币比重})]$。对西班牙和英国来说，上述±2.25%变为±6%。“偏离临界点”的作用就是要求各国货币当局，在其货币对欧洲货币单位的中心汇率波动幅度达到 *MSD* 的 75%时，就应采取干预措施。总之，实施这套偏离界限指标的意图是，主要货币的汇率应该相对稳定，才能有助于整个汇率机制的稳定。当偏离界限无法通过外汇市场干预和其他相关调节政策加以维持时，就对整个平价体系做出调整。

货币篮子体系改变了过去发生汇率波动时大多由软货币国首先纠正汇率的缺陷。同时，欧洲货币体系采用两套干预体系，可以使汇率更加稳定。表 7-5 举例说明了欧洲货币体系对欧洲货币单位的中心汇率、最大偏离幅度和偏离临界点。

3. 建立欧洲货币基金

为了保证欧洲货币体系的运转，欧洲货币体系还设立了欧洲货币基金(European Monetary Fund, EMF)，各成员国缴纳各自黄金外汇储备的 20%作为欧洲货币基金的资金来源，并以此作为发行欧洲货币单位的准备。由于各国储备的变动以及美元和黄金价格的变动，欧洲货币基金份额每隔 3 个月重新确定一次。欧洲货币基金的主要作用是干预汇率和向成员国提供相应的贷款，以稳定外汇市场，克服暂时性的国际收支困难。

在成员国发生资金困难时，欧洲货币基金主要采取三种信贷方式：一是短期信贷，主要用于干预外汇市场；二是短期贷款，用于支持国际收支出现暂时困难的成员国；三是中期财政贷款，用于支持国际收支处于严重困境的成员国。

表 7-5　　1990 年 10 月 8 日欧洲货币体系对欧洲货币单位的中心汇率、最大偏离幅度和偏离临界点

货币名称	对 ECU 的中心汇率	在 ECU 中的权数	最大偏离幅度(%)	偏离临界点(%)
比卢法郎	42.403 2	8.1	±2.07	±1.551
丹麦克朗	7.841 95	2.5	±2.19	±1.645
法国法郎	6.895 09	19.3	±1.82	±1.362
德国马克	2.055 86	30.2	±1.57	±1.178
爱尔兰镑	0.767 417	1.1	±2.23	±1.669
意大利里拉	1 538.24	9.8	±2.03	±1.552
荷兰盾	2.316 43	9.4	±2.04	±1.529
西班牙比塞塔	133.631	5.3	±5.68	±4.262
英镑	0.696 904	12.8	±5.23	±3.924
希腊德拉马克	205.311	0.7	—	—
葡萄牙埃斯库多	178.735	0.8	—	—

资料来源：《英格兰银行季报》第 11 卷，1990 年。

欧洲货币体系的建立与发展对稳定欧共体国家之间的货币汇率做出了很大贡献，并为 1999 年欧元的诞生奠定了基础。

（三）《德洛尔报告》和《马斯特里赫特条约》

尽管欧洲货币体系对欧共体的一体化建设起了很大的促进作用，但进入 20 世纪 80 年代后，欧共体国家面临着新的挑战。1980～1987 年欧共体的 GNP 平均增长率及工业生产增长率分别低于日本和美国。从欧共体内部来看，经济一体化所取得的三大成就（即共同农业政策、关税同盟和欧洲货币体系）也由于种种原因发展缓慢甚至停滞不前。同时，欧共体在高科技领域和新兴产业的发展，特别是在微电子技术、生物工程、新材料的研究应用上大大落后于美国和日本。为了进一步加强各国经济的一体化，使欧共体的政治、经济和货币同盟进一步强化，欧共体首脑于 1991 年 12 月在荷兰小镇马斯特里赫特（Maastricht）签署了《马斯特里赫特条约》（Maastricht Treaty，简称《马约》）。这是欧洲货币史上的一个重要事件，也是国际货币发展演变史上的一个重要事件。

《马约》是在《德洛尔报告》的基础上形成的。1989 年 4 月，欧共体发表了《经济与货币同盟研究委员会报告》，简称《德洛尔报告》（Delors' Report），并在 6 月提交欧洲理事会马德里会议讨论，获得批准。该报告建议分三个阶段实现欧洲经济和货币联盟（Economic and Monetary Union），但没有规定每一个阶段的具体期限。经济联盟是指人员、商品、劳务和资本的自由流动，以及共同政策（包括宏观经济政策）的充分协调。报告还提出了建议统一中央银行的设想。货币联盟包括：货币完全和不可取消地自由兑换；资本在充分一体化的金融市场上自由流动；推行无波动幅度、不可改变的固定汇率制度。

报告中提出实现货币联盟的三个阶段：第一阶段(至少在1990年7月1日应该开始)在现行体制和框架内加强货币政策与财政政策相协调，进一步深化金融一体化，所有仍在浮动的成员国货币都加入欧洲货币体系；第二阶段是一个过渡阶段，其主要任务是建立欧洲中央银行体系；第三阶段推行不可改变的固定汇率制度，实施向单一货币政策的转变，发行统一的共同体货币，欧洲中央银行体系将承担全部职责。报告指出，货币和经济联盟是一个整体的两个不可分割的部分，因此，在每一阶段，货币与经济措施必须同时实施才能实现货币与经济联盟。在《德洛尔报告》发表后，欧共体于1990年又发表了一份背景报告，声称经济和货币联盟能使欧共体的实际国民生产总值增加10%，其中0.5%来自交易成本的下降，其余来自货币的更大稳定和汇率风险的消除。《德洛尔报告》的起草者为欧共体12国的中央银行总裁，于1989年稍后时期在欧共体马德里会议上获得通过，从而为以后的《马约》奠定了理论和文件上的基础。

《马约》关于货币联盟的最终要求是，在欧共体成立欧洲中央银行，由其负责制定和执行欧共体货币政策，并发行统一货币。《马约》的签订标志着欧洲货币一体化的加速发展，是欧洲一体化道路上的一个里程碑。为实现上述目标，《马约》要求分三步走。第一阶段，从1990年7月1日～1993年底，主要任务是实现所有成员国加入欧洲货币体系的汇率机制；实现资本自由流动，协调各成员国的经济政策；建立相应的监督机制。第二阶段，从1994年1月1日～1997年，进一步实现各国宏观经济政策的协调；建立独立的欧洲货币管理体系，称为"欧洲中央银行体系"(European System of Central Banks，ESCB)，作为欧洲中央银行的前身；各国货币汇率的波动要在原有的基础上(±2.25%，意大利、西班牙和英国幅度为±6%)进一步缩小并趋于固定。第三阶段，从1997～1999年1月1日，目标是在这段时间内最终建立统一的欧洲货币和独立的欧洲中央银行。在1996年底，由欧共体理事会对各国的经济状况按加入第三阶段的条件进行一次评估，如果至少有7个(不包括英国)国家达标，且当时欧共体的情况允许，则这些达标的国家将首先进入第三阶段，其他国家则等以后条件成熟时再加入。换言之，到1999年1月1日，不论有多少国家达标，第三阶段都将开始。在第三阶段，将建立独立的欧洲中央银行和发行统一的欧洲货币。进入第三阶段的条件是：(1) 通货膨胀率不得高于3个最低通货膨胀成员国平均利率的2%；(2) 政府长期债券利率不得高于3个最低通货膨胀成员国平均利率的2%；(3) 汇率必须在两年里保持在欧洲货币体系汇率机制所规定的±2.25%的窄幅之内；(4) 总的财政赤字不得超过国内总产值的3%，政府债务占国内总产值的比重低于60%；(5) 其中央银行的法则法规必须与《马约》规定的欧洲中央银行的法则法规兼容。

为了确定货币联盟在1999年后能够正常运转，1997年10月2日，欧盟15国(芬兰、瑞典、奥地利于1995年加入欧盟)外长正式签署了《阿姆斯特丹条约》。该条约包括《稳定与增长公约》《新的货币汇率机制》和《欧元的法律地位》3个文件。

《稳定与增长公约》的目的在于督促各成员国严格遵守《马约》规定的有关达标标准，自觉保持良好的财政纪律，确保使用单一货币的永久性基础，维护货币联盟的稳定。该项公约做出了维护财政纪律的具体规定。例如，任何参加国只要财政赤字高于其GDP的3.0%，必须在4个月内提出控制赤字的措施并最迟在1年内消灭超额赤字，否则将遭到征税或罚款的惩罚。

《新的货币汇率机制》(即《第二欧洲汇率机制》)的目的是在未来欧元参加国与非参加国之间保持稳定的汇率关系，以避免非欧元国货币竞相贬值，损害欧元国的利益，同时要求非欧元国实行严格的经济趋同政策。新汇率机制以中心汇率为基础，中心汇率是指欧元与非入盟成员国货币之间的汇率。新汇率机制仅保持非入盟成员国货币对欧元的中心汇率，对中心汇率的波幅不做硬性规定，可根据该国的入盟前景，选择2.5%的窄幅，或6%甚至15%的宽幅。而非入盟国家货币的双边汇率及允许波动的幅度则不加以规定，这一点与旧的汇率机制不同。

《欧元的法律地位》的主要目的是进一步从法律上规定欧元是一种具有独立性和法定货币地位的超国家性质的货币，并最终取代各国货币成为货币联盟内唯一合法货币。同时，在法律上确保了合作的连续性，制定了过渡期欧元使用的“非强制性”和“非禁止性”原则，并确定了欧元各国货币之间转换的规定。

《阿姆斯特丹条约》所包括的以上3个文件克服了后来欧元如期启动的最后障碍，并为稳定欧元汇率提供了法律保障。

（四）欧元正式启动

1. *欧元的正式启动*

1998年3月，欧盟当时15个成员国中的11个成员国（奥地利、比利时、芬兰、法国、德国、爱尔兰、意大利、卢森堡、荷兰、葡萄牙和西班牙）成功地达到了《马约》在1992年确立的欧洲经济一体化并向欧元过渡的四项统一标准。同年5月在欧盟特别首脑会议上，11个成员国被批准为首批参加欧元的创始国。英国、瑞典和丹麦虽达标，但表示暂不加入。希腊（于2001年1月1日）、斯洛文尼亚（于2007年1月1日）、马耳他（于2008年1月1日）、塞浦路斯（于2008年1月1日）、斯洛伐克（于2009年1月1日）、爱沙尼亚（于2011年1月1日）和拉脱维亚（于2014年1月1日）随后分别加入欧元区，目前欧元区已有18个成员国。

1998年12月31日11:30，欧洲中央银行锁定了过渡期11个欧元区成员国货币与欧元的汇率（见表7-6）。

表7-6　被锁定的欧元区11个成员国货币与欧元的汇率

货　币	与欧元的汇率（1欧元＝）	货　币	与欧元的汇率（1欧元＝）
奥地利先令（ATS）	13.760 3	爱尔兰镑（IRP）	0.787 564
比利时法郎（BEF）	40.339 9	意大利里拉（ITL）	1 936.27
芬兰马克（FIM）	5.945 73	卢森堡法郎（LUF）	40.339 9
法国法郎（FRF）	6.559 57	荷兰盾（NLG）	2.203 71
德国马克（DEM）	1.955 83	西班牙比塞塔（ESP）	166.386
葡萄牙埃斯库多（PTE）	200.482		

1999年1月1日，欧元如期正式问世，开始在银行、外汇交易和公共债券等方面正式使用。在欧元区的服务与商品，其价格都用欧元和成员国货币进行双重标价，销售发票也是如此，以使消费者逐步适应使用欧元。由于发行欧元需要充分的技术准备，因此在1999年1月1日～2001年12月31日，欧元的有形货币尚不能流通。成员国的货币作为欧元的替代物流通。从2002年1月1日起的6个月为过渡期，在此期间欧元将与欧元区12国货币共同流通。从2002年7月1日起12个国家的货币终止流通，欧元完全取代上述12国货币，成为欧元区的单一法定货币。

2. 欧洲中央银行

欧洲中央银行 (European Central Bank,ECB) 是根据 1991 年《马约》的规定于 1998 年 7 月 1 日正式成立的,其前身是设在法兰克福的欧洲货币局。欧洲中央银行的职能是维护货币的稳定,管理主导利率、货币的储备和发行以及制定欧洲货币政策;其职责和结构以德国联邦银行为模式,独立于欧盟机构和各国政府之外。

欧洲中央银行是世界上第一个管理超国家货币的中央银行。独立性是它的一个显著特点,它不接受欧盟领导机构的指令,不受各国政府的监督。它是唯一有资格允许在欧盟内部发行欧元的机构,1999 年 1 月 1 日欧元正式启动后,11 个欧元国政府将失去制定货币政策的权力,而必须实行欧洲中央银行制定的货币政策。

欧洲中央银行的组织机构主要包括执行董事会、欧洲中央银行委员会和扩大委员会。执行董事会由行长、副行长和 4 名董事组成,负责欧洲中央银行的日常工作;由执行董事会和 12 个欧元国的中央银行行长共同组成的欧洲中央银行委员会,是负责确定货币政策和保持欧元区内货币稳定的决定性机构;欧洲中央银行扩大委员会由中央银行行长、副行长及欧盟所有 15 国的中央银行行长组成,其任务是保持欧盟中欧元国家与非欧元国家的接触。

欧洲中央银行委员会的决策采取简单多数表决制,每个委员只有 1 票。货币政策的权力虽然集中,但是具体执行仍由各欧元国中央银行负责。各欧元国中央银行仍保留自己的外汇储备。欧洲中央银行只拥有 500 亿欧元的储备金,由各成员国中央银行根据本国在欧元区内的人口比例和国内生产总值的比例提供。

1998 年 5 月 3 日,在布鲁塞尔举行的欧盟特别首脑会议上,原欧洲货币局局长维姆·德伊森贝赫 (Wim Duisenberg)被推举为首任欧洲中央银行行长,任期 8 年。第二任行长为法国人特里谢。

3. 欧元启动的意义

欧元的启动是国际金融领域自布雷顿森林体系瓦解以来最重要的历史事件。

(1) 优化区域内资源配置,推动欧盟所有成员国经济发展。实现单一货币有助于降低各国的物价、利率和投资收益等,并使其逐渐缩小差别或趋于一致。市场透明度增加将会扩大区域内贸易和投资,优化资源配置,提高欧盟经济的竞争力,加速经济发展。在服务和质量上展开竞争,行业上出现大量的并购,带来人员和资金的流动,创造就业机会。

对于企业而言,欧元将减少企业成本和简化跨边境贸易。对于消费者而言,欧元将促进竞争,使可选择的商品品种和服务增加,并使价格稳定。对于旅游者而言,由于取消了货币兑换的费用,旅游将更为便宜、方便。

(2) 产生欧元效应。欧元的推出为亚洲、非洲、拉丁美洲树立了典范,加速了全球区域合作,扩大了金融市场,建立了国际货币体系的新格局。

欧元的崛起为亚洲实现货币合作树立了典范。2005 年 10 月 25 日,亚洲开发银行行长特别顾问、区域合作部主任对外宣布:亚洲开发银行将在 2006 年 6 月正式推出亚洲货币单位(Asia Currency Unit)。亚洲货币单位的计算参照了欧洲货币单位,通过区域内各个国家汇率的加权平均计算得到。亚洲货币单位对内包括东盟 10+3(中国、日本、韩国)的 13 种货币,根据各个经济体贸易额和购买力平价下的 GDP 的相对份额确定其货币的份额;对外则表示为这 13 合 1 货币对美元和欧元 2 合 1 货币的相对价值,其中,美元和欧元根据东亚对美国和欧洲的贸易比重分别确定为 65%和 35%。

(3) 挑战美元在国际货币体系中的霸权地位,进一步分享世界国际货币的好处。几十年来，美元一直是特权货币，享有独一无二的美元特权。当其他国家的国际收支出现逆差时，都必须进行经济政策调整以减少逆差，而当美国国际收支发生逆差时，美国政府则可以通过印制美元来弥补逆差，维持国民经济平衡。因此，美元作为国际货币体系中的主导货币享受了一系列好处。显然，欧元的崛起对美元的霸权地位发出了挑战，使世界各国在国际储备货币和结算货币的选择范围增大。

4. 欧元面临的挑战

自欧洲经济货币联盟和欧元诞生以来，就面临了对其前途的激烈争论。欧洲经济货币联盟存在的一系列弱点和缺陷致使其自身和欧元面临以下四大挑战：

(1) 财政政策的挑战。《马约》对各国的债务和财政赤字的数量规定了严格的标准，但由于财政政策由成员国各自掌控，协调困难，因此会产生以下两大问题：一是成员国难以应对非对称性冲击。所谓非对称性冲击，是指某一特定国家或部门受到经济冲击(诸如战争、自然灾害、贸易条件恶化、金融危机、石油危机等)时，由于这种冲击带来的不利经济影响与其他国家或部门不同步，即不对称，因此需要采用特殊的经济政策进行调节。如果受到非对称冲击的国家与其他国家未组成货币联盟，那么可以使用货币政策如汇率和利率政策、财政政策等加以调节。而在组成货币联盟的情况下，由于失去货币政策手段，财政政策措施又受到限制，这一特定国家或部门便会出现严重的经济问题。二是成员国政府出现顺周期财政政策行为和倾向。按照凯恩斯的经济理论，财政政策应是反周期的，经济繁荣时，实施紧缩性财政政策，防止经济过热；经济萧条时，实施扩张性财政政策，刺激经济增长，从而保持经济的稳定发展。但在欧洲经济货币联盟内，经济繁荣时，对公共支出和减税没有任何限制措施，而在经济衰退时，《马约》又强迫各国政府减少财政支出和增加税收，以满足财政赤字不超过国内生产总值3%的要求。这与凯恩斯的反周期财政政策是背道而驰的。

英国没有加入欧洲货币联盟的一个重要原因就是，财政政策不协调会对单一货币提出重大挑战。

(2) 货币政策的挑战。欧洲中央银行继承了德国中央银行的风格，其主要目标是反通货膨胀，不考虑就业。这对低增长、高失业的国家是一个挑战。

在统一的货币联盟下只能用单一的货币政策来适用所有的成员国，适应不了成员国经济的巨大差异。

在货币政策方面，存在四大问题：一是最后贷款人的问题。在一个主权国家内，中央银行承担最后贷款人的角色，有责任最后保证国家支付体系的流动性，国家的资源总存量是货币的实物基础和最后担保。名义上，欧元区的最后贷款人是欧洲中央银行，但《马约》并没有赋予欧洲中央银行行使最后贷款人的权利，即使欧洲中央银行被欧元区国家授权来承担这个责任，也由于自有资本(各成员国按比例缴纳500亿欧元)及其储备太少而不可能担此重任。实际上，欧元区并没有真正的最后贷款人，一旦出现流动性危机，最后贷款人的缺位就会弱化欧元。二是金融监管问题。欧元区缺乏统一的中央当局来对金融体系实施监管，《马约》规定了欧洲中央银行有一定的监管职能，但最主要的监管权力由各国的中央银行承担。这意味着一旦发生欧元区范围内的金融危机，就很难解决问题，欧元区金融体系的稳定性也就难以得到根本保证。三是货币政策权分割。按照《马约》的规定，欧洲中央银行独立执行货币政策，但汇率机制由欧盟财政部长理事会决定。四是欧洲中央银行和欧元区的货币政策决策缺乏透明度。

2009年接连爆发的以欧洲5国(PIIGS，即葡萄牙、意大利、爱尔兰、希腊和西班牙)为代表的欧洲主权债务危机证明欧元区各国独立的财政政策和统一的货币政策的确面临着严峻的挑战。严格地说，在主权债务危机背景下，欧元区 16 个成员国中，没有一个国家的政府赤字在 GDP 的 3%以内；它们的平均赤字在 GDP 的 7%以上。除希腊以外，爱尔兰、意大利、西班牙、葡萄牙的赤字和债务问题都很突出。

（3）最优货币区理论的挑战。按照最优货币区的理论，最优货币区应具有前面所阐述过的几个标准，而现实情况是，欧洲的劳动力市场僵化，劳动力流动受到语言、文化、社会保障体系差异等诸多因素的限制。欧盟的财政收入只占欧盟国内生产总值的 1.3%左右，财政转移支付能力十分有限。显然，欧元区并不符合作为最优货币区的条件，大量实证分析也显示目前的欧元区不是一个最优货币区，至少与美国相比的确如此。单一货币带来的低成本和贸易所创造的收益在很大程度上被放弃本国货币主权而产生的经济调整成本所抵消，甚至得不偿失。

（4）政治合法的挑战。传统上，欧洲人把自己的国家作为最基本的政治实体，认同自己的国家和代表各自国家的国旗、国歌、货币等国家象征。在历史的发展过程中，各国形成了自己的历史、语言、文化和政治传统，国家的边界往往就是语言边界，同一国家不同语言区的矛盾十分尖锐，比利时就是典型代表。单一货币的超国家和泛欧洲特征在欧洲人心中始终存在疑虑。实际上，经济货币联盟和围绕执行该联盟所设置的各项制度，如欧洲中央银行、欧元、《稳定与增长公约》等始终没能纳入一个被广泛接受的欧洲一体化的政治框架内。

政治的合法性招致人们对经济货币联盟和欧元的批评。高失业率、经济增长缓慢成为民粹主义者攻击欧元的借口；指责“外国”决策者干预和操纵国内事务是随时可用和永远有效的政治武器；近两年，面对石油价格上涨和世界经济衰退，一些国家提出要给予更多的财政转移支付，要求修改《马约》中有关债务、赤字、物价目标的条款。

显然，要想让欧洲经济货币联盟避免重蹈历史上失败的货币联盟的覆辙，就必须积极应对上述挑战。

5. 欧元区的结构性问题

欧洲主权债务危机的爆发，充分暴露了欧元的结构性问题。

（1）成员国财政预算没有监督机制。

（2）没有转移支付机制。《稳定与增长公约》规定不能对成员国进行救助的条款就是防止财政转移支付。

（3）没有退出机制。统一的货币联盟类似于 19 世纪的金本位和 20 世纪 90 年代初欧盟的固定汇率机制。但金本位可以退出，第一次世界大战中各国为战争融资纷纷放弃了金本位。20 世纪 20 年代末大危机以后，1931 年英国为扩张信贷也带头废弃了金本位。固定汇率机制可以退出，如 1992 年英镑退出欧洲汇率机制。但欧元没有退出机制。因为如果退出欧元，这些国家的债务仍是欧元，但资产却是本币，本币必然会贬值，利率就大幅飙升，从而造成银行崩溃和国家破产。如果把债务单方面变成本币，就等于剥夺了债权人的权利，进而导致国家信誉破产，引起政治纠纷。所以，在面对危机的时候，各欧元区成员国只能通过内部调整，但这个调整过程是漫长和痛苦的。

（4）欧洲的南北、东西问题。东欧与西欧曾是一个政治问题，如今经济上的失衡也开始表现出来。匈牙利财政赤字问题已经暴露，保加利亚债务余额占 GDP 也已超过 100%。南欧与北欧的结构性问题更加严重，并且由来已久。在欧洲货币联盟成立之前，就有软货币集团与硬货币集团的区分，南欧国家货币以意大利里拉、西班牙比塞塔为代表是疲软的，北欧国家货币以德国马克为代表是坚挺的。货币反映了国家的竞争力、社会结构的差距。南欧国家的产业主要是服务业，制造业没有竞争力，而北欧国家的产业中制造业竞争力很强；北欧人很勤奋，南欧人较散漫；北欧人储蓄相对较高，南欧人要靠借债；北欧国家出口较多，而南欧国家进口较多。这种内部失衡对欧元区货币政策提出了挑战。

6. 欧元的命运与欧盟的未来

应对欧元危机，欧洲货币联盟必须进行以下改革：协调财政政策，改革欧元区现在内部严重失衡的社会状况；对欧元区的银行进行改革重组，增强资本实力；还要有反周期监管。为什么南欧国家会出现那么大的问题？因为这些国家在经济好的时候没有增税，反而减税、增加福利以讨好选民；在经济差的时候又需要财政刺激，结果债务越背越多。

欧元危机背后的主权债务危机实际上是全球金融危机的一部分。前些年全球经济特别是西方经济是靠私营部门的债务推动的。债务泡沫破灭后私营部门去杠杆化，通过公共部门增加债务来推动复苏，政府的债务负担越来越重，而政府部门去杠杆化实行紧缩就面临很大的政治、经济和社会挑战。但是如不进行大胆改革，欧元就没有光明的未来，欧元地位的动摇必然会削弱欧盟的政治基础。

本章小结

国际货币体系的主要内容包括：国际收支及其调节机制；汇率制度的安排；国际储备制度的确定和国际货币事务的协调与管理。国际货币体系的作用是从贸易和金融方面联系国际经济，协调各个独立国家的经济活动，促进贸易和支付过程的顺利进行，加速国际贸易和信贷的发展，使实际生产和就业达到更高水平。

第二次世界大战前的国际货币体系主要是国际金本位制度，它是研究国际货币体系的一个重要开端。其作用具体表现为：各国之间的汇率非常稳定，大大促进了国际贸易的发展和国际资本的流动；国际金本位制对供求失衡的调节主要依靠市场的力量，从而使政府的干预降低到最低限度，避免了人为的政策失误；有利于商品和资本在各国间的自由流动，使世界范围内的生产要素或组合更具效率；对国际收支不平衡的调节是渐进的。它避免了政府为对付外来冲击而采取本国货币贬值或货币管制等一些会给一国国内经济造成消极影响的突然性措施；国际金本位制通过国际收支不平衡所产生的压力，对那些偏好于膨胀国内经济的政府施加了外部约束。

国际金本位制的致命缺陷是它赖以生存的基础不稳定。另外的缺陷是：调节负担全部落在逆差国身上，该制度带有紧缩倾向；机会成本巨大。

国际金本位制度主要有三类：金币本位制、金块本位制和金汇兑本位制。

布雷顿森林体系的主要内容可概括为两大方面：一是有关国际货币体系的，涉及国际货币体系的基础、储备货币的来源及各国货币之间的汇率制度；二是有关国际金融机构的，涉及国际金融机构的性质、宗旨以及在国际收支调节、资金融通和汇率监督等国际货币金融事务中的作用。该体系下的固定汇率制度以黄金为基础，以美元作为最主要的国际储备货币。美元直接与黄金挂钩，其他国家的货币则与美元挂钩；各国货币与美元的汇率，一般只能在平价上下1%的幅度内波动；超过这个界限，其中央银行就有义务在外汇市场上进行干预，以维持汇率的稳定。美元可以兑换黄金和各国实行固定汇率制度，是这一货币体系的两大支柱。

布雷顿森林体系的特点是：汇率固定；货币可以兑换黄金；融通资金；在国际收支根本不平衡时，可以改变汇率；国家经济政策自主。

布雷顿森林体系的作用在于：在一定程度上解决了国际清偿能力的短缺问题；避免了竞

争性货币贬值;促进了国际贸易、国际投资与信贷活动的发展;基金组织对成员国提供各种类型的短期和中期贷款,有助于国际经济的稳定与增长;保证了各成员国经济政策的独立自主;基金组织在建立多边支付体系、稳定国际金融局势方面发挥了积极作用;缓和了基金组织成员国危机和失业状况。

美元的双重身份和双挂钩制度是布雷顿森林体系的根本缺陷。

以"黄金—美元"为中心的布雷顿森林体系实际上是一部美元兴衰史,是一个从美元荒到美元泛滥,最终爆发危机的过程。布雷顿森林体系的崩溃与美元危机密切相关。

特别提款权是布雷顿森林体系危机的产物,是企图缓和这种危机的一项措施。它是由一篮子货币为定值的限于国际货币基金组织成员国之间官方使用的一种账面单位。

2015年12月1日,人民币被国际货币基金组织纳入SDR篮子,至此,人民币在国际化进程中又迈进了一步。

牙买加体系的建立标志着一种不同于布雷顿森林体系的新的国际货币体系的诞生。其主要内容是:浮动汇率制度合法化;黄金非货币化;以特别提款权为主要储备资产;修订了基金份额;扩大了对发展中国家的资金融通。牙买加体系的特点是:实行以浮动汇率制度为中心的多种汇率制度;国际储备货币多元化;国际收支调节方式多样化。

牙买加体系的作用表现在:摆脱了布雷顿森林体系时期基准货币国家与挂钩货币国家相互牵连的弊端,并在一定程度上解决了"特里芬两难";实行的是灵活的混合汇率体制;国际收支的多种调节机制互为补充,成效较好。

牙买加体系的缺陷在于:主要工业化国家全部采用浮动汇率制度,汇率波动幅度较大;国际收支调节机制欠完善;利益分配欠合理。

最优货币区理论最早是由罗伯特·蒙代尔提出的。之后,麦金农和彼得·凯南等人分别从不同的角度对蒙代尔提出的最优货币区理论进行了修正和补充。这三位学者的思想构成了经典的最优货币区理论框架。该理论不仅是区域性货币一体化的理论反映,而且对区域性一体化,尤其是对欧洲货币体系的建立及欧元的诞生具有很大的启发性。当然,它也有一定的缺陷。

欧元的启动是国际金融领域自布雷顿森林体系瓦解以来最重要的历史事件。它的作用表现在:优化区域内资源配置,推动欧盟所有成员国经济发展;产生欧元效应;挑战美元在国际货币体系中的霸权地位,进一步分享世界国际货币的好处。

欧元面临的挑战有财政政策的挑战、货币政策的挑战、最优货币区理论的挑战,以及政治合法的挑战。欧元区存在结构性问题。欧洲主权债务危机的爆发为欧元区的运作带来新的挑战。

思考题

1. 名词解释

国际货币体系　布雷顿森林体系　牙买加体系　美元荒　美元泛滥　美元危机　黄金总库　《史密森协议》　特别提款权　最优货币区　欧洲货币体系　《马斯特里赫特条约》　欧元

2. 固定汇率制度有哪些类型?各自有什么特点?

3. 布雷顿森林体系的主要内容和特点是什么?它在第二次世界大战后起到了什么作用?

4. 布雷顿森林体系的缺陷有哪些?为什么会最终崩溃?

5. 从美元荒、美元过剩到美元危机的原因是什么？

6. 特别提款权的特点、使用分配原则、定值及局限性是怎样的？

7. 请对 2015 年 12 月 1 日人民币被国际货币基金组织纳入 SDR 篮子给中国经济和人民币国际化带来的影响进行分析。

8. 最优货币区理论有哪些主要内容？

9. 欧洲货币体系的主要内容是什么？

10.《马斯特里赫特条约》的主要内容是什么？

11. 欧元面临的挑战是怎样的？

第八章　国际储备

- 官方储备对任何一个国家或地区都至关重要，但发达国家与发展中国家的储备政策、储备构成及管理有一定的区别。
- 本章要点：国际储备的含义、构成及作用，最适度国际储备量，国际储备体系多元化，中国的储备资产管理。

第一节　国际储备的含义、构成、来源及作用

一、国际储备的含义

国际储备(International Reserve)是国际金融领域中的重要内容之一，也是第二次世界大战后国际货币体系改革中的一个核心课题。所谓国际储备，是指一国货币当局能随时用来干预外汇市场、支付国际收支差额的资产。国际货币基金组织在《国际收支手册》中指出：国际储备是“中央当局实际直接有效控制的那些资产”，“储备资产是由黄金、特别提款权、在基金组织的储备头寸、使用该组织的信贷和非居民现有的债权组成”。可见，国际货币基金组织不但规定了国际储备的性质，而且明确了它的主要构成。

作为国际储备的资产必须具备四个特性：(1) 官方持有性，即作为国际储备的资产必须是中央货币当局直接掌握并予以使用的，这种直接“掌握”与“使用”可以看成一国中央货币当局的一种“特权”。非官方金融机构、企业和私人持有的黄金、外汇等资产，不能算作国际储备。该特点使国际储备被称为官方储备，也使国际储备与国际清偿力区分开来。(2) 可得性，即各国金融当局完全有能力获得这类资产。(3) 流动性，即变为现金的能力。例如，当一个国家的货币汇率涨、跌过度时，该国金融当局就可以动用国际储备，通过干预外汇市场来维持本国货币汇率的稳定；或者，当一国国际收支发生逆差时，可以动用国际储备来弥补逆差。(4) 普遍

接受性，即它是否能在外汇市场上或在政府间清算国际收支差额时被普遍接受。我们通常所说的国际储备，是指一国的自有储备，其数量多少反映了一国在国际货币金融领域中的地位。

国际清偿力(International Liquidity)的内涵比国际储备广泛得多，前者是指一国的对外支付能力，具体来说，是指一国直接掌握或在必要时可以动用作为调节国际收支、清偿国际债务及支持本币汇率稳定的一切国际流动资金和资产。它是一国的自有储备和借入储备之和。所谓借入储备，是指一国向外借款的能力，主要包括：(1) 从国际金融机构和国际金融市场借款的能力；(2) 商业银行持有的外汇资产；(3) 一国发生国际收支逆差时，外国人持有逆差国货币的意愿；(4) 利率提高或利率期限的变化，在未发生不利的国内影响的条件下，对于鼓励资金内流的程度。换言之，一国弥补逆差及干预外汇市场除了动用自有储备外，还可以通过向国际货币基金组织申请贷款，向外国政府和中央银行取得贷款，签订中央银行之间互惠信贷的协定，或动用私人对外国人的短期债权等方式取得贷款和资金。所以说，国际清偿力反映的是一国货币当局干预外汇市场的总体水平，它常常被经济研究人员和外汇市场交易商视为一国货币当局维持其汇率水平的重要依据。

国际清偿力、国际储备与外汇储备的关系是：(1) 国际清偿力是自有国际储备和借入储备之和。其中，自有储备是国际清偿力的主体，因此，国内学术界也把国际储备看成狭义的国际清偿力。(2) 外汇储备是自有国际储备的主体，因而也是国际清偿力的主体。(3) 可自由兑换资产可作为国际清偿力的一部分，或者说包含在广义国际清偿力的范畴内，但不一定能成为国际储备货币。只有那些币值相对稳定，在国际经贸往来及市场干预方面被广泛使用，并在国际经济与货币体系中地位特殊的可兑换货币，才能成为储备货币。

正确认识国际清偿力及其与国际储备的关系，对一国货币当局充分利用国际信贷或上述的筹款协议，迅速获得短期外汇资产来支持其对外支付的需求，具有重大意义；对理解国际金融领域中的一些重大发展，如欧洲货币市场对各国国际清偿力的影响、一些发达国家国际储备占进口额的比率逐渐下降的趋势，以及研究国际货币体系存在的问题与改革方案等，都是很有帮助的。

二、国际储备的构成

第二次世界大战后，各国的国际储备主要由四部分构成，即一国政府持有的黄金储备(Gold Reserve)、外汇储备(Foreign Exchange Reserve)、在国际货币基金组织中的储备头寸(Reserve Position)，以及在国际货币基金组织中的特别提款权余额。

(一) 黄金储备

作为国际储备的黄金是货币黄金，以黄金作为国际储备的历史比较长。黄金储备的优点在于，它是一种很好的保值手段，没有一个国家的货币金融当局愿意废除黄金储备，因为黄金储备完全属于国家主权范围，可以自动控制，不受任何超国家权力的干预。

黄金与其他储备资产相比也有其不足：(1) 黄金不便用作日常的清算支付手段。因用黄金结算还要连带现金输送或拍卖等过程，远不如非现金结算迅速方便。自 20 世纪 70 年代以来，世界各国主要是用外汇充当日常的国际支付手段。(2) 黄金储备营利性较低。黄金的主要作用是保值，缺乏盈利能力。与外汇相比，黄金自身不会增值，相反，持有黄金还需要支付贮藏费用。如果黄金要保值，只能依靠金价的上升，并且决定于金价上升的幅度是否大于贮藏费用。(3) 黄金储备流动性弱。自 20 世纪 90 年代起,黄金已逐渐蜕化为一种缺乏流动性的资产,尤其在黄金非货币化后,如果想利用黄金干预市场,还必须间接地把黄金转换为外汇。这种转换既麻烦又增加转换费用,形成额外的负担。

由于黄金储备有着上述三个缺点,因此,第二次世界大战后各国货币当局持有黄金的比例总体来说呈下降趋势。当今,除了美国和德国等极少数国家的黄金储备很多外,其他国家国际储备中的黄金储备价值都大大少于其外汇储备数额。此外,黄金储备不断下降的原因与布雷顿森林体系崩溃后黄金非货币化以及国际货币基金组织切断黄金与货币的固定联系有直接关系。1997 年东南亚货币危机后,国际社会出现了抛售黄金储备的浪潮,从而使当时的黄金市场价格一度走低。黄金价格近年来根据市场供求起伏动荡,这无疑使黄金作为世界货币的职能弱化了。

由于黄金供应量受自然条件限制,私人储藏和工业需求不断增长,黄金储备已不能满足国际贸易和国际投资对国际流通手段日益增加的需要,因此,自然就会产生其他形式的储备资产。

(二) 外汇储备

外汇储备是当今大多数国家国际储备中的主体。之所以是主体,主要表现在两个方面:一是外汇储备实际使用的频率最高、规模最大,而黄金储备则较少使用,储备头寸和特别提款权因其本身的性质和规模,其作用远远小于外汇储备;二是外汇储备的金额对大多数国家而言超过所有其他类型的储备。

凡是外汇储备中的储备货币都要有三个相互联系的特点:国际清算的媒介、清偿力的来源和执行干预行动的职能。换言之,并非所有可兑换货币都可成为储备货币,具体来说:第一,储备货币应是国际贸易中进出口商所选择的关键货币,如第一次世界大战前的英镑及第二次世界大战后的美元;而且进出口商对该货币购买力的稳定性有信心,该货币发行国要保证其货币的可兑换性。第二,一种储备货币不仅必须可以自由兑换成其他储备资产,而且必须向世界提供适当数量的货币,货币价值相对稳定。若供给太少,则很多国家会被迫实行外汇管制或采取其他不利于国际经贸活动顺利开展的措施;反之,若供给太多,又会增加世界性通货膨胀的压力。因此,储备货币的供应如何在总体上保持适量,是国际金融研究的一个重要课题。第三,储备货币还要在中央银行干预外汇市场方面发挥作用。它必须在世界范围内普遍被人们接受,作为国际清算的手段,必须在世界上维持储备资产发挥职能的信心。

20 世纪 70 年代前,外汇储备的供应主要依赖于美元。美国通过其国际收支逆差,使大量美元流出美国,形成一种世界性货币。其中一部分被各国政府所拥有,成为各国的储备货币。自 20 世纪 70 年代初期起,由于美元不断爆发危机,美元停止兑换黄金,并不断贬值。与此同时,其他有些国家如先前的联邦德国和日本等国经济的崛起并且在国际经贸领域中的作用不断扩大,使马克、日元、瑞士法郎及荷兰盾等货币逐渐成为硬货币,加入了储备货币的行列。这些货币具有了储备货币的特点。1999 年欧元诞生后,欧元在大多数国家的国际储备中的比重不断增加。但是,在各国储备货币中,美元仍占绝对优势,无论是发达国家的外汇储备还是发展中国家的外汇储备,美元的比重都超过 60%,而欧元所占比重始终没有超过 30%。

(三) 在国际货币基金组织中的储备头寸

储备头寸是指成员在国际货币基金组织中的债权头寸,等于成员以外汇储备资产向国际货币基金组织认缴其份额的25%部分，而产生的对国际货币基金组织的债权[①]，以及国际货币基金组织用去的本成员货币持有量部分。

储备头寸是成员在国际货币基金组织里的自动提款权，成员可以无条件地提取以用于弥补国际收支逆差。一成员若要使用其在国际货币基金组织的储备头寸，只需向国际货币基金组织提出要求，国际货币基金组织便会通过提供另一成员的货币予以满足。

（四）在国际货币基金组织中的特别提款权余额

特别提款权，是国际货币基金组织分配给成员的一种用来补充现有储备资产的手段，是成员在国际货币基金组织的账面资产。因为它是普通提款权即储备头寸以外的一种特别使用资金的权利，故称特别提款权，又称纸黄金。它也是一国国际储备的重要组成部分。

当某一成员发生国际收支逆差时，可以动用特别提款权，把它转让给另一成员，换取可兑换货币，以弥补逆差，并且可直接用特别提款权偿还基金组织的贷款。我们在前一章中对特别提款权的性质、定价已做介绍，这里再分别对它与储备资产相比的特点、运作、利率和用途再做一些补充。

1. 特别提款权的特点

特别提款权与上述三种储备资产相比，有以下4个特点：

（1）它是一种没有任何物质基础的记账单位，虽创设时也规定了含金量，但实际上不像黄金具有内在价值，同时也不像美元等储备货币有一国的政治和经济实力为后盾。

（2）成员可无条件享有它的分配额，无须偿还。它与成员原先享有的提款权不同，后者必须在规定期限内偿还给基金组织，而特别提款权则70%无须偿还，可以继续使用，但必须先换成其他货币。

（3）它主要用于弥补成员国际收支逆差或者偿还基金组织的贷款，任何私人和企业均不得持有和使用，也不能用于贸易或非贸易支付，更不能用它兑换黄金。

（4）它不受任何一国政策的影响而贬值，因此是一种比较稳定的储备资产。

2. 特别提款权的运作

国际货币基金组织设有特别提款权部，参与的成员均设有一特别提款权账户。当基金组织向成员分配特别提款权时，将一成员分到的数额记录在该成员特别提款权账户的贷方。当成员发生国际收支困难而需要动用特别提款权时，基金组织按有关章程通过协商，指定一国（通常是国际收支处于强势的国家）接受特别提款权。以A、B两国为例，假设A、B两国分别分配到5亿特别提款权，当A国发生国际收支逆差而需动用3亿特别提款权、B国被指定接受特别提款权时，在A国的特别提款权账户借方记录3亿，在B国的特别提款权账户贷方加上3亿，同时，B国的中央银行将等值的可兑换货币转入A国的中央银行，A国的中央银行遂可用得到的这笔可兑换货币来平衡国际收支差额。

3. 特别提款权的利率和用途

由于特别提款权的价值是用4种主要货币汇率加权平均后求得的，因此，与之对应，特别提款权资产的利率也是用这4种货币的市场利率加权平均后求得的。目前，除了国际货币基金组织的成员可以持有并使用特别提款权外，还有国际货币基金组织本身、国际清算银行等也可持有并使用。总之，特别提款权的使用仅限于政府之间。

---

① 这部分储备头寸称为“储备档贷款”(Reserve Tranche)。

在国际货币基金组织范围内,特别提款权有以下用途:(1) 以划账的形式获取其他可兑换货币;(2) 清偿与国际货币基金组织之间的债务;(3) 缴纳份额;(4) 向基金捐款或贷款;(5) 作为本国货币汇率的基础;(6) 成员之间的互惠信贷协议;(7) 基金组织的计账单位;(8) 充当储备资产。由此可见,一国国际储备中的特别提款权部分,是该国在国际货币基金组织特别提款权账户上的贷方余额,并且它是一种靠国际纪律而创造出来的储备资产。虽然它具有价值尺度、支付手段及贮藏手段的职能,但却没有流通手段的职能,不是一种完全的世界货币,也不能被私人用作国际商品的流通媒介。

三、国际储备的来源

(一) 收购黄金

收购黄金包括两方面:(1) 一国从国内收购黄金并集中至中央银行;(2) 一国中央银行在国际金融市场上购买黄金。不过,因黄金在各国日常经济交易中使用价值不大,加上黄金产量有限,因此,黄金在国际储备中的比重一般不会增加。

(二) 国际收支顺差

国际收支顺差包括两方面:(1) 国际收支中经常账户的顺差,它是国际储备的主要来源。该顺差中最重要的是贸易顺差,其次是劳务顺差。目前,劳务收支在各国经济交往中,地位不断提高,许多国家的贸易收支逆差甚至整个国际收支逆差,都利用劳务收支顺差来弥补。当不存在资本净流出时,如果一国经常账户为顺差,则必然形成国际储备;而当不存在资本净流入时,如果一国经常账户为逆差,则必然使国际储备减少。(2) 国际收支中资本和金融账户的顺差,是国际储备的重要补充来源。目前,国际资本流动频繁且规模巨大,当借贷资本流入大于借贷资本流出时,就形成资本账户顺差。如果此时不存在经常账户逆差,这些顺差就形成国际储备。这种储备的特点就是由负债构成,到期必须偿还。但在偿还之前,可作储备资产使用。当一国的借贷资本流出大于借贷资本流入时,资本账户必然发生逆差,如果这时有经常账户逆差,则国际储备将会大幅减少。

(三) 中央银行干预外汇市场所取得的外汇

中央银行干预外汇市场也可取得一定的外汇,从而增加国际储备。当一国的货币汇率受供求的影响而有上升的趋势或已上升时,该国的中央银行往往就会在外汇市场上进行公开市场业务,抛售本币,购进外汇,从而增加本国的国际储备;相反,当一国的货币汇率有下浮趋势或已下浮时,该国就会购进本币,抛售其他硬货币,从而减少本国储备。一般来说,一个货币汇率上升的国家,往往是国际收支顺差较多的国家,因此,没有必要通过购进外汇来增加已过多的外汇储备,但由于干预的需要,会自觉或不自觉地增加本国的外汇储备。

四、国际储备的作用

国际储备的作用,既可以从世界范围来考察,也可以具体从一个国家来考察。

(一) 从世界范围来考察国际储备的作用

随着国际经济和国际贸易的发展，国际储备也相应增加，它是国际商品流动的媒介，对国际经济的发展起促进作用。

(二) 具体从一个国家来考察国际储备的作用

对于一个国家而言，保持一定数量的国际储备具有以下几个方面的作用：

1. 调节国际收支逆差，维持对外支付能力

当一国发生国际收支逆差时，国际储备可以发挥一定的缓冲作用，这种缓冲性可使一国在发生国际收支逆差时暂时避免采取调节措施，即使一国国际收支情况长期恶化而不可避免地要采取调节措施时，也可以将调节行动选择在一个比较适当的时期，以缓和调节过程，从而减少因采取措施而付出沉重的代价。当然，由于一国的国际储备总是有限的，因此，对国际收支逆差的调节作用也只是暂时的。

2. 干预外汇市场，维持本国货币汇率稳定

当本国货币汇率在外汇市场上发生暴涨或暴跌时，有时是由非稳定性投机因素引起本国货币汇率过低，货币当局即可抛售外汇储备，用以收购本国货币，维持汇率稳定；反之，做法则相反。由于各国货币当局持有的国际储备总是有限的，因而外汇市场干预只能对汇率产生短期影响。但汇率的波动在很多情况下是由短期因素引起的，所以外汇市场干预对稳定汇率乃至稳定整个宏观金融和经济秩序起着积极作用。

3. 向外借款的信用保证

国际储备可以作为国家向外借款的信用保证。在国际上，一国持有的国际储备状况是国际银行贷款时评估国家风险的重要指标之一，当一国的国际储备比较充足时，对外借款就比较容易；反之，就比较困难。由此可见，国际储备可以增强一国的资信，吸引外资的流入。

4. 争取国际竞争的优势

如果一国货币当局国际储备资产充足，那么，它便具有维持其货币地位的能力，争取到国际竞争优势。一国的货币如作为储备货币或关键货币，则更加有利于支持它在国际上的地位。

第二节 最适度国际储备量

一、最适度国际储备量的含义

最适度国际储备量是指一国政府为实现国内经济目标而持有的用于平衡国际收支和维持汇率稳定所需要的最低限度的黄金和外汇储备量。

一国国际储备资产的存量不能不足，也不可过多。储备不足，往往会引起国际支付危机，影响经济增长，缺乏对突发事件的应变能力。反之，储备过多，则会增加本国货币的投放量，潜伏着通货膨胀的危险；外汇储备积压过多，不能形成生产能力，实际上会导致储备的机会成本上升，带来消耗和投资的牺牲；外汇供过于求，还存在本币升值的压力；如果汇率波动频繁，就可能蒙受汇率风险。所以，一国国际储备应满足经济增长和维持国际收支平衡的需要，达到合理利用国内外资源的水平及增长率。要确定一国适度的国际储备水平，就应分析影响国际储

备需求的因素和储备供应的一些条件。

二、确定最适度国际储备量的分析方法

由于一国国内经济发展和国际经济变动受许多不确定性因素的影响，因此，要准确衡量适度储备量比较困难，目前主要有以下几种方法：

(一) 比率分析法

据统计，20 世纪 50 年代以来世界储备总额占进口比例从 80%不断下降，到 70～90 年代，下降到 30%以下，大约相当于 3 个月的进口额。但是因各国具体情况不同，并不能一概而论。1947 年，美国经济学家特里芬通过对六十多个国家的储备与进口比例的分析，得出的结论为，一国全年国际储备量与贸易进口额的比率应满足 3 个月的进口需求。

$$\frac{\text{国际储备量}}{\text{进口额}} \approx \frac{\text{外汇储备}}{\text{3 个月进口额}}$$

当一国的国际储备量与进口额的比率在 40%以上时就具有充分的能维持其货币可兑换性的能力；当这一比率低于 30%时，一国政府就很可能采取管制措施。后来，有些学者又在此基础上稍做推广，将国际储备量的最优水平引申为能否满足 3～4 个月的进口支付，即以 25%～30%的储备量与进口额的比率为标准，若过度偏离这一标准，就可认为国际储备短缺或过剩。

显然，特里芬以储备需求随贸易增长而增加为依据，提出用储备量与进口额的比率来测算国际储备需求的最适度水平。但这种测算方法是根据可观察到的和已实现的结果，而不是根据预测或潜在的结果来推算储备需求。比率分析法(Ratio Approach)虽受到不少经济学家的批评，但它仍可以为储备需求水平的适度性提供一个比较粗略的指标，而且简便可行。国际货币基金组织采用了这一方法，并且认为，能应付 3 个月进口额的国际储备水平，就可以算是发展中国家的理想水平。然而，这种方法只能作为一种参考，一国不能完全将这种测算作为一国适度国际储备水平的依据，还必须结合其他定量方法进行测算。

(二) 成本收益分析法

成本收益分析法(Cost Benefit Approach)重点研究发展中国家的适度储备量，它以发展中国家常见的经济条件为理论依据。这些条件是：(1) 由于进口价格上升和出口量下降等原因经常存在外汇紧缺；(2) 因生产性进口商品受到限制而存在不能使用的闲置资源；(3) 在国际金融市场上的筹资能力有限；(4) 在不能为国际收支逆差提供融资时往往通过削减进口来调节。在上述理论前提下，计算一国持有一定量储备所需花费的机会成本和可能的收益，然后计算出边际成本等于边际收益时的储备量，即适度储备量。在这里，机会成本是指，如果将外汇用于进口必需的生产性商品所可能产生的那部分国内总产量；储备收益是指，通过运用国际储备，避免在国际收支逆差时过度的紧缩所损失的国内总产量。机会成本和储备收益相等的储备量便是最适度储备量。这一方法虽然有一定的说服力，但寻找实证来证明理论上的一些因素比较困难。因此，真正采取这种分析方法还存在一定的难度。

(三) 临界点分析法

这是以临界点为计算方法，即根据历年来国民经济发展水平，找出最高储备量和最低储备

量两个临界点，两个临界点之间作为适度储备区，其中的某一点便是适度储备量。这种方法认为，经济高速增长，进口量急剧增加年份所需要的最高储备量便称为保险储备量，这是上限临界点；而经济发展缓慢，进口量锐减年份所需要的最低储备量便称为经常储备量，这是下限临界点；在上限和下限之间便是适度储备区，其中的某一点即适度储备量。

(四) 回归分析法

自20世纪60年代以后，多数研究人员利用回归技术并根据进口和储备对进口的目标比率来估计对储备的需求，从而得出最适度国际储备量。这一方法克服了比率分析法存在的周期性的困难，在分析问题时涉及更多的独立变量。这些变量包括：(1) 国际收支变动量；(2) 国内货币供应量；(3) 国民生产总值和国民收入；(4) 持有储备的机会成本，最主要的是与长期利率的关系；(5) 进口水平和进口的边际倾向。总之，这一分析法使对国际储备量适度性的测算从静态分析发展为对各种变量的动态分析。

20世纪70年代初，西方各国实行浮动汇率制度，研究重点转向灵活性对国际储备需求的影响，得出的结论为：汇率灵活性的增强，可期望抵消国际贸易的增长量对中央银行国际储备需求的影响。有研究表明，在浮动汇率制度下，工业国家的国际储备持有量因汇率变动更加灵活而下降，而非产油发展中国家的国际储备持有量倾向于高出固定汇率制度时期。由于它们的本国货币钉住一种或几种汇率浮动的货币，因此其国际收支容易遭受较大程度的变动。

上述各种分析方法表明，国际储备的需求及其适度性是一个极为复杂的问题。影响国际储备需求的因素或变量很多，并且储备量适度性的测算也比较困难，各种分析方法虽各有一定的根据，但均有利弊，很难达到测算的准确性。因此，测算最适度国际储备水平，不能只采取一种方法，而应将多种方法结合起来，测算出最适度国际储备水平的一个幅度，而不是某一具体数字。这个幅度可用上限和下限来表明。上下限的幅度就是适度性水平的范围。若超出上限，则表明国际储备过多；若低于下限，则表明国际储备不足。

三、影响一国适度国际储备水平的主要因素

影响一国国际储备水平适度性的因素很多，并且很复杂，这里可以概括为以下几个方面：

第一，国民经济的发展规模和发展速度。这是影响适度储备量最基本的因素。投资规模越大，进口需求就越多，所需的外汇储备也就越多。

第二，国际收支动态均衡的状况。国际货币基金组织认为，充分的国际储备是使一国能协助实现其国际收支目标所需要的储备量和储备增长率。一国的国际收支调节规模和影响越大，国际收支的调节成本越高，其所需的国际储备量就越大。而一国对国际收支调节机制的效率越高，其所需的储备量就越少。

第三，政府政策的偏好，主要包括外汇管制的宽严程度、通货膨胀率、就业率、汇率弹性、对投资风险管理的态度等因素，对一国国际储备量的适度水平有直接的影响。

第四，对外贸易的发达程度和结构。封闭型的经济不需要很多外汇储备，而开放型经济对外汇储备的需求量较大。出口导向型经济对外汇需求相对少些，原材料主要依赖进口的经济则需要较多的外汇储备。

第五，利用国际融资的能力。资信较好的发达国家的融资能力较强，其国际储备需求相对小些；资信较差的发展中国家由于从国际金融市场获得融资的难度较大，因此对国际储备需求

相对较高。

第六,持有储备的机会成本与储备资产的营利性。如果持有国际储备能够获利而无任何代价,一国必然会有无限量的储备需求。然而,事实并非如此,持有储备需要付出代价,这种代价就是机会成本。机会成本越高,所需持有的储备就越少。另外,持有储备所能获得的收益越高,对储备资产的需求就越大。

第七,经济政策的国际协调。国际双边和多边援助的有效运用、国际贸易政策与国际金融政策的协调融洽都有助于减少一国的外汇储备需求,拒绝国际援助会加重一国政府的外汇储备负担。

以上列举的影响一国适度国际储备水平的因素,涉及政治、经济及社会各个方面,而这些因素的交织作用使适度国际储备水平的确定更为复杂。

第三节　国际储备体系的多元化

一、国际储备体系的演变

(一) 第一次世界大战前的单元化储备体系

在典型的金本位制度下,世界市场上流通的是金币。因此,国际储备体系呈单元化,其特点就是国际储备受单一货币支配。

由于金本位制度率先(1816 年)在英国实行,各国只是后来仿效,因此逐渐形成了以英镑为中心、金币(或黄金)在各国间流通和被广泛储备的现象。所以,金本位制度下的储备体系,又称黄金—英镑储备体系。在该储备体系中,黄金是国际结算的主要手段,也是最主要的储备资产。

(二) 两次世界大战之间过渡性的储备体系

第一次世界大战后,典型的金本位制崩溃,各国建立起来的货币制度是金块本位制或金汇兑本位制(美国仍推行金本位制)。国际储备中外汇储备逐渐向多元化方向发展,形成非典型性的多元化储备体系,不完全受单一货币统治。但由于该体系不系统、不健全,因此,严格地说,它是一种具有过渡性质的储备体系。当时,充当国际储备货币的有英镑、美元、法国法郎等,以英镑为主,但美元有逐步取代英镑地位之势。

(三) 第二次世界大战后至 20 世纪 70 年代初以美元为中心的储备体系

在这一体系中,黄金仍是重要的国际储备资产,但随着国际经济交易的恢复与迅速发展,美元成为最主要的储备资产。这是因为,一方面,当时世界黄金产量增加缓慢,从而产生了经济的多样化需要与黄金单方面供不应求的矛盾;另一方面,黄金储备在各国的持有量比例失衡,美国持有了黄金储备总量的 75%以上,其他国家的持有比例则较小。因此,在各国国际储备中,黄金储备逐渐减少,美元在国际储备体系中的比例逐渐超过了黄金而成为最重要的国际储备资产。例如,在 1970 年,世界储备中外汇储备占 47.8%,而美元储备又占外汇储备的 90%以上。因此,从总体上看,这时期各国的外汇储备仍是以美元为主的一元化体系。

需要强调的是,第二次世界大战后的美元—黄金储备体系与金本位制下的黄金—英镑储备体系是有区别的:(1) 在典型的金本位制度下,各国的货币直接与黄金挂钩,黄金是国际储备体系中的主要中心货币,并且由于黄金具有稳定的内在价值,因此,不存在信用和汇率危机等问题。(2) 在第二次世界大战后以美元为中心的货币制度下,各国货币并不直接与黄金挂钩,而是直接与美元联系,然后通过美元兑换黄金,美元成为最主要的中心货币。由于美元是纸币,本身没有价值,美元之所以被广泛接受并流通,是因为当时美国具有大量的黄金储备、强大的经济实力和政府的信用保证,由此保证了美元作为中心储备货币的特殊地位。一旦美国经济衰退,国际收支恶化、美国政府信用保证下降以及黄金储备大量流失,美元这个中心储备货币也就随之动摇了。

(四) 20世纪70年代后至今的多元化储备体系

布雷顿森林体系崩溃后,国际储备体系发生了质的变化。这表现在储备体系完成了从长期的国际储备单元化向国际储备多元化的过渡,最终打破了某一货币如美元一统天下的局面,二十多年来,形成了以黄金、外汇、储备头寸和特别提款权等多种国际储备资产混合构成的一种典型性的国际储备体系。其特点是国际储备受多种硬货币支配。多种硬货币互补互衡,共同充当国际流通手段、支付手段和储备手段。

多元化国际储备体系产生的具体原因有:

1. 不断爆发美元危机

自20世纪60年代初期以来,由于美元危机频繁爆发,美元的国际地位不断削弱。进入70年代以后,美国经济进一步衰退,出现了更多难以克服的矛盾和问题。美国的国际收支连年逆差使美元的信用不断恶化,1971年和1973年美元两次贬值后,各国美元储备的购买力进一步下降,特别是发展中国家深受其害:(1) 各国美元储备的价值下降;(2) 以升值的德国马克和日元计值的债务负担沉重;(3) 从货币升值国进口的商品价格上涨。布雷顿森林体系的崩溃使作为关键货币的美元已不再能称霸于国际金融舞台,国际储备货币出现了多元化的趋势。

2. 日元、瑞士法郎、德国马克及后来诞生的欧元日益坚挺

国际储备体系多元化是美国和其他工业发达国家相对经济实力发生变化的结果。在美国经济实力相对下降的同时,日本、西欧的经济却恢复发展起来,特别是日本和联邦德国的经济日新月异、蒸蒸日上。因此,许多国家便纷纷将储备资产中的美元兑换成升值的日元、德国马克和瑞士法郎等硬通货,或抢购黄金,使储备资产分散化,以便使储备资产中各种货币的升值与贬值效应可以相互抵消,保持储备货币价值的稳定。多年来,美元虽然在世界储备资产中所占的比重很高,但自1973年以来,储备货币多元化的趋势仍然很明显。20世纪70年代末,石油第二次提价,石油输出国的外汇储备大增,也加速了国际储备体系多元化的进程。1999年诞生的欧元作为一种强势货币在国际金融市场上与美元抗衡,尤其是进入21世纪以来,欧元在2001～2004年间,相对于美元出现了大幅度升值,而美国爆发的次贷危机以及后来欧洲爆发的主权债务危机使许多国家日益重视储备货币多元化,并及时调整外汇储备的币种结构。

3. 在浮动汇率制度下外汇储备价值稳定

自1973年起,浮动汇率制度取代了固定汇率制度。此后,西方外汇市场货币汇率的变动越来越频繁,越来越容易暴涨暴跌。各国在浮动汇率制度下,为了避免外汇风险、保持储备货

币的价值,有意识地使储备货币分散化,以便使储备资产中各种货币的升值与贬值效应可以相互抵消,使外汇储备整体免受或少受损失。

4. 西方主要国家国际储备意识的变化

一个储备体系的建立,除必须具备一定的客观条件外,还必须具备一定的主观条件,这个主观条件主要是指各国对国际储备的意识。多元化国际储备体系的形成很大程度上是受这一意识的变化推动的,具体表现为两方面:一是美国愿意降低美元的支配地位。第二次世界大战后美国一直坚持维护美元在储备体系中的垄断地位,这样,美国可借助于储备货币发行国这个优势,用直接对外支付美元的方式弥补其国际收支逆差,还可以用美元大量发放贷款或进行投资,获取高额利息,甚至控制其他国家的经济。但 20 世纪 70 年代后,因美元危机对内外经济造成巨大的压力,迫使美国改变意识,表示愿意降低美元的支配地位,与各国分享储备中心货币的利益。二是联邦德国、日本等硬货币国家愿意把本国货币作为中心储备货币。这些国家最初是不愿本国货币成为中心储备货币的。因为一旦成为中心储备货币,就成为储备货币发行国,虽然由此可获得一定的好处,但必须对外完全开放国内金融市场,对资本输出入也不加任何限制,这样就会影响其国内的货币政策乃至经济发展。同时,任何一国货币作为储备货币都会遇到"特里芬难题",即随着储备货币发行量的增长,其信用保证必然下降,进而影响货币汇率。但自 1979 年遭到第二次石油危机冲击后,这些国家改变了态度,放松了对资金的管制,鼓励外资内流以及外国中央银行持有本国货币的增加,加速了这些货币作为国际储备货币的进程。

5. 国际经济金融组织创设了篮子货币

如前所述,国际货币基金组织为了缓和美元危机,于 1969 年 9 月正式通过建立特别提款权的方案,并且已经向成员进行了三轮特别提款权分配。这些特别提款权已成为各国国际储备的重要组成部分。此外,欧洲经济共同体曾在 1979 年建立了欧洲货币体系,并创设了欧洲货币单位,在 1999 年欧元诞生之前,它也曾在许多国家的国际储备中占有一定的比重。

二、国际储备体系多元化产生的经济影响

目前,世界上对多元化国际储备体系的利弊评价各执一词,概括起来有以下几个方面:

(一) 多元化国际储备体系的优点

第一,国际储备货币的增加有利于摆脱对美元的过分依赖,打破美元一统天下的局面,美国经济形势的变化不再能完全左右各国外汇储备的价值,从而促进了各国货币政策的协调。在美元—黄金储备体系下,美国可利用其特殊地位,推行对外扩张的经济政策,操纵国际金融局势,控制他国经济。多元化国际储备体系的建立使美国独霸国际金融天下的局面被打破,各国经济不再过分依赖美国。同时,因国际储备货币多样化,可以在很大程度上削弱一国利用储备货币发行国的地位而强行转嫁通货膨胀和经济危机的可能性。此外,多元化国际储备体系付诸实践本身就是一个国际化的问题,各国为了维持多元化国际储备体系的健康发展和国际金融形势的稳定,就必须互相协作,共同干预与管理。这些都有利于各国加强金融合作,改善各国相互间的经济关系。

第二,有利于各国调整其储备政策,防范、分散因储备货币汇率变动而带来的风险。这是因为多元化国际储备体系可为各国提供有效组合储备资产、规避风险的条件,即各国可根据金

融市场具体的变化情况，适时、适当地调整储备资产结构，对其进行有效的搭配组合，从而避免或减少因单一储备资产发生危机而蒙受损失，保持储备价值的相对稳定，并尽力获取升值的好处。

第三，有利于各国调节国际收支。一方面，各国可以通过各种渠道获取多种硬货币用于平衡国际收支逆差，这与只有单一美元储备可用于弥补国际收支逆差相比要方便得多；另一方面，多元化国际储备体系处于各国实行浮动汇率制度的环境中，在此制度下，各国可以采取相应的措施调节国际收支，但在单一储备体系下，各国为调节国际收支而需变更汇率时，须征得国际货币基金组织同意后才可进行。

第四，有利于缓和国际储备资产供不应求的矛盾。在美元—黄金储备体系或以美元为中心的储备体系下，美元是单一的储备货币，但随着各国经济的发展，对美元的需求不断扩大，而美国却无法满足，从而造成了国际储备资产供不应求的矛盾，这显然不利于除美国以外的其他国家的经济发展。而在多元化国际储备体系下，同时以几个经济发达国家的硬货币为中心储备货币，使各国可使用的储备资产增加，可以满足各国储备货币多样化和灵活调节的需求。

（二）多元化国际储备体系潜在的不稳定性

多元化国际储备体系的积极作用使该体系多年来经受住了多次经济和金融危机的严峻考验，但该体系同时也带来了潜在的不稳定性。

第一，加剧了世界性通货膨胀。世界性通货膨胀的一个导因是国际储备货币总额的过分增长，而多元化国际储备体系恰好能“制造”出更多的储备货币，外汇储备中日元、瑞士法郎和欧元与传统货币美元一起使用后，促使国际储备总额成倍增长。

第二，加剧了外汇市场动荡。这是因为，各国货币当局根据储备货币汇率风险和利率收益，在国际外汇市场上不断调整储备资产的货币构成，从而加剧了外汇市场的不稳定性。

第三，国际储备管理的难度增加。国际储备资产分散化以后，可调换的资金增多，因而国际储备资产的稳定不仅取决于美国的经济发展，而且取决于其他储备货币所在国的经济情况。储备资产的稳定性如何，就成了国际性问题。因此，一国在管理国际储备时，必须密切关注诸多储备货币国家的政治、经济动态，密切关注外汇市场上这些货币汇率的变化，根据各种储备货币的外汇风险和利息收益，不断调整储备资产的货币构成，而这一切还要借助于极发达的通信系统、灵敏的判断力以及过硬的操作技术，所以，储备货币管理的难度增大。

第四，各国的金融政策更加难以贯彻。如一国为了控制通货膨胀而采取紧缩政策，但利率提高后，大量资金涌入国内，这就削弱甚至抵消了本国政府经济政策的效力，因此，国际储备多元化会破坏一些国家的经济稳定和发展。

显然，多元化国际储备体系的建立与发展具有其不可替代的优点，同时也带来了不少管理上的困难。因此，如何利用这些优点，克服其缺点，制定符合实际的储备政策与管理体制，是摆在各国面前亟须解决的问题。

三、国际储备资产管理

国际储备资产管理是一项重要的系统工程，是一国金融当局在健全和完善的储备管理体制下，持有最适度储备量并对储备资产进行有效管理，以顺利实现国际储备各项职能的系统性工作。具体来说,它既涉及国际储备资产管理体制的建立和健全,也涉及国际储备资产的具体管理;既包括从宏观上确定最适度储备量和储备管理政策的问题,也包括从微观上对储备资产进行风险分散的技术性操作问题。

(一) 建立健全的管理体制

国际储备资产所具有的特殊职能及特点,决定了其管理只能由一国货币当局在集中的基础上进行。世界各国大多由其中央银行负责国际储备资产的管理,因为稳定汇率及调整国际收支逆差无疑是货币当局的重要职责之一。

(二) 国际储备资产的宏观管理和微观管理

1. 国际储备资产的宏观管理

国际储备资产宏观管理的中心问题是确定和维持一国最适度储备水平。由于世界各国所处的内外部经济环境和政府的政策意愿不同,各国的国际储备量显示出很大的差别。发达国家拥有了绝大部分的黄金储备和大部分的非黄金储备,经济实力雄厚,国际清偿力充足;相反,发展中国家黄金储备极少,非黄金储备也不及发达国家,这反映了发展中国家经济实力薄弱、国际清偿力不足。关于如何确定最适度储备,我们已在前面阐述过,这里不再重复。在确定了一国最适度国际储备水平之后,政府货币当局便应采取一定方式维持这一储备水平。

2. 国际储备资产的微观管理

国际储备资产的微观管理主要是指在确定了最适度国际储备水平后,一国中央银行将面临如何持有和管理这笔储备资产、各类储备资产的分配比例、外汇储备的币种结构、储备资产的资产组合和风险分散等问题。

国际储备资产微观管理应遵循的主要原则是:

(1) 币值的稳定性。以何种储备货币来持有国际储备资产,首先要考虑其币值的稳定性或保值性。由于不同储备货币的汇率以及通货膨胀率不同,因此,要根据储备货币的汇率和通货膨胀率的实际走势和预期走势,经常进行货币转换,合理搭配币种,以便使收益最大化或损失最小化。

(2) 储备资产的营利性。不同储备货币的资产收益率高低不同,其实际收益率由名义利率减去通货膨胀率再剔除汇率变动计算得出。所以,选择储备货币时,不仅要研究过去,更重要的是预测将来,预测利率、通货膨胀率及汇率的变动趋势。此外,同一币种的不同投资方式也会导致不同的收益率。有的投资工具看上去收益较高,但风险较大;有的看上去收益率较低,但风险较小。营利性要求适当地搭配币种和投资方式,以获得较高的收益率或较低的风险。

(3) 储备资产的流动性。所谓流动性,是指储备资产能随时兑现,灵活调拨。各国在安排外汇储备资产时,应根据对本年度外汇支付的时间、金额、币种的估算,将外汇储备作短、中、长不同期限的投资,以使各信用工具的期限与国际经贸往来中对外支付的日期相衔接,并且保证资金能自由进出有关国家。

(4) 储备资产的安全性。所谓安全性,是指储备资产存放可靠。各国在确定外汇资产存放的国家和银行,以及所选择的币种和信用工具时,一定要事先充分了解西方主要国家外汇管制、银行资信、币种和信用工具种类等情况,以便使外汇储备资产放到外汇管制宽松的国家和资信卓著的银行,选择相对稳定的币种及安全的信用工具。

第四节 中国的国际储备资产管理

一、中国储备资产的构成

中国国际储备是国家拥有的用于对外支付以平衡国际收支和保持汇率稳定的各国普遍接受的流动资产。中国国际储备的构成与世界上绝大多数国家银行类似，包括黄金、外汇储备、在国际货币基金组织中的储备头寸及分配的特别提款权。改革开放前，中国实行计划经济体制，没有建立与国际经济接轨的国际储备制度。1980 年中国正式恢复了在国际货币基金组织和世界银行的合法席位，次年正式对外公布了国家黄金外汇储备，并逐步形成了中国的国际储备体系。

中国的黄金储备是国家备用以应付紧急需要的，一般不随意动用。黄金储备随着市场黄金价格上涨而自动升值。截至 2016 年底，中国的黄金储备为 1 823.29 吨。

中国的外汇储备占整个国际储备额 90%以上。截至 2017 年 7 月底，中国的外汇储备为 30 800 亿美元①，连续多年世界第一，它是指中国官方在一定时期内所持有的全部外汇资金即国际流动性或国际清偿力。中国外汇储备在 1992 年前由两部分组成，即国家外汇库存和中国银行外汇结存。国家外汇库存，是指国家对外贸易与非贸易外汇收支的差额。正差额表示收大于支，形成国家外汇储备。中国银行外汇结存，是中国银行的外汇自有资金，加上中国银行在国内吸收的外币存款减去在国内外的外汇贷款和投资后的差额，还包括国家通过各种渠道向外国政府、国际金融机构和国际资本市场筹集款项的未用余额（反映为中国银行账面存放在国外的资金）。但从 1992 年开始，中国的外汇储备不计中国银行外汇结存这部分，从而使中国的外汇储备构成发生了变化。图 8-1 给出的是中国 1981～2017 年 7 月底外汇储备的增长情况。

数据来源：国家外汇管理局官网，http://www.safe.gov.cn。

图 8-1 1981～2017 年 7 月底中国外汇储备增长情况

---

① 数据来源：国家外汇管理局官网。

中国在国际货币基金组织中的储备头寸随着份额的增加而增加。

特别提款权是国际货币基金组织按份额比例分配给成员的账面资产,用以弥补国际收支逆差,使用时需向国际货币基金组织申请并经其批准后,由基金账户转账。

在中国国际储备资产总额中,储备头寸和特别提款权所占的比重不到10%。

二、中国国际储备管理的发展

中国国际储备管理的中心内容是外汇储备管理。在1979年前,国家的外汇储备由中国人民银行实行集中管理、统一经营。当时中国银行作为中国人民银行的下属机构及外汇专业银行,具体执行国家外汇储备的管理和经营职责。自1979年起,中国银行从中国人民银行分设出来,独立履行国家外汇专业银行的职能。国家的贸易和非贸易外汇收入通过中国银行结汇而集中到中国人民银行,中国的外汇储备一向由中国银行管理。1982年,中国人民银行的中央银行地位确定,中国逐渐形成以中国人民银行为领导、各专业银行为主体以及众多地方性银行和非银行金融机构相结合的金融体系。随着金融体制改革的进一步深化,各专业银行的业务开始相互交叉。自1985年起,各专业银行相继开始经营外汇业务,于是,中国人民银行作为中国中央银行统一管理外汇储备的职能被提到议事日程上来。然而,早在1979年3月,隶属于中国人民银行的国家外汇管理局正式成立,但中国外汇储备实际上仍由中国银行掌握和管理,于是造成外汇管理混乱的局面。为改变这一状况,自1990年6月份开始,外汇管理局的储备处在上海进行试点,设立外汇移存项目。该项目规定除中国银行以外的各专业银行直接向外汇管理局结汇,通过移存渠道把国家外汇集中到中央银行。1995年3月,国务院颁布的《中华人民共和国中国人民银行法》进一步将“持有、管理、经营国家外汇储备、黄金储备”作为中国人民银行的重要职责之一。

中国的特别提款权和储备头寸始终由中国人民银行外事局基金组织处管理,黄金管理由中国人民银行基金管理司负责。

2007年,财政部通过发行1.55万亿元特种国债,从中央银行购买2 000亿美元,成立了中国投资公司进行海外运作,至此,中国主权财富基金(Sovereign Wealth Fund)正式成立。截至2016年底,中国投资有限责任公司总资产已超过8 135亿美元,自公司成立以来累计年化净收益率为4.76%,累计年化国有资本增值率为14.08%。中国投资有限责任公司连续9年的成绩单如表8-1所示。

根据国家外汇管理局的声明,中国的外汇储备经受住了国际金融危机的考验,维护了资产的总体安全。2008年和2009年是危机冲击最严重的两年,但中国外汇储备仍然在“保本”的基础上实现了较好的收益。这主要得益于国家外汇管理局一直坚持多元化投资。在资产种类配置上,既有政府类、机构类、国际组织类投资产品,也有公司类、基金类等资产;在货币层次上,既持有美元、欧元、日元等传统主要货币,也持有新兴市场国家货币等。通过以上分散化的配置,中国外汇储备投资达到了“东方不亮西方亮”、资产收益“此消彼涨”的结果。

国家外汇管理局在2010年7月强调,中国外汇储备是负责任的长期投资者,外汇储备在投资经营过程中,严格按照市场规则和所在国的法律法规进行运作,外汇储备同时还是一个财务投资者,不追求对投资对象的控制权。外汇储备投资经营必须是一个互利双赢的过程,中国通常采取“顺其自然”的态度,即,如果中国外汇储备的投资受到所在国的欢迎和认可,就积极加强合作;反之,如果所在国还有某些疑虑,就会放缓节奏,加强沟通,争取达成一致。

表 8-1 中国投资有限责任公司 2008～2016 年境外投资组合投资业绩概要

年 份	累计年化净收益率	年度净收益率
2008	−2.1%	−2.1%
2009	4.1%	11.7%
2010	6.4%	11.7%
2011	3.8%	−4.3%
2012	5.02%	10.60%
2013	5.70%	9.33%
2014	5.66%	5.47%
2015	4.58%	−2.96%
2016	4.76%	6.22%

注：累计年化收益率和 2008 年业绩均从公司成立日 2007 年 9 月 29 日起计算。
资料来源：中国投资有限责任公司发布的《2016 年年度报告》。

2007 年美国爆发次贷危机后，中国政府曾不断增持美国国债，但在 2014～2016 年连续 3 年又减持美国国债。截至 2017 年 6 月，中国持有美国国债总额为 11 465 亿美元，超过日本，成为持有美国国债最多的国家。

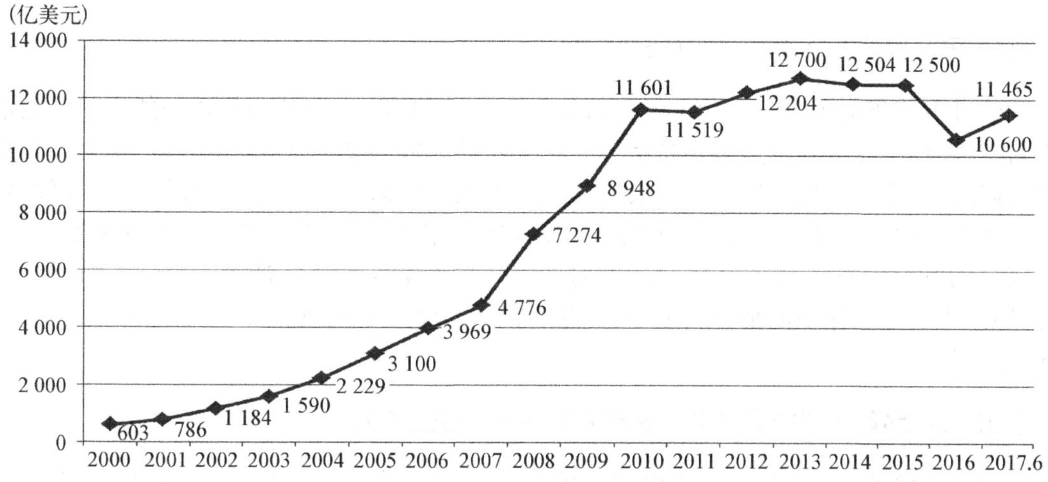

数据来源：根据公开资料整理。

图 8-2 2000～2017 年 6 月中国持有美国国债规模

中国始终认为，美国国债市场是全球最大的国债市场，美国国债具有较好的安全性、流动性和市场容量，交易成本较低。长期以来，它既是美国国内投资者(美国国内对其国债的投资超过 50%)的重要投资对象，也是国际投资者的重要投资对象，很多国家的中央银行都持有美国国债。中国外汇储备经营强调安全、流动和保值增值，并且根据自身的需要和判断，在国际金融市场上进行多元化资产配置，美国国债市场对中国来说是一个重要市场。

外界一直十分关注中国外汇储备增持或减持美国国债的问题，甚至有人认为，中国持有美国大额国债，对美国是一种威胁。实际上，外汇储备持有美国国债是一个市场的投资行为，增持或减持美国国债都是正常的投资操作。由于经济周期波动、市场供求变化等很多因素都会影响国债价格波动,其他资产价格的变动也会影响国债的相对吸引力,因此,中国在投资活动中一直密切关注并跟踪分析各种变动,不断进行动态优化和调整操作。美国次贷危机爆发后,联邦政府采取了刺激性货币政策和财政政策,财政赤字急剧攀升,国债余额占国内生产总值比重增加,引发了市场对在美国资产安全的关注。中国外汇储备进行长期、多元化投资,不同资产存在此消彼长、动态互补的效应,可以有效控制资产总体风险,满足流动性需要,实现总体价值稳定。中国也一直在呼吁,希望美国作为一个负责任的大国,切实采取措施,维护美国和全球经济的可持续发展,保护投资者利益,维护投资者信心。

三、中国国际储备管理的指导原则

(一) 国际收支保持适当顺差

从动态角度上看,在一个连续时期(如 5 年计划期间),中国的国际收支应保持适当顺差。贸易收支逆差应由非贸易收支顺差抵补,使经常账户达到基本平衡。

(二) 外汇储备水平保持适度或适当高些

可根据中国一定时期进口支付水平、外债余额状况、市场干预需求等因素,确定一个有上下变化区间的适度储备量。

(三) 外汇储备的货币构成保持分散化

为使外汇储备的价值保持稳定,世界各国持有的外汇储备,其货币构成一般不集中在单一的储备货币,而是分散采用多种储备货币。关于储备货币构成的分散化,各国一般采用贸易权重法,即根据一定时期内一国与其主要贸易伙伴的贸易往来额,计算出各种货币的权数,确定各种货币在一国外汇储备中所占的比重。中国在计算权重时,不仅应考虑贸易往来额、利用外资而发生的资金往来额,而且应考虑中国对外贸易往来主要用美元计价支付这个事实。基于这些特点,中国外汇储备的货币构成中,美元所占比重应为最大;欧元、日元、港元次之;英镑和瑞士法郎等再次之。

(四) 外汇储备投资把保证储备资产安全性放在重要位置

中国外汇储备主要投资于投资收益比较稳健、风险水平相对较低的金融产品,主要包括发达国家和主要发展中国家的政府类、机构类、国际组织类、公司类、基金等资产,也包括通货膨胀保护债券、资产抵押债券等各类品种。

外汇储备资产的分布要综合多种因素考虑,并非只要产品的投资等级高就去买。近几年中国的外汇储备规模已超过 3 万亿美元,这么多的资金去购买金融产品,要考虑的要素有很多,例如,所投资产品的市场容量够不够大。如果一国发行的国债信誉很好,还本付息能力很强,但发行量只有几亿美元或者几十亿美元,并且主要在其国内买卖,在国际金融市场一般不进行交易,这样的投资产品就难以满足中国外汇储备的投资需要。此外,资产的风险收益特性和相关性能否满足组合投资的需要、能否达到风险分散的要求、能否有效对抗通货膨胀等,也是需要考虑的重要因素。

国家外汇管理局强调，中国的外汇储备从不从事投机炒作。国际金融市场上活跃的投机者追寻的是市场上存在的套利机会，有的甚至是主动创造套利机会。而外汇储备追寻的是资产的保值、增值，把保证储备资产的安全性放在重要位置，这些经营理念有助于国际金融市场的稳定。

（五）投资品种选择要进行严格的风险评估和控制

对于外汇储备可投资的各类资产，国家外汇管理局有严格的投资标准和风险管理程序。选择投资品种，要考虑它的安全性、流动性、长短期投资回报等特征，与此同时，还要考虑与其他资产的相关性。低相关或负相关的资产配置在同一组合中，能够在经济周期的不同阶段实现收益的此消彼长，有助于降低资产的总体风险，提高资产配置和风险管理的灵活性。

原则上讲，中国不排除任何投资产品。但究竟投资哪一类产品，需要进行严格的风险评估和控制，看这类产品是否符合外汇储备投资安全、流动和保值增值的原则，是否具有风险分散化的效果。一旦符合标准，就会进入决策程序和风险管理程序。

（六）黄金不可能成为中国外汇储备投资的主要对象

中国的黄金储备可根据国际金融形势尤其是黄金市场的变化及中国的实际需求做适当的调整。

尽管黄金具有国际认同度高、保值功能较好和可作为紧急支付等优点，但黄金的投资也受到一定的限制，不可能成为中国外汇储备投资的主要对象。

首先，黄金市场容量有限。全球黄金年产量仅约 2 400 吨，当前供求关系基本平衡。若我们大规模买入黄金，肯定会推高国际金价，而中国的金价与世界基本接轨，中国老百姓去百货商场零售柜台购买黄金首饰等商品，就会面临价格上涨的问题，最终会损害国内消费者的利益。其次，黄金价格波动较大。国际金价易受汇率、地缘政治、供求关系、投机炒作等影响，经常出现大幅波动，且黄金不产生利息收入，还需承担仓储、运输、保险等成本。从近几十年的表现来看，黄金的风险收益特性并不是很好。黄金具有通货膨胀保护的特点，但不少其他资产也有此特性。最后，增持黄金储备对分散外汇储备的总体效果并不显著。近几年中国增加了数百吨黄金储备，截至 2016 年底中国的黄金储备已达到 1 823.29 吨，即使再增加 1 倍，也只能分散三四百亿美元的外汇储备投资，黄金储备占外汇储备的比重仅提高一两个百分点。

总之，对黄金的增持或减持，中国应根据需要和市场情况慎重考虑。

四、确定中国适度国际储备量

由于中国的国际储备主要是外汇储备，因此，适度国际储备量的确定主要是适度外汇储备量的确定。

在确定中国适度国际储备量时必须考虑以下因素：

第一，中国资本和金融账户的放开正在有序地进行，但完全放开的条件尚未成熟。因此，为了保持中国对外经贸和科技交流的持续增长，保持在国际支付中的良好形象和实力，中国的外汇储备保持在适度较高的水平是符合改革开放需要的。

第二，中国外汇储备水平的多少应与国内外经济发展状况相一致。1994～1997 年，中国外汇储备每年平均以 300 亿美元的速度增长。这一期间正是亚洲爆发金融危机、香港实现回归祖国的时间。正是由于中国保持了较充足的外汇储备，一定程度上有助于防止亚洲金融危机的冲击，确保香港的顺利回归。2001 年 11 月，中国成功加入世界贸易组织，进一步融入国际社会。这一期间，由于中国外贸的持续增长，国外投资大量增加，外汇储备又有较大增加。但在 2001～2004 年期间，美元不断贬值，以美国为主的西方经济处于衰退状态，这使中国外汇储备中的美元价值蒙受了一定损失。2014～2016 年期间，由于中国出口减少和人民币汇率贬值导致部分资本外逃，中国外汇储备规模缩小，2017 年初，国家外汇管理局加大了对资本外逃的监管及外汇管理的力度，以确保外汇储备规模始终维持在 3 万亿美元以上。

第三，中国外汇储备并不是越多越好。20 世纪 90 年代，考虑到当时的政治和经济形势，外汇储备保持较高水平是必要的，但自进入 21 世纪以来，形势发生了很大的变化，我们应该根据国内外形势的变化来考虑中国外汇储备的适度规模。当前，虽然中国资本和金融账户没有完全开放，但中国的汇率机制已经具备一定的灵活性，政府将逐步减少干预，因此，货币当局保有大量的干预储备。此外，外贸顺差所形成的外汇储备太多，这本身对资源也是一种浪费。储备是财富的化身，是使用实际财富的权力，这笔财富如果投入生产和经营，可以促进经济的发展，获取经济效益。如果持有太多，就等于把相应的实际财富让渡给别人使用，而没有为自己的经济发展服务。这部分外汇储备是靠出口商品和劳务换来的，而我们换到的只是存放在国外大银行的各种可兑换货币的存款或其他金融资产，虽然能收到一定的利息或收益回报，但这些资金并未投入生产和经营，外汇资金也没有充分发挥效益。显然，拥有外汇储备是要付出代价的，因此，中国外汇储备的存量应该在保证充足支付的前提下，设法减少持有储备资产所付出的代价。

五、加强中国国际储备结构管理

(一) 坚持储备货币分散化策略

中国国际储备主要由外汇储备构成，外汇储备必然面临外汇汇率变动带来的风险。同时，当今国际金融市场动荡不安，各种投资工具的利率水平受西方国家货币政策的影响也变动不定，从而使中国持有的国际储备资产的预期收益发生增减。因此，中国应坚持储备货币分散化策略，通过各种货币升值与贬值的相互抵消，保持储备资产价值的稳定。

(二) 恰当地确定同一货币储备的资产结构

同一种货币储备有不同的资产形式可供选择。例如，既可以采用银行存款方式，也可以持有证券方式持有储备。再如，英格兰银行对美元储备资产分为三个档次：第一，流动储备资产，主要是各种短期证券或票据，如美国 3 个月的短期国债等；第二，二线流动储备资产，主要是美国政府和机构的中期国债，平均期限为 2～5 年；第三，流动性弱但收益高的资产，如美国长期公债和其他信誉良好的债券(主要是 A 级和 AA 级的欧洲债券)，平均期限为 4～10 年。如何确定同一货币储备的资产结构，是国际储备日常管理的重要内容。根据流动性、安全性和营利性，储备资产可分为三个层次：(1) 一线储备资产，即现金或准现金，如活期存款、短期国库券、商业票据等，该档次储备流动性最高，但收益率较低；(2) 二线储备资产，是指投资收益率高于一线储备资产且流动性仍很高的资产，如中期债券；(3) 三线储备资产，是指流动性低于一线和二线储备资产的系列长期投资工具，如长期债券，其投资收益率一般较高，但流动性和风险性相对较大。由于中国持有储备的最主要目的是及时平衡国际收支、稳定汇率,因此,一线储备资产虽然收益率较低,但仍必须持有充足。此外,为了应付一些难以预测的突发性事件,如自然灾害等,还必须持有一定量的易于上市、变现性较强的二线储备资产。在一线、二线储备资产确定后,再规划三线储备资产,以获得长期投资收益。因为中国毕竟是发展中国家,资金仍存在缺口,所以,获取储备收益是一个重要的储备管理目标。在一些发达国家,对同一货币储备的资产结构进行管理是十分明确的。

(三) 利用好国际金融机构的信贷额度

中国在国际货币基金组织中的储备头寸也是中国国际储备的一部分。在国际储备管理中,有时由于政局的突变、农作物的严重歉收以及地震和洪水等自然灾害,会在一夜之间改变一国储备货币的流动性地位,因此,中央银行应该预先筹划,争取获得国际金融机构的信贷额度。积极利用信贷额度,从储备管理的角度来看,具有战略性与战术性的优点,因为一国储备突然流失,通过借用国际金融机构的短期信贷,可以暂时渡过难关,并且有可能利用这段时间制定出一项改善国际收支状况的战略计划。在战术上,中央银行可根据额度提取贷款,这样就不必用出售外国证券的方法来获取外汇,避免资本损失,不至于采用中断国外定期存款的方法来取得外汇资金,从而有利于保障国际储备的稳定和收益的安全。

本章小结

国际储备是指一国货币当局能随时用来干预外汇市场、支付国际收支差额的资产。作为国际储备的资产必须具备四个特性:官方持有性、可得性、流动性和普遍接受性。

国际清偿力是一国的自有储备和借入储备之和。国际清偿力、国际储备与外汇储备的关系是:(1) 国际清偿力是自有国际储备和借入储备之和;(2) 外汇储备是自有国际储备的主体,因而也是国际清偿力的主体;(3) 可自由兑换资产可作为国际清偿力的一部分,或者说包含在广义国际清偿力的范畴内,但不一定能成为国际储备货币。

第二次世界大战后,各国的国际储备主要由四部分构成,即一国政府持有的黄金储备、外汇储备、在国际货币基金组织中的储备头寸,以及在国际货币基金组织中的特别提款权余额。但特别提款权没有流通手段的职能,不是一种完全的世界货币,也不能被私人用作国际商品流通的媒介。

国际储备的来源有:收购黄金、国际收支顺差和中央银行干预外汇市场所取得的外汇。国际储备的作用可从两个方面来理解,即从世界范围来考察和具体从每一个国家来考察。随着国际经济和国际贸易的发展,国际储备也相应增加,它是国际商品流动的媒介,对国际经济的发展起促进作用。对一国而言,保持一定量的国际储备可以调节国际收支逆差,维持对外支付能力;干预外汇市场,维持本国货币汇率稳定;作为向外借款的信用保证;争取国际竞争优势。

最适度国际储备量是指一国政府为实现国内经济目标而持有的用于平衡国际收支和维持汇率稳定所需要的最低限度的黄金和外汇储备量。一国国际储备资产的存量不能不足,也不可过多。

确定最适度国际储备量的分析方法有:比率分析法、成本收益分析法、临界点分析法和回归分析法。

影响一国适度储备水平的主要因素有：国民经济的发展规模和发展速度、国际收支动态均衡的状况、政府政策的偏好、对外贸易的发达程度和结构、利用国际融资的能力、持有储备的机会成本与储备资产的营利性，以及经济政策的国际协调。

国际储备体系的演变分为：第一次世界大战前的单元化储备体系、两次世界大战之间过渡性的储备体系、第二次世界大战后至20世纪70年代初以美元为中心的储备体系，以及20世纪70年代后至今的多元化储备体系。

多元化国际储备体系产生的具体原因有：不断爆发美元危机；日元、瑞士法郎、德国马克及后来诞生的欧元日益坚挺；在浮动汇率制度下外汇储备价值稳定；西方主要国家国际储备意识的变化；国际经济金融组织创设了篮子货币。

多元化国际储备体系的优点是：国际储备货币的增加有利于摆脱对美元的过分依赖；有利于各国调整其储备政策，防范、分散因储备货币汇率变动而带来的风险；有利于各国调节国际收支；有利于缓和国际储备资产供不应求的矛盾。

多元化国际储备体系潜在的不稳定性是：加剧了世界性通货膨胀；加剧了外汇市场动荡；国际储备管理的难度增加；各国的金融政策更加难以贯彻。

国际储备资产管理既涉及国际储备资产管理体制的建立和健全，也涉及国际储备资产的具体管理；既包括从宏观上确定最适度储备量和储备管理政策的问题，也包括从微观上对储备资产进行风险分散的技术性操作问题。国际储备资产微观管理应遵循的主要原则有：币值的稳定性、储备资产的营利性、储备资产的流动性，以及储备资产的安全性。

中国储备资产的构成包括黄金、外汇储备、在国际货币基金组织中的储备头寸及分配的特别提款权。中国国际储备管理的中心内容是外汇储备管理。“持有、管理、经营国家外汇储备、黄金储备”是中国人民银行的重要职责之一。

中国国际储备管理的指导原则是：国际收支保持适当顺差；外汇储备并非越多越好；外汇储备的货币构成保持分散化；外汇储备投资把保证储备资产安全性放在重要位置；投资品种选择要进行严格的风险评估和控制；黄金不可能成为中国外汇储备投资主要渠道，黄金储备可根据国际金融形势尤其是黄金市场的变化及中国的实际需求做适当的调整。

加强中国国际储备结构管理应坚持：采用储备货币分散化策略；恰当地确定同一货币储备的资产结构；利用好国际金融机构的信贷额度。

思考题

1. 名词解释

国际储备　国际清偿力　最适度国际储备量　多元化国际储备体系　比率分析法

2. 国际储备的含义与作用是什么？它与国际清偿力有何异同？

3. 国际储备体系多元化的利弊是什么？

4. 最适度储备量的影响因素及分析方法有哪些？

5. 中国国际储备资产管理的指导原则是什么？

第九章　国际金融市场

- 在近几十年，国际金融市场不仅对世界各国政府、企业和金融机构等筹资、投资和避险起到了很大的促进作用，而且日益成为国际金融炒作者活跃的舞台。
- 本章要点：国际金融市场概述、国际货币市场、欧洲货币市场、国际资本市场、国际黄金市场、金融期货市场、金融互换市场和金融市场的全球一体化。

第一节　国际金融市场概述

一、国际金融市场的概念

如果金融市场上的资金融通发生在本国居民之间，不涉及任何其他国家的居民，则为国内金融市场；如果资金融通超越国境而涉及其他国家的居民，则为国际金融市场。换言之，国际金融市场就是在国家间居民与非居民之间，或者非居民与非居民之间进行金融活动的场所及关系的总和。

二、国际金融市场的分类

由于人们研究国际金融市场的目的不同，国际金融市场可以从不同角度根据不同标准进行分类。

（一）根据资金融通的期限划分

按照这个标准，国际金融市场可分为国际货币市场和国际资本市场。国际货币市场是指期限在 1 年或 1 年以下的资金交易市场，国际资本市场是指期限在 1 年以上的资金交易市场。

(二)根据市场交易对象划分

按照这个标准,国际金融市场可分为国际资金借贷市场、国际外汇市场、黄金市场及国际证券市场。由于国际融资证券化是当今国际金融市场的一大趋势,因此,证券市场是国际金融市场的主体。

(三)根据金融活动是否受所在国金融当局管制划分

按照这个标准,国际金融市场可分为传统国际金融市场和离岸金融市场。传统国际金融市场是指在岸市场(Onshore Market),该市场上从事的是本国居民之间以及本国居民与非居民之间的金融活动,并且这些金融活动受本国金融当局控制;离岸金融市场(Offshore Market)上从事的是“两头在外”的金融活动,即吸收非居民的资金又服务于非居民的金融活动,并且这些金融活动不受货币发行国金融当局控制。离岸金融市场是目前最主要的国际货币市场,如欧洲货币市场和亚洲货币市场。

三、国际金融市场形成的条件

国际金融市场的形成,必须具备若干必要条件,其中主要有以下几个方面:

第一,比较稳定的政局,这是最基本的条件,否则就不可能在这一国家或地区建立一个国际金融市场。

第二,没有外汇管制或外汇管制很宽松、外汇调拨兑换比较自由,金融管制如对存款准备金、利率及税率方面没有严格的管制条例,非居民在参加金融业务活动时享有与居民相同的待遇,不存在歧视等。

第三,完备的金融制度与金融机构。例如,银行机构比较集中,信用制度比较发达,资金供求及资金流动比较便利。一个国家要建立一个国际金融市场,就必须拥有一个高度发达的国内金融市场。

第四,现代化的国际通信设备。国际通信及交通十分便利的地理位置能适应国际金融业务发展的需要。

第五,有较强的国际经济活力。一个国家如果有较大的对外开放度,进出口规模较大,对外经济往来活跃,其货币是自由兑换货币,就有可能成为国际资金的集散地,从而形成国际金融市场。

第六,拥有国际金融专业知识水平较高和实务经验较丰富的专业人才。

四、国际金融市场的发展

国际金融市场是在国际贸易发展、世界市场形成以及国际借贷关系扩大的基础上形成和发展起来的。资本主义进入垄断阶段后,生产的国际化趋势增强,商品输出扩大,资本输出随之迅速增加,从而使各国金融市场之间加强了联系并相互渗透,由此国际金融市场空前发展起来。

(一)第一次世界大战前伦敦成为国际金融市场

从历史情况来看,第一次世界大战前,由于英国经济迅速发展而居于世界首位。同时,英国的政局较稳定，英格兰银行的地位不断巩固、加强。遍布世界各国主要地区的银行代理关系逐渐建立，银行结算和信贷制度比较完善，再加上从海外殖民地掠夺、榨取和积累的巨额利润，从而形成巨大的资金力量，并成为提供信贷资金的重要来源。英镑成为当时世界上主要的国际结算货币和储备货币，从而使伦敦发展成为世界上最大的国际金融市场。

（二）第一次世界大战结束后伦敦作为国际金融市场的地位趋于衰落

1914 年第一次世界大战爆发后，英国放弃了金本位制。战争结束后，英镑作为主要的国际结算货币和储备货币的地位被削弱，伦敦的国际金融市场地位随之下降。战后，西方经济进入相对稳定时期，英国于 1925 年恢复金本位制，实行了金块本位制。1929 年世界经济大萧条后，英国无法维持这个变相的金本位制，不得不于 1931 年 9 月宣布放弃，随之实行外汇管制，组成了一个排他性的英镑集团(Sterling Bloc)。1939 年 9 月，第二次世界大战爆发后，英国又用法律形式把英镑集团成员之间的关系固定下来，改称英镑区(Sterling Area)，进一步加强了外汇和外贸管制，伦敦的国际金融市场地位更是大不如前。

（三）第二次世界大战结束后西方国际金融市场的发展经历了一个剧烈的演变过程

1. 第一阶段：纽约、苏黎世与伦敦并列成为三大国际金融市场

第二次世界大战后，英国的经济遭到严重破坏。美国的纽约金融市场乘机崛起，美元成为各国的储备货币和重要的国际结算工具。当时，美国是西方世界最大的资金供应者，控制着整个西方世界的经济。国际借贷与资本筹措都集中在纽约，纽约成为西方最大的长短期资金市场。西欧各国经济遭受战争破坏的情况与英国相似，只有瑞士能始终保持其货币自由兑换，并发展了自由外汇市场和黄金市场。在这一阶段，纽约、伦敦和苏黎世成为西方世界的三大金融市场。

2. 第二阶段：欧洲货币市场的建立与扩展

自进入 20 世纪 60 年代以来，美国的国际收支持续出现巨额逆差，黄金流失，美元信用动摇，结果使大量美元流到美国境外，美国政府被迫采取一系列限制资本外流的措施。有些西欧国家为了防止因美元泛滥而引起外汇市场动荡，也采取了一些限制资金流入的措施。这些国家的银行为了逃避上述限制，纷纷把资金转移到国外，从而形成了许多逃避管制的金融市场。欧洲美元、亚洲美元乃至欧洲其他货币的市场相继建立，并且获得迅速发展。而伦敦既是重要的国际金融市场，又是规模最大的欧洲美元市场，恢复了主要国际金融中心的地位。

国际货币市场(Money Market)的出现突出地表现在信贷交易的国际化，破除了金融中心必须是国内资本供应者的传统。这就为国际金融中心的分散创造了有利而重要的前提条件。从此，国际金融市场不再局限于少数的传统中心，而迅速并广泛地分散到巴黎、法兰克福、布鲁塞尔、阿姆斯特丹、米兰、斯德哥尔摩、东京、蒙特利尔等市场，它们成为境外欧洲货币市场。而且，一些原来并不重要的地区，如巴哈马、开曼群岛、卢森堡和新加坡等，也成为具有一定重要性的境外美元或其他货币市场。境外货币市场的特点是，哪里管制较松、征税较低或免税，条件适宜于进行某一种金融活动，货币市场就在那里发展起来，即使一个小岛或一个游览的风景区本身并没有巨额资金积累，但只要具备这些便利条件，大量的游资就会流往那里，而需要资金者也能从那里借到资金。这就是所谓的离岸金融市场，即法令、条例管辖不到的地方。例如，巴哈马原来只有两所外国银行分支行，20 世纪 70 年代后形成加勒比海离岸市场，已有几百家外国银行在那里设立分支机构或附属机构。开曼群岛与巴哈马一样，在这个只有几万人的小岛上，竟开设了几百家银行和金融机构，成为重要的境外美元中心。

3. 第三阶段：发展中国家金融市场建立并逐步成为国际性金融市场

20 世纪 70 年代后，发展中国家的兴起对国际金融市场的发展产生了很大影响。战后发展中国家在摆脱殖民主义统治，取得独立后，逐步摆脱了金融垄断势力的控制，建立和发展了自己的金融业，提高了在国际金融市场中的地位和作用，积极建立并发展了本国的金融市场和地区的金融中心。在亚洲，新加坡、马来西亚、菲律宾、泰国和印度尼西亚等国家的金融市场都有较大的发展。拉丁美洲、非洲等发展中国家的金融市场也逐步兴起。特别是发展中国家的石油生产国，由于掌握大量的石油美元而带来国际收支巨额顺差，在国际金融市场中具有重要地位。这些国家的金融市场正在逐步成为国际性金融市场。

五、国际金融市场的作用

国际金融市场的形成与发展，无论对西方工业国家，还是对发展中国家，乃至对整个国际经济都起着举足轻重的作用，主要表现在以下几个方面：

第一，国际金融市场为各国经济发展提供了资金。例如，亚洲美元市场对亚太地区经济建设起到了积极的促进作用，欧洲货币市场带动了日本和德国的经济复兴与发展。特别是发展中国家，其经济发展中的大部分资金是在国际金融市场上筹集的。

第二，调节各国国际收支。国际金融市场形成后，各国调节国际收支除了动用国际储备外，还多了一条外汇资金来源的渠道。这对国际收支逆差国家来说，在规划其经济发展时有了更大的灵活性，同时也缓和了一些国家国际收支不平衡的状况。

第三，加速生产和资本国际化。国际金融市场在国际范围内把大量的闲散资金聚集起来，以满足国际经济贸易发展的需要。通过金融市场的职能作用，使世界上的资金充分发挥效用，从而加速生产和资本的国际化，并推动了跨国公司的发展壮大。

第四，促进银行业务国际化。国际金融市场吸引了无数跨国银行，通过各种业务活动把各国的金融机构有机地联系起来，使各国银行信用发展为国际银行信用，从而促进了银行业务国际化。

然而，国际金融市场的迅速发展也产生了一些副作用。例如，西方主要国家的资本大量流入国际金融市场，导致流入国家的货币供给量增加，引发通货膨胀等，并且，大量资本流动往往会影响一些国家国内货币政策的执行效果，并引起国际金融市场的动荡。因此，西方国家近年来在金融自由化的同时，也重视对国际金融市场的管理。

第二节　国际货币市场

一、国际货币市场的含义

国际货币市场又称国际短期资金市场，是国家间从事短期资金借贷业务的场所，期限在 1 年或 1 年以下。

二、国际货币市场的组成及业务活动

国际货币市场一般包括银行短期信贷市场、短期证券市场和贴现市场，其参与者包括商业

银行、票据承兑公司、贴现公司、证券交易商和证券经纪商等。

(一) 短期信贷市场

这是国际银行同业间的拆借或拆放，以及银行对工商企业提供短期信贷资金的场所，目的主要是满足临时性短期流动资金的需要。

短期信贷市场能将大量社会上暂时闲散的短期资金集聚起来，这些资金就是工商企业公司或机构在资本循环和周转中游离出来且暂时不使用的流动资金。银行以存款方式吸收进来，再贷放给资金需求者，为后者提供融资。

货币市场最短期限为日拆，一般还有 1 周、1 个月、3 个月及 6 个月等，最长期限不超过 1 年。拆放利率以伦敦银行同业拆放利率(London Interbank Offered Rate，LIBOR)为准。交易数额以英国为例，最少为 25 万英镑，最高可达几百万英镑，交易方式简便，存放业务由货币经纪人每日通过现代化的通信方式相互联系并进行交易，贷款也不需要担保和抵押品。银行对工商企业提供贷款时要注意企业的借款用途和财务状况，并要求按时偿还。

(二) 短期证券市场

这是国家间进行短期证券发行和交易的场所，证券期限不超过 1 年。在这个市场上发行和买卖的短期证券主要包括：

1. 短期国库券

短期国库券(Treasury Bill)，即西方国家财政部发行的短期债券，其信用高于银行和商业信用，而且流动性很强，已成为短期投资的最好目标。国库券期限主要有 3 个月和 6 个月两种，按票面金额以折扣方式发行，在市场上以竞价方式进行交易，到期按票面金额偿还。

2. 可转让的银行定期存单

可转让的银行定期存单(Negotiable Certificate of Deposit)，即大额银行定期存单，标准定额为 100 万美元以上；期限最短为 1 个月，最长达 1 年以上；可随时转让；到期按票面金额和约定利率还本付息。

3. 商业票据

商业票据(Commercial Paper，CP)，即信用良好的工商企业为筹集短期资金而开出的票据，可通过银行发行，票面金额不限；期限一般为 4～6 个月；采用按票面金额贴现的方式进行交易。

4. 银行承兑票据

银行承兑票据(Bank's Acceptance Bill)，即经过银行承兑的商业票据，由于有了银行信用，就更易于流通。当今在美国，短期证券市场上发行量最大的是国库券，大额定期存单也占相当大的市场份额。在英国短期证券市场上，可转让定期存单很流行。

(三) 贴现市场

这是对未到期票据按贴现方式进行融资的交易场所。“贴现”一词是指将未到期的短期票据打一个折扣，按贴现利率扣除从贴现日至到期日的利息，向贴现行(Discount House)换取资金的一种方式。贴现业务是短期资金市场融通资金的一种重要方式。贴现业务的主要经营者是贴现行。贴现的票据主要有政府国库券、短期债券、银行承兑票据和商品票据等。贴现利率一般高于银行贷款利率。持票人向贴现行办理贴现业务后，贴现行或从事贴现业务的银行还可向中央银行进行再贴现(Rediscount)。中央银行利用这种票据再贴现业务来调节信用或控制资金市场。目前,世界上最大的贴现市场在英国,其历史悠久,可以追溯到第一次世界大战前,在英国的金融业中,贴现行占有十分重要的地位。

第三节 欧洲货币市场

欧洲货币市场是全球最大的离岸金融市场,因此,本节在详细介绍欧洲货币市场之前,先简要介绍离岸金融市场的含义和类型。

一、离岸金融市场

(一) 离岸金融市场的含义

离岸金融(Offshore Finance)是指吸收非居民的资金又服务于非居民(即"两头在外")的金融活动,该业务不受货币发行国法令条例的约束。例如,在伦敦从事美元的借贷,或在新加坡从事日元的借贷等,都属于离岸金融业务。从事离岸金融业务的场所为离岸金融市场。

(二) 离岸金融市场的类型

1. 一体型

在一体型离岸金融市场,离岸金融业务与在岸金融业务融为一体,在岸金融业务与离岸金融业务没有严格的界限,居民与非居民均可从事有关货币的存款和贷款业务。离岸金融交易的币种是市场所在地国家或地区以外的货币,离岸资金可随时被转换为在岸资金和国内资金,而在岸资金可随时被转换为离岸资金。例如,某一英国居民到中国香港将一笔美元存入某香港银行属于在岸交易;如果此后,该银行将此笔美元贷款给新加坡的某一企业,则该业务属于离岸金融业务。在一体型离岸金融市场中,反映境内业务的账户和反映境外业务的账户合在一起。除离岸金融业务外,还允许非居民经营在岸业务和国内业务,但必须缴纳存款准备金和税收,管理上没有限制,经营离岸金融业务不必向金融当局申请批准。伦敦和香港的离岸金融中心都属于这一类型。

2. 分离型

在分离型离岸金融市场,在岸金融业务与离岸金融业务分开,居民的存贷业务与非居民的存贷业务分开,反映境内业务的账户与反映境外业务的账户分开。经营离岸金融业务的本国银行和外国银行,必须向金融当局申请批准。分离型离岸金融市场有助于隔绝国际金融市场资金流动对本国货币存量和宏观经济的影响。美国于1981年在纽约设立的国际银行业务设施(International Banking Facilities,IBF)、日本于1986年设立的海外特别账户、新加坡于1968年设立的亚洲货币账户,都属于这一类。

3. 走账型(或逃税型)

这类市场没有或几乎没有实际的离岸业务交易,而只是起着其他金融市场资金交易的记账和划账作用,目的是逃避税收和管制。中美洲和中东的一些离岸金融中心即属此类。

4. 渗漏型

把离岸金融业务与在岸金融业务分立,把居民的存款业务与非居民的存款业务分开,但允许离岸账户上的资金贷给居民，这种类型的离岸金融市场兼有一体型和分离型离岸金融市场的特点，但最突出的特点是离岸资金可贷放给居民，即国内企业可以直接从该市场融资。

二、欧洲货币市场的含义

欧洲货币市场是自第二次世界大战结束以来国际金融市场的一个重要内容，是国际金融市场的核心部分。在阐述欧洲货币市场前，首先要了解什么是欧洲货币(Euro-currency)。

欧洲货币并非指欧洲国家的货币，而是指某种货币在其发行国境外的银行被从事存贷业务，欧洲货币因此又被称为离岸货币(Offshore Currency)。例如，在美国境外的银行(包括美国银行在国外的分支行)所存贷的美元资金被称为欧洲美元(Euro-dollar)，在德国境外的银行所存贷的欧元被称为欧洲欧元(Euro-euro)，以此类推，还有欧洲日元、欧洲英镑等。需要注意的是，货币名称之前冠以“欧洲”一词容易引起误解，其实，它最先出现在欧洲，后来延伸发展到亚洲和拉丁美洲。例如，在中国香港或日本东京的银行所持有的美元存款处于美国货币当局的管辖之外，被称为亚洲美元；同样，拉美某国银行持有的美元存款可称为拉丁美洲美元。

欧洲货币市场是指非居民之间以银行为中介在某种货币发行国境外从事该种货币借贷的市场，即经营非居民的欧洲货币存贷活动的市场，属于离岸金融市场。而经营欧洲货币存贷业务的银行被称为欧洲银行(Euro-bank)。

欧洲货币市场最早起源于英国伦敦，后扩散到世界其他许多地方，包括日本东京、中国香港和新加坡等，形成众多的离岸金融中心。在亚洲的欧洲货币市场又称亚洲货币市场。根据国际货币基金组织统计，目前世界上主要的欧洲货币交易中心，即离岸金融中心有35个，分布在欧洲、亚洲(包括中东)和美洲等地区，其中，最重要的是伦敦，其他重要的中心还有纽约、东京、香港、法兰克福等。在众多的交易货币中，欧洲美元所占比重最大，约60%以上，其他币种还有欧洲欧元和欧洲日元等。

三、欧洲货币市场形成与发展的原因

欧洲货币市场是从欧洲美元市场发展起来的。欧洲美元市场的形成与发展主要有以下几个方面的原因：

(一) 苏联在欧洲的存款

欧洲美元市场的起源可以追溯到1957年。在20世纪50年代，美国在朝鲜战争中冻结了中国存放在美国银行的资产，因此，苏联便将出口原材料所获得的美元存入巴黎的一家法国银行账户中，这也许就是欧洲美元市场的开端。

(二) 对英镑的限制

1957年，由于英法联合入侵埃及，英国国际收支恶化，导致英镑发生危机。为捍卫英镑，英国政府加强了外汇管制，禁止英国商业银行用英镑对非英镑区居民之间的贸易进行融资，因此，英国商业银行纷纷转向美元，利用美元存款贷给国际贸易商。于是，一个在美国境外经营美元存放款业务的资金市场开始在伦敦出现。

(三) 美国当局对国内银行活动的管制

20 世纪 60 年代后,美国资金不断外流,国际收支逆差逐渐扩大。1963 年 7 月,美国政府开始征收利息平衡税(Interest Equalization Tax),规定美国居民购买外国在美国发行的证券(包括银行对非居民的贷款)所得利息一律要付税,以限制美国资金外流。1965 年,美国政府为了对付日益严重的国际支付危机,制定了《自愿限制对外贷款指导方针》(Voluntary Foreign Credit Restraint Guidelines),要求银行与其他金融机构控制对非居民的贷款数额。1968 年又颁布了《国外直接投资规则》,一方面限制了美国银行的对外贷款能力,另一方面却又加强了美国银行海外分行的活动。

1963 年美国政府实行的《Q 字条例》(Regulation Q)规定了银行对储蓄和定期存款支付利息的最高限额,因此,在 20 世纪 60 年代,美国国内利率低于西欧,于是,存户纷纷将大量美元转移到欧洲,这也为欧洲美元市场的发展提供了有利条件。

(四) 西欧国家货币可兑换性恢复

1958 年底,西欧一些国家恢复了货币的对外可兑换性,于是,美元在欧洲地区可以自由买卖,资金可以自由流动,这为欧洲美元市场的顺利发展铺平了道路。

(五) 石油输出国组织的影响

由于 1973～1974 年石油价格上涨,石油输出国组织赚取了巨额石油美元,并存入欧洲美元市场,仅在 1973～1976 年,石油输出国组织在欧洲货币市场上的存款从 100 亿美元增加到 540 多亿美元。欧洲银行将大部分石油美元存款贷给面临国际收支逆差的石油进口国,欧洲银行在石油美元回流过程中发挥了重要的中介作用。总之,石油输出国组织为欧洲美元市场的美元交易增加创造了条件。

20 世纪 60 年代后,由于美元危机的爆发,美元的国际金融的霸权地位逐渐被削弱,美元汇率不断下跌,抛售美元、抢购黄金和其他硬货币的风潮时有发生。于是,各国中央银行为了避免外汇风险,纷纷使外汇储备多元化,一些硬货币(如当时的德国马克、瑞士法郎和日元等)成为抢购对象。另外,一些西欧国家,如瑞士和联邦德国为了保护本币和金融市场的稳定,抑制通货膨胀,曾对非居民持有本币采取倒收利息或不付利息等措施加以限制,而对非居民的外币存款则给予鼓励。因此,硬通货资金被转存在其发行国以外的地区,形成了欧洲瑞士法郎、欧洲马克、欧洲英镑、欧洲日元和欧洲法国法郎等欧洲货币,使欧洲美元市场扩大并演变为欧洲货币市场。

四、欧洲货币市场的资金来源与运用

(一) 欧洲货币市场的资金来源

欧洲货币市场上的资金供给主要有以下几个来源:

一是各国及其他国家的商业银行。以美国为主的商业性国际银行在国外分支机构所拥有的金融资产,是欧洲货币市场资金的主要来源。

二是各国跨国公司和大工商企业。它们将闲置资金投放欧洲货币市场,以谋取高回报。

三是各国政府与中央银行。目前,各国政府和中央银行持有的外汇储备和外汇资金主要是美元资产,它们往往直接或间接地将所持有的美元投放到欧洲货币市场生息。

四是石油输出国。在石油输出国的巨额石油美元盈余资金中,有相当数量的资金流入欧洲货币市场。20 世纪 70 年代欧洲货币市场的迅猛发展与石油涨价后石油美元的迅速增加有着极为密切的关系。

五是国际清算银行和欧洲投资银行等国际金融机构。它们往往将外汇资金存入欧洲货币市场。

六是派生存款。许多国家的中央银行把它们的美元等外汇储备直接或间接存入欧洲市场,经过欧洲银行的反复贷存,大量的派生存款产生。

(二) 欧洲货币市场的资金运用

欧洲货币市场的巨额资金主要用于以下几个方面:

一是跨国公司和大工商企业。它们是欧洲货币市场的重要借款人,在欧洲货币市场上筹措中长期资金,以便从事全球性业务和大型投资项目。

二是非产油发展中国家。1973 年石油涨价后,非产油发展中国家的对外债务迅速增加,这些资金绝大多数是由欧洲货币市场提供的。

三是国际性大银行、大商业银行和政府机构、全球及区域性金融机构。它们利用欧洲货币市场调整各自的流动资金。

四是外汇投机。自 20 世纪 70 年代初,西方国家普遍实行浮动汇率制度以来,外汇汇率波动频繁,并且幅度较大,于是,在国际金融市场上利用汇率变动而进行外汇投机以赚取暴利的交易不断增加,从而扩大了对欧洲货币资金的需求。

五是苏联与东欧国家。20 世纪 70 年代后,苏联与东欧国家实行引进西方技术和设备的政策,造成巨额贸易逆差,并因此对西方的负债急剧增加,而这些巨额资金的绝大部分是来自欧洲货币市场。

五、欧洲货币市场的特点

欧洲货币市场是一个完全自由的国际金融市场,有很大的吸引力,它与西方国家的国内金融市场以及传统的国际金融市场有明显的不同,主要表现在以下几个方面:

第一,欧洲货币市场借贷自由,不受所在国政府当局金融政策、法令的管辖以及外汇管制的约束。实际上,这种市场是一种超国家或无国籍的资金市场。市场所在地的当局无权也无法对其进行管理,而所在国金融当局为了吸收更多的欧洲货币资金,扩大借贷业务,往往采取种种优惠措施,如非居民可自由进行外币资金交易、自由转移资金及允许免缴存款准备金等,尽量提供方便。因此,欧洲货币市场的资金借贷十分自由,资金调拨非常方便。它不仅符合跨国公司和进出口商的需要,而且符合许多西方工业国家和发展中国家的需要。

第二,欧洲货币市场的经营以银行间交易为主,银行同业间的资金拆借占欧洲货币市场业务的很大比重,它也是一个批发市场,因为大部分借款人和存款人是一些大客户。所以,每笔交易数额巨大,一般少则数万美元,多则数亿甚至数十亿美元。欧洲货币市场的业务活动是通过现代化的通信方式在银行之间或银行与客户之间进行的,其资金调拨灵活、手续简便,有很强的竞争力。

第三,欧洲货币市场有独特的利率体系。其存款利率相对较高,放款利率相对较低,存放款利率的差额很小,这是因为它不受存款利率最高额及法定存款准备金的限制。所以,欧洲货币市场对资金存款人和资金借款人都更具有吸引力。虽然存放款利率差额很小,但由于存贷款的数量很大,因此,欧洲银行的利润仍然相当丰厚。

第四,欧洲货币市场范围广泛、币种多、规模大、资金实力雄厚,市场范围已超出欧洲而遍布世界各地,各种主要可兑换货币应有尽有。其市场规模之大是一般国际金融市场所无法比拟的。这种完全国际性的国际金融市场,能满足各种不同类型的国家及其银行、企业对于各种不同期限与不同用途的资金需要。

第五,欧洲货币市场上的借贷关系为外国借贷双方之间的关系。这种类型的交易为大批离岸金融中心的建立提供了有利条件。凡是有可能把国际投资商和借款人吸引过来的地方,都有可能成为离岸金融中心。

六、欧洲货币市场的经营活动

欧洲货币市场的主要经营活动,根据其业务性质不同和期限长短,具体可分为以下三种:

(一) 欧洲短期信贷

欧洲短期信贷是指期限在1年或1年以下的欧洲货币存贷业务。

1. 业务方式

欧洲货币市场的短期信贷业务主要是银行同业间的资金拆借,通过银行的存贷款来调剂资金的供求,所以,它基本上是银行间的信贷市场。资金存放都是通过现代通信工具联系,一般凭信用达成交易,并不签订合同,但在联系时必须说明借款行的信用状况,借款行的负债影响着借款额度、期限和利率。

2. 业务种类

银行间的存款分三种:(1) 通知存款,即隔夜至7天存款,客户可随时发出通知提取。(2) 定期存款,分7天、1个月、2个月、3个月、6个月、1年,通常以1个月和3个月的短期存款为最多,最长可达5年。(3) 可转让定期存单,这是欧洲银行发行的境外货币存款凭证,期限为1个月、3个月、6个月、9个月和12个月等,持有者需要现款时可以在市场上转售。目前有美元、欧元、日元和英镑等货币存单,以欧洲美元发行的存单数量最多。

3. 主要条件

除上述存贷期限外,欧洲短期信贷的主要条件还有:(1) 金额。每笔存款的最低额一般为5万美元,银行出于竞争的目的,可适当调低最低存款额。(2) 货币。有各种可兑换货币,如欧洲美元、欧洲欧元、欧洲英镑、欧洲瑞士法郎等。(3) 利率。一般以伦敦银行同业拆放利率为基础,短期资金拆放有的就按伦敦银行同业拆放利率计息;有的在伦敦银行同业拆放利率的基础上加一定的利差;有的甚至还可以获得比伦敦银行同业拆放利率更低的利率(LIBOR Minus)。国际金融市场上每天公布伦敦银行同业拆放利率,它是最有信誉的国际性银行进行欧洲美元交易时对大笔贷款彼此收取的利率。

(二) 国际银团贷款

欧洲货币市场的中长期信贷的主要特点是:期限较长;贷款数额大;借款人需要与贷款人

签订贷款合同，并提供担保；贷款选择性强，贷款形式基本上是双边贷款和多边贷款两种。自20世纪70年代以来，银团贷款(Consortium Loan)，又称辛迪加贷款(Syndicated Loan)，成为多边贷款的主要形式。

1. 国际银团贷款的含义

国际银团贷款是由一家或几家银行牵头，联合几家甚至几十家国际银行组成一个银团，共同向某客户或某工程项目进行贷款的融资方式。由于它有筹集金额大、成本小及还款时间长等特点，因此，20世纪70年代后期以来发展很快。目前，伦敦和香港等都是国际银团贷款的主要市场。

2. 国际银团贷款的当事人

这主要有两种：(1) 贷款人，具体包括牵头银行(Lead Manager)、经理银行(Co-managers)、参与银行、代理银行等。贷款人应是国际性商业银行、商人银行和投资银行等。(2) 借款人，往往是国家政府、地方政府、国际金融机构、中央银行、专业银行和大企业等。

3. 国际银团贷款的具体方式

这主要有两种：(1) 直接银团贷款。由银团内的各个贷款银行直接向借款人贷款，贷款工作由各贷款银行在贷款协议中指定的代理银行统一管理。(2) 间接银团贷款。由牵头银行向借款人贷款，然后该银行将参加贷款权分别转售给其他银行，后者称为参加贷款银行，它们按各自承担的参加贷款的数额贷给借款人，贷款工作由牵头银行负责管理。

4. 国际银团贷款的组织形式

国际银团贷款以借款人为一方，牵头银行、经理银行和参与银行为另一方组成。它是一个临时的贷款组织。首先由借款人探询、确定一家牵头银行，牵头银行接受借款人发出的委托书后，就全权负责整个贷款的组织工作，即调查借款人的资信、商定借款目的和条件。如果国际银团贷款数额较大，可以组织一个由3～5家银行组成的经理集团，再由各经理银行协助组织参与贷款的银行。牵头银行全权代表所有其他经理银行起草贷款协议，经借款人和参与银行修改同意后，牵头银行全权代表参与银行与借款人正式签约，报有关部门备案。贷款协定签署后，整个贷款安排便告结束。为了保证各银行到期准确无误地传递资金，借款人还要委托一家代理银行负责贷款的发放、使用、付息和偿还等工作。代理银行一般就是牵头银行或贷款数额较大的其他经理银行。

5. 国际银团贷款的基本条件

国际银团贷款涉及的基本条件主要包括以下各项：

(1) 金额，少则数千万美元，多则数亿美元。

(2) 货币，一般为国际主要可兑换货币。

(3) 贷款期限。贷款期限包括：提款期(Drawdown Period)，即签订贷款协议后支用款项的期限；宽限期(Grace Period)，即不需还本金但要付息的期限；偿还期(Repayment Period)，即宽限期结束后偿还本金的期限。银团贷款的期限一般为5～12年不等；但若用于投资回报期较长的项目，则贷款期限可长达20年以上。

(4) 利率。贷款银行获得这些信贷资金首先是从银行间市场短期拆借得来，通过偿还期的转换，形成以新代旧的展期信用。所以，银团贷款大多按浮动利率定价，利率在展期基础上定期调整(如每半年调整一次)，贷款期限较短的采用固定利率。

浮动利率的基准利率通常采用银行同业拆放利率，视贷款地点不同，可以采用有关市场的同业拆放利率，如伦敦银行同业拆放利率、新加坡银行同业拆放利率(SIBOR)、香港银行同业拆放利率(HIBOR)和上海银行同业拆放利率(SHIBOR)等。有的贷款协议的基准利率采用贷款货币本国的优惠利率(Prime Rate)浮动利率的计息方式,一般在上述基准利率基础上加上一定的利差,该加息率的高低取决于借款人的信誉。

(5) 各项费用。借款费用包括:管理费,即借款人付给牵头银行的费用,一般为借款的0.5%~1%;代理费,即借款人付给代理人的费用,费用标准视贷款金额大小、事务繁简而定;杂费,即借贷过程中所发生的车马费、聘请律师费、宴请费和电信费等,这些费用也由借款人承担;承担费,即借款人未按期使用贷款,需向贷款行支付的赔偿费。

(6) 担保。如果借款人的资信与借款的金额不相称,往往需要政府、中央银行、大商业银行等提供担保。例如,到期时若借款人无力偿还本息,则担保人需无条件代为清偿。工程项目的贷款,则可用该项目的财产和收入作为抵押,以提供担保。

(三) 欧洲债券

有关欧洲债券的内容将在本章第五节"国际资本市场"中阐述。

七、欧洲货币市场的经济影响

欧洲货币市场的运行对国际经济和国际金融产生了极为重要的影响。

(一) 积极影响

第一,欧洲货币市场为第二次世界大战后国际经济的恢复和发展注入了资金,促进了第二次世界大战后西欧经济、日本经济及许多发展中国家的经济和贸易的发展。

第二,欧洲货币市场的大规模融资活动推动了国际贸易的快速发展,而对外贸易的发展又是促进投资扩大和经济增长的有效途径。

第三,国际金融市场的联系更为密切。欧洲货币市场的形成与发展在很大程度上改变了原有国际金融市场因国界限制而形成的相互隔绝状态,将大西洋两岸的金融市场联系在一起,从而促进了国际资金流动及国际金融的一体化,这符合国际经济发展的基本趋势。

第四,帮助了一些国家调整国际收支。欧洲货币市场极大地便利了短期资金的国际流动,特别是促进了石油美元的回流,缓和了世界性的国际收支不平衡问题。通过这个市场的调剂,国际储备有余的国家与国际储备短缺的国家互通有无,使各自的国际收支状况得到改善和缓和。

(二) 消极影响

第一,使国际金融市场变得更加脆弱。由于欧洲货币存款绝大多数是1年以内的短期资本,而欧洲货币放款多半是中长期的,"存短放长"使得金融市场一有"风吹草动",资金便周转不灵,并且这些资金通过银行的多次转存形成了锁链式的借贷关系,假如客户纷纷提取存款,许多银行资金周转不灵,就有可能导致金融崩溃。

第二,使各国的金融政策更加难以贯彻。欧洲货币市场是离岸金融市场,它往往削弱一国的金融政策效力。例如,西方国家为了反通货膨胀而收紧银根,实行紧缩政策,而国内银行和工商企业却可以从利率低的欧洲货币市场上借入资金,使紧缩政策不能达到预期效果。又如,当一些国家为刺激经济而放松银根时,大量资金为追求高利率而流向欧洲货币市场。结果是,各国货币当局将不得不提高国内利率以防止资金外流。这就使扩张性的金融政策难以奏效。

第三，外汇投机活动加剧了汇率波动。由于欧洲货币市场的大部分短期资金几乎用于外汇交易，套汇与套利活动相结合，使大规模资金在几种货币之间频繁移动，从而导致汇率的剧烈波动。甚至一些银行因此而倒闭破产，引起国际金融市场的动荡。

第四，加速了世界性通货膨胀。欧洲货币市场的借贷活动使一国的闲散资金变成另一国的货币供应量，进而使市场的信用基础扩大。另外，在欧洲货币市场上，大量游资冲击金价、汇率和商品市场，也不可避免地影响到各国的物价水平，导致输入性通货膨胀。因此，有人认为，欧洲货币市场对 20 世纪 60 年代后期和 70 年代初期世界性通货膨胀起到了推波助澜的作用。

专栏 9-1　英国"脱欧"对国际金融市场的影响将会是怎样的?

2016 年 6 月，英国公民投票决定"脱欧"。根据英国政府的"硬脱欧"主张，英国将退出关税同盟和统一市场，英国政府在"脱欧"谈判中的立场底线是：终止与欧盟其他成员国之间的自由流动，脱离欧盟法院司法管辖，不对欧盟预算承担义务，独立制定贸易政策。

1. 对伦敦金融城的影响

"脱欧"对伦敦金融城的影响引人关注。长期以来，伦敦作为全球最大国际金融中心，金融服务行业繁荣，2015 年金融服务在英国吸收外资总量中占比 45%，贡献了 8% 的 GDP 增长和 12%的税收。伦敦得益于欧盟金融市场通行证，吸引了世界各大银行设立分支机构，开展业务。"脱欧"后，位于英国的金融机构将无法像以前一样便利无阻地为欧洲各国客户提供服务。安永咨询公司于 2017 年 5 月进行的市场调查显示，伦敦超过 1/4 的金融企业表示受"脱欧"影响将考虑向其他国家转移工作人员和办事机构，8 家最大的投行表示已为"脱欧"谈判结果做好应对预案，其中高盛、摩根大通和摩根士丹利表示将会将业务转移至欧陆地区。

2. 给法兰克福和巴黎等金融市场带来的机遇

英国"脱欧"正在引发连锁反应，英国金融市场似乎已经受到不小的震动。若英国"硬脱欧"，则英国金融业最终可能会与欧洲的金融脱节，伦敦将不再是记账中心，不少业务可能会被迁至法兰克福、巴黎、纽约、香港等地。

除了汇丰、花旗等国际知名投行撤出伦敦外，德意志银行也打算从英国将几千亿美元的资产迁走。德意志银行希望能够将在伦敦的交易与投资银行资产迁至法兰克福，起始时间为 2018 年 9 月至 2019 年 3 月，其间将完成 3 000 亿欧元的资产负债表。若德意志银行确实将自己的资产迁往法兰克福，这将是英国"脱欧"至今出现的最大的资产转移事件。德意志银行资产转移其实也与德意志银行资产重组相吻合，德国本土业务将成为后续的重点。

3. 对欧洲美元在欧陆流动性的影响

英国"脱欧"也意味着欧洲美元在欧陆的流动性可能受影响。伦敦金融城是欧洲美元最大的交易中心之一，因此，"脱欧"在某种程度上表明美元与欧陆开始疏离，英国作为大西洋两岸金融枢纽的地位正在削弱。

4. 对英国吸引对外直接投资的影响

截至2015年底,英国是仅次于美国和中国的世界第三大投资接受国,其超过1万亿美元的投资存量中超过半数来自欧盟27国。许多第三国企业将英国视为进入欧洲市场的门户,认为在英国投资将得益于各生产要素在整个欧盟的自由流动。对拥有复杂产业链的跨国企业而言,"脱欧"后,公司在英国和欧盟国家的不同分支将受不同的法律约束,人员流动也将受限,中间成本将会急剧增加。商人远比政客对风险敏感,因此"脱欧"谈判僵持越久,外资就越可能基于规避风险而考虑撤离。

总之,英国"脱欧"会对英镑汇率、伦敦外汇市场、英国的经济与贸易等众多方面产生影响,至于影响究竟会有多大,对英国是利大于弊还是弊大于利,值得我们密切关注其动态的发展。

第四节 人民币离岸市场

一、发展人民币离岸市场的必要性

所谓人民币离岸业务,是指在中国内地境外经营人民币的存放款业务。人民币离岸市场经营人民币离岸金融业务。

自2007年美国次贷危机爆发后,中国政府积极鼓励中国企业和贸易伙伴在跨境贸易结算中使用人民币,进而推动人民币国际化进程。跨境贸易人民币结算是在人民币没有完全实现在资本账户下自由兑换的情况下开展的,通过贸易流到境外的人民币不能够进入国内的资本市场。于是,发展人民币贸易结算就需要解决流出境外的人民币的流通和交易问题,使拥有人民币的企业可以融出人民币,需要人民币的企业可以融入人民币,持有人民币的企业可以获得相应收益,这就需要发展离岸人民币市场,使流到境外的人民币可以在境外的人民币离岸市场上进行交易;使持有人民币的境外企业可以在这个市场上融通资金、进行交易、获得收益。中国人民银行支持在香港、台湾等亚洲地区以及伦敦、巴黎等欧洲地区建立人民币离岸市场。

二、人民币离岸市场与在岸市场的关系

在人民币还未能完全自由兑换和资本账户还有管制的情况下,人民币离岸市场和在岸市场既相互联系,又有分隔。两个市场的关系主要体现在三个方面:第一,贸易项目。基本上,包括货品和服务在内的中国内地对外贸易,都可以选择以人民币结算和自由跨境流进流出。这方面随着中国跨境贸易人民币结算的进一步放开,人民币结算金额越来越大。第二,直接投资。来中国投资越来越方便、规范,而近几年来中国内地的对外投资也越来越多,2013年达1 776亿美元,创历史新高。第三,金融市场。虽然国内市场与国际市场还没有全部打通,但随着一系列措施的出台,境外人民币回流的通道会越来越多,越来越顺畅。例如,自2007年开始,内地金融机构和企业开始在香港特区发行人民币债券,该债券被称为点心债(Dimsum Bond);自

2013年开始，内地金融机构和企业开始在台湾地区发行人民币债券，该债券被称为宝岛债。

三、人民币跨境套汇套利现象分析

在一个开放的资本账户下，汇差和利差的出现能够被市场短期内消化。因为资金会在利益驱动下大规模进入高利率、高汇率经济体，从而推低利率汇率，完成一轮自我调节。而在我国内地，随着人民币国际化的进程加快，人民币跨境套汇和套利现象日益增多，主要原因是，人民币利率市场化进程和汇率改革进程中，人民币在资本账户下尚未完全实现自由兑换，市场的管制导致在岸市场和离岸市场存在利差和汇差，于是，套汇和套利行为自然产生。以我国香港和内地为例，套汇和套利表现形式主要有以下几种：

（一）在岸离岸即期汇差套利

人民币在岸与离岸的汇率不一致，两岸通过贸易途径实现的资金流动以及换汇活动则表现活跃。例如，在离岸人民币汇率相对在岸存在明显上升时，境内企业A可通过向香港合作伙伴或在港子公司B进口商品，将境内人民币输出至香港；公司B以离岸汇率将人民币换成美元再通过反向贸易向企业A进口，并以美元支付；企业A以在岸汇率将美元换回人民币则可实现汇差套利。反之亦然。

（二）境外非本金交割远期与境内远期结售汇汇差套利

当国内远期结售汇价格与境外非本金交割远期合约价格存在价差时，两者之间便存在套利空间。当人民币境外非本金交割远期(NDF)相对境内远期结售汇(DF)升值时，可在境内操作DF，卖出美元并买入人民币，同时在境外操作NDF，卖出人民币并买入美元；反之亦然。当然，两者的到期日需要一致。由于境内远期结售汇要求实物交割，因此，这一套利方式很适合进出口贸易公司。

（三）内保外贷，即利用在岸离岸息差套利

多年来，香港等地区离岸人民币贷款利率水平明显低于在岸，于是内保外贷应运而生。具体做法是：企业A在境内存一笔人民币存款①，要求银行开具信用证并交给离岸合作伙伴企业B；企业B在香港银行获得离岸人民币贷款后，通过贸易渠道将款项付给企业A。企业A按境内利率获得较高的存款利息，而支付的是较低的离岸贷款利率，实现息差套利。

（四）跨币种息差套利

这种方式与第三种方式类似，但套取的是境内人民币“存款”利率与离岸外汇(如美元)贷款利率之间的息差以及即期与远期之间的汇差。当人民币持续升值时，息差和汇差给套利者带来双重好处。例如，企业A在境内“存款”并要求开具信用证给离岸合作伙伴企业B之后，企业B按照离岸汇率获得相应金额的外汇贷款，并通过向企业A进口商品将这笔外汇支付给企业A；企业A以在岸汇率将外汇兑换为人民币。到期之后，企业A获得境内人民币“存款”

---

① 这里的“存款”是一个广义概念，它其实是境内的一笔人民币资产，实际操作中通常通过购买理财产品或接受票据转押实现盈利，当然也可能会有其他方式。

本利,并按照到期汇率兑换需支付的外汇贷款本利和。为控制风险,可通过签订远期外汇合约锁定远期汇率波动风险。

在近几年,人民币跨境套利大多采用的是上述第三种和第四种方式。

显然,人民币跨境套利和套汇行为是中国内地利率市场化和汇率改革进程中的阶段性现象,并且催生了中国的虚假贸易。随着利率和汇率改革进程的加快和完成,人民币实现资本账户下自由兑换后,人民币跨境套汇和套利现象自然会逐渐减少,并最终消失。

第五节 国际资本市场

一、国际资本市场的含义

国际资本市场(Capital Market)是指国家间的资金借贷期限在1年以上的交易市场,又称中长期资本市场。它主要由银行聚集长期资本或政府的金融机构对客户(公司、企业和政府等)提供中长期贷款,以满足生产建设和国民经济发展的需要。

二、国际资本市场的业务活动

国际资本市场融通资金的方式主要有两种,即银行中长期贷款和证券交易。因此,国际资本市场具体可分为银行中长期信贷市场和证券市场。

(一) 银行中长期信贷市场

这是国际银行提供中长期信贷资金的场所。国际中长期资金的供求双方通过这一市场融通资金。这个市场的需求者主要是各国政府及工商企业;资金期限为1～5年的一般称为中期,5年以上的一般称为长期;资金利率由多方面因素决定,一般包括货币政策、通货膨胀率、经济形势及资金供求量等;对大额借款多采用银团贷款方式。由于这个市场资金周转期长,风险比较大,因此,银行在考虑贷款时除了审核申请贷款的用途外,还要着重分析其偿还债务的能力。

(二) 证券市场

证券市场是从事有价证券发行和交易的市场,是资本市场的重要组成部分,是长期资本的最初投资者和最终使用者之间的有效中介。

广义的证券市场在结构上分为两部分,即发行新证券的初级市场(或称新发行市场)和从事已发行的证券交易的二级市场。

初级市场是指各个企业、机构和政府在发行证券时,从规划到推销、承购等阶段的全部活动过程。它的主要特征是:无固定场所,新发行证券的认购和分销不是在有组织的交易所进行;市场经营者主要提供有关新证券所要求的收益和谁是潜在的购买者等信息,特别是价格和交易信息。初级市场主要由投资银行和信托公司等构成。投资银行的主要业务之一就是经营证券发行和分销,组织承销团。新证券的发行方式分为公募发行和私募发行。公募发行是指证券直接发行给社会广大公众而没有特定的对象;私募发行是指新发行的证券由少数金融机构私下认购，如养老基金会、保险公司和信托公司等。

从事已发行的证券交易的二级市场即狭义的证券市场，它是各种证券转让、买卖和流通的枢纽。它能把社会各阶层的闲散资金广泛动员起来用于长期投资，并能为证券持有人提供避险等便利。二级市场包括证券交易所、经纪人、证券商和证券管理机构。证券交易所是证券市场的中心，它是一个高度专业化的场所，有固定场所。在交易所内，各种证券的交易量很大，并且是按照一定的准则和法规进行。经纪人和证券商是证券市场的主要活动者，证券商用自己的资金直接从事证券买卖，并承担交易的损益。经纪人受客户的委托，代理买卖证券，从中收取佣金。一般来说，有证券市场的国家都有证券监督管理机构来监管证券市场的活动。二级市场的交易按交易场所划分为场内交易和场外交易两类。场内交易是指在一定的场所、一定的时间、按一定的规则买卖特定种类的上市证券。许多国家规定，上市证券的买卖应集中于交易所。场外交易是指在证券交易所外进行的交易，它没有中心场所，由买卖双方以议价方式进行。这种交易为多数未能在证券交易所上市的证券提供了交易便利。如果按期限来划分，二级市场的交易分为现货、期货和期权等类型。

证券市场发行和交易的有价证券主要有：(1) 政府债券，即由政府发行的中期国库券(Treasury Notes)和长期国库券(Treasury Bonds)，这些债券随时可以在市场上转让，但不到期不能兑换本金。(2) 企业债券，即公司对外举债并承诺在一定期限还本付息的承诺凭证。如果是有担保的企业债券，应在债券上注明“担保”字样。(3) 公司股票，即企业为筹措资金而发行的一种股权凭证。它要按照本国公司法规定的格式、内容制成，载明资本金总额、股份总数和每股金额，并向主管机构登记，经审查、批准后才能发行。股票一般分为普通股和优先股。普通股只能在企业盈利时先支付优先股股息后再进行红利分配，至于能分多少红利，应由董事会提出方案后经股东大会决定；优先股有固定的股息率，在企业盈利的税后净利中优先于普通股支付股息。当年净利不足以支付优先股股息时，如果是累积优先股，则可以在今后年度的盈利中补付。企业股票还可以分为记名和不记名两种。不记名股票的发行必须在企业章程中明确规定，发行股数不得超过总数的 1/2。

三、国际主要股票指数

(一) 道—琼斯股票指数

1. 道—琼斯工业平均指数

道—琼斯工业平均指数(Dow Jones Industrial Average，DJIA)是 30 只交易活跃的蓝筹股的价格加权平均指数。它是历史最悠久的，也是应用最为广泛的一个指数，该指数于 1896 年 5 月 26 日第一次发布。道—琼斯工业平均指数由道—琼斯公司编制。尽管道—琼斯工业平均指数的成分股大部分是工业性公司，如 Alcoa 公司和 IBM 公司，但它现在已与市场一起发生了变迁。一些与服务相关的公司，如微软公司、SBC 通讯公司、迪士尼公司、可口可乐公司、麦当劳公司，已经成为道—琼斯工业平均指数的成分股，同时成为成分股的还有一些金融服务公司，如美国运通公司。道—琼斯工业平均指数的成分股代表了纽约证券交易所上市股票 15%～20%的市值。在计算道—琼斯工业平均指数时，需要把其成分股的交易价格进行加总，再通过一个除数来调整。这种调整主要针对股票股利、股票分割、相当于某只股票收盘价 10%或 10%以上的现金等价分配、股票替换及公司合并等因素。该平均指数以点数报价，而不是以美元报价。道—琼斯工业平均指数期货在芝加哥期货交易所进行交易;道—琼斯工业平均指数期权和小型期货在芝加哥期权交易所进行交易;场内交易基金,又称钻石基金,在美国证券交易所进行交易,而样板单位基金则在欧洲证券交易所进行交易。

2. 道—琼斯交通平均指数

道—琼斯交通平均指数(Dow Jones Transportation Average,DJTA)是一个由 20 只股票组成的指数,它们分别来自航空业、汽车运输业、铁路运输业和船运业。

3. 道—琼斯公用事业指数

道—琼斯公用事业指数(Dow Jones Utility Average,DJUA)是一个由 15 只来自燃气、电力等公用事业的公司组成的指数。道—琼斯交通平均指数和道—琼斯公用事业平均指数的指数期权在芝加哥期权交易所进行交易。

4. 道—琼斯综合指数

道—琼斯综合指数(Dow Jones Composite)包含上述 3 个平均指数中的 65 只股票,又称 65 股指数。

(二) 纳斯达克指数

纳斯达克指数(National Association of Securities Dealers Automated Quotation, Nasdaq)是一个按市场价值加权的指数,涵盖在纳斯达克上市的所有美国证券和非美国证券,总共超过 4 000 家公司。该指数于 1971 年 2 月 5 日引入,当时的基数为 100 点。证券的市场价值等于收盘价与所有流通股份数的乘积,它在交易日进行计算,并且与指数的总价值相关。该指数中的每一种证券都可以归入纳斯达克次级指数,这些次级指数包括银行业指数、生物技术行业指数、计算机行业指数、工业指数、保险业指数、其他金融业指数、交通指数以及电信业指数。对次级指数的价值的计算始于 1971 年 2 月,但是生物技术行业指数、计算机行业指数以及电信业指数除外,这三者的计算始于 1993 年 11 月 1 日。

(三) 标普 500 指数

标普 500 指数(Standard & Poor 500)是一个以市场价值加权的指数,它反映了 500 只股票的总体市场价值相对于基期(1941～1943 年)的变化。该指数的成分股大部分在纽约证券交易所上市交易,还有一些在美国证券交易所和纳斯达克证券市场上市。它由 379 家工业公司、87 家非必需消费品公司、78 家信息技术公司、76 家金融类公司、46 家医疗保健公司、37 家公用事业公司、37 家原材料公司、34 家必需消费品公司、25 家能源类公司以及 12 家电信服务公司组成。指数期权在芝加哥期权交易所进行交易,期货和期权在芝加哥商品交易所进行交易。由标准普尔公司所编制的其他美国指数还有中盘股 400 指数、小盘股 600 指数、超级综合 1 500 指数、标普 100 指数、标普/伯成拉长指数和价值指数,以及标普不动产投资信托指数。

四、国际债券市场

(一) 国际债券市场的含义

国际债券是指国际金融机构以及一国的政府、金融机构或企业在国际市场上以外国货币为面值发行的债券。国际债券市场由国际债券的发行者和投资者组成。这个市场具体可分为发行市场和流通市场。发行市场从事国际债券的发行和认购，流通市场安排国际债券的上市和交易，两者关系密切、相辅相成。目前，世界上主要的国际债券市场为纽约市场、伦敦市场、东京市场、法兰克福市场、香港市场和新加坡市场等。

（二）国际债券的类型

国际债券的类型因划分方法不同而不同，其主要类型有以下几种：

1. 按照发行方式划分

(1) 公募债券(Public Offering Bond)。它是指债券在证券市场上公开销售，购买者为社会各个阶层。该债券的发行必须经过国际上认可的债券信用评定机构的评级，筹资者需要将自己的有关情况公之于众。

(2) 私募债券(Private Placement Bond)。它是指私下向限定数量的投资者发行的债券。这种债券不能上市交易转让，所以其债券利率高于公募债券利率，并且发行价格偏低，以保障投资者的利益。此外，该债券发行金额较小，期限较短。发行私募债券手续简便，一般无须债券评定机构评级，也不要求发行者公布自己的有关情况。

2. 按照是否以发行地所在国货币为面值划分

(1) 外国债券(Foreign Bond)。它是指借款人在其本国以外某一国家发行的，以发行地所在国货币为面值的债券。例如，中国在伦敦发行的英镑债券，就属于外国债券。外国债券是传统的国际金融市场业务，其发行必须经发行地所在国政府的批准，并受该国货币当局金融法规的管辖。在日本发行的外国债券(即日元债券)称为武士债券(Samurai Bond)，在美国发行的外国债券(即美元债券)称为扬基债券(Yankee Bond)，在英国发行的外国债券(即英镑债券)称为猛犬债券(Bulldog Bond)。

(2) 欧洲债券(Euro-bond)。它是指借款者在债券票面货币发行国以外或在该国的离岸金融市场发行的债券，例如，中国在伦敦发行的欧元债券就属于欧洲债券。前面已经提到，欧洲债券是欧洲货币市场上三种主要业务之一，因此，其发行无须任何国家金融法规的管辖。

3. 按照利率确定方式划分

(1) 固定利率债券，即在发行债券时将债券的息票率固定下来的债券。

(2) 浮动利率债券，即债券的息票率根据国际市场利率变化而变动的债券。这种债券的利率基准和浮动期限一般参照伦敦银行同业拆放利率。发行这种债券有一定的利率风险。

(3) 无息票债券，即没有息票的债券。其发行价格低于票面金额，到期时按面值偿还，发行价与面值的差价就是投资者的投资收益。借款者发行无息票债券，可以节省息票印刷费，从而降低筹资成本，而投资者则可以获得比有息票债券更多的收益。

4. 按照可转换性划分

(1) 直接债券(Straight Bond)，即按债券的一般还本付息方式发行的债券，包括通常所指的政府债券、企业债券等。它是相对于可转换债券和附认股权证等债券品种而言的。

(2) 可转换债券(Convertible Bond)，即可以转换为企业股票的债券。发行此类债券时，给投资者一种权利，即经过一定期限后，投资者有权按照债券票面额将企业债券转换为企业的股票，成为企业股东。

(3) 附认股权债券(Bonds with Equity Warrants)，即能获得购买企业股票权利的企业债券。投资者一旦购买了这种债券，在该企业增资时，便有购买其股权的优先权，还可以获得按股票最初发行价格购买的优惠。

(4) 可转让贷款证券。当某银行需要借款时,将所需借的款项、条件等记载入一张或几张证券(可转让贷款证券),然后将该证券售予贷款银行即可获得所需款项。当一家银行承担了这项贷款,它可将转让贷款证券出售给另外的银行或金融机构,而后者又可继续将该证券转让;依此类推。借款者无论该证券转至谁手,都需尽还款义务。这种债券使持有者有权得到原来贷款协议中规定的利息和其他好处,并可随时出让债权,具有很大的灵活性和方便性。可转让贷款证券能以不同的到期时间和不同票面额大宗出售,是债券融资与银行信贷相结合的一种融资工具。

(三) 发行国际债券的资格审查

国际债券市场有严格的管理制度和共同遵守的活动规则。借款者进入国际债券市场时,首先要到资本市场管理委员会或证券交易委员会等机构注册登记,提供各种证明文件,经审查批准确认后才取得债券发行资格。债券发行管理机关对借款者的资格审查主要有以下几个方面:

1. 担保证书

发行国际债券一般不需要抵押品,但要有政府、大企业或大银行出具保证书。

2. 债信审查

主要调查发行人在历史上有无拖欠的未偿还债务或债券诉讼纠纷等。

3. 发行经验

国际债券市场一般规定,借款者必须有一定的发行经验和技术,发行者必须熟悉国际金融基本知识和国际金融市场的发展情况,了解国际债券市场的各项规则和发行程序,并且发行者要具备较高的业务素质,才有资格进入国际债券市场。

4. 前后两次债券发行间隔的时间不能太短

通常规定,同一个发行者在1年内不得发行2～3次,以避免到期日过于集中而出现偿付困难。

5. 评定信用等级

借款者发行国际债券(主要是外国债券),一般需要对其所具备的经济实力和信用做出评级。目前,国际上债信评级一般有9个级别:AAA、AA、A、BBB、BB、B、CCC、CC、C。其中,BBB级以上的级别为投资级别,信用较好,投资安全;BB级以下的级别为投机级别,有风险。这种评级在债券发行时公之于众,评级的高低对债券的发行有很大的影响。根据国际惯例,借款人每发行一次债券,都要重新确定一次信用等级,较为权威的国际证券评级机构有美国的标准普尔公司(Standard & Poor's)、穆迪氏投资服务公司(Moody's Investment Service)等。

(四) 国际债券发行前的准备

借款者在进入国际债券市场之前,除了取得发行资格外,还要确定发行目标,作为与承销商谈判的基础,争取最有利的发行条件。这些准备包括以下几个方面:

1. 发行金额

应根据企业或项目扩展的需要和市场销售的可能性确定发行金额。初次发行金额不宜太大。考虑到发行成本,发行金额也不宜太小。

2. 货币种类

各种可兑换货币均可,但要结合项目的需要,并且综合考虑货币汇率与债券的利率对借款者的影响。

3. 债券利率

债券利率是决定筹资成本高低的主要因素。发行者首先要获得一个较高的信用等级，以便制定较低的利率水平。其次，发行者应在国际利率水平较低的情况下进入市场，选择一个较为有利的发行时机。债券的利率分为表面利率和实际收益率。由于债券可以低价或溢价发行，因此会使投资人的实际得益增加或减少，从而产生收益率。收益率的计算公式为：

$$\text{实际收益率}=\frac{\text{债券面值}\times\text{息票利率}+(\text{面值}-\text{发行价格})\div\text{期限}}{\text{债券发行价格}}$$

4. 债券期限

债券期限一般为 5～7 年，国家机构发行的债券期限可长达 10 年。一般债券在到期时可再发行，借新债还旧债。

5. 发行价格

这是债券的实际售价，用对债券面值的百分比表示。如按债券面值的 100%价格发行，称为等价发行；如按低于面值的价格发行，称为折价发行；如按超过面值的价格发行，称为溢价发行。一般情况下，固定利率的债券通常以不同于面值的价格发行，因为利率固定后，在债券发行时，如果市场利率高于息票率，则有可能低价发行；反之，如果市场利率低于息票率，则有可能溢价发行。而浮动利率债券则通常以面值发行。

6. 发行费用

发行债券的费用包括债券印刷费、广告费、律师费、承销费、登记代理费、受托费和支付代理费等。因此，发行者最终发行的成本率计算公式为：

$$\text{成本率}=\text{收益率}+\frac{(\text{发行额}-\text{按发行价格收入资金额}+\text{费用})\div\text{期限}}{\text{按发行价格收入资金额}-\text{费用}}$$

（五）发行国际债券的主要文件

发行国际债券所需的文件主要包括以下几项：

一是有价证券申报书。它是发行者向发行地政府递交的发行债券申请书，主要包括：发行者所属国的政治、经济和地理等情况；发行者自身地位、业务概况和财务状况；发行本宗债券的基本事项；发行债券筹资的目的与资金用途；等等。

二是债券募资说明书。它是发行人将自己的真实情况公布于众的书面材料，主要内容与有价证券申报书类似。

三是债券承销协议。它是由债券发行者与承销团订立的协议，主要包括：债券发行的基本条件；债券发行的主要条款（与银团贷款的主要条款基本相同）；债券的发行方式；发行者的保证和允诺，发行者对承销团支付的费用；承销商的保证和允诺等。

四是债券受托协议。该协议由债券发行者与受托机构订立，主要内容除受托机构的职能和义务外，与承销协议基本相同。

五是债券登记代理协议。它是由债券发行者与登记代理机构订立的协议，主要内容除登记代理机构的义务外，与承销协议基本相同。

六是债券支付代理协议。它是由债券发行者与支付代理机构订立的协议，主要内容除债券还本付息地点、债券的挂失登记和注销外，与承销协议基本相同。

七是律师意见书。它是债券发行者与承销团各自的律师就发行债券有关的法律问题表达意见的一种书面材料。

(六) 国际债券的发行程序

第一,发行者确定主承销商和承销团。

第二,发行者通过主承销商向发行地国家政府表示发行债券的意向,征得该国政府的许可。

第三,在主承销商的帮助下,发行者申请信用评级。

第四,发行者通过主承销商,组织承销团,设立受托机构、登记代理机构和支付代理机构。

第五,发行者与主承销商和辅承销商商讨债券发行的基本条件及主要条款。

第六,按一定格式向发行地国家政府正式递交有价证券申报书。

第七,发行者分别与承销团代表、受托机构代表、登记代理机构代表和支付代理机构代表签订各种协议。

第八,发行者通过承销团,向广大投资者提交《债券募资说明书》,介绍和宣传债券。

第九,主承销商组织承销团承销债券,各承销商将承销款项付给主承销商。

第十,主承销商将筹集款项交受托机构代表换取债券,随后将债券交给各承销商。

第十一,各承销商将债券出售给广大投资者。

第十二,登记代理机构受理广大投资者的债券登记。

第十三,受托机构代表将债券款项拨入发行者账户。

上述是公募债券的发行程序,如果是发行私募债券则程序要简单得多。

(七) 国际债券的交易方式

1. 在证券交易所挂牌上市

公募债券发行后,发行者一般应在主承销商的协助下尽快使债券上市。

2. 场外交易

这是指在证券交易所以外的地方进行的证券交易,通常是在证券公司或银行的柜台以现代通信方式成交。场外交易的债券无须登记入市。

(八) 国际债券的偿还方式

国际债券的偿还方式主要有两种,一是在债券偿还期满时一次偿还,二是债券在期中开始偿还。

期中偿还主要有三种方法:(1) 定期偿还,即每半年或 1 年偿还一定的金额,期满时还清余额;(2) 任意偿还,即由发行者任意偿还债券的一部分或全部,但采用这种方法时必须在面值上加一定的升水,以补偿投资者的损失;(3) 购回注销,即由发行者在规定期限内从市场上购回债券予以注销。

采取期中偿还的方式,计算债券的实际期限的公式是:

$$\text{实际期限} = \frac{\sum \text{每年偿还本金额} \times \text{使用年限}}{\text{债券发行额}}$$

(九) 国际债券市场的清算

国际债券市场的清算主要通过欧洲票券清算机构进行:

1. 欧洲票据交换所

欧洲票据交换所(Euro Clearing House)是由美国摩根担保信托公司于1968年在布鲁塞尔建立的欧洲票券清算机构,凡参加者均可运用电子计算机网络通过划账转账完成交易,节省时间和交易成本。

2. 欧洲债券清算中心

欧洲债券清算中心(CEDEL)是一个电脑系统,对欧洲债券及有关证券进行安全保管、交割与清算。该系统还与全球银行同业间金融电信协会(Society for Worldwide Interbank Financial Telecommunication,SWIFT)相连接,其操作管理处设在卢森堡。

专栏9-2 内地与香港债券市场的“债券通”和“北向通”

1. 债券通的背景

截至2017年5月的金融监管框架下,中国主要有三条途径供境外投资者进入境内债券市场,分别为合格境外机构投资者(QFII)计划、人民币合格境外机构投资者(RQFII)计划以及三类合格机构直接进入内地银行间债券市场(CIBM)计划。这些开放渠道主要适用于对中国债券市场较为了解、能够承担较高的运作成本来参与中国债券市场的外国中央银行和大型机构,而为数众多的中小机构投资者往往因为不熟悉中国交易和结算习惯等原因而找不到适合自己的投资渠道。“债券通”正是在这样的背景下推出的。

2. “债券通”和“北向通”的含义

2017年5月31日,中央银行发布《内地与香港债券市场互联互通合作管理暂行办法》(以下简称《办法》)。“债券通”包括“北向通”及“南向通”。“北向通”是指中国香港及其他国家与地区的境外投资者(简称境外投资者)经由香港与内地基础设施机构之间在交易、托管、结算等方面互联互通的机制安排,投资于内地银行间债券市场。“南向通”有关办法另行制定。

《办法》规定,符合中央银行要求的境外投资者可通过“北向通”投资银行间债券市场,标的债券为可在银行间债券市场交易流通的所有券种。中央银行认可的电子交易平台和其他机构可代境外投资者向中国人民银行上海总部备案。“北向通”没有投资额度限制。

境外投资者可通过“北向通”参与银行间债券市场发行认购。境外投资者可使用自有人民币或外汇投资。使用外汇投资的,可通过债券持有人在香港人民币业务清算行及香港地区经批准可进入境内银行间外汇市场进行交易的境外人民币业务参加行(以下统称香港结算行)办理外汇资金兑换。香港结算行由此所产生的头寸可到境内银行间外汇市场平盘。使用外汇投资的,在其投资的债券到期或卖出后,原则上应兑换回外汇。

“北向通”下的资金兑换纳入人民币购售业务管理。香港结算行在境内银行间外汇市场平盘头寸时,应确保与其相关的境外投资者在本机构资金兑换和外汇风险对冲是基于“北向通”下的真实合理需求。

《办法》规定,中央银行依法对"北向通"进行监督管理,并与香港金融管理局及其他有关国家或地区的相关监督管理机构建立监管合作安排,共同维护投资者跨境投资的合法权益,加强反洗钱监管。中央银行及相关监管部门有权及时调取"北向通"境外投资者数据。

3."债券通"和"北向通"的意义

第一,提高中国债券市场的开放程度。在"债券通"的投资渠道下,境外投资者不必对中国债券市场的交易结算制度以及各项法律法规制度有很深入的了解,只需沿用目前熟悉的交易与结算方式,从而降低了外资参与中国债市的门槛。同时,"债券通"的入市渠道与已有渠道并行不悖,可以满足境外投资者不同类型的投资中国金融市场的需求。同时,"债券通"的总体框架设计实现了相对封闭的设计,使得由"债券通"推动的市场开放进程是总体可控的。可以说,"债券通"的制度设计以创新、可控的方式提高了中国债券市场的开放程度。

第二,成为人民币国际化的新动力。从一些发达经济体的货币国际化进程可以看出,如果没有一个开放活跃的债券市场的支持,人民币很难成为真正的国际货币。从美元等货币的发展史可以看到,国际货币的地位主要不是以股票市场支撑的,而更多的是依托债券市场。2016年人民币正式被纳入国际货币基金组织特别提款权的货币篮子,占比为10.92%,这就为人民币计价的债券资产带来新的参与主体和资本流量,也相应提升了全球市场对人民币作为全球投资及储备货币的认受性。但迄今为止,人民币在官方外汇储备中的占比,以及在外汇市场交易中的占比等相关数据都还远远低于10.92%的水平。因此,"债券通"的运行增加了国际投资者可以投资的、多样化的、人民币计价的离岸与在岸的金融资产,将助力人民币国际化。

第三,拓展金融服务发展新空间。"债券通"的开通,以及"债券通"合资公司的平稳运行,对于中国在岸和离岸债券市场的影响十分深远。债券市场作为主要由机构投资者参与的市场,其交易与金融衍生品交易和风险管理需求密切相关,也与对评级等专业中介服务的需求直接相连。虽然"债券通"的启动未必一开始就能带动交易量激增,但可以预计,由此会带动利率风险管理产品、汇率风险管理产品等交易的活跃,以及与债券相关的评级、信息披露、规避违约风险等方面的活跃,市场将构建起围绕"债券通"的交易和结算的生态圈,进而拓展金融市场的发展新空间。

第六节 国际黄金市场

一、国际黄金市场的含义

国际黄金市场是世界各国集中进行黄金交易的一个中心,有固定的场所。目前,世界上重要的黄金市场有伦敦、苏黎世、纽约、芝加哥和香港,号称五大国际黄金市场。其他如法兰克福、巴黎、布鲁塞尔、卢森堡、东京、澳门、曼谷和新加坡等几十个城市也都是重要的国际黄金市场。世界的黄金交易可以全天 24 小时不停地进行。

二、国际黄金市场的业务活动

(一) 黄金的供应与需求

国际黄金市场的黄金供应主要有以下几个方面:(1) 生产黄金。这是国际黄金市场的主要来源。南非一直是世界最大的产金国。(2) 国际货币基金组织、各国政府和私人抛售的黄金。(3) 其他来源,如美国和加拿大出售的金币以及美国发行的黄金证券(Gold Certificate)等。

国际黄金市场的黄金需求主要有以下几个方面:(1) 工业用金。工业用金范围极为广泛,主要有电子、首饰业、牙科等行业,目前工业用金占国际黄金需求量的比重最大。(2) 作为官方的储备资产。国际货币基金组织、国际清算银行、各国的中央银行都拥有大量黄金储备资产。(3) 私人藏金。私人为保值或投机而购入黄金。

(二) 黄金市场的结构与交易工具

黄金市场可分为实物黄金和非实物交割的期货期权市场两部分。前者买卖金条、金块和金币,后者买卖对黄金的要求权。两个市场由套利活动紧密地联系在一起。期货期权的价格归根到底是由实物黄金市场上供求关系的变化决定的。

实物黄金主要以金条和金块形式进行买卖,官方或民间铸造的金币、金质奖章、珠宝首饰也在市场上买卖。金条的形式有两种:(1) 纯度为 80%的沙金;(2) 经提炼,纯度为 99.5%~99.9%的条状黄金。实物黄金市场是黄金批发商(生产商、提炼商和中央银行)与小投资者及其他需求者之间的联系纽带。实物黄金市场基本上是即期市场(即现货市场),交易是在成交后立即进行交割或在两天内交割,为避险而进行的远期交易则是这一交易的补充。现货交易在室内或场内进行,价格一般由买卖双方决定,实物市场参与者由三者组成:黄金交易商在市场上买入或卖出黄金,承担交易的损益;经纪人作为交易中介收取佣金;银行为这些活动融资。

与金融工具相比,投资和持有黄金有两个明显的缺陷,即耗费巨额的贮藏费用和安全费用并且持有黄金不能产生利息。所以,许多持有大量黄金的机构想通过暂时转让所有权来更好地利用黄金的经济价值。自 20 世纪 80 年代中期以来,黄金贷款市场的发展满足了这方面的需要。黄金贷款的贷方可以获得一笔利息(利率通常比普通贷款低),借方可以得到黄金,然后按约定的期限(一般是 4~6 年,有 1~2 年的宽限期)把实物黄金还给贷方。此外,有一种短期黄金贷款市场,黄金交易商有时轧平买卖之间的时间差,也向银行借黄金。

一些巨额黄金持有者由于直接进入实物市场会对价格产生负效应,选择了黄金互换交易(Gold Swaps),即黄金持有者把金条转让给交易商以换取货币,在互换协议期满时(一般为 1 年)再按约定的远期价格购回黄金。黄金互换交易也指交易商之间不同成色或不同地点的黄金互换,它可以减少交易成本,满足不同客户和不同市场的需要。

黄金的期货和期权交易目前已经成为黄金市场的主要业务活动,交易商从事交易的目的主要是投资或避险。无论是现货交易,还是期货和期权交易,一般是通过经纪人(Bullion Broker)成交,他们在黄金交易活动中处于中心地位。黄金市场对每个经纪人席位收取高额费用。

近几十年来,黄金交易创新工具比较多,如黄金担保(Gold Warrants)、黄金杠杆合同(Gold Leverage Contracts)和黄金存单(Gold Depository Orders)等。

按照传统习惯,黄金交易的报价一直是以伦敦黄金市场的报价作为世界上具有代表性的金价。这是因为伦敦黄金市场历史悠久、组织健全,伦敦又是世界上重要的国际金融中心,长期控制着南非黄金的产销,在世界黄金的销售、转运及调剂各方面发挥着枢纽作用。

第二次世界大战后,各国的黄金市场在不同程度上均受当地政府的管制和约束,除少数国家(如瑞士的苏黎世)仍保持自由交易的黄金市场外,大多数国家对黄金的买卖和输出入采取了不同程度的限制措施,所以,限制性黄金市场较为普遍。

三、黄金价格及影响其变动的因素

(一) 黄金价格

第二次世界大战后,黄金价格的变化大致可分为三个时期:(1) 维持官价时期(1945～1968 年 3 月)。从布雷顿森林体系建立到黄金总库解散前,黄金价格一直维持在每盎司 35 美元的官价水平上。(2) 双价时期(1968 年 3 月～1971 年 8 月)。1968 年 3 月美元危机爆发后,美国不得不实行黄金双价制,即美国对外国中央银行仍按官价兑换黄金,自由市场金价根据供求情况任其波动。在此期间,伦敦市场金价在每盎司 35～40 美元波动。(3) 价格完全自由波动时期(1971 年 8 月以后)。美元危机频繁爆发,迫使外国中央银行停止按官价兑换黄金。从此,黄金价格进入完全自由波动时期。

(二) 影响黄金价格变动的因素

自 1971 年黄金价格自由波动以来,影响黄金价格变动的主要因素是:(1) 黄金的供求关系。国际黄金市场上黄金供不应求时,黄金价格便上涨;反之,则下跌。(2) 通货膨胀。如果世界通货膨胀率不断上升,则人们会由于担心货币贬值而抢购黄金,金价会上涨;反之,则下跌。(3) 货币利率和汇率。如果西方国家银行利率调高,主要货币汇率稳定,则人们宁愿将货币存入银行,获取利息收益,金价就会下跌;如果西方国家银行利率下调,主要货币汇率趋跌,则人们为了保值就会用货币去购买黄金,金价就会上涨。(4) 国际政治局势。国际上一旦发生重大的政治事件,发生政治动荡,则会引起抢购黄金的风潮,给黄金价格带来极大的冲击。

四、国际主要黄金市场

(一) 伦敦黄金市场

伦敦黄金市场历史悠久,自 20 世纪初就成为一个组织比较健全的世界黄金市场。它是由罗斯柴尔德父子公司(Rothschild & Sond)、莫卡特公司(Mocatta & Goldsmid)、塞缪尔蒙塔古公司(Samuel Montagu & Co.)、梅斯威斯派克(Mase Westpac)和夏普斯庇克斯利公司(Sharps Pixley)五大金行组成。伦敦黄金市场曾由于第二次世界大战爆发而在 1939 年关闭,直到 1954 年才重新开放。市场黄金供应者主要是南非，在很多情况下各产金者的黄金首先集中到伦敦，然后分配到世界各地。1982 年前，伦敦黄金市场主要经营现货交易，1982 年 4 月，伦敦黄金期货市场才开业。当今伦敦仍是世界上最大的黄金市场，其他各地黄金市场所采用的交易方式和交易系统基本上由伦敦黄金市场确定。

（二）苏黎世黄金市场

苏黎世黄金市场是第二次世界大战后发展起来的国际黄金市场。虽然瑞士本身没有黄金供给，但由于它提供了特殊的银行制度和辅助性的黄金交易服务体系，为黄金买卖创造了一个既自由又保密的环境，因此，瑞士在世界黄金实物交易中保持了独特的优势。瑞士三大银行，即瑞士信贷银行（Credit Suisse）、瑞士联合银行（Union Bank of Switzerland）和瑞士银行（Swiss Bank Corporation）组成了苏黎世黄金总库（Zurich Gold Pool），黄金交易与银行业务联系紧密。目前，瑞士不仅是世界上新增黄金的最大中转站，而且是世界最大的私人黄金的存贮中心。无论在提炼黄金方面，还是在冶炼黄金方面，苏黎世黄金总库的成员在市场上都占统治地位。当然，许多小银行也冶炼、运输黄金，充当生产者与投资者之间的经纪人。苏黎世市场对金条规格的要求与伦敦市场一样，这样，苏黎世的金条就可以用伦敦市场价格标价。交易以现货为主。

苏黎世黄金市场没有正式的组织机构，除黄金总库成员外，交易商可以独立地讨价还价，合同一般以美元标价。黄金总库建立在三大银行非正式协商基础上，不受政府管辖，它作为交易商联合与清算系统的混合体在市场上起中介作用。苏黎世市场无金价定盘制度。银行的个别头寸是不公开的，联合清算系统对银行的不记名头寸进行加总，并每天按这些头寸的变动设定一个价格。这一联合定价被视为苏黎世黄金官价，并对总库成员有约束力，也给市场上的其他银行起到了指导作用。

虽然大部分世界新增黄金供应量流经瑞士，但市场交易规模不如伦敦，所以，它是仅次于伦敦的国际黄金市场。

（三）美国黄金市场

纽约和芝加哥黄金市场是 20 世纪 70 年代中期发展起来的，虽然其历史短暂，但发展很快。当今，纽约商品交易所（New York Commodities Exchange）和芝加哥商品交易所（Chicago Mercantile Exchange）是世界黄金期货交易中心，所以，美国黄金市场以期货交易为主。两大交易所对黄金现货市场的金价影响很大。

（四）中国香港黄金市场

中国香港黄金市场于 1910 年正式开业，自 1974 年 1 月政府撤销黄金进口管制后获得迅速发展。当今，它是远东主要的黄金分销和结算中心。对于中东和远东的交易者而言，当纽约市场已关闭而伦敦和苏黎世市场还未开市时，中国香港是唯一重要的黄金市场。香港黄金市场由三个市场组成：(1) 香港金银贸易市场，以华商资金占优势，有固定买卖场所；(2) 本地伦敦金银市场，以外资为主体，没有固定交易场所；(3) 黄金商品期货市场，是一个正规市场。这三个市场关系密切，成交额最大的是香港金银贸易市场，而影响最大的是本地伦敦金银市场。上述三个市场的交易量都很大，黄金的转口和进口都很活跃。

第七节　金融期货市场

一、金融期货市场的含义

(一) 期货交易

所谓期货交易，是相对于现货交易而言的。现货交易是指买卖双方一手交钱、一手交货，钱货立即交割结清。期货交易是指在有组织的期货交易所以公开竞价方式进行标准化合约的买卖。这种标准化合约称为期货合约(Futures Contract)。在期货合约中虽写明某指定数目的商品须在规定的未来某日期交割，但往往在交割日前，绝大多数合约早已对冲，到期进行实物交割的不足5%，所以，无论客户是否拥有某种商品，只要在交易前按规定开设保证金账户，都可以进行这种商品的期货交易，从而达到避险和投机的目的。

(二) 金融期货交易

国际上商品期货交易已有几百年的历史，而金融期货交易却直到20世纪70年代才产生。所谓金融期货交易，专指期货交易的商品是金融产品，包括外汇、有息金融资产、股票指数和黄金等。由于金融期货除黄金外，都是以脱离了实物形态的货币汇率、借贷利率以及各种股票指数等作为交易对象，因此，金融期货的出现使期货交易发展到一个更加“见钱不见物”的阶段。

(三) 金融期货市场

所谓金融期货市场(Financial Futures Market)，是指从事金融期货交易的期货交易所。所有的金融期货交易都是在有形的期货交易所内进行。期货交易所为确保期货交易的顺利进行都制定并执行相应的规章制度，为金融期货交易提供便利。

二、金融期货市场的产生与发展

期货市场最早出现在欧洲，17世纪开始出现在亚洲日本，美国于1848年才开设第一家期货市场，即芝加哥农产品交易所。第二次世界大战后，期货市场在美国、欧洲等西方国家发展迅速，特别是美国，虽起步较晚，但发展却比世界上任何一个国家都快。当今，美国的期货市场在世界上居于领先地位。

自20世纪70年代起，由于资本及金融业的日益国际化，以及国际金融市场的动荡不定，金融期货异军突起，发展非常迅速。1972年5月，美国的芝加哥商品交易所的国际货币市场(International Money Market)首创外汇期货交易；1974年12月，该市场开设了黄金期货交易；1975年10月，又开办了抵押存款证期货交易；1977年8月，开办了与现货市场关联的美国长期国库券期货交易；1977年9月，开办了90天商业票据期货交易；1979年5月，开办了30天商业票据期货交易；1979年6月，开办了中期国库券期货交易。1981年2月，美国的堪萨斯农产品交易所首创股票指数期货交易。1个月后，纽约期货交易所也开办了股票指数期货交易。美国首创金融期货交易后，其他国家和地区纷纷效仿，伦敦、香港、新加坡、悉尼、多伦多、东京等先后创办金融期货交易，金融期货市场的规模日益扩大，并对国际金融和国际经济产生着日益重要的影响。

中国自改革开放以来，已先后推出商品期货交易、黄金期货交易和股票指数期货交易；2013 年 9 月，推出了国债期货。上海自贸区自 2013 年 9 月 29 日成立以来，上海国际能源交易中心在区内诞生，这是国内第五家交易所，准备推出原油、天然气等能源期货衍生品，但目前尚未推出外汇期货交易。

三、金融期货交易的类型

按照交易的金融产品划分，金融期货交易主要有四大类：

(一) 外汇期货交易

外汇期货交易(Currency Futures)的交易货币与一般外汇市场主要货币交易的种类基本相同，即美元、英镑、欧元、日元、瑞士法郎、加拿大元和墨西哥比索等。

(二) 利率期货交易

利率期货交易(Interest Rate Futures)的交易对象有短期国库券、中期国库券、长期国库券、政府住宅抵押证券、免税地方债券、国内定期存单、欧洲美元存款和商业票据。

(三) 股票价格指数期货交易

股票价格指数期货交易(Stock Index Futures)的交易对象主要是一些国家或地区的股票市场上有代表性的股票价格指数，如美国的道—琼斯股票价格平均指数、标准普尔股价指数、英国的富时指数、日本的日经指数、中国香港的恒生指数等。

(四) 黄金期货交易

黄金期货(Gold Bullion Futures)是金融期货中唯一有实物形态的交易，其交易对象为金块。

四、金融期货交易的基本特征

第一，交易对象是标准化的金融商品。被交易的金融商品的价格、收益率和数量都具有均质性、标准性和不变性。因此，交易的了结一般不是采用实物交割，而是采取合约对冲的方式进行差额结算。

第二，交易单位的规范化。为了使买卖能够高效率进行，交易单位固定为很大的整数。例如，在外汇期货交易中，英镑的合约单位为£ 625 000，瑞士法郎的合约单位为 SwFr 125 000。

第三，收付期的规范化。收付期大多为 3 月份、6 月份、9 月份和 12 月份。收付期内的收付时间因交易产品而异。

第四，买卖价格由交易所内的公开喊价方式决定。这是因为交易产品具有参加者估价不一、估价易变的特点，所以能够集中在交易所内根据个人的估价决定价格，并且，为了公开信息和提高效率也应该采取公开喊价的方式。

第五，高杠杆性。由于参加期货交易者一般只需缴纳相当于合约金额5%～15%的初始保证金就可进行交易，进而有机会实现相当于保证金7～20倍的利润，或有可能承担相当于保证金7～20倍的亏损。

五、金融期货交易与其他交易的比较

(一) 与远期交易的比较

这两种交易均在事先约定将来的交易价格，但是两者存在以下区别：

1. 交易

期货交易的收付期和交易单位都是标准化的，交易时只需确定买卖合约数以及合约产品的单位价格，因而交易过程简化紧凑。远期交易则是非标准化合约交易，交易数量和交割期都是根据客户需要度身定做的。

2. 交易市场

期货交易是场内交易，期货交易所内有较为严格的规章条例。远期交易是场外交易，交易通过连接银行与客户之间的通信网络来完成。

3. 交易对手的信用风险

期货交易的对手是清算所，它是买方的卖方，卖方的买方，通过保证金账户来进行逐日清算，因此，不承担交易对手的信用风险。而远期交易中需要考虑交易对手的信用风险。

4. 保证金

所有期货交易者都须缴纳保证金，清算所每天按照结算价对每笔交易的多头方和空头方的盈亏进行清算，保证金多退少补，形成现金流。远期交易一般不需要保证金，在合约到期交割前无现金流，双方仅尽履约责任。

(二) 与期权交易的比较

期权交易是对能在一定期限以一定价格买入(或卖出)一定数量商品或金融资产的权利进行交易，这一点与期货交易相似。但它与期货交易的不同之处在于：(1) 期货交易是场内交易，而期权交易不仅有场内交易，也有场外交易。(2) 期权的买方一定要在规定的期限内行使期权，逾期权利作废，并且期权费不可退回，期权买方最大的损失是期权费，即风险有限，利润无限；期权卖方的最大收益是期权费，即利润有限、风险无限。期货交易由于缴纳合约金额5%～15%的保证金，保证金的杠杆作用使得同一笔资金可以具有7～20倍的获利机会，但另一方面，交易者所承担的风险也达到同样大的程度，所以，期货交易的风险和回报都非常大。(3) 当企业为不确定现金流规避汇率风险时可采用期权交易，而不宜采用期货交易避险。

六、金融期货市场的构成

(一) 期货交易所

期货交易所是进行期货合约买卖的场所，是期货市场运行的核心。交易所本身并不参加交易，它既不影响价格也不确定价格，它为期货交易提供场所以及必需的设施，制定期货交易的规则和操作规范，监督交易场内的业务活动，以及收集和分发有关期货市场的信息资料，从而保证期货交易公平、连续、活跃地进行。

交易所的组织形式为会员制，依靠收取会员的会费、席位费和交易手续费作为交易所的日常管理费用及各种活动的经费。

（二）清算所

清算所又称结算所，是期货交易的保证和清算机构，同时执行交易程序，提供会员间的风险担保。

期货市场上的每笔交易不是由交易双方自行清算，而是通过期货清算所进行的。客户以清算所为清算对象，清算所是买方的卖方、卖方的买方，负责每笔交易的结算，收取保证金，监督执行到期合约的交收，并通过计算机处理所有的往来账户。

（三）经纪公司

经纪公司是代理客户进行期货交易的公司。一般来说，除一些实力很雄厚、自身在交易所拥有交易席位的大公司及个人外，当今大部分期货交易者都是通过经纪公司来买卖期货合约，他们都在经纪公司中设有账户。

经纪公司通常是通过委派场内经纪人，在交易所的交易场内进行交易。场内经纪人具体执行客户交易指令，代理进行期货合约买卖。

（四）市场交易者

按照市场交易者的主要目的不同，可分为商业性交易商与非商业性交易商。商业性交易商出于对其持有证券资产或现货市场上交易活动的考虑而利用期货市场，目的是避免利率和价格波动风险。商业性交易商具体包括证券商、商业银行等金融机构、养老基金会、保险公司、企业等。非商业性交易商的主要目的是投机获利，具体包括期货商、期货市场上的投资信托者及个人投资者等。

七、金融期货市场的避险和投机

金融期货市场中的活动，根据其目的可分为两种：避险交易和投机交易。

（一）金融期货的避险交易

期货避险的基本原理是：现货市场价格波动与期货市场价格波动具有趋同性。

所谓避险交易，是指同时在现货和期货市场上进行数量相等但方向相反的交易。具体而言，就是在现货市场上买入现货的同时，在期货市场上卖出等量的期货；而在现货市场上卖出现货的同时，则在期货市场上买入等量的期货。即如果在现货交易中先买后卖，则在期货交易中就先卖后买，即做卖出避险；而如果在现货交易中先卖后买，则在期货交易中就先买后卖，即做买入避险。这两种做法的目的是，利用期货交易的盈利来补偿和抵消现货交易中因价格变动而带来的损失。

以外汇期货避险为例，某公司在 7 月初预期 2 个月后将有一笔美元资金要投资于一定金额的日元债券，市场预期日元将在 2 个月内上浮，于是该公司在期货市场上买入一定数目的 9

月份到期的日元期货合约。到了9月份,如果日元汇率上浮,则该公司在现货市场上用美元买日元时承担汇率损失;另一方面,在期货市场上卖出相应的9月份日元期货合约,进行合约对冲将实现一定的利润,这一利润可以在一定程度上冲抵该公司在现货市场上承担的汇率损失。如果到了9月份,日元汇率下跌,则期货市场上9月份合约的对冲将产生亏损,而现货市场上买入日元因少付美元将带来汇率收益,期货亏损与现货收益相抵补,从而达到避险的目的。

再以利率期货避险为例。某公司在3月初决定6月份发行一笔短期公司债券筹集资金,该公司的财务经理预测短期证券收益率会上扬,于是该公司在期货市场上卖出一定数目的短期国库券期货合约。到了6月份,如果短期证券收益率果然上升,该公司一方面在现货市场上发行短期公司债券,比原先3月初的行市少收到资金,有亏损;另一方面在期货市场上买入相同数量的短期证券期货合约,对冲了结原先期货合约,因期货短期国库券收益率也比3月初上升,所以,期货合约对冲实现收益,该收益可以冲抵现货市场产生的亏损。换言之,如果该公司当初不做短期国库券期货的空头交易,即卖出市场看跌证券,那它将承担利率风险损失。

(二)金融期货的投机交易

投机者之所以在期货市场上进行投机,是因为期货价格会受各种因素的影响而波动。只要能对期货价格走势进行正确的预测,投机者就可以实现贱买贵卖,从而赚取投机利润。期货市场上的投机交易就是在期货价格走势预测的基础上,试图利用期货价格波动机会,在价格低时买入期货合约,在价格高时卖出期货合约,赚取买卖差价作为投机利润。

一般金融期货的投机交易有两种:一种是多头期货投机交易,是指在预测期货合约价格将上涨时,先买入期货合约,待期货价格上涨后再卖出期货合约,以对冲先前买入的期货合约,赚取期货合约买卖差价;另一种是空头期货投机交易,是指在预测价格将下跌时先卖出期货合约,待期货合约价格下跌后再买入期货合约,以对冲先前卖出的期货合约,赚取期货合约买卖差价。

以股票指数期货投机为例。某投机商预测香港股票恒生指数2个月后将上涨,当时恒生指数为2 500点。于是,他买入恒生指数期货合约。如果2个月后,恒生指数果然上涨,为2 800点,那他就赚了300点。如果他预测错误,2个月后恒生指数下跌,那他将因投机失败而亏损。显然,投机是有风险的。

由于期货市场上的投机者远远多于避险者,因此,期货投机对市场产生的影响很大。投机者承担了避险者转移和回避的风险,促进了期货市场的流动性,有助于合理价格的形成,并把相关期货市场联结为一体。

八、金融期货交易的基本程序

金融期货交易的完成是通过期货交易所、清算所、经纪公司和交易者四个组成部分的有机联系来进行的。

大多数交易者的期货交易活动是通过经纪公司的代理人来进行的。因此,当交易商准备进行交易之前,首先要在一个经纪公司开立期货交易账户。在与经纪公司签署一份声明已阅读并已完全理解风险揭示声明书内容的文件和金融产品交易账户协议书,并存入所需保证金后,交易者就成为经纪公司的客户,即可开始委托经纪公司进行期货交易。期货交易的过程比较复杂，一般来说，主要包括以下几个基本程序：

第一，客户通过电话或互联网向经纪人下达具体的买卖指令(落单)。

第二，经纪人接到客户委托指令后，将其欲交易的金融产品种类、数量、价格及月份等具体内容详细填入交易单，然后交给经纪公司收单部。

第三，经纪公司收单部接到交易单后，检查指令的具体内容，并迅速用电话或计算机网络传送到交易所。

第四，交易所内的经纪公司代表接到指令后，将有关信息传递给经纪公司在场内的经纪人。

第五，场内经纪人接到指令后，根据指令的具体要求，以公开喊价并辅以手势信号的方式表达自己的交易意向。

第六，合约交易完成后，场内经纪人立即将达成交易的时间、价格、交易者姓名等具体内容记在交易卡和原来的指令上，然后按原程返还客户确认。

第七，场内经纪人将交易完毕后的交易单送交清算所清算。清算所经清算注册后，向经纪公司发出保证书。

虽然整个交易过程十分复杂，但事实上通过利用现代电信手段和计算机系统，操作过程相当短暂。从客户指示经纪人下单到经纪人在合约成交后向客户回单确认，前后只需几分钟，其基本程序如图 9－1 所示。

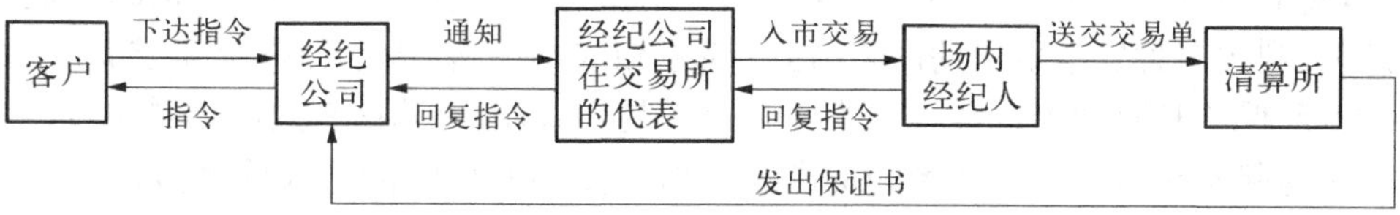

图 9－1 金融期货交易的基本程序

第八节 金融互换市场

一、互换交易的产生

互换交易是一种双方商定在一段期限后彼此交换支付的金融交易。互换交易是 20 世纪 80 年代初国际金融市场上发展起来的一种金融产品，如今已经渗透到外汇市场、证券市场、短期货币市场、长期资本市场、黄金市场甚至石油市场等领域。互换交易既可以作为融资和资本市场套利工具，也可以作为规避汇率和利率风险，进行资产和负债管理的工具。互换交易的产生和发展的原因主要有需求和供给两个方面。

(一) 互换交易的需求原因

第一，自 20 世纪 70 年代以来，国际金融市场上利率和汇率波动频繁，通货膨胀加剧。金融中介承担了资产价格变动给金融头寸带来的风险，于是，产生了价格风险转移创新的需求。

第二，自 20 世纪 80 年代以来，发展中国家债务危机严重，国际能源市场衰退，许多国际银行信用遭到质疑，投资者强烈地感觉到金融头寸的信用恶化，于是，产生了信用风险转移创新的需求。

第三,20 世纪 70 年代末的高利率使以传统方式进行交易的流动性的机会成本大大增加,因而要求以新技术来提高交易的流动性。此外,由于投资者担心银行信誉,投资选择由存款转向流动性较小的资本市场工具,这种流动性损失又刺激了对流动性创新的需求。

(二) 互换交易的供给因素

第一,金融竞争的加剧。不同国家的金融系统之间及世界各国金融系统内银行与非银行金融机构之间竞争的加剧,使各金融机构愿意创造新的市场工具,并向潜在的最终用户提供有利的服务。

第二,电信和信息处理技术的进步促使金融市场全球化,并且促使做市商不断地设计新的、结构复杂的金融工具。

第三,资本管制带来的压力。为了不使银行信誉恶化,各国当局对银行施加压力,不仅要求其具有良好的资本结构,而且要求资产负债表上有较低的资产与资本比率,这便促使银行通过无须与资本挂钩的表外业务来赚取利润。

二、互换交易的特点和作用

当今,商业银行和投资银行都是互换市场上主要的互换中介商、交易商和做市商。它们在互换市场上,利用多种资金供求的融资方式、期限和成本结构,为各种资金需求者和供应者提供借款、投资、保值和套利等机会。互换交易市场是个方便、迅速而有效的金融市场。

互换交易起初是为保护投资者的资产或负债免受利率风险的风险管理方法,随后很快便成为受欢迎的避险工具,促进了市场流动性。多数货币互换是通过商业银行或投资银行作为中介商和做市商安排的。银行积极参与互换市场,不仅利用互换市场来管理资产负债表的到期日结构的不一致,筹集到用其他方法得不到的较低成本的资金,同时,安排和担保互换交易,从而大大推动了该市场的迅速发展。中介商是与参与互换的每一方签订合同,而不是直接连接每笔互换的双方,银行承担了每笔交易的对手的信用风险。一些大的中介银行,在互换市场中担当做市商,它们不着眼于每笔交易立即要有对应的一方才安排,而是从全部合约中连接合约各方。做市商的出现大大增加了互换交易的灵活性,通过它们签订互换合约只需几分钟就够了,因而能大大扩大交易量。为实现成本最小化,做市商须随时能找到潜在的互换对手。如未能立即找到,则需要凭熟练的经验来管理尚未结清的头寸。

互换交易的积极作用有很多:(1) 降低融资成本。互换交易对手在充分利用自己所拥有的相对优势进行融资后,通过互换可得到其各自希望得到的融资币种和利率结构,并最终实现比各自直接在融资市场上可得到的更低的融资成本。(2) 调整资产和负债的利率结构。通过利率互换,企业或金融机构可灵活地进行资产和负债管理,根据自己对未来利率的走势判断,选择自认为合适的资产和负债的利率结构。(3) 互换技术好能帮助企业或金融机构利用不同金融市场的套利机会,获得较便宜的融资方式。(4) 拓展融资途径。互换交易成为一些金融机构进入借债市场的途径,否则,这些机构就会无处筹资,或成本太高。在某种情况下,互换交易比其他风险管理手段更好。例如,当借款需要长期安排时,货币互换比金融期货更合适,因为期货交易对象是标准化的合约,期限一般不超过 1 年,而互换交易期限长达 3~10 年。再如,互换交易比再融通债务更灵活、便宜。再融通债务即购回某些浮息债务,再发行固定利率债务,但这一方法不仅耗费时间长,而且费用高。如果借款人信用等级不高,则进入固定利率借款市场还需要支付较高的利率。(5) 由于互换交易是表外业务,是一种或有负债,因此,银行不仅能够利用互换技术管理汇率和利率风险,而且能利用互换进行投机以赚取利润。

当然,互换交易也有其不利之处:(1) 互换合约不是标准化合约,需要花时间谈判,要撤销互换安排也有困难,因为不容易找到正好相反的头寸。(2) 互换的二级市场不发达,流动性不足,相比之下,因期货合约是标准化的合约,其合约头寸容易实现冲抵。(3) 互换交易商承担了市场风险、交易对手的信用风险、头寸不对应风险和主权风险,一旦风险管理不善,则很有可能导致亏损。

三、互换交易的基本类型

互换的类型很多,但基本类型只有四种:利率互换(Interest Rate Swap)、基础互换(Basis Swap)、固定利率与固定利率的货币互换(Fixed Rate Currency Swap)和货币与利率交叉互换(Cross Currency Coupon Swap)。

(一) 浮动利率与固定利率的利率互换

浮动利率与固定利率的利率互换(Floating-against-Fixed Interest Rate Swap)是指两个借款者由于存在信用等级差别,其筹资成本不同,负债结构各异,为了规避利率风险或改善资产负债结构,节省资金成本,利用各自在金融市场上筹资的相对优势进行债务互换。因通常不涉及本金的实际转移,所以被称为利率互换。

表 9-1 给出的是 2005～2016 年在中国市场上包括利率互换在内的利率衍生品的交易规模的增长情况。

表 9-1　　中国利率衍生品交易规模的增长

年份	债券远期		利率互换		远期利率协议	
	交易笔数	金额(亿元)	交易笔数	名义本金额(亿元)	交易笔数	名义本金额(亿元)
2005	108	178.0	—	—	—	—
2006	398	664.5	103	355.7	—	—
2007	1 238	2 518.1	1 978	2 186.9	14	10.5
2008	1 327	5 008.1	4 040	4 121.5	137	113.6
2009	1 599	6 556.4	4 044	4 616.4	27	60.0
2010	967	3 183.4	11 643	15 003.4	20	33.5
2011	436	1 030.1	20 202	26 759.6	3	3.0
2012	56	166.1	20 945	29 021.4	3	2.0
2013	1	1.0	24 409	27 277.8	1	0.5
2014	—	—	43 019	40 347.2	—	—
2015	59	17.2	64 832	82 689.9	994	5 014
2016	8	1	87 849	99 184.2	8	8

数据来源:中国人民银行网站 2010 年及 2010 年之后的各季度货币政策执行报告。

在国际金融市场上，信用等级较高与信用等级较低的借款人之间的借款利率差别较大，借款人的资信状况直接影响其借款成本。长短期资金借贷的风险不同，对借款人的资信要求也不同。一般来说，长期资金借贷对借款人资信更为敏感，即资信较好的借款人相对于资信较差的借款人借入长短期资金的利率都比较低，但借入长期资本的成本相对更低。以 LIBOR 的附加利率为例，可低 0.125%～1%，而固定利率可低 2%～3%，因而更为有利。信用等级稍低的借款人(如中小银行及一般公司企业)不易借到固定利率的长期资本(如固定利率的债券和中长期信贷)，而借入浮动利率资金较容易，可以说，双方各具相对优势。

从资产负债结构与利率风险的关系来看，当资金来源是支付固定利率的长期债务(如债券)、持有资产的收益是随市场利率浮动的短期投资时，若市场利率下跌，因资金成本不变，则投资净收益就会减少，甚至发生严重亏损；当资产负债结构相反时，即持有固定收益的长期资产(如证券投资、中长期资金贷放等)，而购买这项资产的资金来源是随货币市场利率浮动的短期负债(如欧洲短期信贷、大额定期存单等)，则当市场利率上涨时，负债的利息支出随之增加，但由于资产收益固定不变，因此会导致成本增加，净收益减少，甚至收益不能抵补成本。信用等级较低的借款人，由于一般只能借入浮动利率资金，而且借贷成本较高，其承担的利率风险更大一些。利率互换交易可使借款人降低利率风险和资金成本，即存在信用等级差别的两个借款人在各自具有相对成本优势的资金或资本市场上筹资(即信用等级较高者借入固定利率资金，信用等级较低者借入浮动利率资金)，通过利率互换协议，规定双方各自承担向对方支付利息的责任，但不互换本金。因为存在信用等级差别和利率差，所以借入浮动利率资金的一方须贴补一定的利率差额给借入固定利率资金的另一方，但不高于双方借入资金的固定利率差，从而使交易双方的资产负债结构既能得到更有利的搭配，规避利率风险，也降低各自的资金成本。

现举例说明。假设信用等级较高的 A 银行与信用等级一般的 B 公司进行利率互换，双方各具如表 9－2 中所示的筹资成本相对优势。

表 9－2　　A 银行和 B 公司在金融市场上可获得的融资成本

项　　目	A 银行	B 公司	比较成本
信用等级	AAA	BBB	
借入资金	\$5 000 000	\$5 000 000	
固定利率筹资成本	11.5%	14%	2.5%
浮动利率筹资成本	LIBOR	LIBOR+1%	1%
利　差	—	—	1.5%

由表 9－2 可知，A 银行资信优于 B 公司，按固定利率或浮动利率筹资成本均低于 B 公司(所谓绝对优势)，但在固定利率筹资市场上拥有比较成本相对优势。B 公司则在浮动利率筹资市场上占有比较成本相对优势。如果 A 银行需要筹集浮动利率资金，B 公司需要筹集固定利率资金，那么，双方可利用各自相对成本优势直接或通过中介银行进行利率互换交易，无须互换本金，就能达到规避利率风险、降低资金成本的目的。互换可以有以下做法：

1. A 银行和 B 公司直接进行利率互换

第一步：A 银行以 11.5%借入固定利率资金，B 公司以 LIBOR ＋1%借入浮动利率资金。

第二步：A 银行与 B 公司进行互换交易，使 A 银行成为浮动利率支付者和固定利率收入者,B公司成为固定利率支付者和浮动利率收入者。假设互换中的浮动利率为LIBOR,则互换交易可由图9-2加以描述。

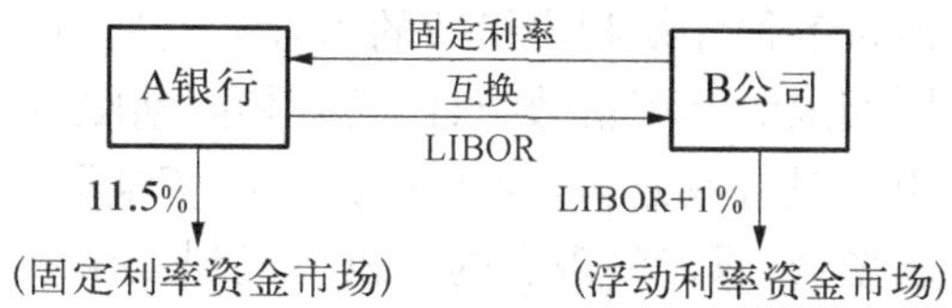

图9-2 A银行与B公司在利率互换中的利率支付结构

第三步:如果A银行想使其在互换中所支付的净利息成本低于LIBOR,那么,它在互换中收入的固定利率应高于其所支付给固定利率资金市场的利率11.5%。

第四步:如果B公司支付给浮动利率市场的利率为LIBOR+1%,而在互换中只收入LIBOR,那它将会亏损。如果B公司想从互换中得益,那它在互换中支付给A银行的固定利率至少要比其在固定利率资金市场上直接筹措资金便宜100个基点。由于B公司在固定利率市场上的筹资成本为14%,因此,它在互换中所支付的固定利率应低于13%。

第五步:互换中的固定利率应确定在11.5%~13%,至于具体定在哪一价位要由双方谈判决定。假设双方商定的固定利率为12.25%,则A银行与B公司的净利息成本为:

A银行的净利息成本:	支付固定利率资金市场11.5%
	支付互换中的浮动利率LIBOR
	收入互换中的固定利率12.25%
	净成本: LIBOR-0.75%
B公司的净利息成本:	支付浮动利率资金市场LIBOR+1%
	支付互换中的固定利率12.25%
	收入互换中的浮动利率LIBOR
	净成本: 13.25%

由此可以看出,通过互换,A银行使其浮动利率成本由LIBOR下降为LIBOR-0.75%,节省了75个基点(即0.75%);B公司的固定利率成本由14%下降为13.25%,也节省了75个基点(即0.75%)。A银行和B公司共节省了150个基点(即1.5%)。

2. A银行和B公司通过中介银行进行利率互换

利率互换中,如果中介银行获利50个基点(即0.5%),那么,在上述互换交易中,若假设中介银行所获取的中介费由A银行与B公司分摊,则A银行的净利息成本为LIBOR-0.75%+0.25%=LIBOR-0.5%;B公司的净利息成本为13.25%+0.25%=13.5%。利率互换的结果是,A银行和B公司都可节省利息成本,两者与中介银行的净收益合计为1.5%,这也就是A银行与B公司筹资成本的比较利益差。中介银行介入后的利率互换可能引起的利息流向情况之一如图9-3所示。

图9-3 有中介银行介入的利率互换结构

(二) 基础互换

基础互换(Basis Swap)是指浮动利率与浮动利率之间的利率互换。在基础互换中,往往涉及各种浮动利率指数的组合。例如,具有不同期限的相同利率指数组合;具有相同期限或不同期限的利率指数组合;具有相同期限的相同利率指数组合,但其中一个指数包含一个差价。由于银行或公司在不同时期对融资期限、融资方式有不同的需求,借助于互换交易,就不必重新融资,只需将现有的债权形式到互换市场交易,便可得到所需要的资金结构。例如,某家银行应客户要求,向他贷放一笔3个月的LIBOR资金,但它同时持有30天商业银行票据资金。该银行可以通过中介银行,找到另一家银行,这家银行正需要支付3个月LIBOR以得到30天商业票据资金。双方通过利率互换得到对方金融凭证的资金。这一基础互换产生的利息流如图9-4所示。

图9-4 利率互换的基本结构

(三) 固定利率与固定利率的货币互换

固定利率与固定利率的货币互换(Fixed-against-Fixed Currency Swap)是从平行贷款和背对背贷款演变而来的。所谓平行贷款(Parallel Loan),是指位于不同国家的两个跨国公司将各自借入的本国货币资金贷给设在本国的对方公司的子公司。背对背贷款(Back-to-Back Loan)是指先由两个跨国公司相互提供本币贷款,然后各自将贷款资金转贷给驻对方国家的子公司以供其使用。由于这两种贷款方式存在法律和会计等方面的缺陷,于是,固定利率与固定利率的货币互换于20世纪80年代应运而生。

固定利率与固定利率的货币互换是指两个借款人各以固定利率筹资,借取一笔到期日、计息方法相同但币种不同的贷款资金,然后直接或通过中介银行签订货币互换协议,按期用对方借进的货币偿还本金和利息,使用的汇率一般以即期汇率为基础,但也有远期合约形式。由于是不同货币互换,双方的利率也不相同,即存在利率差,有的货币互换虽以即期汇率为兑换基准,但一方按利率平价原理,定期向另一方(资金借入利率较高者)贴补利差,称为平直货币互换(Straight Currency Swap)。

固定利率与固定利率货币互换的基本程序是:(1) 本金的初始互换。这种互换可以是名义的,也可以是实际的。无论何种形式,重要的是,要确定本金金额作为计算支付利息的基础。货币互换的汇率按即期汇率或远期汇率计算。(2) 双方定期支付利息。本金金额确定后,双方按协议规定的各自的固定利率和未偿还本金金额进行互换交易的利息支付。(3) 本金的再次互换。在本金实际互换的情况下,双方于到期日换回交易开始时确定的金额,冲抵先前的负债。

现举例说明。假设美国一家大的跨国公司欲向其位于德国的子公司提供一笔优惠利率的欧元贷款,为了规避贷款期间欧元对美元升值的汇率风险,美国母公司通过中介银行利用货币互换提供这笔欧元贷款。中介银行同时安排了与另一家德国公司的资产互换交易,为其代购固定利率的美元债券,到期换回本金。该货币互换交易的具体步骤如下:

第一,母国公司按即期汇率以美元换取中介银行的欧元资金,再转贷给在德国的子公司。中介银行同时对另一家德国公司进行货币互换,代购利率固定的美元债券(见图9-5)。

第二,互换交易期间,美国母公司向中介银行支付固定利率的欧元利息,同时向中介银行

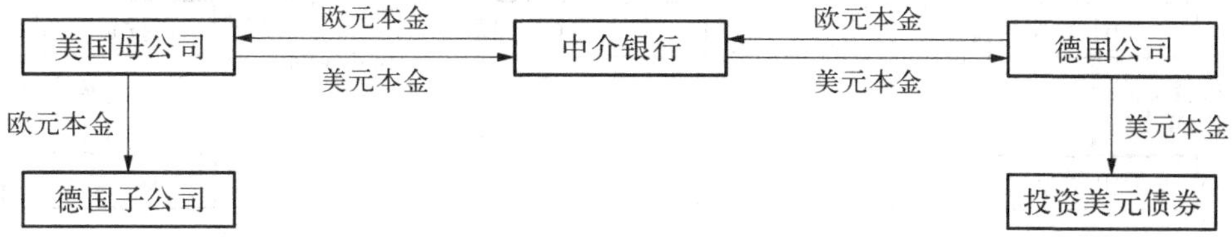

图 9-5 美国公司与德国公司之间的货币互换第一步

收取相应的固定利率的美元利息。中介银行向德国公司定期支付固定利率的欧元利息，并收取固定利率的美元债券利息(见图 9-6)。

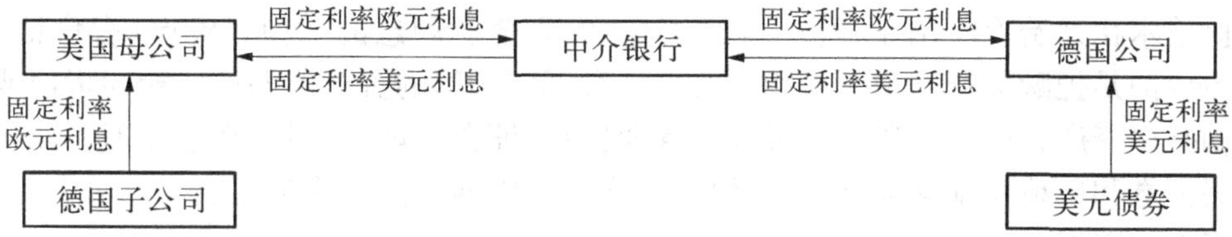

图 9-6 美国公司与德国公司之间的货币互换第二步

第三，在到期日，中介银行向德国公司偿还欧元本金，收回美元本金；美国母公司将德国的子公司偿还的欧元本金转拨给中介银行，换回美元本金(见图 9-7)。

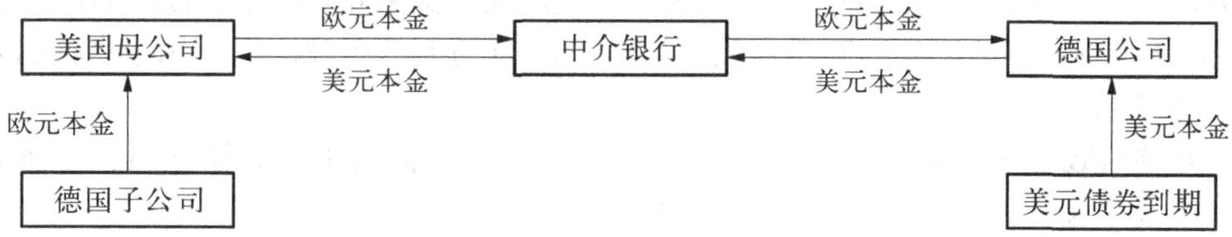

图 9-7 美国公司与德国公司之间的货币互换第三步

本例中，如同一货币的本金额相同，到期日相同，则可看作美国母公司与德国子公司之间通过中介银行进行的固定利率与固定利率的货币互换交易。

(四) 货币与利率的交叉互换

货币与利率的交叉互换(Cross Currency Coupon Swap)是指不同货币的固定利率与浮动利率的互换。这种互换业务因为同时涉及货币和汇率问题，所以技术较为复杂。它与前述的利率互换相似之处在于都是以固定利率换浮动利率，不同之处则在于两种货币本金的实际互换。

现举例说明。例如，美国一家公司正准备在英国从事某项目建设，由于英国租金较低，美国公司打算与英国的一家租赁公司签订租赁合同，由它来承建在英国的某项目。租赁合同以英镑支付，利率以 LIBOR 为基础，浮动计息。在项目建设过程中，美国要将美元换成英镑来支付租金，承担汇率和利率风险。它通过中介银行安排货币和利率交叉互换，美国公司定期向中介银行支付固定利率的美元款项，中介银行也定期向租赁公司支付以 LIBOR 为基础的英镑，作为租约的付款。经过这种固定利率和浮动利率互换的安排，筹资成本降低，并且达到了避险目的，因为互换货币后，美国公司相当于出售了一笔远期美元，购买了一笔远期英镑，汇率风险被转移给中介银行。中介银行为适应美国公司的租赁分期付款，与另一家投资公司安排不同期限和金额的一笔或几笔货币和利率交叉互换交易，对交易金额进行避险(见图 9-8)。

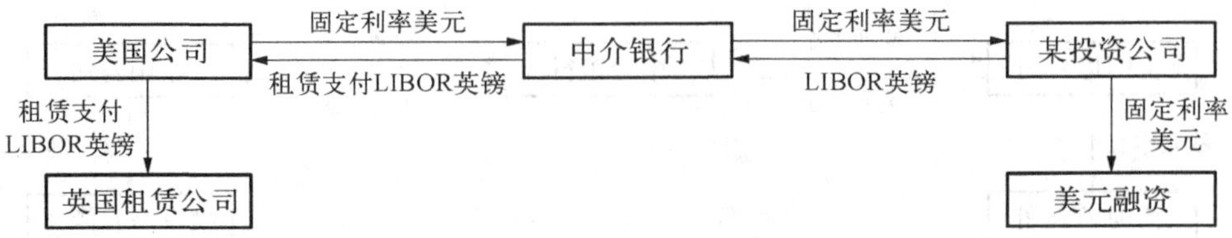

图 9-8 货币与利率交叉互换的基本结构

(五) 其他互换方式

1. 资产互换

互换技术在开始阶段用于债务(筹集资金)的本金和利息的互换。资产(有价证券)互换(Asset Swap)是把购买资产和互换相结合。一种固定利率的资产能调换成相同货币或不同货币的浮动利率资产。证券资产的购买人有商业银行、证券经理、公司和基金经理。证券购买人或者购买债券和单独安排互换,或者从银行中介人手中购买债券连带互换。

2. 信用违约互换

信用违约互换(Credit Default Swap,CDS)属资产互换的一种,债券投资者在购买了债券后,如果要规避债券的信用风险,可通过向金融机构定期支付一定的保险费的方式,得到信用保证,即若债券发生违约就可从金融机构那里得到本金的偿还,若债券不发生违约事件,则投资者先前已支付的保费不可退回。美国次贷危机爆发前,金融市场上信用违约互换交易总额在 62 万亿美元左右。信用违约互换在发达国家金融市场上已经被广泛运用于资产管理。

3. 远期互换

远期互换(Forward Swap)是指按今天确定的条件在协议的未来日期执行的互换,按今天隐含的未来成本锁住未来利率成本,从而规避利率风险。

4. 分期偿还互换

分期偿还互换(Amortizing Swap)运用于分期偿还金额的避险,互换支付金额参考分期偿还数量计算。

5. 零息票债券互换

零息票债券互换(Zero-coupon Swap)是指互换一方支付固定利率,但要到债券期满后才支付。利息支付是按协议的互换利率在互换期限内按复利计算。

6. 互换期权

互换期权(Swaption)是指购买者有权(无义务)按交易时定下的条件在未来某日期进行互换。

7. 指数互换

指数互换(Index Swap)中的利息支付参考股票指数、债券价格指数等计算。

8. 多边互换

多边互换(Multi-legged Swap)是指中介银行一次组合多起互换,它每一互换对手都签订双边互换协议,一组交易同时进行,各方交易的总净头寸等于零。

四、全球双边货币互换交易的发展

自 2007 年美国爆发次贷危机以来,发达国家之间、发达国家与新兴市场国家之间,以及新兴市场国家之间进行了大量的双边货币互换交易,而原先已经存在的互换交易的规模也进一步增大。

(一) 美联储与其他中央银行签订了一系列货币互换协议

早在布雷顿森林体系时期，美联储就已经采用双边货币互换作为应对流动性危机的一个政策工具。在20世纪60年代初，为了阻止黄金储备的流失，美联储与其他中央银行通过签订双边货币互换协议建立了合作关系，具体形式为：两家中央银行相互在对方存入等值的本国货币，每家中央银行均可使用对方中央银行所存入的货币。1962年5月，美联储与法国中央银行签订首个双边货币互换协议，到1962年底，美联储已经与其他8家中央银行达成总额为20亿美元的货币互换安排；到1967年5月底，美联储已同14家中央银行和国际清算银行签订货币互换协议。在布雷顿森林体系时代，美联储可利用该项资金进行市场干预，用以购入其他中央银行所持有的美元，以避免这些中央银行向美联储提出兑换黄金的要求。

布雷顿森林体系崩溃后，美元仍是国际金融领域的中心货币。尽管美联储不再面临其他中央银行以美元兑换黄金的压力，美联储仍必须保持美元币值稳定和维持其他国家持有美元资产的信心，以避免其他国家大规模、群体性地抛售美元资产进而导致国际金融体系崩溃的不利情形发生。因此，对美联储来说，仍有必要利用与其他国家中央银行签订的货币互换协议所得资金来购入其他中央银行所持有的美元。到1975年，这些货币互换协议总额增加到200亿美元。到20世纪90年代中期，美联储对外签订的货币互换协议金额超过300亿美元。

"9·11"事件发生后，美联储为防止金融市场出现动荡，紧急与欧洲中央银行、英格兰银行和加拿大中央银行签订临时性货币互换协议。

自2007年美国次贷危机爆发以来，美联储继续采用与其他中央银行签订货币互换协议的方式，为受到危机影响的国家和地区提供流动性支持，以阻隔金融危机的蔓延(见表9-3)。

表9-3　2007～2010年国际金融动荡期间美国签订的双边货币互换协议

参与方	签订时间	币种与规模	备注
美联储—欧洲中央银行、瑞士国民银行	2007年12月12日	总额分别为200亿美元与40亿美元	
美联储—欧洲中央银行、瑞士国民银行	2008年3月11日	美联储将2007年12月12日签订的两个互换协议金额提高到300亿美元与60亿美元	将2007年12月12日所签订的两个互换协议延长至2008年9月30日
美联储—加拿大、英国、欧洲、瑞士和日本央行	2008年9月18日	总额为1 800亿美元	日本央行将视市场状况投放至多600亿美元资金
加拿大央行与美联储、英国央行、欧洲央行、日本央行和瑞士央行	2008年9月18日	100亿美元	2009年1月30日到期
美联储—巴西、墨西哥、韩国、新加坡央行	2008年10月29日	各300亿美元	2009年4月30日到期
美联储—巴西央行	2009年2月3日	300亿美元(续签2008年10月签订的货币互换协议)	从2009年4月30日延长到10月31日
美联储—加拿大央行	2010年5月9日	300亿美元	2011年1月到期

资料来源：《国际金融研究》，2010年第6期，第32页。

这些货币互换协议为欧洲中央银行与瑞士国民银行向欧洲金融机构注入美元流动性提供了坚实的美元基础。需要强调的是,在 2008 年 10 月中旬,美联储取消了对货币互换的规模限制。这意味着欧洲中央银行、英格兰银行、瑞士中央银行和日本中央银行可以获得任意规模的美元流动性。2010 年 5 月 9 日,美联储启动与欧洲中央银行、加拿大、英国和瑞士 4 家中央银行的临时货币互换机制,以帮助缓解国际金融市场的美元流动性压力。此外,美国与经济合作与发展组织成员国签订了大量的货币互换协议,但却只与 4 个新兴市场国家签订了货币互换协议。从美国维护自身利益的角度来看,美联储选择签订货币互换协议对象的最重要选择标准是美国的银行对新兴市场的头寸暴露。

(二)东亚金融合作框架下的双边货币互换

早在 1977 年,东盟五国(印度尼西亚、马来西亚、泰国、菲律宾、新加坡)就发起建立了相互之间的货币互换安排,每个成员国出资 2 000 万美元,共计 1 亿美元。由于规模过小,1997 年东南亚金融危机期间,东盟国家没有启用该货币互换安排。1998 年,东盟货币互换安排的出资额增加到 2 亿美元。①

2000 年 5 月,东盟 10 国与中国、日本和韩国三国(简称“10+3”)在泰国清迈举行了财政部长会议,会议通过并签订了《建议双边货币互换机制》的倡议(简称《清迈协议》)。其中包含两个重要内容:第一,完善东盟货币互换安排(ASEAN Swap Agreement, ASA),以使其覆盖东盟所有成员国,并将其总额从 2 亿美元增加到 10 亿美元(2005 年进一步增加到 20 亿美元);第二,在“10+3”范围内建议签订双边互换网络和回购协议 (Network of Bilateral Swaps and Repurchase Agreements,BSA),承诺在必要时向成员国提供适当规模的资金,以帮助其解决国际收支或流动性问题。如今,东盟 10 国已全部加入东盟多边货币互换协议,中国、日本、韩国三国已经分别相互签订货币互换协议,并且与东盟部分成员国也签订了货币互换协议。截至 2008 年 11 月底,东亚国家之间货币互换的总规模(包括东盟货币互换安排中的 20 亿美元)已达 855 亿美元,其中,中国与泰国、马来西亚、菲律宾、印度尼西亚、日本和韩国签订了 6 份双边货币互换协议,总额为 165 亿美元(见表 9-4)。

表 9-4 《清迈协议》框架下的东亚货币互换安排 单位:亿美元

给予国 来自国	中国	日本	韩国	印度尼西亚	马来西亚	菲律宾	新加坡	泰国	合计
中 国		30	40	40	15	20		20	165
日 本	30		130	60	10	60	30	60	380
韩 国	40	80		20	15	20		10	185
印度尼西亚			20						20
马来西亚			15						15
菲律宾	5	15							20
新加坡	10								10
泰 国	30	10							40
合 计	70	155	230	120	40	100	30	90	835

资料来源:ADB Emerging Asian Regionalism — A Partnership for Shared Prosperity. ADB Publications. 2008。

① 参见[美]兰德尔·亨宁著,陈敏强译:《东亚金融合作》,中国金融出版社 2005 年版,第 43~54 页。

自2008年国际金融危机以来,《清迈协议》框架下的双边货币互换协议网络的规模进一步扩大。2008年12月,中国与韩国、日本宣布将《清迈协议》框架下的双边货币互换规模分别从40亿美元和100亿美元同时增加到300亿美元。同一天,日本和韩国同意将《清迈协议》框架下的双边本币互换总额从30亿美元增加到200亿美元,到期日为2009年4月底;2009年3月31日,日本和韩国同意将双边货币互换协议延期至2009年10月30日。2009年2月21日,日本还与印度尼西亚达成协议将双边货币互换总额由原先的60亿美元增加到120亿美元;同年4月6日,双方同意进一步扩大货币互换规模。[①] 短短的几个月内,《清迈协议》框架下货币互换总额由原先的855亿增加到1 545亿美元。

(三) 东亚地区的双边本币互换协议

在先前东亚地区的双边货币互换协议网络中,货币互换中使用国用本币换取流动性提供国的美元,仅中国与韩国之间和中国与日本之间的货币互换是以本币换本币的双向协议,以及中国与菲律宾之间是本币对本币的单向互换,日本与韩国之间的协议则是同时包括美元对本币和本币对本币的互换。

近几年,随着国际金融动荡局势的持续,东亚地区内的部分国家开始超过区域金融合作框架,转而采取由各自中央银行签订双边货币互换协议,以本币对本币的形式互换流动性。其中以中国为典型代表。[②] 中国在《清迈协议》框架下与东亚国家和地区签订的双边货币互换协议总额为165亿美元,约合1 127亿元人民币,远远小于本币互换协议中8 035亿元人民币的规模。

显然,采取本币对本币的货币互换形式,与《清迈协议》下的美元对本币的货币互换具有本质的区别。双边本币互换不仅是在国际金融局势动荡的背景下参与国基于提供流动性支持而采取的行动,而且是在面临美元汇率波动频繁时,各参与国选择规避贸易中汇率风险,扩大双边贸易的一种举措。毫无疑问,与韩国、中国香港、马来西亚、白俄罗斯、印度尼西亚、阿根廷和冰岛所签订的双边货币互换协议,必将有助于推动人民币实现区域化和国际化。

第九节 金融市场全球一体化

第二次世界大战前,各国金融市场基本上处于相互分割的局面。第二次世界大战后,国际经济迅速发展,国与国之间的相互依存关系日益加深。20世纪50年代末、60年代初欧洲货币市场的产生,使各国金融市场出现了一体化的趋势。但在整个20世纪70年代,一体化进程十分缓慢。20世纪80年代后,国际资本流动规模迅速增大,金融工具不断创新,各国金融市场的关系日益密切,金融市场全球一体化已成为国际金融领域的一个重要发展标志。

一、金融市场全球一体化的含义

所谓金融市场全球一体化(Integration),是指自20世纪60年代开始的国际金融市场之

---

① 日本财政部网站,http:// www.mof.go.jp/english/if/pcmie.htm。

② 请参见第六章中的外汇管制内容。

间以及国内和国外金融市场之间日益紧密的联系和协调,它们相互影响、相互促进,逐步走向一个统一的全球性金融市场。其具体表现为,相同金融工具在不同金融市场上的价格渐趋一致。金融市场全球一体化有一个发展过程。

与全球一体化相近的两个概念是全球化和国际化。全球化(Globalization)主要有以下几个方面的含义:(1) 全球化不是一时的、偶然的,而是持久的、制度化的;(2) 全球化能使交易量明显增加;(3) 随着这一过程的持续,各市场逐步连为一体,一开始程度有限,但随着市场数量的增加、深度的加强和交易量的增长,全球化程度会越来越深。而国际化(Internationalization)的含义主要是指:(1) 各国金融市场的运作在时间和空间上更加紧密地连为一体,表现为全世界的金融投资者可以全天 24 小时在任何一个主要金融市场上不停地进行各种金融活动;(2) 有价证券趋向全球化,投资者可在全球范围内选择有价证券;(3) 各国银行和金融机构跨国化。

显然,全球一体化、全球化和国际化三个概念就本质而言是基本一致的,它们都说明了国际金融市场的发展变化趋势,只是侧重点不同而已。全球化和国际化更多的是从单个国家的角度考察国内市场与国际市场之间的联系,而全球一体化则从全球范围内描述这一趋势,更多地考虑国际金融市场总的发展趋势。

二、金融市场全球一体化的原因

(一) 国际经济发展

第二次世界大战后,国际经济发展的一个重要特点是各国经济相互依存关系加深,经济日益走向国际化。一方面,世界贸易的增长速度超过了世界生产量;另一方面,跨国公司的迅速发展带动了跨国银行的迅速发展,并且跨国公司从国际金融市场上取得资金,并在各国金融市场之间从事套利套汇活动,这无疑促进了各国金融市场全球一体化的发展。

(二) 技术进步

技术进步一直是金融市场全球一体化的推动力,没有现代科学进步,金融市场之间的距离就很难缩短,一体化的发展也不可能。20 世纪 60 年代的电子处理技术把银行职员从文件堆里解放出来,70 年代新技术的发展则大大提高了支票处理和支票调节效率,80 年代的计算机技术以及远程通信技术则大大推进了各国金融市场全球一体化的进程,具体表现在:(1) 远程通信成本的降低和国际互联网技术的发展对创造一个 24 小时经营的真正的全球金融市场起了很大作用,它使世界上各个金融市场在时间和空间上相互连接而成为统一的整体;(2) 信息传播的加速减少了传统业务部门的收益,加剧了价格竞争,从而刺激金融机构的创新。

(三) 金融管制放松

20 世纪 70 年代和 80 年代以西方国家为代表的各国政府全面放松金融管制,消除了各国金融市场的界限,降低了各国金融市场之间的交易成本,从而加强了国内与国外金融市场的联系。金融管制的放松主要包括以下几个方面:(1) 减少了资金流动的限制;(2) 包括个人所得税、公司所得税及预扣税等在内的税收法规的改革有利于国际资本的流动;(3) 国内金融市场的开放,如取消利率上限、扩大银行业务的经营范围等;(4) 放松对商品、劳务贸易的管制。发达国家和许多发展中国家在贸易的关税、补贴和配额等方面的限制越来越少。

(四) 金融创新

金融创新的结果如同放松管制一样，减少了交易成本，扩大了国际资本流动规模，大大加快了金融市场全球一体化的进程。这点主要反映在两个方面：(1) 远期市场、期货、期权和互换交易等金融创新加速了国际资本流动，降低了各金融市场的利率差异；(2) 证券化进一步加深金融市场的全球化。自 20 世纪 80 年代以来，证券化是国际金融市场的另一重大变化，它主要包括以下三大方面：(1) 证券市场作为融资渠道的重要性相对上升，国际债券发行额增加，而银行贷款减少；(2) 国际性大银行本身参与国际证券市场业务，成为证券市场的主要发行者和买主，同时也是新发行证券的安排者和管理者；(3) 发展中国家的部分银行借款债务或债券转换为股权或股票。证券化加强了资本市场与外汇市场的联系，加强了发达国家与发展中国家的联系，从而加速了金融市场全球一体化。

三、金融市场全球一体化的影响

金融市场全球一体化，如同其他任何事物一样，在带来积极影响的同时，也产生一些消极影响。

(一) 积极影响

1. 提高了金融市场效率

与相互分割的金融市场相比，一体化的市场扩大了信息传播范围，使信息的分布更加均匀，一旦国际政治和经济发生变化，不仅处于中心地位的金融市场可以迅速获得信息，那些处于非中心地位的金融市场也能迅速获得信息，从而提高了金融市场的效率。

2. 提高了资本配置效率

金融市场全球一体化改变了各国金融市场在相互分割的情况下，一国投资因受国内储蓄限制而导致生产资金不足，以及有剩余资金的国家由于不了解信息而不能把资金投到收益率最高的地方这一状况。它使得资金能够从收益率低的国家和地区自由流向收益率高的国家和地区，从而使资本得到更加充分的利用。

3. 促进了国际贸易发展，并使各国国际收支得以调节

一体化的金融市场为国际贸易解决了资金问题，高效率的外汇市场有助于进出口商估计潜在的收益和亏损，从而为他们管理外汇资产提供了条件。发达的外汇市场还提供了许多规避风险的工具，这也促进了国际贸易的发展。而欧洲货币市场的存在和大规模的国际资本流动，使各国国际收支不平衡严重的状况(包括巨额顺差和逆差)得以改善。

(二) 消极影响

1. 削弱了各国金融政策的效力

金融政策的效力是指金融工具作用于经济变量而能有效地达到预计经济目标。金融市场全球一体化加强了各国金融市场之间的联系，导致国内金融政策没有或者只能有很小一部分作用于国内经济变量，并导致国外的金融政策对国内产生影响，从而干扰金融政策达到预期目标。例如，提高贴现率或存款准备金率的目的是减少货币供应量，但这往往会提高利率，吸引

资金内流,结果适得其反。另外,金融市场全球一体化提高了不同货币资产的相互替代性,一种资产价格的变化会影响其他资产的价格,从而影响金融政策的效力。

2. 导致资产价格(尤其是汇率)过度波动

金融市场全球一体化增强了国家间资本的流动性,而资本的流动性又加剧了资产价格的过度波动,即资产价格的波动幅度超过了基本经济变量(价格、利率、失业率和产量等)的波动幅度。实践证明,长期债券价格比短期利率变动要大得多,股票交易所里的股票价格波动是股息和其他收入变动的若干倍,汇率的波动则更为频繁。汇率及其他资产的剧烈波动增大了贸易和投资风险。

3. 使金融市场更加脆弱

在高度竞争的金融市场上,金融机构为追逐极大化利润,势必要增加高风险业务,因为这些高风险业务往往就是高收益业务,然而一旦经营不善,便会导致金融市场混乱。由于金融市场全球一体化加快了信息传播速度,加强了金融市场联系,因此,一旦某个金融市场发生混乱,就会立即波及各国金融市场,进而对整个国际金融的稳定构成威胁。美国次贷危机中莱曼证券公司的倒闭,就是因金融市场一体化最终使该危机演变成为国际金融危机。此外,从众心理也常常导致国际金融市场的恐慌。总之,一体化的金融市场缺乏自我约束机制。

四、金融市场全球一体化与国际金融合作

针对金融市场全球一体化给国际经济与金融带来的一些消极影响,一些经济学家提出应对国际金融市场实行监督和管制。监督和管制的宗旨是严密监视金融机构的经营活动,以免它们过多地从事风险业务;保障货币支付机制顺利运行;保护投资者和存款者的利益;使金融体系能更好地为执行金融政策服务;限制垄断,加强金融机构之间的竞争,利用金融杠杆促进某些部门的经济发展;等等。因此而采取的管制方式涉及信息披露的要求、利率上限、法定存款准备金、资本—资产的比例限制、金融机构并购的限制、对不同的金融机构或金融活动实行税收或补贴等优惠政策、金融活动的地域限制以及不同种类的资产和负债的数量限制等。可采用的监督方式有各种税收政策、监控银行报表、与高层管理人员会谈及实地检查等。

为了保证监督和管制的有效性,就要设立机构并配置人员,这无疑增加了有形成本,而且,如果管制达不到应有的目标,反而会造成经济混乱,还会造成无形成本。同时,现代科技的进步和经济国际化使得金融市场往往采用各种创新方式逃避监管,使监管难以奏效。此外,金融市场的全球一体化也会使传统的维护国内金融体系完整的方式失效。例如,严密监视金融机构的活动,以免过多地从事风险业务等措施已不再适用。又如,外国金融机构的监管是否得力,也直接影响国内金融体系的运行。

目前,国际金融合作最重要的机构是巴塞尔委员会(Basel Committee,即银行管理和监督行动委员会)。该委员会于1975年在国际清算银行的支持下宣布成立,其宗旨是使国际银行机构受到充分的监督,其会员相互合作以便协调对国际银行制度的监督,并制定适应各国国内监督制度的计划,以维护银行体系的安全。1975年9月26日,该委员会制定了第一个对银行的国际监管条例——《对银行的国外机构的监督》,简称巴塞尔协议(Basel Concordat),它标志着国际银行业的协调监管正式开始。此后,巴塞尔委员会于1983年和2001年分别对巴塞尔协议进行修订。于2006年实施的新巴塞尔协议的初衷表现在,资本要求与风险管理紧密相连。新资本协议作为一个完整的银行业资本充足率监管框架,由三大支柱组成:一是最低资

本要求；二是监管当局对资本充足率的监督检查；三是银行业必须满足的信息披露要求。三大支柱的首要组成部分是第一项，即最低资本要求，其他两项是对第一支柱的辅助和支持。新资本协议的实施标志着国际银行业的协调和监管上了一个新台阶。2010 年 12 月，巴塞尔协议Ⅲ问世，它对国际金融危机之后的国际银行业提出了更高的资本监管要求。

本章小结

国际金融市场就是在各国间居民与非居民之间，或者非居民与非居民之间进行金融活动的场所及关系总和。国际金融市场的划分标准很多。按照融资期限划分，有国际货币市场和国际资本市场；按照市场交易对象划分，有国际资金借贷市场、国际外汇市场、黄金市场及国际证券市场等；按照融资活动是否受管制划分，有传统国际金融市场和离岸国际金融市场。

国际金融市场的形成条件有：稳定的政局、外汇管制宽松或无管制、完善的金融制度与金融机构、现代化的国际通信设备、较强的国际经济活力及经验丰富的专业人才。

国际金融市场的作用表现在：为各国经济发展提供资金；调节各国国际收支；加速生产和资本国际化；促进银行业务国际化。

国际货币市场主要有：银行短期信贷市场、短期证券市场和贴现市场。

国际资本市场主要有：银行中长期信贷市场和证券市场。国际债券市场上的类型很多，有公募债券和私募债券；外国债券和欧洲债券；固定利率债券、浮动利率债券和无息票债券；直接债券、可转换债券、附认股权债券和可转让贷款证券等。

英国"脱欧"将在一定程度上对国际金融市场产生影响。

我国内地与香港债券市场的"债券通"和"北向通"将有助于人民币在资本账户下实现自由兑换。

国际主要黄金市场有：伦敦黄金市场、苏黎世黄金市场、纽约和芝加哥黄金市场以及香港黄金市场。

离岸金融市场有一体型、分离型和走账型三种。欧洲货币市场是最大的国际货币市场。欧洲货币市场的特点是：市场经营自由；以银行间交易为主；有独特的利率体系；市场范围遍布世界各地；市场上的借贷关系为外国借贷双方之间的关系。欧洲货币市场的主要业务是：欧洲短期借贷、欧洲中长期信贷（即银团贷款）和发行欧洲债券。它对世界经济和国际金融产生积极和消极两方面的影响。亚洲货币市场是欧洲货币市场在亚洲的延伸部分。

人民币离岸市场发展迅速，但也催生了人民币跨境套汇和套利现象。

金融期货交易的主要类型有：外汇期货交易、利率期货交易、股票价格指数期货交易和黄金期货交易。金融期货交易的基本特征是：金融商品标准化、交易单位规范化、收付期规范化、买卖价格通过公开喊价方式决定。金融期货交易、远期交易和期权交易都属于衍生交易。金融期货市场的构成是：期货交易所、清算所、经纪公司和市场交易者。人们从事期货交易的主要目的是避险或投机。

金融互换交易是衍生交易，它是金融市场全球化及电信技术发展的必然产物。互换交易的基本类型有：固定利率与固定利率的货币互换、利率互换、基础互换及货币与利率交叉互换等。自 2008 年国际金融危机爆发以来，发达国家之间、发达国家与新兴市场国家之间以及新兴市场国家之间的货币互换交易发展迅速。

全球一体化是国际金融市场的发展变化趋势，而金融市场全球一体化既有利也有弊。

国际金融合作最重要的机构是巴塞尔委员会，其颁布的巴塞尔新资本协议对规范国际银行业的管理起到了极为重要的作用。

思考题

1. 名词解释

货币市场　资本市场　一级市场　二级市场　离岸金融市场　欧洲货币市场　国际银行设施　银团贷款　外国债券　欧洲债券　期货交易　互换交易　利率互换　基础互换　货币互换　货币与利率交叉互换　人民币跨境套汇套利

2. 国际金融市场是怎样分类的？

3. 英国“脱欧”将会给国际金融市场产生怎样的影响？

4. 离岸金融市场有哪些类型？

5. 欧洲货币市场的特点和经营活动有哪些？

6. 国际银团贷款的组织方式和基本条件有哪些？

7. 国际债券的发行程序是怎样的？

8. 请阐述我国内地与香港债券市场的债券通和北向通的意义。

9. 国际上主要股票指数有哪些？

10. 金融期货交易的基本特征和基本程序是怎样的？

11. 金融期货避险和投机的特点是什么？

12. 互换交易有哪几种方式？各种方式的特点、目的和做法是怎样的？

13. 请分析金融市场全球一体化产生的影响。

14. A 公司和 B 公司可以按照下列利率在市场上得到融资：

项　　目	A 公司	B 公司
信用等级	Aa	Baa
固定利率	10.5%	12.0%
浮动利率	LIBOR	LIBOR+1%

现在的情况是，A 公司想借入浮动利率资金 300 万美元，B 公司想借入固定利率 300 万美元。假设这两家公司是相互认识的，你认为它们彼此应该怎样安排一个利率互换才能使互换的结果比自己直接在市场上获得融资合算？请详细阐明互换的结构和步骤。

15. 人民币跨境套汇和套利通常有哪几种方式？

16. 近年来的国际金融危机中，货币互换交易是怎样在发达国家之间、发达国家与新兴市场国家之间以及新兴市场国家之间迅猛发展的？

第十章　国际资本流动

- 国际资本流动不仅对国际经济和国际贸易，而且对本国经济发展和国际收支都有着极为重要的影响。
- 本章要点：国际资本流动概述、国际资本流动的类型、国际资本流动的原因及其经济影响、跨国银行与跨国公司、对外债务管理、国际投资政策、国际投资监管、国际直接投资理论、国际并购理论和国际证券投资理论。

第一节　国际资本流动概述

一、国际资本流动的含义及形式

（一）国际资本流动的含义

国际资本流动是指资本从一个国家（或地区）转移到另一个国家（或地区）。它是由于各国为了某种经济目的进行国际经济交易而产生的。一个国家的国际收支平衡表中的资本和金融账户反映着这个国家在一定时期内与其他国家（或地区）间的资本流动综合情况。国际资本流动主要涉及：(1) 资本流动方向，包括流入和流出，以及流向何处；(2) 资本流动规模，包括总额和净额；(3) 资本流动种类，包括长期的和短期的；(4) 资本流动性质，包括政府的和私人的；(5) 资本流动方式，包括投资和贷款等。

（二）国际资本流动的形式

1. 资本流入

资本流入（Capital Inflow）是指外国资本流入本国，即本国输入资本，具体有四种形式：

(1) 外国在本国的资产增加;(2) 外国对本国的债务减少;(3) 本国对外国的债务增加;(4) 本国在外国的资产减少。资本流入意味着外汇流入本国,属于收入项目,应记入国际收支平衡表的贷方(即加号项目)。

2. 资本流出

资本流出(Capital Outflow)是指本国资本流往外国,即本国输出资本,具体有四种形式:(1) 外国在本国的资产减少;(2) 外国对本国的债务增加;(3) 本国对外国的债务减少;(4) 本国在外国的资产增加。资本流出意味着外汇流出本国,属于支出项目,应记入国际收支平衡表的贷方(即减号项目)。

二、资本流动与国际收支的关系

一国资本流入与资本流出相抵之后的净额,就是资本和金融账户差额。国际收支平衡表中经常账户首先是用资本和金融账户差额抵补。若经常账户为逆差,可用资本和金融账户的资本净流入抵补;若经常账户为顺差,再加上资本净流入,则国际收支顺差增大。若经常账户为逆差,再加上资本净流出,则国际收支逆差增大。在这种情况下,一旦顺差使得本币升值压力增大或逆差使本币贬值压力增大,就需要采取措施消除国际收支顺差或逆差使之平衡。因此,一个国家的国际资本流动对这个国家的国际收支有着直接影响,它既可以扩大逆差或顺差,也可以使之恢复平衡。此外,一个国家的国际收支也会影响该国的国际资本流动。如果一国的国际收支持续逆差,则该国的货币汇率必然会趋于贬值,从而导致资本从该国流出;相反,如果一国国际收支持续顺差,则该国货币汇率会趋于升值,进而会使大量外国资本流入该国。显然,国际资本流动与国际收支的关系密切、互为因果。

三、国际资本自由流动须具备的条件

第二次世界大战后,国际资本流动的规模越来越大,方式趋向多样化,内容不断增多,往来十分频繁,它在各国国际收支中的地位已日益重要。但国际资本流动要在各国之间顺利进行,必须具备一定的条件。首先,发生资本流动的国家,无论是资本输出国还是资本输入国,都必须是不实施外汇管制或外汇管制宽松的国家,否则资本流动必然会受到很大阻碍,其流动范围、方式和规模等都会受到限制,因而不能充分发挥作用。其次,必须拥有健全、完善且发达的国际金融市场,尤其是长期资本市场和短期货币市场,因为国际资本流动大部分是通过这些市场进行的。

第二节 国际资本流动的类型

一、长期资本流动

长期资本是指期限在 1 年以上或未规定期限的资本。它包括货币资本(如对厂矿企业的投资)、实物资本(如生产线或设备等)、财务资本(如对债务、股票的投资)和对外资产与负债(如贷款)。

长期资本的流动方式主要有三种：国际直接投资、国际证券投资、国际信贷。

(一) 国际直接投资

直接投资(Direct Investment)是指一个国家的居民直接在另一个国家投资，并对所投资企业有经营管理控制权。本国在外国的直接投资是资本输出，外国在本国的直接投资是资本流入。

1. 国际直接投资的主要形式

(1) 开办新企业，即绿地投资(Greenfield Investment)(包括设立分支机构、附属机构、子公司或与别国资本创办合资企业)，或收买现有的外国企业。对新企业，特别是对分支机构和合资企业的投资，可以不限于货币资本，机器、设备或存货都可以作为投资资本。

(2) 收买并拥有外国企业的股权达一定的比例。例如，美国政府规定，外国公司购买一家企业的股票超过10%便属于直接投资；日本则规定该比例为20%。

(3) 直接并购，即投资者在另一个国家直接购买现有出售的企业。这样做不仅可以拥有原企业的技术、管理经验和营销网络，把产品直接打入国际市场，而且可以降低经营成本，提高经济效益，缩短进入东道国市场的时间，减少创办新企业的成本。

(4) 保留利润额的再投资(Reinvestment)。它是指投资国在其国外企业获得的利润并不汇回本国，而作为保留利润对该企业进行再投资。虽然这种对外投资实际上并无资本流出或流入，但也是一种直接投资。

(5) 非股权参与式投资。这是指跨国公司未在东道国企业中参股，而是通过与东道国企业签订有关技术、管理、销售和工程承包等方面的合约，取得东道国企业的某种管理控制权。例如，① 销售协议，即跨国公司与东道国销售企业达成协议，利用东道国销售企业的销售网络，扩大跨国公司产品在东道国销售的范围；② 许可证合同，允许东道国使用跨国公司独有的注册商标、专有技术或专利；③ 交钥匙工程承包合同，跨国公司为外国企业或外国政府从事工程建设，在工程完工后，跨国公司负责试生产，在保证工程开工后的产品质量和产量等指标达到合同标准后，才将工程移交给工程主人；④ 技术援助或技术咨询合约，即跨国公司为东道国企业提供技术人员，为东道国企业提供所需的技术服务，并按合同规定收取劳务费用。

(6) BOT 投资。建设—经营—转让(Build-Operate-Transfer)，是指东道国与投资国政府或跨国公司签订协议，授权投资者自己融资，在东道国建设某项基础设施，并在一段时间内经营该设施，在收回投资和规定的利润后，将所有权和经营权转让给东道国政府。与 BOT 类似的方式有 BOOT(建设—拥有—经营—转让，Build-Own-Operate-Transfer)和 BOO(建设—拥有—经营，Build-Own-Operate)。BOOT 与 BOT 的区别在于：① 项目所有权的差别。在 BOT 方式中，项目建成后，投资者只拥有项目的经营权；而 BOOT 方式下，投资者在项目建成后，在规定的期限内既有经营权，也有所有权。② 时间上的差别。BOT 方式下，从项目建成到移交给政府这段时间一般比 BOOT 方式要短一些。BOO 是指海外投资者根据东道国政府所赋予的特许权，建设并经营某项基础设施，但并不将此基础设施移交给公共部门。

(7) 建立国际战略联盟。这是指两个或两个以上的跨国公司为实现各自的战略目标而建立起相对的协同或合作关系。从股权结构角度来看，战略联盟可分为三类：① 非股权型联盟，即协议型联盟，通过签订许可证协议、销售代理协议、生产制造协议以及技术交换与联合开发协议等，实现联合研究开发与市场销售的目标。② 股权型联盟，即为了开拓国际市场或建立与其他公司良好的伙伴关系，进行善意并购或相互持股。③ 合资型联盟，即两个以上的跨国公司出于自身总体经营目标的要求,采取一种长期性合作与联盟的跨国投资方式。

2. 国际直接投资的主要风险

投资者在决定对外直接投资之前,往往需要考虑所要面临的风险,这些风险包括:

(1) 政治风险。该风险主要是指一国投资气候的好坏。通常政治风险又包括战争和内乱风险、国有化风险和转移风险。国有化风险主要是指没收或征用外国企业的股权或资产,使外资企业难以生存。转移风险主要是指因外汇管制严格,外国投资者的投资利润无法正常汇回母国。

(2) 国际商业风险。该风险主要包括国别选择、项目选择、东道国的对外经济贸易政策和投资者的投资行为等方面的风险。国别的选择恰当与否,与东道国的外资立法具体要求有关。项目选择与投资者对项目进行的可行性研究是否周全密切相关。东道国的对外经济贸易政策因国家宏观经济具体状况不同而不同,一般而言,外资进入发达国家的障碍较少,而外资进入发展中国家时则往往需要满足东道国出口创汇、进口替代等方面的要求,进入障碍较多。而投资者与同行竞争时所采取的策略或手段直接影响其在东道国的投资效益。

(3) 社会心理风险。由于种族、国家制度、信仰和历史等原因,外国投资者在一些国家投资时,其人身安全或财产无法得到充分保障。

(4) 金融风险。由于各国的金融环境不同,并且实行不同的汇率制度,外国投资者难免在其财务管理中承担利率和汇率等金融风险,进而可能使其资产和负债蒙受损失。

(5) 信用风险。该风险主要是指投资者因东道国信用环境、信用数据库和信用立法等方面不健全而承受损失。

3. 国际直接投资的风险规避原则

一般来说,风险大小与获利机会成正比,即风险越大,获利的可能性就越大。因此,在对外直接投资过程中,投资者可考虑采取以下风险规避原则:

(1) 风险回避。事先估计出风险出现的可能性,判断导致其产生的条件和因素以及对之进行控制的可能性,进而通过改变生产流程或经营地点等方法,回避到某一国或地区进行投资。不过,这是一种下策,因为这有可能使投资者失去竞争获利的机会。

(2) 风险转移。投资者通过到保险公司投保、招标等其他经济技术手段把风险转移给他人承担。

(3) 风险抑制。投资者主动采取各种积极措施,减少风险发生的概率及经济损失的程度,以寻求维持原来的决策,减少风险损失。

(4) 风险自留。投资者从其长远投资战略考虑,对一些无法避免和转移的风险采取现实态度,在不影响投资根本利益的前提下自行承担下来。该策略使投资者为承担风险损失而事先做好种种准备,修正自己的行为,努力将风险降低到最低限度,在蒙受风险损失的同时设法获得其他方面的补偿。

(5) 风险集合。通过采取合资经营等方式,共同投资、共同经营、共担风险、共负盈亏。

(6) 做好风险的测定。投资者对于金融风险和信用风险的管理,除了需要充分利用金融市场规避风险外,还需要对这些风险进行测定,从而能在一定程度上测算出其将承担的损失。

4. 国际直接投资结构

(1) 水平型。海外分公司或子公司与国内母公司的生产经营方向完全一致,唯一不同的是经营场所发生变动。进行水平型投资的目的主要是为了满足当地消费者的特殊偏好,减少成本及避免贸易保护主义等。食品加工业多采用该结构。

(2) 垂直型。海外子公司与母公司从事同一行业生产和经营，但不能独立完成产品生产，它们只承担一个或几个生产环节或工序，海外子公司与国内母公司的生产或经营相互衔接、互为关联。汽车、电子产品和资源开采一般采用该结构。

(3) 混合型。跨国公司海外子公司的生产经营方向各不相同，各子公司之间在生产和经营方面没有特别密切的内在联系。这一结构是跨国公司实行多元化战略的表现，目的是为了降低投资风险。巨型跨国公司一般采用该结构。

(二) 国际证券投资

国际证券投资(Portfolio Investment)是一种间接投资，是指在国际债券市场上发行和购买中长期债券，或在股票市场上买入上市的外国企业股票等。各国政府、银行、工商企业都可以在国际债券市场上发行债券以筹措资金，或购买债券以进行投资，各国投资者还可以在其他国家的股票市场上买入上市股票以进行投资。

国际证券投资与直接投资的区别在于：证券投资获取债券、股票等证券投资的债息、股息和红利，而对投资企业并无管理控制权；直接投资则除了直接承担投资企业的盈亏外，对该企业还获有管理控制权。另外，国际证券投资承担的风险包括流动性风险、利率风险、汇率风险和政治风险等，这与直接投资也有一定的区别。

国际证券投资的方式中，除了一般意义上的股票和债券投资外，还有以下几种形式：

1. 存托凭证

存托凭证(Depository Receipts，DRs)是指在一国证券市场上流通的代表外国公司有价证券的可转让凭证。存托凭证一般代表外国公司股票，有时也代表债券。存托凭证的产生过程是：经纪人在外国证券市场买入一家公司的证券，将其寄存于当地的保管银行，保管公司通知发行公司委托的外国存券银行，由其据此发行存托凭证，存托凭证便开始了在本国证券交易所或柜台市场的交易。

显然，存托凭证是一种可以流通转让的代表投资者对境外证券所有权的证书，它是为方便证券跨国界交易和结算而设立的原证券的替代形式。存托凭证可以同时在几个国家的市场上流通，从而可以在多个国家筹集资金。对于国际投资者而言，这是投资股市的有效方式，因为存托凭证流动性更强，往往比相应的基本股票更易转手。而且，它们还能被用来避免在公司本国的市场可能遇到的清算、外汇交易和外资参股等困难。

存托凭证起源于1927年的美国证券市场，为便利美国投资者投资于非美国股票而产生。美国存托凭证(ADRs)是至今运作最规范、流通量最大和最具代表性的存托凭证。目前，存托凭证已发展了多种形式，根据存托凭证发行市场的不同，可分为美国存托凭证、欧洲存托凭证(EDRs)、香港存托凭证(HKDRs)、新加坡存托凭证(SDRs)和全球存托凭证(GDRs)等。就实质而言，各种形式的存托凭证在法律、操作和管理方面都是一样的。概括地说，这些名称的差异，仅仅是营销方向不同而引起的差异。

发行存托凭证的作用主要表现在：为企业筹集巨额发展资金；扩大股东基础，提高长期集资能力；利用低上市成本进入海外资本市场；有利于提高企业知名度，扩展海外市场。

2. 国家基金

所谓国家基金，是指由一国或一地区的境外资金投资于该国或该地区证券市场的投资基金。

从投资者的角度看，国际证券投资方式具体有两种：一是直接证券投资，即国外投资者直接购买境内证券;二是间接证券投资,即国外投资者通过基金机构间接投资于境内证券。与此相对应,从筹资者角度看,利用证券吸引外资可以有两种:一是向国外投资者发行外币证券,由外国投资者直接投资于国内市场和企业;二是通过组建国家基金的方式,向境外投资者发行受益凭证,然后由基金公司将所筹资金集中投资于国内证券市场。

从筹资者角度来看,发行国家基金的好处主要表现在:

(1) 利用国家基金筹集外资不需要偿还本金,从而减轻外债负担。其理由是:第一,国家基金是通过在境外市场向国外投资者发行具有股票性质的基金受益凭证的方式形成的,这种基金证券可以转让,但一般不能要求还本,除非该基金解散。第二,由于国家基金的主要投资对象是该国企业的股票,主要目的是赚取股息和红利,因此,除非企业破产,否则投资者不会撤走本金。第三,由于国家基金指定投资于该国境内证券市场,因此,在该基金没有解散的情况下,它将永远留在该国而不撤走,当然,现实中的基金投资可以在该国境内的不同地区、不同部门和不同企业之间进行选择与转移。不仅如此,利用国家基金还可具有积零为整、化短为长的特点。同时,由于认购的基金证券可以在境外证券市场上出售和转让,具有较强的流动性,从而也可以使短期的外汇资金做长期运用,使国家基金可以进行较长期的投资。

(2) 利用这一方式筹集外资更易于为一国企业和国外中小投资者所接受,因而具有一定的广泛性。对境外投资者而言,通过国家基金投资简便易行。这主要表现在:第一,投资者资金数额限制较小。基金面值一般较小,广大的中小投资者都可加入投资行列。第二,投资者直接购买外国证券会因各种制度和交易惯例不同、投资信息不易取得以及时差和语言方面存在的障碍,常感到不便甚至出现决策失误,而基金由于有良好的金融机构来操作,可以克服信息、自行交易和收益汇出等方面的限制。其中的大量调研工作、外币证券的发行及认购和收益兑付工作都由国家基金经理公司来承担,从而使投资者的投资更为便利。

(3) 利用这一方式筹集外资具有很大的稳定性,能更好地满足筹资国的长期资本需求。就本质而言,国家基金属于一种公司型跨国信托投资。公司型基金具体包括封闭型和开放型两种。所谓封闭型基金,是指公司发行的股份数量是固定的,发行期满后基金就封闭起来,不再增加股份。投资者既不能退股,也不能增加新的投资,基金的稳定性是显而易见的。所谓开放型基金,是指投资者虽然可以根据市场状况和自己的投资决策决定退出,但这并不意味着基金公司要同时抽回在投资对象国的投资。这是因为:第一,投资者通过国家基金投资于一国资本市场,属于一种间接投资,投资者本人的决策只是作用于基金公司,而对基金公司的投资决策和投资对象国的资本市场并不能产生实质性的影响。第二,为防止投资者中途抽走资金,开放性资金一般要将所筹资金的一定比例以现金形式存放,即这部分资金不参与投资。因此,即使个人投资者中途停止投资,也并不会影响基金公司所筹资金的其他部分投资的稳定性。第三,一般来说,基金公司对投资者的赎回请求不得拒绝,不过,一些基金在设定时可以规定投资者在认购后的一定期限内不得买卖。另外,当申请回购金额超过基金现金准备额时,基金公司还可以再发行新的普通股筹集资金。第四,既然基金是开放型的,那么,如果有一部分资金流出基金公司,也同时会有新的资金流入基金公司。由于基金投资的收益一般较高,因此,一般而言,基金原有投资者追加新的投资,或产生新的基金投资者,是一种很普遍的现象。因此可以说,开放型基金投资的稳定性有保障。

(4) 利用国家基金筹集外资不会对本国证券市场造成冲击。境外投资者认购国家基金一般不会在该国境内上市交易,只能在国外证券市场上市,不会助长国内证券市场上的炒买炒卖现象,因而也不会引起该国证券市场的剧烈波动。

3. 可转股债券

可转股债券(Convertible Bond)是一种兼具股权性和债券性的组合金融工具,它使投资者仅承受有限的风险而享受股票价格上涨所带来的众多好处。

大多数公司债券的发行者都向投资者承诺在规定的日期还本付息,而可转股债券的发行者除了有上述两个承诺外,还给予投资者第三个承诺,即投资者在债券发行后一段时间内(转换期限),可以按照约定的条件(转换价格或转换比率)将其持有的债券转换成一定数量发行股票的权利。对投资者而言,该类债券提供了债券所能提供的稳定利息收入和还本保证,也提供了股本增值所带来的利益。对发行者而言,该类债券提供了在将来以高于现时股价的价格售出股票、获取溢价的可能性,并具有在债券转换前以低成本发行债券的吸引力。因此,可转股债券对双方而言,既非纯债券,也非纯股本,而是一种混合金融工具。

从国际投资角度而言,可转股债券可分为外国可转股债券和欧洲可转股债券。所谓外国可转股债券,是指本国发行者在本国境内或境外发行以某种外国货币为面值,或外国发行者在本国境内以本国货币或某一国货币发行的可转股债券。所谓欧洲可转股债券,是指由国际辛迪加同时在一个以上国家发行的以欧洲货币为面值的可转股债券。

发行国际可转股债券对发行公司的好处是:筹资容易;筹资条件有利;优化资本结构;降低汇率风险。对发行公司股东的好处是:能使公司增加资本,扩大规模,从而使股东获得更多的红利。对投资者的好处是:能在发行公司业绩不佳、股价低落时,因处于公司债权人的地位而稳获固定的债券利息;在经营业绩好转、股价上涨时,又能享受转换价值上升的利益。若转换为股份,则能获得股息及红利分配;若卖出,则获取资本利益,从而同时实现利息的完全性和股票收益双重效果。

(三) 国际信贷

国际信贷包括政府援助贷款、国际机构贷款和其他信贷等。

1. 政府援助贷款

政府援助贷款(Government Loan)是一国政府利用财政资金向另一国政府提供的优惠贷款。例如,美国国务院下设的国际开发署(Agency for International Development, AID),日本经济企划厅下设的海外经济协力基金(Overseas Economic Cooperation Fund, OECF),科威特政府所设的阿拉伯经济发展基金等都提供这类贷款。其特点是:向友好国家政府提供数量较少的援助性贷款;期限长,一般为10~30年,其中,宽限期为5~10年;利息优惠,利率低于市场利率,或无息;附带条件。贷款国通常要求达到一定的经济目的或政治目的。有的以采购贷款国的货物为条件以带动出口,有的友好国家在提供优惠贷款的同时给予少量赠款或实物性赠款,有的贷款国规定所援助的项目只准在贷款国招标。

2. 国际机构贷款

国际机构贷款包括国际金融机构如世界银行集团向成员国提供的贷款,以及区域性经济机构如欧洲经济共同体的欧洲开发基金提供的发展援助贷款。这些贷款的特点是:(1)中长期、中低息;(2)贷款申请程序复杂,项目的评估和审查严格,对贷款项目进行监督,项目周期较长,但非常注重经济效益;(3)这类贷款主要用于成员国基础设施、医疗保健、农业等建设周期长、回报率低的项目。

3. 出口信贷

许多国家为了支持和扩大本国出口,增强本国出口商品的竞争力,鼓励本国商业银行对本国出口商或外国进口商(或银行)提供较低利率的贷款,利率由出口国政府提供补贴,出口国的官方或非官方信贷保险机构(如英国的出口信贷担保部,即 ECGD 等)担保信贷风险。

出口信贷的主要特点是:(1) 贷款指定用途,即只用于购买出口国的出口商品;(2) 贷款利率低于市场利率,利差由出口国政府补贴;(3) 属于中长期信贷,贷款期限一般为 5～10 年。

出口信贷分为卖方信贷和买方信贷两种形式。

卖方信贷相当于延期付款方式。许多国家出口商为了扩大出口,卖货后不要求立即付款,而是对外国进口商采取赊销办法,规定在一定时期内由买方分期付清货款。一般做法是:签订合同后,买方支付 15%左右的定金,其余货款在全部交货或工厂开工投产后陆续偿还(一般每半年还款一次,包括延付期间的利息)。由于卖方要在若干年后才能收回全部货款,为了不影响其正常生产或周转,它要向卖方银行洽借出口信贷,等到买方分期偿付货款时,再还给卖方银行。这种由卖方银行提供给出口商的信贷,称为卖方信贷。

买方信贷是由出口方直接向进口方或进口方银行提供的信贷。向进口方提供信贷,一般限于合同金额的 85%。其余 15%在合同签订后,由买方先付货款金额的 5%作为定金,交货时再按货款金额付现款 10%。出口方银行向进口方提供的信贷,一般按即期现汇付款条件支付给出口方,然后,由进口方按贷款协议分期偿还给出口方银行。

向进口方银行提供的信贷是买卖双方银行间安排的出口信贷,它与上述向进口方提供的信贷做法大致相同,只是借款人不是进口商,而是进口方银行。买卖双方银行间签订贷款协议,由出口方银行向进口方银行提供贷款,以便用现汇方式支付进口货款,然后进口方银行按分期付款的规定,陆续向出口方银行偿还债务本金和利息。至于进口方对进口方银行的债务,则按双方商定的办法在国内直接清偿。

使用买方信贷的出口交易需要分别签订两个合同,即买卖合同(由买卖双方签订)和贷款合同(由出口方银行与进口方或进口方银行签订)。贷款合同以贸易合同为前提,但又独立于贸易合同。

出口信贷中,进口方需要支付的费用主要有出口信贷保险费、管理费和银行承担费。

4. 国际租赁信贷

租赁信贷是国际信贷的一种方式。租赁信贷的一般做法是:承租人(Lessee)向出租人(Lessor,租赁公司)租用所需的生产设备,只需按期限支付租金,租赁期限短则 3～5 年,大型设备可长达 20～30 年。租赁期满时,承租人可以选择:(1) 将租用的设备退回租赁公司;(2) 根据原来的租约续租,租金减少;(3) 根据设备情况作价购买;(4) 要求租赁公司更新设备,重签租约。

租赁一般有下列四种:

(1) 经营性租赁(Operating Lease)。承租人向出租人租用机器设备,定期支付租金。租赁期满后,设备退回出租人,租赁期限比设备的使用年限短。因此,经营性租赁是非全额清偿租赁。

(2) 融资性租赁(Financial Lease)。承租人直接到机器制造厂选定所需的机器设备,由出租人购置后出租给承租人使用。承租人按期交付租金。租赁期满,设备的使用权通过一定的手续转移给承租人。因此,融资性租赁是全额清偿租赁。

(3) 维修性租赁(Maintenance Lease)。由专业的租赁公司购置尖端设备出租给承租人使用。出租人负责设备的维修、保养和配换零件。承租人交付的租金包括维修费。

(4) 杠杆租赁(Leveraged Lease)。这一租赁需要利用银行信贷,适用于金额大、租期长的大型机器设备。出租人自己提供一部分资金,其余资金由银行贷款。购置设备和贷款还本付息都委托信托人(Trustee)办理。承租人的租金也交付信托人。

租赁信贷对承租人来说，是百分之百的融通资金，相当于利用一笔长期贷款，可以避免因购买设备而积压资金。同时，承租人可以及时更新设备，运用新技术。然而，承租人对设备只有使用权而无所有权，不经出租人同意，不能擅自改装拆卸租用的设备，颇不方便，而且租金高于金融市场的贷款利率，租赁信贷的成本较高。租赁信贷对出租人来说，掌握了设备的使用权，投资风险较小，一些国家对出租人的所得纳税予以税收优惠。

5. 中长期商业银行贷款

国际商业银行贷款一般不与出口项目联系，也不指定用途，借款人可以自由运用贷款资金向第三国购买资本货物、商品和劳务。商业银行贷款一般不能享受出口信贷的优惠利率，利息负担较重，贷款利率按国际资金市场利率。中长期银行贷款利率一般是在 LIBOR 的基础上另加一定的加息率。

二、短期资本流动

短期资本流动是指期限为 1 年或 1 年以下，或是即期收付的资金，也包括现金的流动。短期资本流动一般借助于各种短期证券和商业票据进行，如短期国库券、可转让银行定期存单和汇票等。短期资金流动性很强，主要分为以下四类：

（一）贸易资金流动

短期资本流动大部分与对外贸易有联系。进出口贸易的资金融通及结算都涉及短期资本流动。

（二）银行资金流动

银行由于业务需要，如短期拆放、头寸调拨、多空头寸抵补、套汇、套利等，也会产生短期资本流动。

（三）保值性资本流动

这类资本流动又称资本外逃(Capital Flight)。资本外逃的原因主要有：(1) 某国的政局动荡不定，资金因图安全而外逃；(2) 某国的国内经济状况恶化，国际收支持续逆差，其货币很可能贬值，于是，资金拥有者将资金转移至货币币值稳定的国家，以求保值；(3) 某国实施外汇管制而使资本的运用受到限制，或者颁布新税法、加征资本税等，为免受损失，资本外逃。

（四）投机性资本流动

这类资本流动是根据投机者对金融变量的预期，在承担风险的同时谋取投机利润。

1. 汇率变动

汇率变动包括以下三种情况：

(1) 当一国国际收支出现暂时性逆差时，该国货币汇率会暂时下跌。若投机者认为该汇率下跌是暂时性的，预期不久就会回升并恢复到正常的汇率水平，则他会按较低(下跌的)汇率买进该国货币，等汇率上升后再以较高的汇率卖出；反之则相反。投机者希望通过低价买进并高价卖出，赚取投机利润。由于这种投机性资本流动可以缩小汇率波动幅度，从而起到稳定汇率的作用，因此称为稳定型投机(Stablizing Speculation)。

(2) 当一国国际收支出现持续性顺差时,该国货币汇率会持续坚挺。如果投机者预测该国货币将升值,就会在外汇市场上买入该货币;反之,则卖出该货币。由于这种投机性资本流动能使汇率波动幅度进一步扩大,从而导致汇率暴涨或暴跌,因此称为破坏稳定型投机(Destablizing Speculation)。

(3) 提前或延期结汇。由于提前或延期结汇是根据当事人对某种货币汇率的预测而产生的,带有投机性,因此,可以将由此产生的资本流动列入投机性资本流动。

2. 利率变动

当利率平价不成立或汇率风险相对较小时,利率变动会使资金从低利率国家流向高利率国家,从而使资金拥有者实现较高利润。

3. 金价变动

国际黄金市场上的金价变动,往往会使投机者疯狂抢购或抛售黄金,从黄金价格的暴涨或暴跌中获取利润。

4. 证券价格变动

投机者根据国际政治经济形势、各国宏观经济政策等因素,预测各国大企业的发展前景,动用外汇资金在证券市场上买卖证券,利用其价格涨跌获取投机利润。

5. 商品价格变动

国际市场上重要商品价格的涨跌也会导致投机性资本流动。投机者根据重要商品的市场供求状况,预测其价格变动趋势进行投机。

6. 衍生产品价格波动

随着各种金融市场上期货、期权以及其他金融衍生产品的不断出现,已有越来越多的投机者利用其对价格走势的预期进行投机,以期赚取投机利润。

7. 房地产价格波动

2005年后,随着人民币汇率相对于美元等西方国家货币汇率的升值,以及人们对人民币汇率的升值预期,来自美、欧、中东和日本等国家和地区的热钱一度大量进入中国的楼市,导致房地产价格进一步上涨,而这又反过来导致热钱进入中国楼市的势头更猛,最终加大了中国政府宏观调控政策和金融监管的难度。

短期资本流动种类很多,内容复杂,波动频繁且变化无常,尤其是投机性资本流动更难以掌握,而且会产生不良影响。此外,国际收支的暂时性不平衡大多借助于短期资本流入得以弥补。因此,短期资本流动在这些方面的作用和影响应予以重视。

需要强调的是,长期资本流动与短期资本流动关系密切、相互影响。两者的流动方向可以相同也可以相反,即根据具体需要两者可以都是流出或流入,也可以是长期资本流入、短期资本流出,或长期资本流出、短期资本流入。因此,资本流动净额的增加、减少或轧平各有不同的含义。

第三节　国际资本流动的原因及其经济影响

一、国际资本流动的原因

第二次世界大战后,国际资本流动的规模越来越大,究其原因主要有以下几个方面:

(一) 追求高额利润

一个国家的资本流动往往首先是为了谋取利润。在国内外投资机会相等的情况下，之所以将资本输出国外，是因为在国外投资与在国内投资相比，前者预期所得利润高于后者。投资利润增大的因素有两个方面：产品成本减少和产品收益增多。实现这两方面目标的形式主要有以下几种：

1. 寻求便宜的原材料

许多国家对外投资的目的是在资源丰富的国家获取便宜的原材料，而这些原材料有的是国内缺乏的，有的是国内虽有但成本很高，如石油、矿产、木材及水产资源等。

2. 追求廉价生产要素

有些国家往往在那些生产要素定价偏低的经济不发达国家和地区进行投资，以充分利用那里地租低廉以及劳动力成本低的有利条件。但劳动力成本低，并不单纯指低工资，劳动生产率这一因素也应考虑在内。如果工资低，但劳动生产率也很低，则不能认为是廉价劳动力，因为生产成本并未降低。只有在国外企业与国内企业的劳动生产率差别小于其工资差别时，低工资才意味着低劳动力成本。这一点在劳动密集型行业特别重要。

3. 减少运输成本

有些国家对外投资是因为产品从国内运往国外市场时，在运输途中容易损坏变质，或产品的重量价值比(Weight-Value Ratio)①很高，因而把生产此类产品的企业设在国外主要市场及其附近地区，这样，就地生产，就地销售，便可以避免产品的长途运输，既减少损耗又节约运输成本。此外，这样做还可以使产品的包装和设计更容易满足当地消费者的习惯和偏好，从而更有利于投资者占领当地市场。

4. 避开关税与非关税壁垒

一国关税税率的高低及是否实施贸易保护措施，对外国投资有直接影响，它往往会导致许多企业重新配置。例如，若某国税率高，贸易保护措施多，则输入该国的进口商品成本就高，它与该国本国产品的竞争力相比就差，于是原来的出口国就可能在该国投资生产，以降低产品成本。再如，某国的税率低，不能起到保护关税的作用，本国商品往往竞争不过成本低廉的劳动密集型进口产品，因而也可能鼓励本国投资者到生产成本低的国家或地区投资，把产品从那里再输入国内销售，这样就有利于在国内与其他进口商品竞争。此外，税率低、贸易保护措施少意味着成本低的进口商品在进口国市场的竞争力强，原来的出口国就没有必要在进口国投资生产，利用进出口贸易就可以解决问题。

(二) 追求新技术

许多国家的投资者在国外开展投资经营活动的目的是想获得那里的技术和管理技能，例如，2004 年底联想集团收购 IBM 个人计算机部，主要目的就是利用 IBM 的研发技术。再如，德国和荷兰的跨国公司购买美国本地的公司，主要动机也在于获取技术。

(三) 寻求政治稳定

政治稳定的国家往往成为外国投资者的投资目标，因为这类国家不大发生诸如没收财产

---

① 该比率是指产品重量大而价值低，因此运输成本高。

等国有化风险以及干涉私人企业经营活动、冻结资产等事件。例如，中国的政局稳定使外国对中国的直接投资规模在20世纪90年代中期以后稳定增加。

(四) 与同行攀比

处于激烈竞争中的跨国公司往往要向同行业或同领域的其他公司看齐，而且认为在某些领域或某些地区进行投资是必不可少的，这样才能达到或维持自己在产品设计、生产和销售等方面的领先地位。引领时尚已经成为许多跨国公司的行为目标。

(五) 避开本国市场的竞争

例如，在投资者本国市场上，来自其他国家的竞争非常激烈，为了避开锋芒，投资者把眼光瞄准海外，特别是，当他们所具有的优势不足以抵挡他国竞争时，这种现象就更为普遍。

(六) 开拓海外市场

一些投资者投资于海外，一方面是为其零部件及机器设备等其他产品创造市场，另一方面是为了充分利用过时机器设备等闲置资源。与此同时，他们还可以使其专利技术资本化，分散固定成本，传播研究与开发成果。

二、国际资本流动的经济影响

国际资本流动对国际经济有一定影响，既有有利的一面，也有不利的一面。

(一) 对国际经济产生的影响

一些西方经济学家认为，资本之所以从一个国家流至其他国家，主要是因为在这些国家可以获得较高的利润率。这是因为资本在其短缺地区发挥的生产效率较高，资本流入使输入国增加的国内生产总值大于资本流出使资本输出国减少的国内生产总值，从而使国际实际总产值增加。而国际实际总产值的增加又会促进世界各国对外贸易的发展，进一步增加世界各国的国民收入。此外，资本流动也加强了世界各国之间的经济联系、经济依存和经济合作关系，使国际分工在世界范围内充分展开，从而使国际经济获得进一步发展。总之，国际资本流动对发展国际经济起到了促进作用。第二次世界大战后，国际资本流动的规模越来越大，就足以证明这一点。

(二) 对资本输出国产生的影响

国际资本流动对资本输出国的有利影响主要表现在：(1) 资本输出可以解决剩余资本的出路，生息获利；(2) 一国资本输出，不仅表明该国经济实力雄厚，而且能提高其国际经济地位；(3) 资本输出会带动商品(主要是技术和设备等资本货物)输出，特别是出口信贷、联系特定项目的限制性贷款，从而有助于出口贸易的增长；(4) 调节国际收支顺差，未雨绸缪。

其不利影响有以下几个方面：(1) 资本输出承担着一定的风险。除了一般业务风险外，投资者还面临着资本输入国实施某些不利于输入资本的法令条例，如管制外国企业利润，使之无法正常汇出国外或没收外国投资资产以收归国有，甚至不偿还外债等风险。(2) 输出国税收减少。因为对外投资由资本输入国征收了一部分税收，所以资本输出国的税收相对减少。

(3) 减少本国就业机会。如果在本国投资,可以部分解决本国就业问题。由于资本输出,增加国内就业的机会就会减少。(4) 丧失国内部分经济效益。若在本国投资,发展生产,往往可以获得诸如改进产品质量、改善劳动条件、采用先进的生产方法和生产技术,实行更好的生产组织形式等较好的经济效益。而资本输出使这些经济效益自然转到了资本输入国。(5) 与本国商品竞争。对外投资,特别是合资企业的产品可能在国际市场上与资本输出国的商品竞争,或者进入资本输出国国内市场,与资本输出国本国商品竞争。

(三) 对资本输入国产生的影响

国际资本流动对资本输入国的有利影响,主要是促进该国国民经济的发展,具体表现在:(1) 增强投资能力,解决资金不足,将资金用于开发资源,加快本国经济建设的步伐;(2) 兴建新产业,增加新产品,扩大本国生产能力,提高实际产量,使国民生产总值增加;(3) 引进外国先进生产和管理技术,提高劳动生产率;(4) 开辟新的就业领域,增加就业机会,部分解决失业问题;(5) 外商投资企业需纳税,可增加国家政府税收;(6) 从长期来看,由于国民经济发展,出口创汇能力增强,从而有利于本国开拓国际市场,改善国际收支状况。

其不利影响主要有以下几个方面:(1) 部分行业,甚至国家的经济命脉受到外国垄断资本的控制,更严重的会使国家主权受到侵犯;(2) 对外资过分依赖,一旦外国资本抽回或停止输出,便会带来不利后果;(3) 增加失业,外资企业由于劳动生产率高,产品竞争力强,甚至排挤了国内同行业产品的销路,于是,它们在增加输入国就业的同时,又产生了新的失业;(4) 利用外国资本不当,造成外债无力偿还,如果外债数额巨大,还本付息负担过重,一旦使用不当,不仅不能改善本国国际收支,反而会使国际收支逆差状况进一步恶化,国家外汇储备减少。

第四节 跨国银行与跨国公司

一、第二次世界大战后国际资本流动的主要特点

第二次世界大战后,国际资本流动无论在规模上还是在流向和结构上,都发生了巨大变化,突出表现在以下几个方面:

(一) 国际资本流动规模不断增长

第二次世界大战后,私人对外直接投资的增长速度不仅超过了工业生产和国民生产总值的增长速度,而且超过了国际贸易的增长速度。与此同时,国际证券投资也增长迅速。

(二) 资本流动的地区和部门流向发生变化

自 20 世纪 60 年代以来,国际直接投资方面已由落后的殖民地、附属国投资为主,转变为发达国家相互之间的直接投资为主。除资本外,对外直接投资的流向中发达国家所占比重大于发展中国家。美国不仅是世界上最大的资本输出国,同时也是世界上最大的资本输入国。一些发展中国家也开始向发达国家投资。此外,从国际资本流向来看,发达国家的资本流出以服务业为主,而发展中国家资本流入主要以制造业和新技术产业部门为主。

(三) 国际资本流动方式证券化

随着国际金融市场的发展和西方国家放宽对资本市场的管制,以及国际银行业的激烈竞争,作为传统融资渠道的银行信贷形式日益受到证券化趋势的挑战。这点突出表现在金融工具的证券化和金融体系的证券化,越来越多的机构运用发行债券、商业票据、存单以及一系列新的金融工具向市场筹资。银行的信贷通过贷款可转让、可出售以及可互换的方式不断适应证券化趋势。

(四) 国际资本流动的结构发生变化

第二次世界大战后国际资本流动在结构上表现为货币资本流动与商品流动相分离,并日益明显。自20世纪70年代以来,西方国家从实物生产和流通过程中游离出来的资本运动越来越具有一种相对独立于生产和贸易活动之外而自行运转的特性,从而对国际经济产生日益重要的影响。例如,大量的金融衍生产品的出现,使外汇市场上的外汇交易以及股票市场上的绝大部分交易已与生产活动没有直接关系,金融市场运行机制呈现出相对的独立性。

显然,在上述四个方面的突出变化中,跨国银行和跨国公司对国际资本流动产生了非常重要的影响。

二、跨国银行及其经营活动

(一) 跨国银行的含义

所谓跨国银行,是指业务范围跨国化,同时在不同的国家和地区经营银行业务的超级商业银行。联合国跨国公司中心认为,跨国银行是指至少在5个国家和地区设有分行或附属机构的银行。跨国银行是19世纪西方国家和地区对外扩张的产物,它随着国家的生产国际化及生产资本国际化(即跨国公司)的发展而发展,是资本国际化在国际金融领域的表现。

(二) 跨国银行的国际网络

跨国银行的业务活动是通过发达的国际网络进行的,该网络由以下几个部分组成:

一是代表处。它是总行派驻海外的联络机构,基本职能是提供信息和为总行开拓新的活动领域。

二是代理处。它主要从事与国际贸易有关的业务,如对本国的对外贸易安排贷款,签发信用证,购买和接受汇票等,但不能从事存款业务。

三是代理行。代理行业务主要是收付外国资金(通常与进出口贸易有关),接受汇票,承兑信用证以及提供信用信息等。

四是附属和联支机构。附属机构大部分或全部由本国银行所有,从事国际与国内经营活动,但往往是作为一家地方银行,必须遵守所在国的全部法律;联支机构由本国总行部分所有,但不一定受其控制。

五是分行。分行是总行的一部分,可以经营当地政府允许的各种银行业务。

六是子银行。外资银行的子银行是国内注册的法人银行,外资银行可开展与中资银行相同的业务,如境内居民无门槛存款业务、房贷业务以及向境内居民销售人民币理财产品等。

(三) 跨国银行的经营活动

跨国银行通过广泛的国际网络所进行的业务活动主要有以下几种：

1. 零售业务

跨国银行在其国内通常是开展零售贷款业务。但由于在国家间开展业务的客户大多是大银行和大公司，因此，很少进行零售贷款业务，而主要从事零售存款业务。被这种方式吸引进来的国际游资，构成了跨国银行十分重要的资金来源。近年来，外资银行在中国开展的零售业务中，理财和信用卡等中间业务发展迅速，旨在与中资银行错位竞争。

2. 货币市场业务

跨国银行利用货币市场，在资金需求高涨时筹集贷款资金，在资金需求低落时投放剩余资金。由于银行同业间放款风险很小且流动性很强，因此，近年来跨国银行的银行同业间交易迅速增加。许多跨国银行往往一手贷出，一手再在货币市场上借入，用于进行国际贷款。

3. 外贸融资业务

跨国银行从事的一般外贸融资业务期限较短、收益较大，并且多数是用银行所在国货币之外的其他货币进行，以避免与当地银行竞争。但在一些场合，也可能对当地银行提供外贸融资。

4. 公司贷款和国家贷款业务

跨国银行国际贷款活动的重要部分之一是公司贷款，即对企业、国有企业特别是跨国公司进行贷款。跨国公司是跨国银行的理想客户，只有跨国银行才能很好地满足跨国公司巨额资金需求和对其他各种服务的国际性需求，并且与那些小客户相比贷款风险小，这无疑在客观上巩固了跨国公司与跨国银行相互之间的关系。国家贷款是指对某些政府和官方机构所提供的贷款，旨在帮助这些国家调节国际收支逆差或增加国际储备。

5. 外汇业务

外汇业务即从事外汇自营买卖和代客买卖，旨在投机和规避外汇风险。

6. 投资业务

它是指从事国际债券的承销和分销，包括对客户及政府发行债券、提供咨询服务。

7. 信托业务和其他业务

信托业务涉及信托投资和信托贷款。信托投资是指跨国银行代客户管理资金和进行资金的投资。信托贷款是指以跨国银行名义，受客户的委托，用客户的存款进行国际贷款(大部分是外币贷款)，但风险由委托人承担。此外，跨国银行还从事代收货款、设备租赁和保险等业务。

必须指出的是，跨国银行业务活动中，最重要的是经营国际贷款。其中，短期贷款的主要方式有：(1) 银行间的短期拆放；(2) 承兑和票据贴现；(3) 短期预支款额度；(4) 透支。中期贷款的主要方式有：(1) 固定利率放款，即贷款期限是固定的，利率在借款时一次议定；(2) 浮动利率放款，即贷款期限是固定的，但贷款期间利率随市场情况定期调整；(3) 展期信贷(Roll-over Credit)，指银行按一定的条件，以合同的形式承诺对客户提供一定数额的短期信贷，但又允许客户到期后展期，利率在展期时予以调整，一般是每 3 个月或每 6 个月展期一次，利率按当时短期信贷市场的利率水平进行调节。跨国银行的长期贷款，主要是发行国际债券。浮动利率债券是一种中长期债券，其利率根据市场利率加上一定的利差而定。跨国银行在国际贷款中还常采用银团贷款的形式。

2008年国际金融危机爆发后，跨国银行纷纷转型从事交易银行(Transaction Banking)业务。交易银行是服务于客户交易的银行，是银行以客户的财资管理愿景为服务目标，协助客户整合其上下游资源，最终实现资金运作效益和效率提升的综合化金融服务的统称。交易银行涵盖了账户及收付款管理、流动性现金管理、供应链金融、信托及证券服务、现金增值、电子商务、专业化咨询等领域。近年来，交易银行已从最初的银行传统资金结算逐步演变为以组合产品、整合服务、提供全面解决方案为特点的银行综合性服务，以交易管理为核心，从账户级管理扩展到交易级管理，从产品销售演化成综合化方案提供，从单体客户服务延伸到整体产业链金融服务，从本土服务发展为全球服务。以现金管理和贸易金融为核心的全球交易服务已经成为国际一流银行企业银行服务的基本平台。

专栏 10-1　招商银行在全球现金管理中对区块链技术的应用

2015年2月，招商银行合并原现金管理部与贸易金融部，成立总行一级部门——交易银行部(Global Transaction Banking, GTB)。此举在国内商业银行中属首创，旨在利用交易银行部成立的组织改革红利，以客户为中心整合原有现金管理、跨境金融与供应链金融等优势业务，全面打造集境内外、线上下、本外币、内外贸、离在岸为一体的全球交易银行平台及产品体系。

2017年2月，招商银行通过跨境直联清算业务POC实验，率先实现将区块链技术运用于银行核心系统中。自2016年6月模拟环境稳定运行半年后，在总行、香港分行和永隆银行，首家实现将区块链技术应用于全球现金管理领域的跨境直联清算、全球账户统一视图以及跨境资金归集这三大场景，实现了与离岸、自贸区、香港分行、永隆银行、纽约分行账户和网银的整合，为跨境集团企业提供结算、融资、跨境划拨资金链的综合化服务。

就本质而言，区块链技术是一种通过去中心化、去信任化的方式进行记账的分布式账本技术，可降低交易成本、提高交易效率。区块链技术分布式账本的记录方式决定了其具有不可篡改性，也使其在某些场合成为数据和信息记录的极佳方式。招商银行对区块链技术进行了自主创新研发，创建了“招行直联支付区块链平台”，通过POC验证测试并推动项目正式商用。通过改造，招商银行实现了六个海外机构加总行都连在区块链上，任何两个机构之间都可以发起清算的请求并进行清算。

招商银行基于区块链的新跨境直联清算系统，已展现出四个方面的新优势：第一，高效率性，去中心后报文传递时间由6分钟减少至秒级；第二，高安全性，处于一个私有链封闭的网络环境中，报文难篡改、难伪造；第三，高可用性，分布式的架构没有一个核心节点，其中任何一个节点出故障都不会影响整个系统的运作；第四，高扩展性，新的参与者可以快速、便捷地部署和加入系统。

此外，招商银行还积极加强同业间区块链的交流与研究，与境外同业深度合作，进行跨境支付概念验证，并共同制定同业间跨境报文技术标准。此外，招商银行的全球账户统一视图和跨境资金归集场景已经通过OC验证，并于2017年内上线。

（四）跨国银行的作用和影响

跨国银行由于其自身的业务特点，比一般的国内银行能提供更广泛的服务，并且能满足巨额资金的需要。由于其独特的国际网络，跨国银行可以随时调拨资金、互通有无。与此同时，各跨国银行之间的相互竞争，带动了金融市场效率的提高。此外，跨国公司、大企业和政府对中长期信贷的期限需求越来越长，跨国银行在把流动的短期资金转化为长期信贷的过程中发挥着重要作用。

但是，在发挥积极作用的同时，跨国银行也产生了一些消极影响。一是跨国银行活动加剧了国际金融市场的不稳定性。由于跨国银行贷款规模不断增加，并且贷款过于集中，从而导致某些国家一旦发生还款困难，便会发生一系列的拖欠，进而导致金融危机的爆发。二是跨国银行增加了国际金融机构的管理困难。由于商业银行借款可以避免接受国际货币基金组织贷款时所施加的严厉条件，因此，一些国家自然倾向于通过私人渠道借款来调节本国的国际收支逆差，避免采取紧缩性的货币政策，结果影响了国际货币基金组织调节政策的有效性。

三、跨国公司的经营活动

（一）跨国公司的含义及经济特征

跨国公司是一个由经济实体构成的工商企业。它是在一定程度上通过集中控制下的子公司在两个或两个以上的国家从事生产销售活动的大公司，其营业活动不仅是国际性的，甚至资本和收益往往也是由两个或两个以上国家的垄断组织所共同占有。

发达国家的跨国公司一般具有以下几个特征：

第一，在组织结构上，跨国公司母公司可以是在一个主要国家的垄断组织，但其活动的大部分是通过在国外开设的分公司和子公司进行。母公司可以直接投资的方式在其他国家设立分支机构，也可以通过控股的方式控制东道国的工商企业。这种组织结构一方面有利于母公司进行集中管理和控制；另一方面，由于分公司的部分股权属于东道国，母公司的管理权和影响力受到限制。

第二，在经营战略方面，跨国公司母公司主要根据市场情况、获利机会、投资风险及总的发展战略做出决策，其分支机构及多样化的经济活动遍布世界，旨在为本国和海外市场服务。在跨国公司内部，各子公司之间进行转让性投资。

第三，在经营方式方面，跨国公司在垄断廉价并且稳定的原材料、大量使用廉价生产要素、降低生产成本的同时，还充分利用东道国的优惠税收政策，开拓国外销售市场，增加利润。

第四，在政治倾向方面，跨国公司往往利用各种可能性来影响甚至干预国家的政治。因为跨国公司的再生产和资本增值过程与其在许多国家的活动有关，所以，这些国家的政局变化自然受到跨国公司的密切关注。另外，跨国公司对那些有可能成为其未来投资场所的邻近国家和地区的政局比较关心。

（二）跨国公司的海外投资

1. 跨国公司的资金来源

跨国公司由于其广泛的国际联系和雄厚的经济实力，可获得的资金来源较多，最主要的有：(1) 跨国公司母公司本国的跨国银行、金融机构和资本市场；(2) 跨国公司内部的未分配利润和折旧基金；(3) 东道国、第三国的银行、金融机构或国际资本市场。自 20 世纪 70 年代以来，欧洲货币市场的发展以及许多地区性离岸金融中心的崛起，为跨国公司筹集外部资金提供了很大便利。一般来说，创业时期的跨国公司只利用一小部分自有资金，大量资本是从当地或国际市场筹集的，在开业之后的发展过程中，便逐渐转向内部资金再投资与外部借贷并重的政策。总之，由于跨国公司资金来源广泛，因此，它在筹资活动中具有很大的选择余地和灵活性，这对跨国公司的发展很有利。

2. 跨国公司的资金运用

跨国公司的资金运用是指其在国外投资的方向、部门和形式。在投资方向方面，它们在发达国家的投资占其海外投资的比重较大，在发展中国家的投资占比重较小，原因有两个方面：一是发达国家之间贸易摩擦增多及保护主义盛行之时，跨国公司自己就通过在其竞争对手国内进行直接投资，以避开关税和非关税壁垒赚取利润；二是发达国家投资风险小，吸引外资的容量大。跨国公司在发展中国家的投资主要集中在新兴工业化国家及石油和其他资源丰富的国家。近年来，它们在新兴工业化国家和地区的直接投资有上升的趋势。这是因为这些国家的劳动力素质较高、市场潜力大、基础设施良好及资源丰富等因素构成了跨国公司较为理想的投资场所。

在投资部门方面，跨国公司最热门的投资对象是制造业，其次是服务业和采掘业。它们对制造业和服务业投资高度集中的原因在于这两类产业能提供较高的利润，反映了西方发达国家技术和知识密集型部门在新技术革命推动下迅速发展的要求。从历史上来看，跨国公司流向发展中国家的资本多集中在自然资源的提取和加工。这是因为这些行业的资本密集度非常高，对自然资源的储量依赖度较高，而对低成本的劳动力依赖度较低。当今的跨国公司越来越多地转向工资高、收入多的新兴工业化国家，而不是劳动力廉价的贫穷国家。近年来，随着发展中国家证券市场的不断发展，其吸引的外国证券投资正在不断增加。

在投资形式方面，跨国公司除了建立传统的子公司或设立分支机构、购买外国企业股权等资本参与形式外，还采取非股权资本参与，包括许可证协议、销售协议和契约式合作经营等。产生这种变化的原因主要有两个方面：一是一些国家，尤其是发展中国家对跨国公司的活动采取了限制性措施；二是它反映了跨国公司适应投资环境变化、减少投资风险的灵活性。

(三) 跨国公司与国际金融的关系

1. 跨国公司与跨国银行的关系

跨国公司与跨国银行的相互关系主要表现在：跨国公司是国际性银行资金的最大供应者，同时也是跨国银行信贷的最大获得者。西方工业化国家的跨国银行常利用其庞大的资本规模支持本国跨国公司的海外拓展，并以此为其国际战略目标。与此同时，它们又利用债务关系来征服外国工业公司，以扩大其业务范围。这样，银行资本与工业资本在世界范围内融为一体并加速了国际资本的形成，其特点主要有：(1) 国际金融资本实力雄厚，在世界范围内控制着生产和流通领域，从而大大提高了其对国际经济的影响程度，在错综复杂的世界格局中，它具有特殊的重要性；(2) 它是一个庞大的多元体系。一些大的跨国银行周围常常聚集着许多家涉及各行各业的跨国公司，形成一些庞大的国际性金融资本组织，银行资本处于核心地位。金融资本国际化对国际经济产生了巨大影响。它促进了资本输出，加深了国际分工，加强了各国经济的相互依赖关系，也进一步加剧了世界上各种矛盾和危机。

2. 跨国公司对各国金融政策、国际收支与汇率的影响

跨国公司海外投资最根本的目的是追求高额利润，因此，其经营活动必然是国际性的经营活动，涉及的货币种类多、投资规模大且范围广。所以，无论是东道国还是跨国公司本国，其金融政策、国际收支及汇率政策都会受其影响。

(1) 跨国公司对各国金融政策的影响。一个国家通常可以通过控制国内信贷和长期资本的成本及可获得性来影响其价格水平、就业、经济增长率、收入分配和国际收支。然而，金融政策的有效性受货币和资本市场的广度与深度的限制。由于大多数发达国家的货币市场和资本市场很成熟，因而它们能有效地实施金融政策，而发展中国家的情况则相反。总的来说，由于跨国公司经营活动的国际性、灵活性和多样性，发达国家和发展中国家的金融政策有效性都不同程度地受影响，主要表现为：① 宗主国或东道国实施紧缩性金融政策时，母公司或其分公司虽然也受收紧银根的不利影响，但它们可以从其他分公司和欧洲货币市场获得资本，从而使其支出扩张的计划照样执行，而使政府金融政策的目标不能实现。当然，东道国可以实行配额制阻止支出的扩张。② 当一国货币当局企图实施紧缩性货币政策，回笼货币以维持本国货币汇率时，宗主国货币贬值，那么，跨国公司将会把大量资金抽调到坚挺货币地区，或者通过提前付款和内部调拨的办法大量转移资金，从而使该国维持汇率的努力受阻。③ 如果跨国公司突然将大量外币兑换为一国货币，收购当地企业，进行大规模新投资，或是为了避开外汇危机而暂时过渡性地持有流动资本和投机机会，那就会导致当地货币供应量迅速增加，中央银行为保证原来紧缩性货币政策的顺利实施，将不得不通过公开市场业务来抵消货币供应量的增加。然而，这样做的结果仍是扩大了货币供应量，甚至加速通货膨胀。

(2) 跨国公司对国际收支的影响。从宗主国来看，在短期内跨国公司的对外投资造成资金外流，对国际收支不利，但一段时间后，国外投资利润的回流对国际收支又是有利的。严格来说，跨国公司国外投资活动对本国国际收支的影响可分为对资金流动的影响和对贸易流动的影响。在资金流动方面，虽然跨国公司海外分公司的收益及未分配利润等自有资金的再投资不能反映在国际收支平衡表上，但从总的历史情况看，西方跨国公司的投资活动对本国国际收支往往产生有利影响。在贸易流动方面，影响较为复杂。一方面，跨国公司海外投资能带动一部分本国商品出口，这对国际收支是有利的；但另一方面，海外投资企业的产品与本国产品形成竞争，甚至影响本国产品的出口，这对国际收支无疑是不利的。总之，贸易流动对国际收支的影响究竟如何，要视具体情况而定。

从东道国来看，在短期内外来投资对本国的国际收支是有利的，但从长期来看究竟会产生有利或不利影响要视具体情况而定。如果东道国利用跨国公司的投资发展出口创汇，则会改善国际收支；相反，如果跨国公司并不促进东道国的出口，而是从全球范围内规划其生产和销售活动，那它对东道国国际收支的消极影响就要大一些，因为毕竟它们不是按东道国的愿望办事，而是从跨国公司的全球目标考虑出口问题。

(3) 跨国公司对外汇市场的影响。由于跨国公司在全球范围内从事资金调配，外汇买卖无疑对外汇市场产生了深刻影响。例如，历史情况表明，美元与加拿大元的汇率变动呈正相关关系，即美元变动频繁之时，加拿大元也急剧变动。其中，跨国公司起了关键作用。当美国跨国公司预期英镑、欧元等主要货币升值时，就买进这些货币，并指令其在加拿大的分公司也这样做。与美国外汇市场相比，加拿大外汇市场较小，因而跨国公司购买其他主要货币、抛售美元和加拿大元的行为客观上使加拿大元汇率波动更大。

3. 跨国公司与国际金融市场的关系

第二次世界大战后各国经济的国际化促使跨国公司与国际金融市场迅速发展，并且使两者之间的关系日益加深，主要原因有两点：(1) 从跨国公司来看，国际金融市场既是一个理想的资金投放市场，又是一个重要的资金来源地，不仅可以提供用于融通生产、贸易和债务的短期资金，而且可以提供用于扩大生产及更新厂房设备的中长期资本。此外，国际金融市场还是一个必不可少的中介场所，不仅为跨国公司从事外汇投机和避险活动提供有效的服务，还便利了跨国公司在世界各地调拨资金。(2) 从国际金融市场来看，它也需要跨国公司这样的大客户，因为国际市场中的巨额资金投放于跨国公司的生产性活动，为投资者带来很大的安全感，并且有助于金融市场的稳定。这表明，跨国公司的强大实力和良好信誉对投资者是具有吸引力的。

总之，跨国公司与国际金融市场之间是一种相互促进的关系。第二次世界大战后的经济国际化促成了以跨国公司对外直接投资为特点的生产国际化及资本国际化，而国际金融市场的出现和发展，为资本提供了更广阔的天地。

第五节　对外债务管理

一、对外债务与外债管理

(一) 对外债务的含义

对外债务(以下简称外债)是指什么？不同国家对于债务范围的确定不尽相同。有些国家的外债不包括外国直接投资，而国际货币基金组织视其为“准债务”；有的国家的外债不包括短期债务，而有的国家则将其包括在内。

根据国际货币基金组织和世界银行的定义，外债是指在任何特定的时间内，一国居民对非居民承担的具有契约性偿还责任的负债，不包括直接投资和企业资本。

国家外汇管理局在2003年颁布的《外债管理暂行办法》中对外债的定义是，境内机构对非居民承担的以外币表示的债务；境内机构是指在中国境内依法设立的常设机构，包括但不限于政府机关、金融境内机构、企业、事业单位和社会团体；非居民是指中国境外的机构、自然人及其在中国境内依法设立的非常设机构。

在中国，按照债务类型，外债可分为外国政府贷款、国际金融组织贷款和国际商业贷款。其中，外国政府贷款是指中国政府向外国政府举借的官方信贷；国际金融组织贷款是指中国政府向世界银行、亚洲开发银行、联合国农业发展基金会和其他国际性、地区性金融机构举借的非商业性信贷；国际商业贷款是指境内机构向非居民举借的商业性信贷。[①] 按照偿还责任划分，外债可分为主权外债和非主权外债。主权外债是指由国务院授权机构代表国家举借的、以国家信用保证对外偿还的外债；非主权外债是指除主权外债以外的其他外债。

---

① 国家外汇管理局规定，该商业性信贷包括：向境外银行和其他金融机构借款；向境外企业、其他机构和自然人借款；境外发行中长期债券(含可转换债券)和短期债券(含商业票据、大额可转让存单等)；买方信贷、延期付款和其他形式的贸易融资；国际融资租赁；非居民外币存款；补偿贸易中用现汇偿还的债务；其他种类的国际商业贷款。

(二) 外债管理

当今世界许多国家在经济发展中有过成功的负债经营的经验，但因管理不善而陷入国际债务危机的国家也很多。因此，借外债并非难事，而有效地经营和管理外债则是一件值得国家政府高度重视的大事。

所谓外债管理，是指国家对外部债务实行统一的且有系统的计划、组织、指挥、协调和控制，以保证达到降低借款成本、保证适度外债规模、减少外债风险、提高使用效益和按时还本付息的目的。它是一国宏观经济管理的一个重要组成部分。具体来说，外债管理的任务是根据国民经济发展的需要，筹集低成本的外部资金，投向生产性、营利性和出口创汇型的项目，监督其使用情况，使收益率大于利率，增强一国自力更生的能力，使国民经济的发展形成良性循环。

一国外债的管理方法主要包括：(1) 进行短期和长期的定量分析，重点分析借债规模和清偿能力；(2) 对外债结构进行技术分析，包括借款市场结构、币种结构、利率结构、期限结构及投向等各种结构；(3) 对借款使用效益进行定性分析，主要包括资本形成情况、上缴利税、出口创汇、技术改造和社会效益等方面；(4) 对外债进行经常性的监测和统计分析，建立预警体系。

二、对外债规模的监测指标

国际上对债务国的外债承受能力、外债偿还能力及外债结构的评价指标很多，主要是为了监测和测定外债规模是否适度而设的。适度就是规定一定质的数量界限。外债规模的监测指标主要分为下述三类：

(一) 外债总量指标

它是对外债承受能力的估计，反映外债余额与国民经济实力的关系，主要有：(1) 负债率，即一国年末对外债务余额占当年国民生产总值的比重，一般不得高于 20%；(2) 债务率，即一国对外债务余额占当年商品与劳务出口收汇的比率，一般不得高于 100%。

(二) 外债负担指标

它是对外债偿还能力的估计，反映当年还本付息额与经济实力的关系，主要有：(1) 偿债率，即一国当年外债还本付息与当年商品和劳务的出口收汇额的比率。这是核心指标，国际上通行的安全线或警戒线是控制在 20%以下。(2) 当年外债还本付息额与当年财政支出的比率，一般不得高于 10%。

(三) 外债结构指标

它是在既定的外债规模条件下，测定外债本身内部品质的指标。它主要通过债务内部的各种对比关系反映举债成本，并预示偿还时间和偿还能力，旨在降低借款成本，调整债务结构，分散债务风险。外债结构指标主要有以下四个方面：

1. 融资结构

不同性质的债务，其贷款条件不同。商业银行贷款占债务总额的比重往往反映一国举债成本的高低。一国对外借款应尽可能多借一些国际金融机构和友好国家政府的贷款，少借国际金融市场上的商业银行贷款。若一国所借商业银行贷款超过其债务总额的 70%，则可能陷入偿债困境。因此,要善于巧借外债。

2. 利率结构

为了减少偿付困难,浮动利率贷款在债务总额中的比重不可太大。为了使债务利率保持在较低的水平,应控制商业贷款和短期贷款的数额。一般来说,在国际利率水平趋降的情况下,可借入浮动利率贷款;在国际金融市场利率波动频繁的情况下,可借入固定利率贷款。

3. 期限结构

短期债务由于期限短、利率高,因此,按照国际银行标准,它占一国外债余额比重不可超过25%。除了在贸易上必须借用对方出口信贷和其他短期融资外,应少借为宜,否则偿债期将会过于集中,从而使支付压力增大。而与项目相联系的中长期信贷和发行国际债券则是明智之举。

4. 币种结构

在当今外汇汇率波动频繁的情况下,债务币种应分散化,避免过分集中于某一货币,以减少汇率风险。另外,要对汇率走势进行预测,以便在进口支付等方面做到有的放矢。

总之,债务结构与外债规模相互联系、相互制约。外债管理最主要的目标就是在适度外债规模的基础上,保持合理的债务结构,从而保证一国的外债偿还能力。

截至 2016 年 12 月末,中国全口径外债余额为 14 207 亿美元(不包括香港特区、澳门特区和台湾地区的对外负债)。从期限结构看,中长期外债余额为 5 498 亿美元,占 39%;短期外债余额为 8 709 亿美元,占 61%。短期外债余额中,与贸易有关的信贷占 47.5%。从机构部门看,广义政府债务余额为 1 239 亿美元,占 9%;中央银行债务余额为 555 亿美元,占 4%;银行债务余额为 6 042 亿美元,占 42%;其他部门债务余额为 4 277 亿美元,占 30%;直接投资公司间贷款债务余额为 2 094 亿美元,占 15%。从债务工具看,贷款余额为 3 244 亿美元,占 23%;贸易信贷与预付款余额为 2 883 亿美元,占 20%;货币与存款余额为 3 112 亿美元,占 22%;债务证券余额为 2 301 亿美元,占 16%;特别提款权(SDR)分配为 94 亿美元,占 1%;直接投资公司间贷款余额为 2 094 亿美元,占 15%;其他债务负债余额为 479 亿美元,占 3%。从币种结构看,本币外债余额为 4 877 亿美元,占 34%;外币外债余额(含 SDR 分配)为 9 330 亿美元,占 66%。在外币登记外债余额中,美元债务占 82%,欧元债务占 7%,日元债务占 3%。①

2016 年末中国负债率为 13%,债务率为 65%,偿债率为 6%,短期外债与外汇储备比为 29%,各指标均在国际公认的安全线以内,中国外债风险总体可控。

第六节　国际投资政策

无论是发达国家还是发展中国家,它们在经济发展的不同阶段对引进外资和本国对外投资都会采取不同的政策。

一、发展中国家的引进外资政策

第二次世界大战后,尤其是自 20 世纪 80 年代以来 ,越来越多的国家意识到,当今的国际

① 数据来源:国家外汇管理局官网。

资本流动已不再是简单的货币资本转移，而是包括货币资本、实物资本、知识产权、信息、管理和文化等一系列生产要素的跨国移动，国际资本流动和国际贸易共同对国际经济的发展起到了积极推动作用。鉴于各国的金融体系和经济发展的程度不同，发展中国家和发达国家的引进外资政策也有所不同。

(一) 对引进外资的鼓励政策

自第二次世界大战结束到20世纪70年代初，许多取得独立不久的发展中国家因西方经济大国以官方资本为主的国际资本的经济掠夺与政治操纵，其民族感情受到严重伤害，于是，它们相继对外国投资企业实行了国有化政策，当时鼓励引进外资的政策虽然在少数拉美国家开始施行，但在整个发展中国家不占主导地位。

20世纪70年代以后，尤其是80年代以来，由于国际政治环境发生变化，以私人资本为主的国际资本政治动机逐渐淡化。大多数发展中国家政府的工作重点从过去巩固政治上的独立转变为促进本国经济发展。为此，各国制定了不同鼓励引进外资政策，以减少外资进入的障碍，归纳起来，主要有以下几个方面：

1. 税收优惠政策

(1) 对投向重点部门或地区的外资企业给予税收优惠。例如，新加坡对投资于新兴工业部门和出口工业的外资企业，从生产之日起，免征5～10年所得税，同时免征个人股息所得税。如果外资企业在免税期间发生亏损，则从免税期后的利润中扣除。

(2) 对产品以出口为主的外资企业给予更多的税收优惠。例如，菲律宾对某些出口加工区的外资企业减免各种税收，允许其独家经营，并对其雇用外籍职工和取得各种贷款补助等提供优惠。

(3) 对外资企业的利润再投资给予税收优惠。例如，马来西亚规定，外资企业将利润进行再投资用于扩大再生产、设备现代化和相关产品多元化的企业，可享受40%的再投资抵减优惠。

(4) 对进出口关税实行减免。例如，泰国对国内不能生产的设备进口减免50%～100%的关税和事业税。

(5) 减免外资旅游企业税。例如，菲律宾规定外资旅游企业自注册之日起5年内减征所得税。

2. 建立经济特区，改善引进外资环境

所谓经济特区，是指主权国家或地区为了在其对内对外经济活动中实现特定经济目标而开辟的实施特殊经济管理体制和特殊经济政策的区域。经济特区的形式可以是自由贸易区、出口加工区、高科技园区、自由港和保税区等。自20世纪60年代中期以来，发展中国家纷纷建立不同形式的经济特区，以吸引外资。经济特区内的优惠政策通常包括：(1) 简化外资入境手续；(2) 对外资股份不加以限制；(3) 保证无国有化风险；(4) 外资的本金、利息、股息(或红利)及利润等自由汇出；(5) 产品可自由进出口；(6) 减免各种税收；(7) 为外商提供方便的交通等硬件环境。

3. 逐步开放国内金融市场，允许外国银行和其他金融机构有步骤地进入国内开展业务

例如，截至2016年底，外资银行已在中国设立了39家法人机构(下设分行135家)、121家总行直属分行和166家代表处，机构数量持续增加。营业性机构总数达到1 031个，分布在70个城市。至此，已形成以长江三角洲、珠江三角洲和环渤海经济圈为核心同时向周边地区辐射的格局。

4. 建立和完善资本市场

在近几十年,大多数发展中国家建立了资本市场,并且包括拉美、东欧和东亚的许多发展中国家颁布了一系列鼓励外资直接进入国内证券市场的措施。例如,中国于 2002 年 11 月颁布了《合格境外机构投资者境内证券投资管理暂行办法》,旨在有限度地引进外资、开放中国资本市场。截至 2017 年 1 月 25 日,中国已经批准 276 家合格境外机构投资者,累计在中国资本市场上的投资总额度为 873.09 亿美元。中国批准的人民币合格境外机构投资者已经增长至 179 家,累计获得可投资总额度 5 296.29 亿元人民币。此外,发展中国家还积极进入国际债券市场发行国际债券,支持本国公司到国际证券市场上直接上市或间接上市。中国鼓励企业海外上市也已有近 30 年的历史。

5. 对外国私人投资承诺担保与保护

主要保证内容有:保证外商投资不收归国有和征收;如果在特殊情况下,投资被收归国有,则保证迅速给予投资者补偿;保证外商投资的利润、资本和股息等自由汇出;保证依照国际惯例处理投资争端。

6. 鼓励并加强技术教育和人才培养

例如,新加坡政府一方面要求外资企业对工人进行培训;另一方面对外资企业进修学员发给旅费补助。菲律宾规定,在计算应纳税所得额时,可扣除 15%的培训费。

7. 鼓励固定资产加速折旧

例如,印度尼西亚鼓励加速折旧和扩大再生产,新、旧企业都可以加速折旧,折旧率永久性建筑物可为 10%,基础设施和设备可为 25%等。此外,菲律宾、马来西亚和智利等国也都鼓励固定资产加速折旧。

除上述措施外,很多发展中国家还根据国情,颁布了其他鼓励性措施,如提供融资便利、保护知识产权、提供廉价土地,以及与有关国家签订避免双重征税的国际协定等。

(二) 对引进外资的限制性政策

大多数发展中国家在鼓励引进外资的同时,并非对外资没有任何限制性措施。为了防止外资破坏和扰乱国内经济与金融秩序,控制并垄断经济命脉,所有的发展中国家都采取了必要的措施,对外资的进入进行限制与管理。具体政策有以下几个方面:

1. 限制或禁止外资进入一些重要部门

一般而言,对于本国已有一定发展基础,但需要重点扶持的新兴产业,限制外资进入,对于国防、军需工业、通信、广播电视、出版、支配国民经济命脉,以及传统工艺部门,禁止外资进入。

例如,巴西禁止外资进入电信、印刷、石油、无线电与电视等部门,限制外资股权比例的部门有航空、保险和投资银行。

2. 对国内大型企业的海外上市实行严格审查

当今,许多发展中国家的股票市场没有让外国投资者直接进入来买卖本国股票,而是让一些大型企业到海外证券交易所发行股票并上市交易。这些国家为了确保引进外资的效果,一般对申请海外上市的企业进行严格的审查与筛选,限制外国投资者拥有股权的比例。发展中国家这样做的目的是确保其经济自主权,防止外国资本控制本国经济。通常有两种做法:

(1) 规定外商投资比例不能超过某一数量。例如,中国银监会于 2003 年 12 月颁布的《境外金融机构投资入股中资金融机构管理办法》规定,中国银行可以向境外投资者出售最高 25%

专栏 10-2 中国利用外商直接投资的最新监管政策

2017年6月28日，国家发展改革委、商务部发布了《外商投资产业指导目录(2017年修订)》(以下简称2017年版《目录》)，在2015年版《目录》减少约一半限制性措施的基础上，再次推进大幅放宽外资准入。

2017年版《目录》的限制性措施共63条(包括限制类条目35条、禁止类条目28条)，比2015年版的93条限制性措施(包括鼓励类有股比要求条目19条、限制类条目38条、禁止类条目36条)减少了30条。与此同时，鼓励类条目数量基本不变，继续鼓励外资投向先进制造、高新技术、节能环保、现代服务业等领域。

从行业看，2017年版《目录》进一步提高了服务业、制造业、采矿业等领域的开放水平。服务业重点取消了公路旅客运输、外轮理货、资信调查与评级服务、会计审计、农产品批发市场等领域准入限制，制造业重点取消了轨道交通设备、汽车电子、新能源汽车电池、摩托车、食用油脂、燃料乙醇等领域准入限制，放宽了纯电动汽车等领域准入限制，采矿业重点取消了非常规油气、贵金属、锂矿等领域准入限制。同时，鼓励类增加了特殊医学用途配方食品、虚拟现实(VR)/增强现实(AR)设备、3D打印设备关键零部件、城市停车设施等符合产业结构调整优化方向的项目。

此外，2017年版《目录》的一个主要变化是对结构进行了调整，明确提出外商投资准入特别管理措施(外商投资准入负面清单)。2016年9月全国人大常委会审议通过的《中外合资经营企业法》等4部法律修正案提出，举办外商投资企业不涉及准入特别管理措施的，适用备案管理。经国务院批准，同年10月，国家发展改革委、商务部发布公告，提出外商投资准入特别管理措施范围按2015年版《目录》限制类、禁止类以及鼓励类中有股比要求的规定执行。按照负面清单模式改革要求，2017年版《目录》进一步将部分原鼓励类有股比要求的条目，以及限制类、禁止类整合为外商投资准入负面清单，作为对外商投资实行准入前国民待遇加负面清单管理模式的基本依据。负面清单之外的领域，原则上不得实行对外资准入的限制性措施，外商投资项目和企业设立实行备案管理。按照外商投资准入负面清单模式特点，2017年版《目录》删除了2015年版《目录》中内外资一致的限制性措施。原限制类和禁止类中的11个条目按内外资一致原则管理。例如，大型主题公园建设等内外资均须履行项目核准程序，高尔夫球场、别墅等内外资均禁止新建，以及博彩业、色情业等内外资均禁止投资等。

2017年版《目录》修订主要遵循了以下三个原则：第一，推进重点领域开放。坚持开放发展，积极主动扩大开放，进一步放宽服务业、制造业、采矿业外资准入。在进一步总结自贸试验区先行先试经验的基础上，在全国范围内复制推广自贸试验区对外开放措施。第二，突出负面清单特点。适应准入前国民待遇加负面清单管理模式改革要求，调整优化《目录》结构，提出在全国范围内实施的外商投资准入负面清单，不再列示内外资一致的限制性措施。负面清单之外的领域，原则上不得对外资准入实行限制性措施。第三，保持鼓励政策稳定。继续鼓励外商投资符合中国产业结构调整优化方向的领域，支持外资广泛参与“中国制造2025”战略和创新驱动发展战略，促进引资、引技、引智相结合，以更好地发挥外商投资企业对促进实体经济发展的重要作用。

的股权,单一外资银行不得持有 20%以上的股权。再如,印度规定,在允许外商投资的领域,外资股份一般不超过 40%,在其产品主要满足国内市场需要的高技术领域,外资股份可达 74%,在其产品全部出口的企业中,外商可采用独资。

(2) 实行外资“渐出”政策,即外商比例先高后低,逐年减少。例如,印度尼西亚规定,在一般合资企业内,创办时外资股权可达 80%,当地股权为 20%,但在 15 年后,外资股权必须下降到 49%以下,当地投资者的股权必须增加到 51%以上。

3. 对外资投资技术的审查,限制或禁止外资不合理的技术投资、转让和垄断

例如,墨西哥的《技术转让条例》规定,凡是国内已有相同技术的、附有限制性或歧视性条款,以及技术转让费过高的投资或技术贸易都不准进行。新加坡在审批外资投资申请时,对过时技术一般不予以批准。

4. 对外籍雇员的比例限制

对此,发展中国家一般采取三种方法:(1) 规定只有在本国国民不能胜任有关职务的情况下才能雇用外国人,而且限制外籍雇员承担职务的时间;(2) 规定本国雇员占企业雇员总数最低比例和本国雇员工资额占企业工资总额的最低比例;(3) 要求雇用外籍雇员时,必须提供相应的培训措施,以便本国居民在一定期限后能替代外籍雇员。

5. 对汇出投资利润及股息等的限制

由于一些发展中国家外汇储备不多,因此实行比较严格的外汇管制,经常对外国投资利润和股息等的汇出规定百分比限额或年份限制。

6. 对投资期限的限制

一些发展中国家在引进外资时,不希望外商投资期限太长,以防止“肥水外流”。例如,智利规定外商投资期限一般为 10 年,但根据营业性质、规模及其对国家的重要性,期限可延长到 20 年,在特殊情况下可超过 25 年。中国一般规定合资企业的期限不超过 70 年。

7. 在资本和金融账户下征收外币流动利息预扣税

该税包括外币流入预扣税和外币流出预扣税。当外资流入过多时,对流入的资本在兑换成本币的当日征收利息预扣税,可在一定程度上限制投机性资本的流入,从而稳定汇率和证券市场,控制货币供应。

此外,发展中国家作为东道国,还对外资进入其当地资本市场,以及企业产品的出口或内销比例等方面进行限制,实行不同程度的外汇管制以控制资本流动的负面影响等。

二、发达国家的引进外资政策

(一) 鼓励引进外资的政策

20 世纪 70 年代后,随着发达国家的金融管制放松和资本市场的开放,它们逐渐实施了不同的引进外资的政策,归纳起来,主要有以下几个方面:

第一,开放国内资本市场,允许外国银行在本国自由建立分行,放宽外国银行的业务范围,取消外国居民在本国金融市场上筹集资本和购买证券的限制等。此外,允许外国金融机构持有本国的证券投资机构。这大大促进了国际资本流动。

第二,放宽对金融机构的控制,推动金融自由化。具体措施有:取消各类金融机构经营业务领域的限制;允许各类金融机构之间的义务交叉与渗透;允许商业银行等金融机构自由设立

分行或附属机构，可以通过持有或并购其他种类的金融机构的方式组成金融控股公司。

第三，对外资进入不予以审查，原先对外资进入进行的严格审查改为投资申报制，国际直接投资进入的自由度增大。

(二) 对外资的限制性政策

许多发达国家虽然名义上对引进外资不设任何障碍，但它们往往在某些时期采取一些限制性措施。

第一，限制外资在某些合资企业中的投资比例。例如，美国规定，外国投资者拥有卫星通信企业的股权不得超过20%，在航空航海和内河运输业中所占股份不得超过25%。

第二，限制外资进入军事、国防通信等部门。例如，几乎所有的发达国家都绝对禁止外资进入其国防军事部门，而通信、自然资源开发、水力发电、原子能开发和交通运输等部门也基本上禁止外资进入，或规定外资持股比例，或基于互惠条件予以特许。

第三，为了限制外国短期资本流入，对非居民持有的本币债券收益征收利息预扣税。

三、发达国家的对外投资政策

第二次世界大战后，国际投资规模日益扩大、速度日益加快，发达国家的对外投资成为国际投资的主力军，而发展中国家的对外投资则起步较晚，规模也比较小，因此，有必要先阐述发达国家的对外投资政策，后阐述发展中国家的对外投资政策。

(一) 鼓励对外投资政策

1. 设立专门的政府服务机构

许多西方国家都有专设机构提供服务，以促进本国对外投资。例如，日本的海外经济协力基金、美国和加拿大的国际开发署，以及各国驻外使馆设立的经济情报机构等。这些专设机构提供的服务一般包括：为本国对外投资者提供有关东道国政治、经济和社会等各方面的情报；实施政府对外援助计划；为本国投资者进行项目可行性分析提供资助；组织对外投资者对东道国进行考察；为本国海外企业培训技术人员；等等。

2. 政府援助为本国投资者打开对外投资通道

主要方式包括：(1) 以政府援助为条件，迫使受援国做出某些有利于其资本扩张的承诺；(2) 利用援助计划带动本国私人对外投资。

3. 制定优惠金融政策

大多数发达国家通过将优惠政策法律化，鼓励对外投资。这些优惠的金融政策通常包括：提供政府补贴，资助本国投资者开发和保持高新技术优势；提供出口信贷，以带动本国大型整套设备的出口；设立特别金融机构，向进行海外投资的跨国公司提供优惠贷款。

4. 制定优惠税收政策

具体包括：(1) 免税政策，即对本国海外投资所获得的某些收益予以免税；(2) 税收抵免政策，即投资国政府规定，对本国海外投资者在东道国已缴纳的税款在本国应纳税款中予以扣除；(3) 税收豁免政策，即投资者承认东道国的征税权而放弃征税，从而使对外投资者获得减免税收的好处；(4) 延期纳税政策，即投资国政府对本国的对外投资者在国外的投资收入未汇回本国之前不予以纳税。

5. 提供对外投资保险

多数发达国家建立了海外投资保险制度，以确保对外投资者在遇到投资风险遭受损失时得到一定的补偿。美国对外投资保险制度在发达国家中建立最早且最完善。

(二) 对外投资的限制性政策

许多发达国家在鼓励本国投资者对外投资的同时，往往因政治和安全因素，需要对海外投资实行一些限制性措施。

1. 实施外汇管制

各国对投机性的短期资本流动往往采取外汇管制的措施。目前，大多数发达国家实行管理浮动汇率制，在必要时就对外汇市场进行干预，干预的主要目的在于控制资本流动，尤其是投机性流动。一些国家还实行严格的外汇管制，资本流动自然受到绝对的控制。另外，干预远期外汇市场也可以达到干预即期市场一样的效果，但不需要外汇。当一国大量买入其自己的远期货币时，就可以提高远期汇率，从而促使人们持有即期软货币而卖出远期，以便获得投机利润。这样，就可以提高即期汇率，从而减少一国资金外流。

2. 政府颁布一些限制资本流动的法令、条例和政策

各国政府可以采用财政政策和货币政策来干预国际资本流动。例如，各国货币当局(主要是中央银行)采取提高或降低贴现率的政策，促进资本流入或流出，或采取在外汇市场买进或抛售外汇的干预政策来维持和稳定其货币汇率，打击投机性资本流动。美国于 1963 年 7 月实施利息平衡税，目的是为了限制对外贷款。美国联邦储备银行还曾经颁布《Q 字条例》，规定美国商业银行吸收非居民存款的最高利率；《M 字条例》规定美国商业银行对国外银行的负债需缴存累进的存款准备金。这些条例都限制资本流入。日本和瑞士曾经规定，贷款期限在 1 年以上的要经过政府批准。这些规定旨在限制资本流动，以防止国际收支状况恶化。

3. 干预对外投资的投向

例如，美国曾颁布有关法律，限制美国投资者向伊朗、古巴和利比亚投资。不仅如此，美国还强迫其他国家与美国有业务往来的企业接受这些法律，不得向上述国家进行投资，否则美国将予以制裁。

4. 采取限制性贷款等方式

一些发达国家的银行以及国际金融机构提供的对外贷款都指定贷款的用途，实行专款专用，这实质上是一种限制国际资本流动的方式。经济合作与发展组织成员国曾经对其他国家采用限制性贷款，即将其提供的出口信贷与出口商品联系起来。世界银行对成员国提供的贷款规定必须用于指定的工程项目，不能挪为他用，这是专款专用性贷款。

5. 测定被援助国的还债能力

国家间贷款要受偿还能力的限制。目前，国际上广泛采用的测定一国偿还能力的标准之一是外债清偿比率(Debt Servicing Ratio)，简称偿债率。其计算公式是：

$$\text{外债清偿比率(偿债率)}=\frac{\text{本年度还本付息额(即外债本金偿还额＋利息)}}{\text{本年度商品和劳务出口收汇额}}$$

自第二次世界大战后到 1955 年，工业化国家对发展中国家提供的贷款，计算借款国偿债率一般低于 5%。到 1965 年，这一偿债率提高到 10%以上。近年来，又提高到 20%～25%。偿债率是一条界线，有人称之为危险线，超越这条危险线，说明借款国的还债能力有问题，不能

再向它提供贷款，资本流动自然也就受到限制。

然而，当年偿债率并非是唯一衡量债务偿还能力的依据。由于借款国各笔债务的利率和期限等条件不同，实际还本付息额每年也不同，一些借款国年度之间的偿债率变化较大。因此，测定债务偿还能力时，不仅要看一国当年的偿债率，而且要参考该国今后若干年的偿债率；另外还要参考外汇储备与进口额的比率，以及借款国对外债务余额与出口收汇的比率等标准。

6. 各国国内政策的协调

引起短期资本流动的主要因素是各个金融市场的利率差和汇率波动。如果各国货币政策能协调，可使各国利率不至于相差悬殊，汇率也就不至于暴涨暴跌，从而可以对短期资本流动进行控制。在欧元诞生前，欧盟国家曾几次在外汇市场上联合干预，对限制资本流动和稳定国际金融起到了一定的作用。

四、发展中国家的对外投资政策

自 20 世纪 70 年代以来，一些发展中国家因国内政策得当，通过引进外资，加快了本国工业化进程，使本国的人均国内生产总值达到世界中等收入水平以上，对外贸易的发展使其外汇储备规模也不断扩大，从而具备了对外投资的能力。尽管从总规模来看，发展中国家的外资流入多于其对外投资，但其对外投资规模正在逐年增大。发展中国家对外投资的特点就是配合和支持国内产业结构的调整与升级，为国内的产业扩张开辟海外市场。发展中国家鼓励对外投资的政策和具体做法与发达国家相似。

中国商务部于 2004 年 7 月发布了《对外投资国别产业导向目录》，其中列出了中国理想的对外投资国别和地区 67 个。确定中国海外投资国别的原则是：周边友好国家、与中国经济互补性强的国家、中国主要贸易伙伴、与中国建立战略伙伴关系的国家以及世界主要区域性经济组织成员。截至 2013 年底，中国海外非金融类直接投资总额已达到 5 257 亿美元。①

第七节 国际投资的监管

一、国际投资与国际贸易的关系

西方国家的跨国公司决定了当今国际贸易的重要流向和基本内容。自 20 世纪 90 年代以来，与跨国公司投资有关的国际贸易占国际有形商品贸易的 60%、劳务贸易的 70%和技术贸易的 80%。

以跨国公司为主体的国际直接投资额和直接投资的累积存量不断增加，国际直接投资对各国经济和国际贸易产生了非常大的影响。与此同时，投资国与东道国以及投资者与东道国之间所产生的有关直接投资的矛盾和纠纷也层出不穷。因此，各国迫切要求加强国际投资协调与合作，利用双边条约、多边协定和国际公约来规范和保护国际投资，缓解和避免矛盾与纠纷。

当今，解决国际投资纠纷主要依据三个国际组织公约：《与贸易有关的投资措施协议》(TRIMS)、《多边投资担保机构公约》和《解决投资争端国际中心公约》。

---

① 数据来源：中国投资指南网，www.fdi.gov.cn。

二、《与贸易有关的投资措施协议》

《与贸易有关的投资措施协议》是世界贸易组织协议的重要组成部分，其全文共分 9 条 1 附件，主要内容包括：

(一) 东道国政府引进外资的投资措施

该协议认为，当一国(尤其是发展中国家)引进外资时，通常会提出一些有碍贸易的要求，这些要求一般包括：(1) 当地含量要求，即在生产中使用一定价值的当地投入；(2) 贸易平衡要求，即进口要与一定比例的出口相当；(3) 外汇平衡要求，即规定进口所需要的外汇应来自企业出口或其他来源的外汇收入的一定比例；(4) 外汇管制，即限制使用外汇，从而限制本国的进口；(5) 国内销售要求，即要求企业在当地销售一定比例的产品，其价值相当于出口限制的水平；(6) 生产要求，即要求某些产品在当地生产；(7) 出口实绩要求，即规定应出口一定比例的产品；(8) 产品授权要求，即要求投资者用规定的方式生产指定产品供应特定的市场；(9) 生产限制，指不允许企业在东道国生产特定产品或建立生产线；(10) 技术转让要求，即要求非商业性地转让规定的技术或在当地进行一定水平和类似的研究与开发活动；(11) 许可要求，即要求投资者取得与其在本国使用的类似或相关技术的许可证；(12) 汇款限制，指限制外国投资者将投资所得外汇汇回本国的权利；(13) 当地股份要求，指规定企业股份的一定百分比由当地投资者持有。

(二) 规定禁止使用的投资措施

该协议认为上述附加要求明显违背最惠国待遇和国民待遇等原则，因此，禁止使用的要求包括：当地成分要求、贸易平衡要求、进口用汇限制和国内销售等要求。但对出口实绩、技术转让和外资比例等要求，没有提出限制。

(三) 例外条款与发展中国家成员

该协议认为，考虑到发展中国家在贸易和投资方面存在的实际情况和特殊要求，这些国家可以暂时自由地背离国民待遇和一般取消数量限制原则，然而这种自由的背离应符合 1994 年《关税及贸易总协定》第 18 条的规定，即主要是为了平衡外汇收支和扶持国内新兴产业的发展等目的。与此同时，考虑到发展中国家与最不发达国家的特殊情况，协议规定了实施的过渡期：发展中国家为 5 年，最不发达国家为 7 年。

(四) 透明度、磋商与争端解决

该协议要求每个成员都向世界贸易组织秘书处通告其与贸易有关的投资措施的出版物。但成员可以不公开有碍法律实施或对公共利益及特定企业的合法商业利益造成损害的信息。

1994 年《关税及贸易总协定》第 22 条和第 23 条争端解决的程序与规则适用于与贸易有关的投资措施项下的协商与争端解决。

三、《多边投资担保机构公约》

1985 年 10 月 11 日，世界银行年会通过了其草拟的《多边投资担保机构公约》，以促进国际资本流向发展中国家，加快发展中国家的经济发展。该公约共分 11 章 67 条，自 1988 年 4 月 2 日起正式生效，多边投资担保机构也同时成立。其主要内容有：(1) 宗旨——促进资本流向发展中国家并对投资的非商业性风险予以担保；(2) 机构地位——享有国际法主体资格，能够具备司法意义上的法人资格；(3) 业务——只限于非商业性政治风险，具体分为货币兑换风险、国有化风险、违约险、战争和内乱风险；(4) 规定合格的投资、合格的投资者和东道国条件；(5) 东道国主权控制的范围；(6) 争端的解决。中国于 1988 年 4 月 28 日签署公约，4 月 30 日向世界银行递交对公约的核准书，成为多边投资担保机构的创始成员国之一。

四、《解决投资争端国际中心公约》

该公约由世界银行于 1965 年 3 月 18 日在华盛顿主持制定，1966 年 10 月 14 日生效，50 多个国家加入。其主要内容包括：

第一，建立"解决投资争端国际中心"(以下简称"中心")作为调解和仲裁的常设机构。"中心"的行政理事会由缔约国各派代表一人组成，他们具有决定"中心"主要问题的权利。世界银行行长是行政理事会的主席，秘书长为世界银行的法定代表和主要官员，根据争端双方当事人签订的书面协议受理案件。

第二，当事人要求调解的，应向秘书长提出书面申请，经同意登记后由双方当事人从调解人小组中或从调解人小组外任命独立调解人，或由非偶数调解人组成调解委员会，对争端进行调解。

第三，当事人要求仲裁的，也应向秘书长提出书面申请，经同意登记后由双方当事人从仲裁人小组中或从仲裁人小组外任命独立仲裁员一名，或由非偶数仲裁人组成仲裁庭进行仲裁。裁决生效后对双方都有约束力，并应在各缔约国领土上得到承认和执行。中国于 1992 年 7 月 1 日加入该公约。

第八节　国际直接投资理论

西方经济学家对于国际资本流动形成和发展的原因，从各种角度提出不同的理解，其中有代表性的有以下几种：

一、完全竞争说

麦克杜加尔(Macdougall)在其 1968 年所著的《外国私人投资的收益与成本》一书中提出完全竞争说(The Theory of Full Competition)。这是一种用于解释国际资本流动的动机及其效果的理论，它实际上是一种古典经济学理论。其主要论点是，国际投资是一个套利过程，各国利率的差异引起资本流动，从资本丰富的国家流向资本短缺的国家，直到利差消失为止，这时的投资利润达到最大化。显而易见，他强调的是证券投资，在完全竞争的条件下，投资将进行到资本市场的边际收益与利率相等的一点。例如，在 19 世纪，英国大量资本输出就是基于这两个原因。国家间的资本流动使各国的资本边际产出率趋于一致，从而提高世界的总产量和各国的福利。

该理论未把直接投资与其他形式的外国投资区别开来,它假设完全竞争,国家间资本可以自由流动,因而利润在全球范围内趋于平均化,这与现实情况不符。在当今世界,谈不上完全竞争,并且直接投资在国际资本流动中的比重相当大,它要比证券投资复杂得多。

二、产品生命周期说

产品生命周期说(Product Life Cycle)是由哈佛大学教授唯农(Vernon)于1966年在《国际投资和产品周期中的国际贸易》一文中提出的。他从企业产品的发明到消亡的过程去解释直接投资的原因。唯农认为,每一种新开发的科技产品都要经过三个阶段:新产品阶段→成熟产品阶段→标准化产品阶段。在新产品阶段,产品全部在国内生产并用于满足国内消费需要,由于国内市场需求弹性小,跨国公司便可以通过工艺垄断和产品差别来获得高额利润,因此,它先把自己研究的新技术应用在国内生产,垄断国内市场,并通过出口来满足国外市场的需要。随着生产和竞争的发展,当生产工艺和方法扩散到其他地区时,跨国公司便将新技术转让给自己在国外的子公司,通过直接投资占领当地市场,因此,第二阶段是一种防御性投资。第三阶段,激烈的竞争使产品和生产完全标准化,此时生产的竞争集中表现在价格竞争,跨国公司以直接投资的方式将标准化的工艺转移到成本小、工资低的地区,从事离岸生产,以满足本国和国际市场的需要。当已成熟的生产工艺不再有利可图时,跨国公司便通过许可证方式将陈旧的技术全部出售。新产品的开发以及将生产工艺转移到国外,对国际直接投资的发展起到了推动作用,这符合跨国公司的实际情况。但是,该理论无法解释短期资本流动等其他资金或资本流动的原因。

三、国际生产的内在说

美国经济学家布克雷(Buckley)和卡逊(Casson)于1976年提出国际生产的内在说(The Theory of Internalization),之后,加拿大经济学家卢格曼(Rugman)根据该理论的分析结构进一步研究内在化与对外直接投资的关系后指出,国外市场由于政府管理和控制以及信息和工艺关系而导致的不完全性,致使国际贸易和投资无法正常进行,于是,跨国公司通过直接投资开辟内在性的渠道作为替代自由贸易的办法。跨国公司通过内在化可以实现生产要素的最优配置和国际经济的最有效运行。换言之,跨国公司在全球范围内组织其国际生产,通过对外直接投资来扩大内部市场,协调国际分工,以防止国外市场的不完全性对其管理效率产生的不利影响,以此保证它们获得垄断高额利润。该理论从国外市场的不完全性与跨国公司分配其内部资源的关系来说明对外直接投资的决定因素。

国际生产的内在说着重指出市场不完全性的一般形式,尤其强调知识技术等中间产品市场的不完全性。这种不完全性导致企业不能利用外部市场协调经营活动,周转中间产品。所以,厂商必须对外部市场实现内在化,建立企业的内部市场,利用管理手段,协调企业内部资源的流动与配置,以避免市场不完全性对企业效率产生不利影响。从这一角度解释对外直接投资的决定因素比较新颖。该理论强调指出,由于市场的不完全性,企业之间通过市场而发生的交易关系不能保证企业获利,因此,要把市场上的交易关系改变为企业内部关系。

该理论有三点假设:(1) 企业在不完全市场上从事经营的目的是追求利润的最大化;(2) 由于中间产品市场具有不完全性,企业就有可能统一管理经营活动,用内部市场取代外部市场;(3) 内在化超越国界就产生跨国公司。布克雷认为,有四个因素决定企业的内在化,即产业部门因素、区域因素、国别因素和企业因素。产业部门因素与产品质量有关,也与外部市场结构有关;区域因素指有关区域内的地理与社会特点;国别因素是有关国家的政治与经济制度;企业因素指不同企业组织之间内部市场的管理能力。内在化理论将研究重点放在产业部门和企业的因素上。布克雷指出,产业部门中若具有多阶段生产的特点,企业便容易产生跨地区化或跨国化。理由是,在多阶段生产过程中必然存在中间产品,若中间产品的供需在市场进行,供需双方也难以排除外部市场供需的变化。为了克服中间产品的不完全性,便可以实现内在化。

该理论认为,内在化发展超过国界便会产生对外直接投资和跨国公司。这有助于理解国家间的资本流动,因而有其合理的一面。但它只注重微观分析,并没有从国际经济一体化的高度对跨国公司的国际生产与分工进行分析。

四、国际生产的综合说

英国经济学家约翰·邓宁(John Dunning)于 1977 年提出国际生产的综合说(The Eclectic Theory of International Production)。他指出,对外直接投资是由三种特殊优势综合决定的,具体是:(1) 所有权优势,指企业所独享的利益,如发明创造的能力、产品多样化的程度、技术、管理和推销技巧、企业生产和市场的多极化规模等;(2) 内在化优势,主要包括多国体系、组织结构和市场机制等方面,从而使跨国公司能利用其优势直接到国外去投资生产,进而实现全球化经营的经济效益;(3) 区位优势,是指地区的特殊禀赋,包括资源、政策和工艺性质、产品和竞争情形。区位优势取决于要素投入和市场的分布状况。企业向国外投资必然会遇到商业惯例、运输、语言等问题,只有企业在国外的区位优势较大,才可能从事对外直接投资活动。邓宁认为,上述三种优势影响着跨国公司的投资决策,即存在直接投资、出口和许可证这三种选择。

邓宁的这一理论把生产要素论、比较利益论和生产区位论结合在一起,对国际直接投资做出了概括性的解释。此外,他还从动态分析角度提出投资发展阶段论。直接投资并不取决于资金、技术和经济发展水平的绝对优势,而是取决于它们的相对优势。所以,发展中国家可以利用其相对优势发展其海外直接投资。

五、垄断优势说

美国经济学家斯蒂芬·海默(Stephen Hymer)在对美国跨国公司对外直接投资的特征和方式进行总结后提出垄断优势说(The Theory of Monopolistic Competition),后来,又由美国经济学家金德尔伯格(Kindleberger)对该理论予以系统的阐述。海默指出,传统的国际资本流动理论不能解释对外直接投资的原因,而应从垄断竞争的角度来探讨对外直接投资。他用非完全竞争企业的垄断优势来解释对外直接投资,指出这是对外直接投资的理论依据,并认为决定对外直接投资的原因是利润差异,而投资获利的多少则取决于垄断优势的程度。企业从事对外直接投资应具备两个条件,即国外子公司的收益不仅要高于其国内投资收益,而且要高于东道国当地企业的收益。

金德尔伯格认为,跨国公司及企业拥有的垄断优势主要包括以下几个方面:第一,实行横向一体化和纵向一体化的优势。实行前者,企业可以控制价格,通过提高价格获利,进而扩大企业规模;实行后者,可以取得外部规模经济的优势,变外部利润为内部利润,从而使公司实现规模经济。第二,生产要素优势。第三,市场优势。第四,实行内部一体化管理和技术的优势。

该理论引进了垄断竞争和寡头垄断的概念,这不仅具有重要的现实意义,而且丰富了跨国公司理论,并且形成了寡头垄断模式这一完整的理论体系。但它忽视了市场不完全性的一般形式而偏重市场不完全性的具体形式(如技术垄断、规模经济及寡头垄断等),由于无法解释各种类型的对外直接投资而在理论上缺乏普遍意义。

第九节 国际并购理论

考察跨国并购实践和理论研究,其主要支撑理论有三个:一是企业并购的一般理论,二是对外直接投资理论,三是跨国并购理论。由于前面已重点阐述国际直接投资理论,这里就不再赘述。

一、企业并购的一般理论

(一) 效率理论

效率理论认为,企业并购的动因在于优势企业与劣势企业在管理效率上的差别。并购活动能产生潜在的社会收益,包括管理层业绩的提高或获得某种形式的协同效应,因此,企业并购的主要动机是增加并购后企业的价值。效率理论的内容主要包括以下几个方面:

1. *效率差异化理论*

效率差异化理论即管理协同假说。如果一家公司有一个高效率的管理队伍,便可以通过收购一家管理效率较低的企业的方式来进行“管理溢出”,从而使其额外的管理资源得到充分利用。由于其理论前提是企业之间管理效率上的可比性在于并购双方必须处于同一行业,因此,该理论被视为横向并购的理论基础。

2. *效率规模理论*

效率规模理论即经营协同效应,指企业并购后经济效益随着资产经营规模的扩大而得到提高。建立在经营协同基础上的理论假设在行业中存在规模经济及范围经济。在合并之前,公司的经营活动水平达不到实现规模经济的潜在要求,而通过并购就可以实现这一规模。

3. *无效管理理论*

无效的管理者是不称职的管理者。该理论假设被收购企业的股东无法更换其管理者,因此,必须通过代价高昂的并购来更换无效率的管理者。虽然有许多经济学家对这种理论表示质疑,但这在许多国家还是有其现实基础的。

(二) 财务协同效应和战略性并购理论

该理论认为,并购起因于财务目的,主要是利用企业多余的现金寻求投资机会和降低资本成本。企业将具有高市场份额但低成长性的部门所产生的现金再投资于高市场成长但低市场份额的部门,以支持其市场份额目标。这两种企业的合并可能会得到内部资金成本方面的优势。一些传统的公司正是通过不断收购某些新兴企业而保持了技术上的领先地位。

(三) 代理问题与管理者主义

代理问题与管理者主义,与公司的经营权和所有权相对应,当代理出现故障时,收购亦即代理权的竞争可以降低代理成本。

(四) 自由现金流假说

该理论由詹森(Jensen)提出。它源于代理成本理论。自由现金流量即公司正常投资支出后的现金余额。该理论认为,因股东与经理在自由现金流量派发问题上的冲突而产生的代理成本,是造成并购活动的主要原因。通过收购活动使负债比例提高、自由现金流量减少,管理层会本能地节制支出,从而在客观上降低了代理成本。

二、跨国并购的动因理论

(一) 企业价值低估论

企业价值低估论最早是由罕纳(Hannah)和凯(Kay)于 1977 年提出的。他们认为,企业的真实价值或潜在价值未能得以反映。后来,瓦斯康塞勒斯(Vasconcellos)和克什(Kish)于 1988 年发表了《跨国:并购价值低估假说》,证明了目标公司价值低估也是跨国并购的主要原因之一,他们以 1981～1990 年被外资并购的美国 76 家企业为样本,并利用 q 比率研究价值低估学说对跨国并购的适用性,结果表明 q 比率与该企业并购的可能性存在负相关关系,即 q 比率越低,企业就越有可能被并购。冉文斯克拉夫特(Ravenscraft)在 1991 年也指出,当外币升值时,外资通过并购进入东道国市场,获得价值低估的资产,实现低成本扩张。亚洲金融危机后发生在韩国、马来西亚、印度尼西亚等国的跨国并购事件大量增加,外资利用东道国的货币贬值,大肆低价收购目标企业,获得价值低估的资产。

然而,该理论也存在以下局限性:第一,目标公司价值被低估是短期现象;第二,现实情况往往是目标企业价值被高估而不是低估;第三,该理论很难解释近 10 年来西方国家经济高速增长,股市整体价值大幅上扬,但同时欧美并购市场非常活跃的现象。

(二) 产业组织论

产业组织论认为,企业的最低有效生产规模、核心技术和政府对产业进入的限制都可能对企业的行业进入形成产业壁垒,而企业通过并购行业内企业,获得其生产能力和技术,可以有效地降低或消除行业壁垒,规避政策限制,从而有效进入。在国际市场上,跨国公司面临更高的产业壁垒,这是因为它们不熟悉东道国市场,国际市场竞争更加激烈,所以,产业进入的企业壁垒更高;政策上,东道国的产业政策对外资进入有更多的限制,构成了更高的产业进入政策壁垒。可见,在国际市场上,产业壁垒对跨国并购的影响更大。在有的行业,如电信、石油等,即便是实力雄厚的大型跨国公司也难以通过新建方式进入东道国市场,而只能采取并购投资。

虽然产业组织论不能全面、单独地解释跨国并购行为,但这种探索在理论上却是一大进步,因为以往的研究只关注企业的特征、东道国的环境特征等对跨国并购的影响,忽略了对产业层次的研究。产业组织论从产业层次上提出了产业壁垒也对跨国并购产生一定的影响。

(三) 获得速度的经济性

速度的经济性是由美国企业史学家钱德勒于 1999 年提出的。他认为,企业的经济效率不仅取决于转换资源的数量,而且取决于时间和速度。跨国并购可以迅速获得目标公司的生产能力、销售渠道和研发能力等资源,防止东道国原有厂商的报复,对后期进入的其他跨国公司构成威胁,与新建相比风险小得多。2000 年《世界投资报告》认为,速度的经济性是跨国公司采取跨国并购的重要原因。速度的经济性对推动跨国并购具有重要意义,无论是规模经济还是市场势力论,都无法完整地解释对海外新建投资和跨国并购的选择,但速度的经济性这一分析视角恰好能弥补先前一些理论的缺陷。

(四) 基于非生产性的规模经济理论

B. N. 沃尔夫(B. N. Wolf)认为,在企业并购的一般理论中,规模经济理论主要针对企业的生产规模和范围以及固定资产的运用而言。然而,由于企业经营环境的变化,企业大批量生产的方式逐渐不能适应需求。沃尔夫于 1975 年和 1977 年对美国工业部门大企业的海外分支机构的资产进行了研究,从非生产活动的规模经济,如集中化的研究开发、大规模销售网络来解释跨国并购现象。不过,真正基于规模经济的跨国公司的理论还没有形成。

三、跨国并购理论新的研究方向

长期以来,人们对跨国并购的研究大多着重解释跨国并购产生的原因及其影响因素,并且局限于传统意义上的分析,对新经济时代开始的第五次跨国并购浪潮已不能做出解释,理论界有待用新的模型、以新的视角在新的领域对跨国并购进行解释。

(一) 企业并购估价方法的创新研究

公平、合理和客观的价格是并购成功的关键。目前,企业并购行为更多的是注重未来,注重并购行为的战略价值,而不再局限于股票市场的炒作或其他的短期战术行为。由于跨国并购涉及不同的国家、不同的经济体制,资本市场发展水平各异,再加上汇率的变动影响等因素,企业价值的核算就更为复杂,以贴现现金流法为主的传统估价方法已不能完全解释企业并购的战略价值,已有学者从期权角度对其定性地进行解释,但还没有从定量的实物期权理论出发给出并购投资估价的具体计算方法。因此,应运用实物期权理论进行跨国并购估价方法上的创新,以指导企业并购决策。

(二) 跨国并购后的整合研究

目前的跨国并购理论只是简单地将并购与成功相联系,这往往是错误的或根本不成立的。由于各国的传统文化、习俗观念、经济政治背景等方面的差异,真正并购后获得预期效果的企业很少。因此,如何在并购后成功地整合已经成为理论界关注的问题。

(三) 被并购方尤其是发展中国家的应对研究

跨国并购是跨国公司实施全球化战略的重要方式,目标是实现其全球垄断利益。这不可避免地对东道国的经济产生负面影响。例如,东道国的支柱产业由外国公司控制,使本国经济处于被动地位；并购造成垄断现象；等等。这些负面影响对发展中国家尤为明显。所以，东道国在积极引入外资发展本国经济的同时该如何降低负面影响应受到关注，这也关系到全世界的和平与发展问题。

（四）跨国并购所引起的社会效益和社会福利研究

现有理论只限于从微观层面即企业层面来讨论并购所带来的效益，如股东的效益等，很少有理论从整个社会即宏观层面来讨论并购的效益。跨国并购对东道国的市场价格有何影响？是否能通过并购来实现规模经济，降低成本，从而降低产品价格，给消费者带来实惠？关于社会福利方面，有人认为跨国并购将加大东道国尤其是发展中国家的贫富差距，给社会稳定造成威胁。那么，威胁究竟有多大？该如何规避？这些问题都值得理论界进一步研究。

第十节　国际证券投资理论

国际证券投资理论主要研究的是在各种相互关联的、确定与不确定结果的条件下，理性投资者该如何做出最佳投资选择，以降低投资风险，实现投资收益最大化的目标。该理论主要有两种：古典国际证券投资理论和现代证券投资组合理论。

一、古典国际证券投资理论

古典国际证券投资理论产生于国际直接投资和跨国公司迅猛发展之前。该理论认为，国际证券投资的起因是国家间存在的利率差异，如果一国利率低于另一国利率，则金融资本就会从利率低的国家向利率高的国家流动，直至两国的利率没有差别为止。进一步说，在国际资本能够自由流动的条件下，如果两国的利率存在差异，则两国能够带来同等收益的有价证券的价格也会产生差别，即高利率国家有价证券的价格低，低利率国家有价证券的价格高，这样，低利率国家就会向高利率国家投资购买有价证券。

有价证券的收益、价格和市场利率的关系可表示为：

$$C=\frac{I}{r}$$

其中，C 表示有价证券的价格，I 表示有价证券的年收益，r 表示资本的市场利率。

假设，在 A、B 两国市场上发行面值为 1 000 美元、附有 8%息票的债券，A 国市场上的利率为 7%，B 国市场上的利率为 7.5%。根据上述计算得出，每一张债券在 A 国的售价为 1 143 美元，在 B 国的售价为 1 067 美元。可见，由于 A 国的市场利率比 B 国的市场利率低，则同一张债券在 A 国的售价比在 B 国的售价高。这样，A 国的资本就会流向 B 国购买证券，以获取较高的收益或花费更少的成本，其行为直至两国的市场利率相等。

古典国际证券投资理论在解释当今国际短期资本流动和国际政权投资方面虽然有效，但其缺陷是不能对国际直接投资现象进行解释。该理论仅以利率作为分析问题的基点，有失准确性。由于当今许多国家的资本和金融项目没有完全放开，在很多情况下，即使两国之间存在利率差别，也不一定产生国际投资，因此，该理论的实际运用受到许多限制。

二、现代证券投资组合理论

现代证券投资组合理论又称资产选择理论，是由美国学者马科维茨(Markovitz)于20世纪50年代在其《有价证券选择》一书中首先提出，后来托宾(Tobin)又发展了该理论。该理论采用“风险—收益考察法”来说明投资者如何在各种资产之间进行选择，形成最佳组合，使投资收益一定时风险最小，或投资风险一定时收益最大。

该理论认为，所有资产都具有风险与收益两重性，在证券投资中一般投资者的目的是获得一定的收益。但收益最高，所伴随的风险也会最大，可能本金也会损失掉。风险由收益率的变动性来衡量，采用统计上的标准差来显示，投资者根据他们在一段时期内的预期收益率及其标准差来进行证券组合，即投资者把资金投在几种证券上，建立一个“证券组合”，通过证券的分散来减少风险。但在一段时间内投在证券上的收益率高低是不确定的，这种不确定的收益率，在统计学上称为随机变量，马科维茨借用它的两种动差，即集中趋势和分散趋势来说明证券投资的预期收益及其标准差。预期收益用平均收益来表示，它可以看作衡量与任何组合证券投资相联系的潜在报酬。标准差则说明各个变量对平均数的离散程度，以表示预期收益的变动性大小，它用来衡量与任何组合的证券投资的风险大小。因此，投资者不能只把预期收益作为选择投资证券的唯一标准，还应该重视证券投资收入的稳定性。多种证券组合可以提高投资收益的稳定性，同时也降低了投资风险，因为在多种证券组合中，不同证券的收益与损失可以相互抵补，从而起到分散风险的作用。作为投资者可能选择不同国家的证券作为投资对象，从而引起资本在各国之间的双向流动。

马科维茨提出的计算等式为：

$$\boldsymbol{R_P} = \sum^{x} \boldsymbol{X_i R_i}$$

其中，R_i为证券投资组合中的证券，R_P为证券投资组合的平均收益率，X_i为投资于证券的投资份额，$\sum_{i=1}^{x} X_i = 1$。

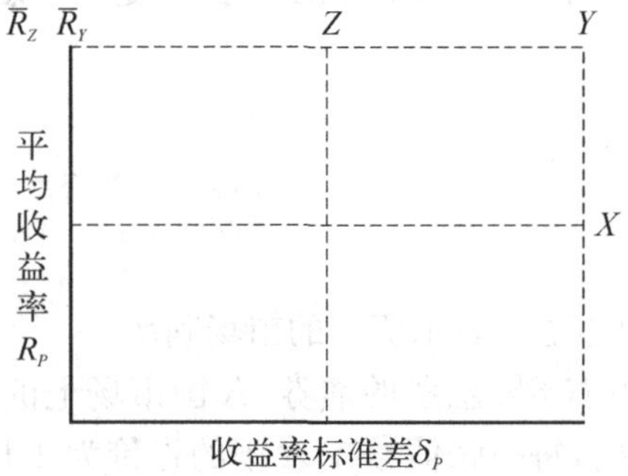

图10-1 证券组合的最优点

马科维茨以证券组合收益率标准差(δ_P)表示证券组合的风险性，则每一证券组合都有两个参数即R_P和δ_P，然后按上述标准选择最优组合。例如，有三种不同的证券组合X、Y、Z，如图10-1所示。在图10-1中，证券组合Z为最优组合。因为在风险相同时，Y比X有更高的收益率，而在收益率相同时，Z又比Y的风险小。一般而言，在证券投资组合的平均收益率和风险的坐标图上，左上方的坐标点优于右下方的坐标点。

现代证券组合理论指出了任何资产都有收益和风险的两重性，并提出以资产组合方法来降低投资风险的思路，揭示了国家间资本互为流动的原因，因此有其进步性和合理性。

但该理论也有其缺陷。它假设市场是充分有效的，参与者都同时可以得到充分的投资信息，这与现实情况不符。此外，该理论主要用于解释国际证券资本流动，而对国际直接投资却未给出任何解释。

本章小结

一国资本的流出和流入通过其国际收支平衡表中的金融项目反映出来。资本流出和流入各有四种形式。一国资本流动与其国际收支的关系非常密切，互为因果。

国际资本自由流动必须具备的条件是：资本输入国或输出国无外汇管制或管制宽松，并且它们有健全、发达的国际金融市场。

国际长期资本的流动方式包括国际直接投资、国际证券投资和国际信贷等。

国际直接投资的主要形式有：开办新企业；收买并拥有外国企业的股权达一定的比例；直接并购；保留利润额的再投资；非股权参与式投资；BOT 投资；建立国际战略联盟等。国际直接投资的主要风险有：政治风险、国际商业风险、社会心理风险、金融风险和信用风险。国际直接投资的风险规避原则有：风险回避、风险转移、风险抑制、风险自留、风险集合和做好风险的测定。国际直接投资的结构有：水平型、垂直型和混合型。

国际证券投资是一种间接投资，它与直接投资在方式、风险和控制权等方面有一定的区别。在国际证券投资的方式中，除了一般意义上的股票和债券投资外，还有存托凭证、国家基金和可转股债券等。

国际信贷主要包括政府援助贷款、国际机构贷款和出口信贷、国际租赁信贷以及中长期商业银行贷款等。

国际短期资本流动的方式包括贸易资金流动、银行资金流动、保值性资本流动和投机性资本流动。

国际资本流动的原因主要有：追求高利润，降低成本；追求新技术；寻求政治稳定；与同行攀比；避开本国市场的竞争；开拓国际市场；等等。

国际资本流动促进了世界经济的发展，并对资本输出国和输入国产生有利和不利的影响。

跨国银行的国际网络的组成部分有：代表处、代理处、代理行、附属和联支机构以及分行等。

跨国公司与跨国银行关系密切，跨国公司是跨国银行资金的最大供应者，也是跨国银行信贷的最大获得者。

外债规模的监测指标一般有：外债总量指标、外债负担指标和外债结构指标。外债总量指标主要有负债率和债务率；外债负担指标主要有偿债率及当年外债还本付息额与当年财政支出的比率；外债结构指标主要有融资结构、利率结构、期限结构和币种结构等。

无论是发达国家还是发展中国家，它们在经济不同时期对引进外资和对外投资都实行一些鼓励政策，但同时又会采取一些限制性政策。2017 年版上海自贸区负面清单中，针对外商的特别管理措施有 95 项。

当今解决国际投资纠纷主要依据三个国际组织公约：《与贸易有关的投资措施协议》《解决投资争端国际中心公约》和《多边投资担保机构公约》。

西方直接投资理论主要有：完全竞争说、产品生命周期说、国际生产的内在说、国际生产的综合说和垄断优势说等。每一个理论的假设、论点和优缺点各不相同。

跨国并购的理论基础包括一般的并购理论和跨国并购的动因理论。一般的并购理论主要有：效率理论（具体包括效率差异化理论、效率规模理论和无效管理理论）、财务协同效应和战略性并购理论、代理问题与管理者主义，以及自由现金流假说。跨国并购的动因理论主要有：

企业价值低估论、产业组织论、获得速度的经济性和基于非生产性的规模经济理论。

国际证券投资理论主要有古典国际证券投资理论和现代证券投资组合理论(即资产选择理论)。

思考题

1. 名词解释

资本流出　资本流入　直接投资　证券投资　国际贷款　限制性贷款　偿债率　跨国银行　跨国公司　产品生命周期　古典国际证券投资理论　现代证券投资组合理论　外债

2. 资本流动与国际收支的关系如何?

3. 简述直接投资的含义及方式。

4. 国际资本流动对国际经济、资本输入国和资本输出国产生哪些经济影响?

5. 国际直接投资的方式、风险和投资结构是怎样的?

6. 国际证券投资的主要方式及特点是怎样的?

7. 国际证券投资与国际直接投资的主要区别在哪里?

8. 发达国家和发展中国家在鼓励引进外资时通常实施哪些鼓励性政策和限制性政策?

9. 跨国银行与跨国公司的关系及各自的经营活动是怎样的?

10. 一国监测外债规模的主要指标有哪些?

11. 简述完全竞争说、产品生命周期说、国际产品内在说、国际生产综合说以及垄断优势论的主要论点。

12. 国际并购的主要理论有哪些?

13. 古典证券投资理论和现代证券投资组合理论的主要观点和缺陷有哪些?

14. 请分析比较上海自贸区的2013年版、2014年版、2015年版、2017年版的负面清单,并分析发生变化的原因。

第十一章 国际货币金融危机理论与管理

- 自20世纪90年代以来，许多国家相继发生货币金融危机，不仅对这些国家的经济和政治产生不利影响，而且冲击了国际金融体系和国际经济的发展。怎样从理论上分析货币金融危机的实质以及如何防范货币金融危机，已经成为各国政府和理论界需要研究的重要内容。
- 本章要点：货币危机和金融危机的含义、当代货币金融危机的主要特点和原因、目前主要的货币金融危机理论、货币金融危机的处理政策。

第一节　货币危机与金融危机

一、货币危机和金融危机的含义

（一）货币危机的含义

从广义上讲，货币危机(Currency Crisis)就是汇率危机，即一国货币的外汇价格在短期内发生大幅度贬值。

狭义的货币危机是指实行某种形式的固定汇率制度的国家，由于受国内外因素的影响，外汇市场参与者对其维持固定汇率的能力失去信心，从而大规模地将本币资产置换为外币资产，进而引起该国货币汇率大幅度贬值，固定汇率制度崩溃，外汇市场持续波动频繁，最终使该国原来某种形式的固定汇率制度崩溃。

显然，狭义的货币危机包含了广义的货币危机的特点，因此，本章中讨论的货币危机是指狭义的货币危机。货币危机的范围主要局限在外汇市场上。

(二) 金融危机的含义

金融危机(Financial Crisis)不仅表现为一国货币汇率在短期内大幅度贬值,而且表现为该国金融市场上价格波动剧烈,大批银行经营困难甚至倒闭破产,致使整个金融体系动荡不安。突出表现为:第一,股票市场急剧下挫;第二,外汇汇率暴跌,利率大幅度上升;第三,大批银行经营困难甚至倒闭破产。显然,金融危机的范围扩大为金融领域,表现为整个金融体系的剧烈动荡。

(三) 货币危机与金融危机的关系

一般而言,货币危机如果不能及时化解就会导致金融危机,甚至经济和政治危机;金融危机爆发时往往货币危机同时发生。本章所阐述的货币金融危机,就是指包含了货币危机的金融危机。

二、货币金融危机的发生机制

一国发生货币金融危机的原因往往是多方面的。经济学家们将 1997 年东南亚国家爆发金融危机的原因归纳为:巨额经常账户逆差和外债过多;缺乏技术创新;实行大公司、大企业发展战略,国家经济过于依赖大企业,而大企业又过度依赖国家扶持,于是,靠垄断地位成长起来的大企业难以面对激烈的竞争,国民经济结构相对脆弱,另外,由于大企业采取终身雇佣制,劳动力成本不断上升,产品竞争力削弱;不健全、脆弱的银行体系;经济对外依存度太高;金融资本流向虚拟部门从而导致泡沫经济;政治体制中存在的特权和腐败行为以及宏观经济政策失误,导致经济结构、产业结构和经济运行的失衡;盲目追求经济高速增长。

当然,从历史来看,东南亚国家和拉美国家爆发金融危机的具体原因各不相同,但主要原因可以归纳为实体经济的衰退和国际货币投机活动。不过,国际货币投机活动并不一定只发生在一国经济衰退之时。

货币投机活动导致货币金融危机一般有三种路径:(1) 在外汇市场上卖出远期,打压汇率,待即期汇率贬值后再低价买入;(2) 在股票市场上抛空,在利率上升使股价下跌后,再低价买入股票,待利率下调使股价上扬后再抛售股票;(3) 卖空股票指数期货合约。当利率上涨使股价和股票指数期货合约下跌后,将股指期货合约平仓。

三、货币金融危机的扩散效应

国际投机者在冲击一国货币时,往往同时在外汇市场、股票市场以及股指期货等金融衍生产品市场采用多种方法进行全面出击。当投机者冲击一国货币时,其投机性抛售便会使该国货币面临巨大贬值压力,货币当局往往通过动用外汇储备来维持其固定汇率制度,一旦外汇储备告急,则会被迫放弃固定汇率制度,于是,其货币汇率便出现大幅度贬值。货币当局为了捍卫本币汇率,加大投机者的投机成本,必然会大幅度提高利率,而这一举措又会导致银行不良资产增加,出现经营困难或倒闭破产。同时,利率提高后企业借款成本增加,也会难以维持生产和经营,出现失业增加,甚至倒闭破产。此外,利率的上升会打压股价,导致资本外逃,从而使本国货币汇率进一步贬值,最终使该国爆发金融危机。

在当今国际金融市场一体化以及国际资本自由流动的环境下，一国爆发的金融危机很容易传染到与该国经济发展模式类似的周边国家，进而引起范围更广的一系列国家爆发金融危机。1997年爆发的亚洲金融危机就是如此。由于泰国和其他周边国家的货币汇率大多与美元挂钩，于是，在泰铢贬值导致泰国金融危机之后，泰国出口产品竞争力增强，国际投机者预期，与泰国出口结构相似的周边国家为维持其本国产品在国际市场上的出口竞争力，必然也会采取措施使本国货币汇率贬值，于是，他们相继冲击这些国家的货币，使这些国家的货币汇率产生巨大贬值压力，而心理因素也加速了金融危机的传递。由于当时周边国家存在的经济问题与泰国相似，投机者预期这些国家也会爆发金融危机，于是，将资本从这些市场撤走，“羊群效应”最终导致其他亚洲国家也爆发金融危机。而东南亚国家的金融危机通过商品市场、货币市场和股票市场的传导机制迅速向全球扩散，最终对国际金融体系和国际经济产生不利影响。

第二节 自20世纪70年代以来的国际货币金融危机

一、20世纪70年代至2007年前发生的主要国际货币金融危机

（一）主要货币金融危机回顾

1. 布雷顿森林体系的崩溃

布雷顿森林体系是以美元为中心的固定汇率制。由于体系的核心内容是美元与黄金挂钩，其他货币与美元挂钩，因此该体系的有效运行取决于两个前提条件，即美元的坚挺地位以及美国良好的国际收支状况和充足的黄金储备。该体系自建立之日到20世纪50年代末，借助于上述两个条件，运行良好。但自20世纪50年代末，尤其是60年代中期以后，美国国际收支逆差不断扩大，黄金储备不断减少，于是引发了国际金融市场不断抛售美元的风潮。截止到1969年，已经发生5次美元危机。1971年8月15日，尼克松被迫实施新经济政策，停止美元兑换黄金，布雷顿森林体系的基础发生动摇。在随后1年多的时间里，美国国际收支逆差继续扩大，国际金融市场上不断出现抢购黄金和抛售美元的风潮。1971年12月和1973年2月美元两次贬值，国际货币基金组织中其他成员国货币与美元之间的平价汇率波动范围由原来的±1%扩大到±2.25%，但这并没有阻止美元危机的进一步爆发。1973年3月，随着更大规模的美元危机的爆发，西方主要国家先后放弃其本币与美元保持平价的国际责任，即其他货币与美元不再挂钩。布雷顿森林体系自此崩溃。

2. 1992年英镑危机

1979年3月，欧洲经济共同体建立了欧洲货币体系，成员国货币之间实行固定汇率制度，对美元实行联合浮动。每个成员国的货币与欧洲货币单位（ECU）都有一个法定中心汇率（即平价），允许波动的幅度一般为±2.25%，成员国货币之间双边汇率波动幅度也为±2.25%。当两个成员国货币汇率达到或超过±2.25%时，两国中央银行都必须干预外汇市场。这样，欧洲货币体系的缺陷显而易见，硬货币的大量买入或软货币的大量抛售会引起汇率暴涨暴跌，从而可能引发对一国货币投机性冲击的货币危机。而德国强大的经济实力，使其政策在很大程度上对欧洲货币体系的运行产生影响。

1990年10月德国统一后,德国中央银行采取了紧缩性货币政策,利率水平由1990年的6%上升到1992年的10%以上,这给其他欧洲货币体系成员国货币汇率产生巨大贬值压力。为了维持它们与德国马克之间的固定汇率,也必须在其国内实行紧缩性货币政策。而1992年的英国经济正处于衰退阶段,若紧随德国实行紧缩性货币政策将会使英国经济雪上加霜。此时,人们普遍预期英镑汇率将贬值,并且该预期促使英镑利率不断上升,结果导致英国维持固定汇率的代价进一步增大。

1992年9月16日,投机者抛售英镑并购入马克达到高潮,英格兰银行不得不在一天内两次大幅度①提高利率,没有人相信英国衰退的经济能承受得起高利率,于是相继进一步抛售英镑。英国政府不得不于当晚宣布暂时退出欧洲货币体系,允许英镑对马克贬值10%,同时宣布当天的第二次升息无效。与此同时,意大利也宣布退出欧洲货币体系,允许意大利里拉对马克贬值15%。这便是欧洲货币体系历史上有名的"9月危机"。这一危机因德国高利率的延续一直持续到1993年夏季。其间,在保卫欧洲货币体系的过程中,各成员国中央银行动用40亿~60亿美元干预汇率,而这正是国际投机者获得的投机利润。

3. 1994年墨西哥货币金融危机

1988年,墨西哥政府为了促进与美国的贸易,降低国内通货膨胀率,将比索钉住美元,实行爬行汇率制,汇率在很小的幅度内浮动。该汇率制度虽在后来帮助墨西哥摆脱了债务危机,带动了经济增长,降低了通货膨胀率,但其缺陷也很明显。由于当时美国和墨西哥的通货膨胀率差异很大,比索对美元的汇率长期不调整,导致比索汇率高估,墨西哥经常账户逆差增加。政府为了扭转这一局面,不得不大量对外举债,在以政府名义发行大量以美元计值的短期债券的同时大力发展国内证券市场,放开资本项目,吸引国外证券投资者。1994年面临墨西哥政局不稳而西方经济开始复苏且利率开始上升的情况,一些外国投资者开始抽走资金,于是,墨西哥政府不得不动用外汇储备干预外汇市场。当外汇储备枯竭时,便通过比索汇率一次性贬值来带动出口,抑制进口,稳定外汇市场,阻止资本外流。政府于1994年12月19日深夜突然宣布比索贬值15%,该一信息引起全社会恐慌,促使人们抢购美元狂抛比索,金融市场出现混乱。次日,政府又宣布中央银行不再干预外汇市场,比索与美元实行自由浮动。结果,不仅比索在外汇市场上进一步贬值,而且股票价格也急剧下挫,商品价格大幅度上涨,银行利率不断上扬,大批企业陷入资金困难,失业增加,通货膨胀与失业增加并存,金融危机变成全面的经济危机。

这次金融危机带来的灾难表现在:(1) 国家外汇储备猛降,对外支付能力严重下降。(2) 国库告急,国外债券投资者抛售短期债券使墨西哥财政陷入困境。(3) 外债负担加重,外债余额占国民生产总值的40%以上。(4) 资本外逃,外商纷纷停止对墨西哥的投资或抽逃已投入的资金。(5) 经济增长速度下降,企业承受着资金不足和成本提高的双重压力,国内生产总值下降7%。(6) 加剧社会矛盾。比索贬值后,由于墨西哥严重依赖进口,致使通货膨胀率高达50%,失业增加,人们收入减少,经济和社会的不稳定性进一步加剧。(7) 经济主权和独立性受到削弱。美国历来把墨西哥作为自己的后院,两国之间有着特殊的经济政治利益,墨西哥在接受美国和国际金融机构提供的贷款的同时,也必须服从和接受它们提出的各种经济调整方案。

此次墨西哥金融危机造成的后果不亚于20世纪80年代债务危机所带来的灾难,并对国

---

① 第一次由10%提高到12%,第二次由12%提高到15%。

际经济带来很大冲击。由于巴西等其他拉美国家的经济结构与墨西哥相似，因此，由于外国担心墨西哥金融危机会扩散到这些国家，它们纷纷抛售其股票，导致拉美股市严重下挫。不仅如此，欧洲股市、远东股市也都随之下挫。

4. 1997 年亚洲货币金融危机

1997 年亚洲货币金融危机始于泰国货币危机，而泰国货币危机早在 1996 年已露先兆。泰国当年经常账户逆差严重，占 GDP 的 8.2%，外国短期资本大量流入房地产和股票市场，经济泡沫严重，银行呆账增加。进入 1997 年后，泰国房地产市场不景气，未偿还债务急剧增加，金融机构资金周转困难，并发生银行挤兑事件。国际投机者猛烈冲击泰铢，在加剧泰国金融市场波动的同时，全面引发了泰国货币危机。

1997 年 7 月 2 日，泰国宣布放弃其自 1984 年以来一直采用的固定汇率制度，改用管理浮动汇率制度，当天泰铢贬值 20%。由于周边国家(如菲律宾、印度尼西亚和马来西亚等)国内存在的经济问题与泰国相似，加上国际投机者的阻击，泰国货币危机很快扩散到整个东南亚市场。菲律宾随后宣布汇率自由浮动，菲律宾比索当天猛跌 25%；印度尼西亚在一开始宣布其货币盾汇率的波动幅度由 8%扩大到 12%，后来也于 8 月 14 日被迫宣布采用自由浮动，当天印度尼西亚盾再次贬值 5%；新加坡元和马来西亚林吉特随即也出现了下跌和暴跌。而外汇市场的动荡，致使外国投资者不断抽逃资金，股市也因此低迷，至此，泰国的货币危机已发展成为更广泛的东南亚金融危机。

第二轮金融风波的导火线是中国台湾。1997 年 10 月 17 日，台湾在岛内经济状况相对稳定的情况下，突然主动放弃对外汇市场的干预，让新台币主动贬值，跌到 10 年来最低水平，被认为是有政治预谋的竞争性贬值。这一举动不仅动摇了人们对东南亚的信心，也使投机者将重点转向中国香港。香港特区政府为了维持联系汇率制，不仅动用外汇储备干预外汇市场，而且提高银行间短期利率，在投机者的阻击下香港股市下挫。随即亚太股市、欧美股市也开始下挫。10 月 27 日和 28 日，全球股市不断出现暴跌。由于人们对全球股市经过此次调整后仍比较乐观。亚洲和其他许多股市在暴跌之后都曾表现出回升迹象。

第三轮金融风波的导火线是韩国爆发的金融危机。进入 1997 年后，韩国许多大财团濒临破产倒闭，经济受到重创，受东南亚金融动荡影响，韩国经济急剧滑坡。到 11 月，政府金融改革法案未获通过，股市持续下跌，韩元汇率不断贬值。于是，11 月 20 日韩国中央银行将韩元汇率浮动范围由 2.25%扩大为 10%。进入 12 月后，人们原本以为金融风暴平息，却未料到韩国金融危机在升级。当月，韩国 14 家银行被政府宣布停业，韩元自由浮动，美国著名评级机构对韩国外汇债务信用等级降低了 4 个等级，外汇储备不足以偿还外债。结果是，韩元汇率暴跌，股市急剧下滑。

第三轮金融风波沉重打击了日本经济和金融。20 世纪 90 年代初日本泡沫经济破灭，经济停滞，股市低迷，房价下跌，银行坏账、呆账骤增，大型金融机构连续倒闭，日元汇率暴跌。尽管日本经济基础好，外汇储备多，不会爆发严重的经济金融危机，但日本金融体系存在的各种问题再次引起人们的关注。

进入 1998 年后，由于市场信心出现危机，东南亚国家的外汇市场和股票市场接连下挫，受其影响，美国股市、欧洲主要股市也纷纷下挫。泰国外汇市场和股市也不断再创新低。

亚洲金融危机的最终结果表现为：外汇市场和股票市场暴跌；大批企业和金融机构倒闭破产；大量资本外逃；引发西方国家外汇市场动荡；金融危机导致经济衰退并扩散到全球，进而引发俄罗斯和巴西金融危机。

5. 1998 年俄罗斯货币金融危机

自 1989 年起，俄罗斯国内生产总值逐年下降。1998 年初，俄罗斯政府根据 1997 年 GDP 回升和通货膨胀率下降的情况，对当年 GDP 和通货膨胀做出了乐观估计，卢布与美元之间的汇率上下浮动在 15%以内。但在 3 月和 4 月期间政府要员的更迭，使投资者开始怀疑俄罗斯政策的连续性及社会的稳定性，外资开始撤离，国际收支和财政状况恶化。5 月，股市和债市价格下挫，俄罗斯中央银行为干预汇率耗费大量外汇储备。8 月 17 日，中央银行被迫放宽汇率波动幅度，这一举措进一步动摇了投资者信心，并引发了自独立以来俄罗斯最严重的金融危机。

尽管俄罗斯政府和中央银行曾在 1998 年 8 月 17 日发表了"联合声明"，采取扩大卢布汇率浮动幅度、延期清偿内债和冻结部分外债这三大措施来化解危机，但结果事与愿违。不仅金融市场上出现"汇市乱""债市瘫"和"股市跌"的局面，而且银行系统中 1/3 以上的金融机构亏损，国内失业增加，通货膨胀率攀升，吸收外资锐减，并对拉美、东欧和其他欧美国家带来不利影响，股票价格纷纷下跌。俄罗斯外债的延期支付还导致西方银行损失惨重。

6. 1999 年巴西货币金融危机

巴西是拉美第一经济大国。1999 年 1 月 13 日，巴西政府宣布本币汇率贬值，扩大爬行钉住汇率制的管理波幅，任命了新的中央银行行长。此举随即导致拉美各国以及世界其他地区股市下挫，货币危机演变为全面的金融危机。

这一结果并非偶然。巴西的股市和汇市早在 1997 年 10 月和 1998 年 8 月就曾分别受东南亚金融危机和俄罗斯金融危机的影响而下挫，外资出逃，外汇储备减少，货币贬值压力日益增大。1999 年 1 月，十几个州要求延期偿还联邦政府的债务，同时还有巴西中央银行行长易人的传闻，这对巴西的金融信誉产生不利影响，进而动摇了外国投资者信心，导致其随即抛售证券，抽逃资金。在巴西政府扩大了雷亚尔管理波幅之后，进而在 1 月 15 日被迫放弃爬行钉住汇率制，实行自由浮动。1 月 19 日，雷亚尔贬值 23%。此举进一步导致外国投资者抽逃资金，拉美及其他地区股市接连下挫。尽管其间总统出面对中央银行行长易人做出解释，但仍然未能缓解巴西、拉美股市下挫的局面。这次金融危机的"桑巴效应"使亚洲、大洋洲和西欧部分主要股市也受到程度不等的不利影响。

7. 2001 年阿根廷货币金融危机

20 世纪 80 年代阿根廷和其他拉美国家深受债务危机的困扰，通货膨胀率奇高，国内经济极度混乱。1991 年，经济部长在分析了通货膨胀的主要原因是政府用发行钞票的办法来弥补巨额财政赤字之后，指定了著名的兑换计划，后经国会通过，该计划正式变成法律。兑换计划的核心是货币局汇率制度，具体内容包括：比索与美元的汇率固定在 1∶1 水平上；货币基础完全以中央银行的储备作保证；中央银行不得弥补政府财政赤字；经常账户和资本账户交易活动所需的比索可自由兑换；允许美元成为合法支付工具；禁止任何契约指数化。后来，该计划的实施成功地使巴西降低了通货膨胀率。到 1994 年，消费品价格下跌为 40 年来最低点，仅增长 3.9%。

但是，当时美元汇率的坚挺使比索汇率严重高估，并对阿根廷国际竞争力产生不利影响，1999 年后阿根廷经济开始滑坡。2001 年 12 月底，该国陷入货币金融、经济、政治和社会全面危机。在随后的几个月内，尽管政府接连颁布经济调整和治理计划，设法阻止资本外流，但政府的举措非但没有得到国际货币基金组织的认可和资金支持，国内经济反而每况愈下，国内游行、暴乱和抗议事件愈演愈烈。随后，不仅发生了世界上绝无仅有的两周换四位总统的重大事件，而且临时政府还宣布暂停支付 1 300 亿美元外债，使该国成为当时世界上最大的赖债国。政治和社会危机进一步恶化了货币金融和经济危机，比索与美元 1∶1 的固定汇率完全崩溃，比索大幅度贬值。银行因现金短缺而长时间无法营业，经济衰退严重，贫困人口增加，失业率上升，2002 年该国 GDP 负增长达到两位数。

2002 年当年，阿根廷危机产生的“探戈效应”扩散到其他拉美国家，其他国家的经济也出现不同程度的滑坡，通货膨胀率上升，GDP 增速变缓。

（二）货币金融危机的主要特点

通过分析上述几个主要货币金融危机实例，我们可以将这些危机的特点归纳为：货币金融危机的爆发使危机国家固定汇率制度最终崩溃或重组；破坏性很大；扩散效应很广；国际货币基金组织虽然对危机国家给予援助，但都不能解决根本问题及阻止危机发生。

（三）货币金融危机的警示

上述国际货币金融危机给中国带来的警示主要有：

1. 内部因素是引发货币金融危机的主要原因

20 世纪 70 年代初，以美元为中心的布雷顿森林体系崩溃，其主要原因是 20 世纪 50 年代末特别是 60 年代后，美国经济滑坡，国际收支逆差不断增大，从而使美元地位逐渐削弱，“两挂钩”无法维持并最终使该体系停止运转。1992 年发生的英镑危机使英镑被迫退出欧洲汇率机制，虽然国际投机者曾在其中兴风作浪，但究其根本原因应是英国经济当时处于第二次世界大战后最严重的萧条阶段，脆弱不堪。墨西哥、巴西和阿根廷等国爆发的货币金融危机的内部根本原因则是对外债务控制不当，对引进外资使用不当和监督不力，社会矛盾激化，最终导致政局不稳。泰国等国 1997 年爆发东南亚金融危机的内部原因包括：未能及时提升本国的产业结构和出口的产品结构；汇率制度长期钉住美元；银行体系改革不及时等。加上当时墨西哥、阿根廷、俄罗斯等发生货币危机的国家居民，在危机爆发之前因已经感知到即将到来的危机而大量向海外转移财产的做法，更是加速了这些国家的货币汇率贬值。

2. 债务问题容易导致货币金融危机

无论是 1994 年的墨西哥货币金融危机、1997 年的亚洲金融危机、1998 年的俄罗斯货币金融危机、阿根廷的货币金融危机，还是近年来爆发的冰岛危机、迪拜危机和欧洲主权债务危机，它们爆发之前的共同特点是，这些国家的外债余额都分别占各国 GDP 的 30%以上，甚至 40%。外债数额过大的后果是，政府还本付息压力增大，当国家进入还债高峰时，政府必须从国内外市场上借入巨额新债来偿还旧债，这样做不仅因发行高利率债券在国内增大了货币市场的压力，抑制国内经济发展，而且对外汇市场形成很大的冲击，其结果是，加大了本币贬值压力，提高了偿还外债的本币成本。当对外借债受阻时，政府便丧失对外支付能力，加上国内经济滑坡，投资者失去信心，抛售国债，导致资本外逃，当政府无法动用数额有限的外汇储备来扭转局面时，货币金融危机最终爆发。

3. 在当今国际金融环境中，一国实行固定汇率制的隐患巨大

自 20 世纪牙买加体系建立以来，西方国家逐渐形成了以浮动汇率为主导的格局。与此同时，也有很多国家采用了联合浮动、钉住浮动以及货币局汇率制度等某种形式的固定汇率制度（详见本书第五章第一节的解释）。一个明显的特点是，自 20 世纪 90 年代以来，墨西哥、泰国

和阿根廷等国爆发货币金融危机的国家采用的都是某种形式的固定汇率制度。人们不得不对固定汇率制度的缺陷加以重视：(1) 对于实行钉住浮动方式的国家或地区而言，虽然最初的汇率符合均衡汇率水平，但由于两国在经济结构变动方向、劳动生产率提高幅度、经济增长速度以及通货膨胀率等方面都存在差异，因此，汇率在一定时期后就偏离均衡汇率。如果汇率不能及时得到调整，本币汇率高估，其结果必然是打击本国出口、鼓励本国进口，从而使国际收支逆差增大。(2) 在经济、金融全球化的今天，各国汇率的调整已经成为全球化机制的组成部分。当一个实行固定汇率的国家无法运用汇率机制来缓解内外经济矛盾时，必定会遭受国际投机者的冲击，引发货币金融危机。(3) 实行固定汇率制度的国家一般要求政府在制定经济政策时把稳定汇率作为优先目标，这便成了外部纪律约束，导致政府丧失制定经济政策的自主权。东南亚和俄罗斯的货币金融危机表明，在一国汇率固定的情况下，国际收支出现不平衡时，政府无法灵活运用汇率政策进行调节，只能在国内采取紧缩政策来调整，而这样做的后果则是国内经济衰退、失业增加，社会矛盾激化，最终引发货币金融危机。

4. 资本市场对外开放操之过急

20 世纪 90 年代爆发货币金融危机的国家的共同特点是，在本国的经济基础不够强大，以及在缺乏有效的宏观控制手段的情况下，将本国的资本市场过早开放，最终使国际投机者有了兴风作浪的机会。

5. 政府对外资大规模进入本国银行应进行适当的监督

从 20 世纪 90 年代东南亚和拉美国家的货币金融危机来看，允许外资大规模进入本国银行之后，在一定时期内从表面上看创造了一个更加稳定的银行体系，但外资却无助于国内企业发展生产。当国内通货膨胀严重、政局不稳时，因对银行的监督不当，它们拒绝向企业提供信贷，使企业难以发展，并导致社会各方面进一步恶性循环，最终引发货币金融危机。

6. 政府应审慎采用反危机政策

综观所有在 20 世纪 90 年代发生货币金融危机的国家，在危机爆发之前，其政府都在寻求国际货币基金组织的贷款援助的同时，采取了紧缩性政策。这一方面是为了弥补国际收支逆差，另一方面是为了满足国际货币基金组织的援助要求。其结果是，这些国家的经济陷入严重衰退，失业增加，社会矛盾激化，骚乱事件增多。显然，政府在采取反危机政策时力度没有把握好。

二、2007 年后发生的主要国际货币金融危机

2007 年后，越南、美国、冰岛、迪拜和欧洲等国家和地区也接连遭受了一系列金融危机，这些金融危机的产生原因和本质具有不同于以往金融危机的一些特点。

(一) 2007 年美国次贷危机

2007 年 2 月美国次贷危机爆发，影响波及全球，许多商业银行、投资银行、对冲基金、保险公司等金融机构都遭受损失。它不仅导致金融市场波动，而且对实体经济造成了冲击。

1. 次贷危机的概念及产生原因

次贷危机又称次级房贷危机(Subprime Lending Crisis)。在美国，根据借款人的信用状况、偿付额占收入比率和抵押贷款占房产价值比率，住房抵押贷款在市场上主要分为优质抵押贷款(Prime Loan)、次优抵押贷款(Alt-A Loan)和次级抵押贷款(Subprime Loan)三种信用等

级不同的贷款。次贷就是次级房屋抵押贷款的简称,是美国金融机构向信用等级较差即信用记录较差、收入证明缺失、信用分数低于620分、负债较重的人提供的一种抵押贷款。其流程见图11-1。相对于给信用等级较好的人提供的优质抵押贷款,信用等级较差的人取得的次级抵押贷款在还款方式和利率上,通常被迫遵守严格的还款方式和支付更高的利率。次级抵押贷款的贷款利率通常比优惠级抵押贷款高2%~3%,是一项高风险、高回报的业务。

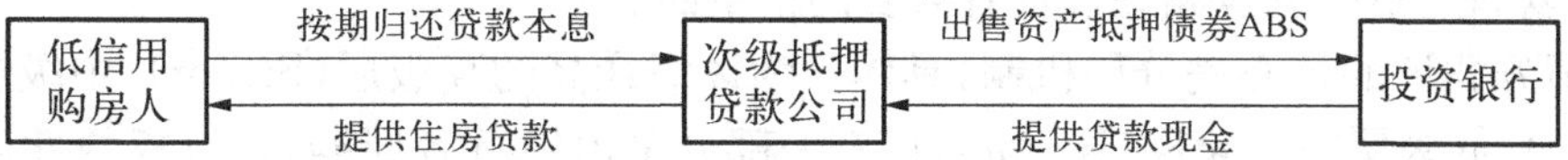

图11-1 美国次级抵押贷款流程

从图11-1中可以看出,次级抵押贷款公司属于中介机构。贷款中介的盈利是与贷款量挂钩的,它不需要注重贷款品质。所以,它们在营销中往往通过误导消费者来达到目的。

在美国的次级抵押贷款产品中,使用最多的是可调整利率抵押贷款(Adjustable Rate Mortgage,ARMs),它是一种定期调整借贷利率的抵押贷款。该产品的特点是,在还款的前几年,每月按揭还款额很低且数额固定,但在一定时间后,一般情况是2年,借款人的还款压力陡增,增幅可能为2~3倍。次贷危机的爆发与此产品有直接联系。

贷款中介在销售该产品时,往往不会对这一风险做充分的提示,或者告知消费者房地产的升值幅度会快于利息负担的增加,风险是可控的。而一般借款人在申请贷款时根本没有意识到2年后利息的大幅度调高和地产泡沫的破裂。

次级抵押贷款公司为了分散风险和拓展业务,通过资产证券化的方式把次级抵押贷款出售给投资银行。资产抵押证券(Asset Backed Securities,ABS)的核心是寻找有稳定现金流的资产作为支持来发行债券并获得直接融资。基于次级抵押贷款而发行的ABS,就是次级债。

在整个资产证券化过程中,核心是特殊目的机构(Special Purpose Vehicle,SPV)。其职能是购买、包装证券化资产并以此为基础发行资产化证券,它可接受发起人的资产组合,发行以此为支持的证券的特殊实体,并且必须保证独立和破产隔离。资产证券化的基本架构见图11-2。

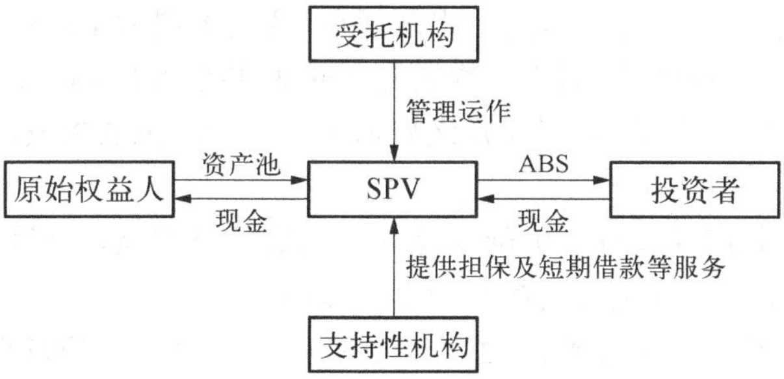

图11-2 资产证券化基本架构

美国的资产证券化主要包括ABS、RMBS、CMBS[①]等。其中,RMBS和CMBS是以住宅房产抵押贷款或商业房产抵押贷款为支持的证券化产品,ABS是以各种其他资产为支持的证券化产品。

---

① RMBS和CMBS分别是指住宅房产抵押证券(Residential Mortgage Backed Securities)和商业房产抵押证券(Commercial Mortgage Backed Securities)。

次级住房抵押贷款支持证券(Mortgage Backed Securities，简称次级 MBS)是指贷款机构以次级住房抵押贷款债券组成资产池，以该资产池产生的本息现金流为基础所发行的定期还本付息的债券。次级 MBS 在 2006 年贷款总额达到 4 840 亿美元，在抵押贷款市场占比 16.2%。

在次贷危机中，最有影响力的是担保债务凭证(Collateralized Debt Obligation，CDO)，它是一种固定收益证券，是一种以一个或多个类别且分散化的抵押债务为基础，重新分配投资回报和风险，以满足不同风险偏好投资者需要的衍生品。

担保债务凭证的核心是分层机制，具体分为评级最高的高级层(Senior)、中级层或称夹层(Mezzanine)、低级层或从属层(Junior)，还有一部分是由发行者回购，具有权益性质的权益层(Equity Tranche)。高级层享受 AAA 评级，一般占整个结构的 80%，最受债券投资者的喜爱。中级层在 AA～B 之间，约占整个结构的 20%。最下面的为从属层或权益层，不需要评级，一般由发起人持有，或卖给对冲基金和投资银行自营部门。在损失发生时，权益层最先承担风险，一般占担保债务凭证全部资本结构的 2%～5%。当债券组合违约损失超过 25%时，高级层才开始承担损失。担保债务凭证的运作机制如图 11－3 所示。

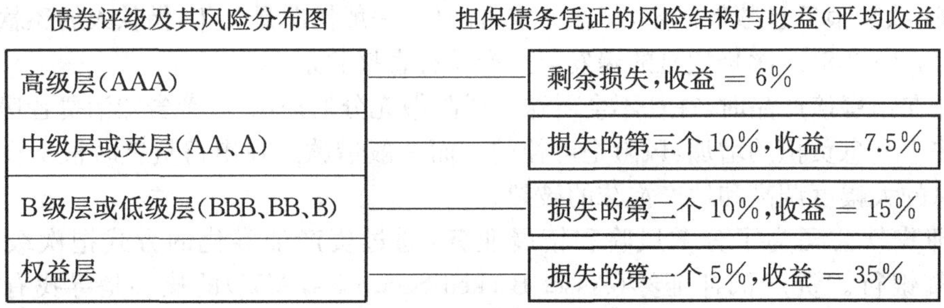

图 11－3　担保债务凭证的运作机制

在这种机制下，次级债的高级层得到了保护，信用评级公司给出了 AAA 的评级，由于高收益率的预期和高评级，它成为商业银行、保险公司、其他非银行金融机构追求的高收益投资品种，也受到国外机构投资者的青睐。

既然次级债的收益是与次级抵押贷款的收益联系在一起的，在这个链条中，只要房价不断上涨，就会有稳定的现金来源，而一旦房价出现拐点，就会出现大量的违约风险。因此，利率风险和违约风险是次级债的风险，同时也是次贷危机爆发的根本原因。而在设计次级抵押贷款产品时，对这两个风险的考虑是不充分的，该缺陷便为次贷危机的爆发埋下隐患。次贷危机的参与主体见图 11－4。

显然，次级抵押贷款产品设计上的缺陷是导致次贷危机的最根本因素。

美国宏观政策的转变是次贷危机爆发的直接原因：

第一，长时期的低利率政策导致流动性充足和房地产景气。2004 年前，美联储为了消除互联网泡沫和“9·11”空难带来的不利影响，刺激经济的增长，实行了长时期低利率政策。联邦基金利率从 2001 年 1 月下调开始，到 2003 年 6 月，利率水平降为 1%。在这一减息周期中，在全球流动性充足的刺激下，美国房地产价格不断攀升，年均增长率最高达到 10%。次级抵押贷款公司受利益驱动，大幅降低信贷标准，甚至推出“零首付”“零文件”的贷款方式，虽活跃了市场，但风险加速积聚。

第二，加息周期导致房地产泡沫破灭。由于原油和大宗商品价格的持续上涨，美联储为了抑制通货膨胀，货币政策转向紧缩，2004 年上半年后开始加息，带来了美元新一轮的升值周

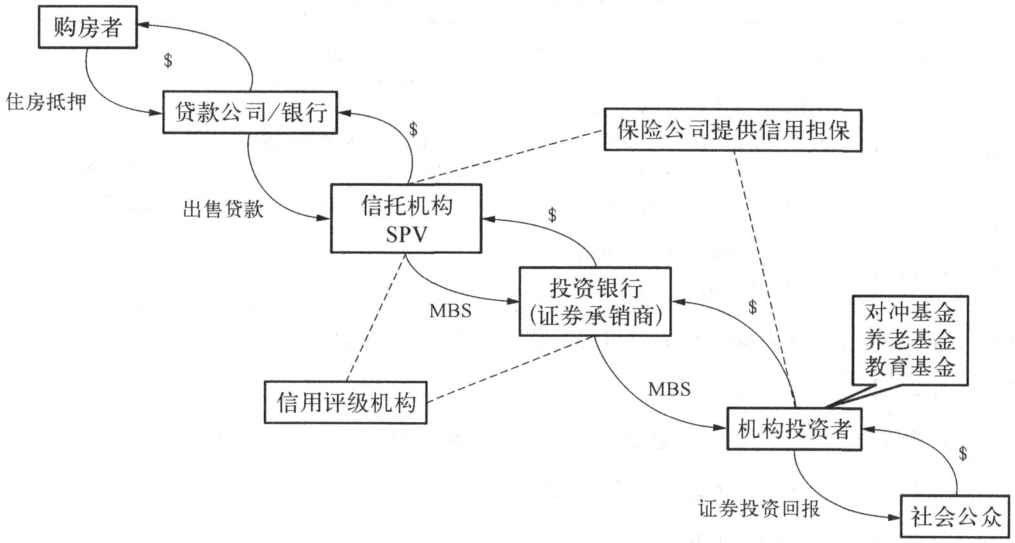

图 11-4 美国次贷危机中的参与主体

期。美联储连续 17 次提高利率,总幅度高达 4.25%,大幅提高了抵押贷款成本,使美国房地产市场由盛转衰。

至 2007 年 6 月,美国现有房屋销售量下降超过 10%,新建房屋销售量下降幅度超过 30%,房屋价格指数不断下滑。面对利率上升及房产市场价值下跌的双重打击,次级抵押贷款的违约率不断上升,导致以这些贷款为基础的 MBS 和 CDO 的价格暴跌,出现了抛售,但买家寥寥无几,二级市场缺少流动性,最终引发了影响全球的次级债危机。

第三,住房抵押贷款公司、投资银行、评级公司等中介机构的助推作用。如前所述,次级抵押贷款产品本身的缺陷必然会导致次贷危机,而中介机构所起的作用则使这次危机影响程度更深,影响范围更广,影响时间更长。

正是住房抵押贷款公司无限制的逐利,使其在美国式的住房梦破灭时最终自尝苦果。新世纪金融公司的破产是次贷危机的导火索。但在这次危机中,房产经纪人得到了极大的利益,他们在抽取巨额贷款的佣金时,也把风险留给了全世界。

投资银行作为 MBS、CDO 等金融衍生产品的设计者与销售者,为了扩大承销量,在设计产品时用复杂的结构性设计掩盖风险,使得评级机构无法对衍生产品中的资产做出合理的评估。它们在营销时,凭借着专业的技能和高超的营销术,使许多不是很了解这个产品的投资者成为它们的客户。

评级机构的权威性本是许多投资者依赖的对象,但由于评级机构向证券化产品的发起人收取评级费用,在利益的驱使下,很难做到中立的评级判断。在次贷危机中,大约有 75%的次级债券得到了 AAA 的评级,凭借 AAA 的评级,次级债成为众多投资者追捧的对象。然而,次级债的流动性是无法与传统的 AAA 级债券相比的。在次级债风暴中,许多 CDO 的 AAA 级债券变得一文不值。就当时情况来看,95%的投资级 CDO 评级未对其中资产做任何提示,也未对可能存在的潜在风险做任何警告。表面的 AAA 级与实质上的高风险有着极大的矛盾。所以,如何规范衍生品的信用评级体系成为当务之急。

2. 美国次贷危机的蔓延及影响

2007～2008 年,美国次贷危机的蔓延及影响详见表 11-1 和表 11-2。

表 11－1　　2007 年美国次贷危机的蔓延及影响

日　期	事　　件
2007 年 2 月 13 日	美国抵押贷款风险开始浮出水面 汇丰控股为在美次级房贷业务增加 18 亿美元坏账拨备 美最大次级房贷公司全国金融集团(Countrywide Financial Corp.)减少放贷 美国第二大次级抵押贷款机构新世纪金融公司(New Century Financial)发布盈利预警
2007 年 3 月 13 日	新世纪金融公司宣布濒临破产 美股大跌,道指跌 2%,标普跌 2.04%,纳指跌 2.15%
2007 年 4 月 4 日	裁减半数员工后,新世纪金融公司申请破产保护
2007 年 4 月 24 日	美国 3 月份成屋销量下降 8.4%
2007 年 6 月 22 日	美股高位回调,道指跌 1.37%、标普跌 1.29%、纳指跌 1.07%
2007 年 7 月 10 日	标普降低次级抵押贷款债券评级,全球金融市场大震荡
2007 年 7 月 19 日	贝尔斯登旗下对冲基金濒临瓦解
2007 年 8 月 1 日	麦格理银行声明旗下两只高收益基金投资者面临 25%的损失
2007 年 8 月 3 日	贝尔斯登称,美国信贷市场呈现 20 年来最差状态 欧美股市全线暴跌
2007 年 8 月 5 日	美国第五大投行贝尔斯登总裁沃伦·斯佩克特辞职
2007 年 8 月 6 日	房地产投资信托公司美国家庭抵押信贷投资公司(American Home Mortgage)申请破产保护
2007 年 8 月 9 日	法国最大银行巴黎银行宣布卷入美国次级债,全球大部分国家股市下跌 金属、原油、期货和现货、黄金价格大幅跳水
2007 年 8 月 10 日	美国次贷危机蔓延,欧洲央行出手干预
2007 年 8 月 11 日	世界各地央行 48 小时内注资超 3 262 亿美元救市 美联储一天三次向银行注资 380 亿美元以稳定股市
2007 年 8 月 14 日	沃尔玛和家得宝等数十家公司公布因次贷危机蒙受巨大损失 美股很快应声大跌至数月来的低点
2007 年 8 月 14 日	美国欧洲和日本三大央行再度注入超过 720 亿美元救市 亚太央行再向银行系统注资 各经济体或推迟加息
2007 年 8 月 16 日	全美最大商业抵押贷款公司股价暴跌,面临破产 美国次贷危机恶化,亚太股市遭遇“9·11”事件以来最严重的下跌
2007 年 8 月 17 日	美联储降低窗口贴现利率 50 个基点,至 5.75%
2007 年 8 月 20 日	日本央行再向银行系统注资 1 万亿日元 欧洲央行拟加大救市力度
2007 年 8 月 21 日	日本央行再向银行系统注资 8 000 亿日元 澳联储向金融系统注入 35.7 亿澳元
2007 年 8 月 22 日	美联储再向金融系统注资 37.5 亿美元 欧洲央行追加 400 亿欧元再融资操作

（续表）

日　期	事　　件
2007 年 8 月 23 日	英央行向商业银行贷出 3.14 亿英镑应对危机 美联储再向金融系统注资 70 亿美元
2007 年 8 月 28 日	美联储再向金融系统注资 95 亿美元
2007 年 8 月 29 日	美联储再向金融系统注资 52.5 亿美元
2007 年 8 月 30 日	美联储再向金融系统注资 100 亿美元
2007 年 8 月 31 日	伯南克表示美联储将努力避免信贷危机损害经济发展 布什承诺政府将采取一揽子计划挽救次贷危机
2007 年 9 月 1 日	英国银行遭遇现金饥渴
2007 年 9 月 4 日	国际清算银行与标普对次贷危机严重程度产生分歧
2007 年 9 月 18 日	美联储将联邦基金利率下调 50 个基点，至 4.75％
2007 年 9 月 21 日	英国北岩银行挤兑风波导致央行行长金恩和财政大臣达林站上了辩护席
2007 年 9 月 25 日	国际货币基金组织指出美国次贷风暴影响深远，但同时认为各国政府不应过度监管
2007 年 10 月 8 日	欧盟召开为期两天的财长会议，主要讨论美国经济减速和美元贬值问题
2007 年 10 月 12 日	美国财政部本着解决次贷危机的宗旨，开始广开言路，改善监管结构
2007 年 10 月 13 日	美国财政部帮助各大金融机构成立一只价值 1 000 亿美元的基金（超级基金），用以购买陷入困境的抵押证券
2007 年 10 月 23 日	美国破产协会公布 9 月申请破产的消费者人数同比增加了 23％，接近 6.9 万人
2007 年 10 月 24 日	受次贷危机影响，全球顶级券商美林公布 2007 年第三季度亏损 79 亿美元，此前一天，日本最大的券商野村证券也宣布当季亏损 6.2 亿美元
2007 年 10 月 30 日	欧洲资产规模最大的瑞士银行宣布，因次贷相关资产亏损，第三季度出现近 5 年首次季度亏损达到 8.3 亿瑞士法郎
2007 年 11 月 9 日	历时近两个月后，美国银行、花旗银行和摩根士丹利三大行达成一致，同意拿出至少 750 亿美元帮助市场走出次贷危机
2007 年 11 月 26 日	美国银行开始带领花旗、摩根大通为超级基金筹资 800 亿美元
2007 年 11 月 28 日	美国楼市指标全面恶化 美国全国房地产经纪人协会声称 10 月份成屋销售量连续第八个月下滑，年率为 497 万户，房屋库存增加 1.9％至 445 万户 第三季标普/希勒全美房价指数季率下跌 1.7％，为该指数 21 年历史上的最大单季跌幅
2007 年 12 月 4 日	投资巨头巴菲特开始购入 21 亿美元得克萨斯公用事业公司 TXU 发行的垃圾债券
2007 年 12 月 6 日	美国抵押银行家协会公布，第三季止赎率攀升 0.78％
2007 年 12 月 7 日	美国总统布什决定在未来 5 年冻结部分抵押贷款利率
2007 年 12 月 12 日	美国、加拿大、欧洲、英国和瑞士五大央行宣布联手救市，包括签订临时货币互换协议
2007 年 12 月 14 日	为避免贱价甩卖，花旗集团将 SIV 并入账内资产
2007 年 12 月 17 日	欧洲央行保证以固定利率向欧元区金融机构提供资金

(续表)

日期	事件
2007年12月18日	美联储提交针对次贷风暴的一揽子改革措施 欧洲央行宣布额外向欧元区银行体系提供5 000亿美元左右的两周贷款
2007年12月19日	美联储用定期招标工具向市场注入28天期200亿美元资金
2007年12月21日	超级基金经理人布莱克·洛克(Black Rock)宣布不需要再成立超级基金
2007年12月24日	华尔街投行美林宣布了三个出售协议,以缓解资金困局
2007年12月28日	华尔街投行高盛预测花旗、摩根大通和美林可能再冲减340亿美元次贷有价证券

资料来源:新浪财经。

表11-2　　2008年美国次贷危机的蔓延及影响

日期	事件
2008年1月4日	美国银行业协会数据显示,消费者信贷违约现象加剧,逾期还款率升至2001年以来最高
2008年1月22日	美联储紧急降息75个基点
2008年1月30日	美联储降息50个基点
2008年2月9日	七国集团财长和央行行长会议声明指出,次贷危机影响加大
2008年2月18日	英国决定将北岩银行收归国有
2008年2月19日	美联储推出一项预防高风险抵押贷款新规定的提案,也是次贷危机爆发以来所采取的最全面的补救措施
2008年2月20日	德国宣布州立银行陷入次贷危机
2008年2月21日	英国议会批准国有化北岩银行
2008年3月11日	美联储再次联合其他四大央行宣布继续为市场注入流动性,缓解全球货币市场压力
2008年3月14日	美国投行贝尔斯登向摩根大通和纽约联储寻求紧急融资,市场对美国银行业健康程度的担忧加深
2008年3月17日	美联储意外宣布调低窗口贴现率25个基点,到3.25%
2008年3月19日	美联储宣布降息75个基点,并暗示将继续降息
2008年3月27日	欧洲货币市场流动性再度告急,英国央行和瑞士央行联袂注资 英国首相布朗和法国总统萨科齐举行会晤,讨论如何提高金融市场透明度和敦促国际主要金融机构改革
2008年3月31日	美国财长保尔森将向国会提交一项改革议案,以加强混业监管 美国总统布什和英国首相布朗同意加强合作,应对金融市场动荡
2008年4月12～13日	七国集团(G7)和国际货币基金组织召开为期两天的会议,表达了对当前金融市场震荡的担忧之情,并要求加强金融监管
2008年4月30日	美联储降息25个基点
2008年5月17日	欧元区以外的一些银行,利用欧洲央行接受的抵押品范围更广这一特点,对一些评级较低的资产进行组合。该问题已引起欧洲央行的注意

（续表）

日 期	事 件
2008年7月13日	美国财政部和美联储联手推出了拯救美国抵押贷款业两大巨头即房地美和房利美的计划，其中包含了向这两家公司直接提供贷款和买入其股份在内的一系列措施
2008年7月15日	美国国会同意迅速采取行动支持房利美和房地美，但计划修改财政部的提议
2008年7月22日	美国财长保尔森指出，房地美和房利美的稳定对经济复苏起着关键作用
2008年7月26日	美国参议院审议通过了一项房市救助议案，准予向房屋抵押融资巨头房利美和房地美提供紧急融资
2008年9月7日	美国财长保尔森宣布，将向美国抵押贷款巨头房地美和房利美提供资金援助，并由联邦住房金融局接管“两房”
2008年9月15日	雷曼兄弟宣布申请破产
2008年9月16日	英国央行宣布将通过额外微调操作，向市场注资200亿英镑 欧洲央行9月16日向货币市场注资700亿欧元 日本央行9月16日分两次一共向市场注资2.5万亿日元 美联储9月15日通过隔夜回购操作向市场注入总计700亿美元的资金
2008年9月17日	美联储为美国国际集团提供不超过850亿美元的担保贷款，并获得后者79.9%的股权 英国央行宣布延长特别流动性计划的期限至2009年1月30日 日本央行向货币市场注资2万亿日元
2008年9月18日	美联储与日本央行、加拿大央行、瑞士央行和欧洲央行以及英国央行通过1 800亿美元货币互换安排计划，美联储同时为金融市场注资1 050亿美元
2008年9月19日	美国财政部为货币基金提供4 000亿美元的担保
2008年9月22日	美联储批准摩根士丹利和高盛改变投行的性质，转为传统的商业银行，以渡过资本金不足的危机
2008年9月24日	美联储和澳洲联储、丹麦央行、挪威央行、瑞典央行宣布建立临时互惠货币互换机制
2008年10月3日	富国银行宣布，将采取换股形式以150亿美元并购美联银行 美国众议院通过改版后的救市方案 美国总统布什签署救市法案
2008年10月7日	冰岛央行宣布将推行钉住一篮子货币汇制 澳洲联储意外降息100个基点，到6.0%
2008年10月8日	为了遏制金融市场的恐慌情绪，美联储联合其他五大央行降息，中国也罕见地加入这场联动中 英国推出金融机构救援计划，其中包括财政部的500亿英镑用以购买银行的优先股、央行扩大特别流动性计划金额到2 000亿英镑
2008年10月9日	金融风暴席卷全球，西班牙、意大利和冰岛政府均出台救市措施
2008年10月13日	英国和欧元区六国联手注资2.3万亿美元，保护银行业。至此，欧洲国家结束了各自为政的局面。此次救援规模也超过了美国7 000亿美元的金额
2008年10月14日	美国宣布“三部曲”救援方案：以2 500亿美元购买银行高级优先股和无投票权股票；为银行间拆借提供担保；联邦存款保险公司为银行和储蓄机构新发行的所有无担保高级债券、无息账户的存款提供担保 日本央行宣布维持利率，并为贷款商提供无限美元资金，同时扩大日本国债回购操作可接受的抵押品范围 英国财政部表示，将发行300亿英镑的英国长期国债和70亿英镑的短期国债，以便为政府的银行救助方案融资

(续表)

日期	事件
2008年10月15日	欧洲各国央行"无限额"注资计划迈出了第一步:欧洲三央行联手向金融机构注资2540亿美元
2008年10月18日	美国总统布什表示,计划在近期召开系列金融峰会,讨论金融危机问题
2008年10月20日	瑞典公布金融稳定方案 法国向国内六大银行注资105亿欧元 越南和印度央行均宣布降息
2008年10月22日	日本央行以2.11%的固定利率向市场供应501.68亿1个月期美元 美联储上调银行超额准备金利率,此举旨在为银行系统持续注入流动性,同时不影响联储货币政策 法国启动价值220亿欧元的中小企业融资计划
2008年10月24日	亚洲股市集体暴跌,其中,日本股市跌幅达到9%。同时,澳洲股市也大幅下挫
2008年10月27日	美国财政部计划从本周开始向9家达成协议的银行注入1250亿美元的资金 美联储开始向企业提供贷款,提出申请的包括摩根士丹利、通用电气等
2008年10月28日	为了提升冰岛克朗的吸引力,冰岛央行宣布升息到18%
2008年10月29日	美联储与巴西、墨西哥、韩国和新加坡四国央行达成临时性货币互换协议 美联储宣布降息50个基点
2008年10月30日	日本首相麻生太郎公布了一项总额为5000亿日元的经济刺激方案
2008年11月4日	欧洲央行将与瑞士央行进行四次、84天期的瑞士法郎互换招标,每次均为50亿欧元 澳洲联储意外降息75个基点,基准利率调低至5.25%

资料来源:新浪财经。

3. 美国次贷危机的实质

次贷危机的不断蔓延和演变使许多金融机构出现了盈利大幅下滑、亏损甚至破产。就实质而言,次贷危机一方面是信用危机,引起了人们对金融机构信用的全面估值;另一方面是流动性危机,在各大金融机构纷纷亏损时,信贷紧缩加剧。流动性危机影响了投资者的信心,而信心危机反过来又加剧了流动性危机。此外,次贷危机引起了股市的大跌,拖累了全球的实体经济。

4. 美国次贷危机对中国的影响及警示

由于中国的金融体系没有完全开放,因此,中国免受了美国次贷危机的直面冲击。但由于美国多年来始终是中国的主要贸易伙伴,因此,美国经济的衰退也连累了中国的出口,导致人民币汇率升值压力增大,进而使中国经济保增长的难度增大,加速了结构调整的步伐。

中国从美国次贷危机的教训中可得到以下警示:

第一,政府不仅不能在金融市场中缺位,而且必须加强对金融体系的宏观监管。在金融资本的推动下,金融自由化似乎已成为一个不可阻挡的潮流,从市场力量来看,政府在这一潮流中似乎管得越少越好。美国次贷危机告诉我们,任由金融机构在自身利益的驱动下不受约束地超前创新,或许一时能给金融行业带来丰厚利润,但最终却使金融机构面临严重挑战,并导致整个国民经济遭受重大损失。由于金融在现代经济中处于关键地位,因此政府必须对这一领域时刻加以关注,而不能在市场的名义下退让。

第二，重新思考美国在国际金融体系中的作用。20 世纪 80 年代以来的主要金融危机多数发生在发展中国家，无论是墨西哥债务危机，还是东南亚金融危机，或是俄罗斯金融危机，都是如此。而且，美国在上述危机中无一例外地扮演了“救火队员”的角色。这些情形强化了美国是国际金融体系稳定者的角色认知。但次贷危机爆发于美国这一事实打破了传统，促使人们认真思考美国的作用。美国的金融不但没有人们想象中那么完美，而且由于其在国际金融体系中的独大地位，一旦发生问题，其产生的负面影响将会更大。美国为了避免将来发生类似情况，一方面必须自觉地加强自身约束，另一方面也要和其他国家一样接受外界的审视和检查，不能再拥有不受控制的霸权地位。

第三，加强经济政策之间的协调，注意经济政策的前瞻性。楼市泡沫的破裂仅仅是美国次贷危机爆发的导火索，其直接原因在于美国货币政策短期内的剧烈变化。2001 年，美联储为应对“9·11”恐怖袭击事件以及同时可能发生的股市崩溃对美国经济的打击，决定大幅降低联邦基金利率直至 2003 年降到 1%。如此低的利息虽然大大地刺激了美国民众购买房产的热情，但同时也增加了通货膨胀的隐忧。于是，从 2004 年开始，美联储又逐渐把联邦基金利率加至最高峰时期的 5.25%。短时间内的利息急剧增加成为压垮楼市的“最后一根稻草”。显然，美国相关决策部门无论是在降息时还是在加息时，都或多或少忽略了对房地产市场的影响，只把刺激经济增长以及抑制通货膨胀作为首要目标。但恰恰是被忽视的房地产市场成为危机发生的第一张多米诺骨牌，进而迅速波及其他领域。由此可见，即便美国这样成熟的市场经济国家都无法避免经济决策的重大失误，那对其他国家而言，就要更加注意这方面的问题了。

（二）2008 年越南金融危机

1. 危机的特点和原因

2008 年 5 月，越南 CPI 同比增幅高达 25.2%；越南胡志明交易所指数下跌 60%，连续 27 个跌停板；楼市下跌 30%～50%；美元兑越盾汇率大幅升值，从 1∶15 500 跌至 1∶18 850；2008 年 1～5 月，越南的贸易逆差为 144 亿美元(2007 年全年为 120 亿美元)，外汇储备仅为 10 亿美元。

这些数据表明一个国家的经济处于极其危险的状态。它具备了典型金融危机的所有基本因素，如通货膨胀恶化、经常账户高逆差、外汇储备少、货币价格过高等。

越南国内通货膨胀失控是造成这次危机的直接原因。此次通货膨胀属于输入型通货膨胀，美国为了转移其次贷危机的损失，大量发行美元，降低美元利率，推动美元贬值。美元贬值直接造成国际能源价格、原材料价格、粮食价格上涨，危及像越南这样依赖能源进口、粮食出口发展经济的国家。越南企业成本上升，利润空间减少，难以维系。

同时，美联储发出不再降息通知，相当于对游走在外的国际热钱发出号召，热钱在越南经济不好和美元走强的双重刺激下撤离，越南股市大跌 65%。

2. 越南金融危机给中国带来的警示

第一，大国经济与小国经济的区别。大国经济总量大、回旋余地大，不易受攻击，小国经济产业纵深浅、势单力薄，把握不好就会出问题。一般情况下，小国经济还是需要依傍于某大国经济或大国强势货币体系，以保证经济足够的发展速度而不出问题。

第二，一国纸币和股市都是虚拟的东西，依靠国家信誉才能建立起来。因此，持有人的信心很重要。金融危机就是源于对这两者的持有失去信心。适度的通货膨胀并不可怕，也不等于金融危机，金融危机是对持有该货币(指纸币)失去了信心。滥发纸币与滥发股票同样会引发崩盘,货币体系崩溃与股市崩溃都属于严重的经济危机,在这些方面股市与纸币具有同样的属性。

第三,应严密监管热钱的动向。越南的资本账户是实行管制的,这为越南解决这次危机赢得了时间。中国也要注意国际热钱可能给中国经济带来的伤害,把监管热钱提升到战略高度,防止其冲击金融市场。

(三) 2008 年冰岛金融危机

1. 危机的特点和原因

2008 年国际金融危机环境下,大西洋彼岸的冰岛成了金融孤岛。这个昔日人均 GDP 世界第四,世人瞩目、富裕繁华的人间天堂却遭遇了金融飓风的重创,"风暴"过后一片狼藉:金融机构破产导致金融危机,国家财政资不抵债导致财政危机,全国人均负债全球第一导致负债危机;关联债权国、国外存款人纷至沓来,讨债发难;不到 1 年,冰岛本币克朗兑美元贬值幅度超过 48%,克朗兑欧元汇率缩水三成,成为全球贬值最快的货币。百姓惊惧,政府宣布国家面临破产。

2008 年冰岛金融危机源于冰岛一家名为 Icesave 银行的倒闭。Icesave 作为冰岛历史最悠久的一家银行,成为雷曼兄弟破产后最先倒下的多米诺骨牌之一。一夜之间,持有这家银行存款凭据的储户们发现 Icesave 已成过去时,特别是该银行通过互联网吸收的大量英国和荷兰储户存款更是无从兑现。冰岛国内的"袖珍"存款保险计划根本无法应付英国和荷兰储户总额达 39 亿欧元的索赔,危急之时,英国和荷兰两国政府不得不出手帮助冰岛偿还各自国内储户的存款损失。但很快,两国就向冰岛政府提出了偿债要求,而此时的冰岛伴随金融行业的全线坍塌,全国经济几乎陷于瘫痪。对于仅拥有 32 万人口的冰岛来说,Icesave 留下的这笔巨额债务相当于全国 GDP 的一半,相当于每个冰岛家庭背上了 4.8 万欧元的债务。在这种背景下,偿债成为一项短期内不可能完成的任务。

冰岛金融危机的实质是金融业无限膨胀导致的金融泡沫在外部条件发生恶化时终于破裂。金融泡沫的产生与银行私有化后金融业盲目地走向国际市场以及政府放松对金融业的监管等因素有关。而金融全球化趋势的快速发展为冰岛金融业的膨胀起到了推波助澜的作用。

20 世纪 90 年代末,曾经以渔业作为主要经济支柱的冰岛在英国、美国金融业迅速扩张的大背景下,选择金融立国,金融业渗透到冰岛每一个经济细胞中,自由主义的理念造成了怪相连连。

(1) 全社会都参与了金融扩张。冰岛国内金融市场狭小,但各银行却热衷于拓展国际业务,2004 年以来,因全球资本市场流动性充裕,冰岛银行的涉外贷款以每年 50%的速度增长,这极大地带动了冰岛经济的发展。显然,当一个国家的金融资产规模相当于国内生产总值的 9 倍时,一切规则都没用了,以致 2007 年全球资本市场流动性普遍收紧时,冰岛银行反而加速对外放贷。

(2) 大股东同时也是银行最大的贷款者。2007～2008 年,冰岛三大银行贷出的资金中有 1/3 给了那些已无法还债的客户,而这些客户多是三大银行的大股东。作为冰岛的大财团,它们一方面控股银行,另一方面又是银行最大的贷款者。其中,克伊普辛银行破产时,其最大股东鲍古尔集团尚有 2 500 亿冰岛克朗(1 美元约合 128.2 冰岛克朗)的贷款未还,相当于银行总资产的 70%。

(3) 银行股东贷款炒自家股票。在缺乏有效监管的情况下,银行及其大股东的互相持股、违规操作是冰岛危机的主要推手。银行大股东还把贷来的钱用于炒作自家银行的股票。

(4) 金融监管机构形同虚设。冰岛的信息技术发达,但该国金融监管委员会却是冰岛信息化最差的政府机构之一。该机构既没有处理大量金融资料的软件平台,也没有服务器和工程师,对金融业的大量信息无法及时跟踪处理。

(5) 冰岛政府对金融风险缺乏起码的警惕。早在 2006 年初,已有多种迹象表明冰岛即将面临金融危机,但政府却漠然置之。到 2008 年,冰岛中央银行意识到金融问题的严重性,却迟迟没有向政府提出正式报告。

总之,系统性风险的积聚是导致"冰岛破产"的根本原因。舶来的"要自由不要监管"的金融理念劫持了冰岛经济,冰岛金融危机的爆发让人们看到其银行体系失灵、监管系统失灵,甚至关于自由市场的理念也失灵了。

2. 冰岛金融危机给中国带来的警示

第一,银行在拓展海外业务时应量力而行。冰岛是一个小岛国,市场规模有限,银行业的进一步发展受到了制约。因此,在 2000 年完成银行私有化后,政府就鼓励银行业向国际市场拓展。在短短几年内,冰岛银行业的国际业务取得飞快的发展,无疑是缺乏可持续性的。有学者认为,即使没有国际资本市场上的动荡,冰岛也会遇到危机。冰岛前总理哈尔德曾感慨:"我们从近几年的事态所得到的教训是,一个小国家企图在国际银行业扮演一个领导角色是不明智的。"

第二,政府不能放松对金融业的监管。在银行业不断拓展其海内外市场时,冰岛政府却未能加以有效的监管。中央银行仅仅使用利率手段来监管,降低了储备金要求,也没有用道义上的劝告来规范银行的行为。

为了加快发展金融业,信奉新自由主义思想的冰岛政府对金融业的无限扩张不加引导和监管,致使银行负债累累,在外部条件发生不利变化时无法应对自如。冰岛的危机表明,政府必须加强对金融业的监管。

第三,不能依靠信贷扩张来刺激经济。美洲开发银行的经济学家在研究拉美国家遭遇的银行危机后发现,拉美的每一次银行危机都是由信贷的无限扩张导致的,因为信贷的过度扩张会破坏宏观经济的基本面,放大金融体系的脆弱性。因此,他们得出了这一结论:信贷扩张的"好时光"同时意味着"坏时光"即将来临。冰岛的遭遇似乎验证了这一结论。冰岛银行在国际上获得大量资金后,向本国居民提供以外币计值的抵押贷款。其结果是,冰岛的家庭债务相当于可支配收入的比重从 2000 年的 160%上升到 2006 年的 240%。

第四,要正确处理发挥比较优势与提升产业结构的关系。任何一个国家在发展经济时必须发挥自身的比较优势。冰岛的比较优势是渔业资源丰富。渔业部门为冰岛经济发展做出了重大贡献,但冰岛曾为争夺渔业资源而与一些邻国龃龉不断。此外,渔业很难使国民经济实现腾飞。因此,冰岛政府一直在为减轻对渔业的依赖而追求产业结构的多样化。

毫无疑问,冰岛在这一方面的努力已初见成效。而冰岛政府认为,为了取得更快的发展,除了扩大高科技产业外,还应大力发展国际金融业。在金融全球化时代,国际金融业被视为提高经济增长率的捷径。

(四) 2009 年迪拜金融危机

1. 危机的特点及原因

2009 年 11 月 25 日,一则令人震惊的消息让世界资本与金融市场出现剧烈动荡。迪拜政府宣布,将负责王牌公司迪拜世界(Dubai World)的重组。据《纽约时报》估算,迪拜世界的债务高达590亿美元,占迪拜总体债务的74%。迪拜政府暂停偿债6个月,要求债权人接受延期还款,将迪拜世界的债务到期日至少延长到2010年5月30日。全球资本市场随即下挫。

迪拜金融危机本质上是房地产与基建规模扩大造成的债务危机,人们试图建设一个梦幻棕榈岛,却给财政留下"一地鸡毛"。

迪拜世界及其母公司沿用的是大资金、大建设、大投资的模式。2005年以来,迪拜以建设中东地区物流、休闲和金融枢纽为目标,推进了3 000亿美元规模的建设项目。在此过程中,政府与国有企业的债务像滚雪球一样不断增加,估计其债务截至2009年底约为800亿美元。这远不是尾声,据巴林岛希克顿湾的瑞士银行分析,迪拜世界下属Nakheel房地产公司和迪拜其他开发公司已开工的4万户住宅,预估总共需要110亿美元资金,而Nakheel房地产公司还有20%的资金缺口才能在2010年底前完工并交房,但这些工程的投资人都已拿不出钱来,原始债务十分庞大。

假如美国的次贷危机不演变成国际金融危机,全球经济继续泡沫化,迪拜模式还能延续。但不幸的是,国际金融危机爆发后,房地产、港口等资产与投资英国、美国的金融资产严重缩水,无法支撑迪拜梦幻般的建设规划。迪拜房价自2008年高点重挫70%,大量豪华楼盘成为烂尾楼。自房地产泡沫破灭以来,当地总共有400多个工程项目被迫取消,涉及的款项超过3 000亿美元。即便如此,就在2009年6月,迪拜宣布将新建一座全世界最高的摩天大楼(总高度为1 100米),超过目前的"迪拜塔"(162层,总高度为818米),具体就是由Nakheel房地产公司开发。

迪拜金融危机将使国际投资者明白,一向以安全面目示人的中东美元与主权财富基金也存在巨大风险,只要金融杠杆太高、融资过大,就是风险的前兆。被深套其中的是迪拜世界的债权人,其中不少是欧资机构,包括汇丰控股、巴克莱、莱斯以及苏格兰皇家银行等。

2. 中国应从中吸取的教训

中国应从迪拜金融危机中吸取的教训是:警惕国内房地产的泡沫扩张模式,高楼崇拜与金融危机之间存在着密切的关联。迪拜的融资主要来自欧资银行,而国内融资主要来自资本市场与银行,这就意味着,一旦出现偿债危机,资本市场的投资者与银行就是最后的接盘者。而房地产投资者会在此前就倒地,甚至成为负资产一族。如果不抑制无度的基建投资,任由房地产泡沫与资产泡沫扩张,人们就很难对中国金融行业以及未来的债务信用保持乐观态度。

(五) 2009年欧洲主权债务危机

1. 危机的演变过程

(1) 开端

2009年12月全球三大评级公司下调希腊主权评级,希腊的债务危机随即愈演愈烈。

2009年12月8日,惠誉将希腊信贷评级由"A-"下调至"BBB+",前景展望为负面;2009年12月15日,希腊发售20亿欧元国债;2009年12月16日,标准普尔将希腊的长期主权信用评级由"A-"下调为"BBB+";2009年12月22日,穆迪宣布将希腊主权评级从"A1"下调到"A2",评级展望为负面。

但金融界认为希腊经济体系小,发生债务危机的影响不会扩大。

(2) 发展

欧洲其他国家开始陷入危机,包括比利时这些外界认为较稳健的国家,及欧元区内经济实力较强的西班牙，都预报未来3年预算赤字居高不下，希腊已非危机主角，整个欧盟都受到债务危机的困扰。

2010年1月11日，穆迪警告葡萄牙若不采取有效措施控制赤字，将会调降该国债信评级；2010年2月4日，西班牙财政部指出，西班牙2010年整体公共预算赤字恐将占GDP的9.8%；2010年2月5日，债务危机引发市场惶恐，西班牙股市当天急跌6%，创下15个月以来最大跌幅。

(3) 蔓延

德国等欧元区的龙头国都开始感受到危机的影响，因为欧元大幅下跌，加上欧洲股市暴挫，整个欧元区正面临成立11年以来最严峻的考验，有评论家更推测欧元区最终会以解体收场。

2010年2月4日，德国预计2010年预算赤字占GDP的5.5%；2010年2月9日，欧元空头头寸已增至80亿美元，创历史最高纪录；2010年2月10日，巴克莱资本表示，美国银行业在希腊、爱尔兰、葡萄牙及西班牙的风险敞口达1 760亿美元。

(4) 升级

国际货币基金组织在2010年4月20日和21日先后发布的《全球金融稳定报告》和《世界经济展望报告》中表达了对发达国家主权债务风险的担忧。国际货币基金组织在《世界经济展望报告》中指出，短期内的主要风险是，如果不加以控制，市场对希腊主权债券流动性和偿还能力的担忧可能会演变成一次主权债务危机，并形成某种蔓延之势。2010年4月23日，希腊正式向欧盟与国际货币基金组织申请援助。2010年5月3日，德国内阁批准224亿欧元援希计划。希腊财政部长称，希腊在2010年5月19日之前需要约90亿欧元资金以渡过危机。

始于希腊的“欧猪五国”(PIIGS，即葡萄牙、意大利、爱尔兰、希腊和西班牙)主权债务问题引起了法国、德国、美国等国的高度关注。2009年欧洲各国公开赤字与GDP比例，排前三位的是爱尔兰、希腊、西班牙，爱尔兰占比高达14.3%。2009年欧洲各国债务与GDP比值，排前三位的是希腊、意大利、比利时，排第一的希腊债务为GDP的1.24倍。

2010年5月10日，欧盟和国际货币基金组织通过总额为7 500亿欧元的救助计划，避免危机蔓延。其中，4 400亿欧元是由欧元区成员国政府通过特殊目的载体(SPV)为渠道提供的一系列贷款，另外600亿欧元来自扩大后的国际收支援助基金，以欧盟2013年前每年1 410亿欧元的预算作担保，通过市场融资获得；而国际货币基金组织将提供不超过2 500亿欧元的资金以扶持欧盟紧急基金的建立。此外，欧洲中央银行表示将购买政府和私人债券；美联储则启动与欧洲中央银行、加拿大、英国和瑞士四家中央银行的临时货币互换机制，以帮助缓解国际金融市场的流动性压力。

2010年5月18日，德国金融监管局宣布从2010年5月19日至2010年3月31日实施“裸卖空”[①]禁令，并将对此进行密切监控。该禁令引起欧元区其他成员国的广泛质疑。

2010年以来金融危机的焦点由美国移至欧洲，欧洲演变为全球经济中最危险的一环。7 500亿欧元的联合金融救助方案和欧洲中央银行资产抵押规则的放宽虽然降低了希腊等国的短期偿债风险，但主权债务危机在欧洲深化蔓延的趋势并没有改变，欧洲需要稳定全球投资者对欧洲的信心，于是在危机救援后进行银行资本充足率的压力测评就被提上议事日程。

---

① 所谓“裸卖空”，是指投资者没有借入股票而直接在市场上卖出根本不存在的股票，在股价进一步下跌时再买回股票以获得利润的投资行为。

值得注意的是,欧洲银行业监管委员会(CEBS)于2010年7月23日公布了91家参与“压力测试”的欧洲银行的测试结果,结果好得出乎所有人的意料。即便是在最为困难的经济假设场景下,也只有7家欧洲银行的一级资本充足率会在2010年、2011年跌至6%以下(6%为测试标准),其中没有一家大型银行,总共需要募集的资金只有35亿欧元。这一测试结果大大提振了股市、汇市,对稳定全球金融市场起到了积极作用。但是从测试的过程和透明度看来,这种稳定恐怕难以持续,欧洲银行业还将面临严峻而持久的挑战。此次压力测试结果存在被有意忽略的“硬伤”。CEBS报告中参考了许多关键的宏观经济变量数据,如国内生产总值、失业率、居民消费价格指数等,也考虑了市场最为关注的主权债务对金融市场以及利率市场所造成的大幅波动的影响,但没有披露银行业所持主权债务比重,也未考虑国家是否破产等情况。

根据国际清算银行(BIS)的数据,截至2009年底,全球银行业持有的海外债务累计为25.1万亿美元,其中12.4万亿美元债务来自欧洲,占全部债务的49.39%。欧洲银行持有欧洲债券的头寸最大,总计为10万亿美元,其中2.9万亿美元债务来自葡萄牙、意大利、希腊和西班牙等国;法国、德国、荷兰、英国在欧洲的债务头寸分别为2.30万亿、2.01万亿、0.92万亿、1.09万亿美元,对葡萄牙、意大利、希腊和西班牙四国的头寸则分别为9 113亿、7 037亿、2 436亿、4 179亿美元。

2010年欧洲地区银行大约有5 600亿欧元债务到期,2011年有5 400亿欧元债务到期。而欧洲国家在2010年必须筹集1.6万亿欧元资金,这有可能对欧洲银行的再融资带来负面的冲击。显然,通过压力测试并非万事大吉,关键是能否为筹集资金开出“药方”。当今国际金融市场已经进入“金融地震”后的“余震期”,各国的未来经济走势、政策调整以及财政重建过程所隐含的不确定性,都可能使主权债务风险对风险资产定价的扭曲和干扰不再是短期效应,而是长期挑战。

事实上,主权债务危机已动摇了全球金融市场的内稳性,甚至开始干扰市场对风险资产的有效定价和资源配置。债务违约风险对全球金融市场存量风险资产带来了明显的风险敞口,并加剧了风险定价的不确定性。在这种脆弱性的影响下,风险偏好的变化以及风险焦点的转移成为主导国际金融市场走向的最重要因素。

2. 给中国带来的警示

第一,引导商业银行建立健全公司治理结构并制定严密的内控制度,使商业银行摆脱行政干预的影响。目前,地方政府多是依托政府融资平台向银行贷款,而政府融资平台公司的很多建设项目本身并不直接产生效益,其还款来源主要是地方政府的财政收入;如果财政收入状况差,地方政府的债务风险将主要集中在银行体系。因此,银监会应切实加强对金融机构的公司治理结构和内控制度的指导与管理,加强对地方融资平台项目的业务管理和风险警示。

第二,以立法形式加强对地方政府预算管理,增强透明度,合理控制政府债务规模,加强风险管理。应该及时对全国整体财政及债务状况进行全面清查和评估,对地方政府债务规模进行限额管理和风险预警,切实从财政和金融两方面防范偿债违约风险。

第三,拓宽地方政府财政收入渠道,使地方政府有与本地经济发展相称的财政收入。近年来,在中央和地方分税制度体系下,各级地方政府多以卖地收入作为财政收入的重要来源,但这种“土地财政”具有不稳定性和不可持续性。因此,有必要通过培育地方税税种如物业税等方式,促进地方财政收入的稳定增长。

第四,警惕“金融化享受”。作为现代工业文明发源地的欧洲,曾经创造了史无前例的生产力和傲人的经济成就。但是在高福利追求和高福利水平下,近30年来欧洲进取精神明显衰退。进取精神衰退的迹象之一是诸多国家出现了“金融化享受”的倾向。曾经以制造业为代表的实体经济在欧洲经济中的比重一直超过金融服务业；但随着经济逐渐金融化，欧洲国家与美国一样，经济活动中心逐渐偏离了实际产品生产，越来越集中于金融资产的管理、流动和增值。其后果是，以金融为代表的服务业的发展速度远远超过实体经济，金融业越来越成为欧元区经济发展的主要推动力。与此同时，欧洲国家不断把制造业转移到境外，致使其经济虚拟化程度大大提高；资本外移的直接后果是，本土工作岗位不断丢失，失业率居高难下。如今在欧洲，除了德国、瑞典等少数国家依然保持着高度的勤勉和创新精神外，其他国家都有“金融化享受”的倾向。严重的失业不仅使数以千万计的失业者要求以被救济者的身份分享社会劳动成果，而且造成不少具有高素质的人力资本无法充分发挥其创造财富的能力。希腊等国每年产值中有将近 1/3 被社会福利和救济所吞噬，政府财政负担日益加重；加上工业发展相对停滞以及创新盈利能力不断衰退，致使国民经济陷入困境。

为此，中国政府在保增长、调结构的同时，需要吸取欧洲“金融化享受”带来的深刻教训。

第三节 国际货币金融危机理论

国际货币金融危机理论着重从理论上分析引发国际货币金融危机的原因及机制。20 世纪 70 年代前，独立的货币金融危机理论还没有形成。尽管某些国家爆发过货币危机，但当时人们一般着重探讨经济危机理论时涉及货币金融问题。20 世纪 70 年代后，国际货币金融危机的频繁爆发使货币金融危机理论的形成和发展成为可能。具体来说，货币危机理论可划分为三代：第一代危机理论产生于 20 世纪 70 年代末至 80 年代初，以保罗·克鲁格曼提出的宏观经济基础模型为代表；第二代危机理论产生于 20 世纪 80 年代中期至 90 年代中期，以奥波斯特费尔德（Obstfeld）的预期自我实现型货币危机理论为代表；最新危机理论产生于 1997 年亚洲金融危机，代表性理论有麦金农（McKinnon）和皮尔（Pill）的道德风险论、金融恐慌论和克鲁格曼的资产价格论等。

一、第一代货币危机理论模型

第一代货币危机理论模型又称宏观经济模型。保罗·克鲁格曼于 1979 年提出第一个比较成熟的货币危机理论。它对 20 世纪 70～80 年代初发生在墨西哥及阿根廷等拉美国家的货币危机原因给出了较好的解释。该理论认为，政府过度扩张的财政政策和货币政策会导致经济基础恶化，这是导致投机者对固定汇率的冲击并最终引发危机的基本原因。该理论建立在赛朗特和汉德森模型（Salant and Henderson Model）的基础上，其货币主义色彩浓厚。克鲁格曼在分析中采用了非线性形式，难以确定固定汇率的崩溃时间。之后，利·弗拉德（R. Fload）和 R. 戈博（R. Garber）于 1986 年建立了线性模型，完善了这一研究。三人的研究成果被简称为克鲁格曼模型。

用国际收支的货币分析法可以理解克鲁格曼理论对货币危机产生原因及机制的分析。假设一国货币需求非常稳定，而货币供给则由国内信贷和外汇储备两部分构成。国内扩张（或收紧）信贷时，该国居民将从国外购买（或向国外出售）商品、劳务和金融资产，从而导致外汇储备减少（或增加），调节货币供给与货币需求的平衡关系。该理论认为，货币危机产生的根源是政府的宏观经济政策(尤其是过度扩张的财政政策和货币政策——财政赤字的货币化政策)与固定汇率政策不协调。财政赤字的货币化政策导致货币供应量增加,本币汇率贬值压力增大,于是,居民和投资者会倾向于用本币购买外币;而固定汇率要求中央银行以固定汇率卖出外币。随着国内财政赤字的货币化,中央银行的外汇储备不断减少,一旦外汇储备枯竭,固定汇率机制则随之崩溃,并引发货币危机。但是,如果外汇市场上存在投机者,则汇率崩溃不会等到中央银行外汇储备枯竭时才发生,因为他们会在中央银行外汇储备枯竭前抛售该国货币并买入外汇,致使中央银行外汇储备提前枯竭,进而使固定汇率机制崩溃。至于外汇投机会选择在何时发动,往往涉及影子汇率。① 当一国信贷扩张时,影子汇率会不断降低,当影子汇率下降至固定汇率水平时,投机者就会冲击外汇市场,而名义汇率此时并未发生变化。政府随即就会动用储备来维持固定汇率。随着投机者对外汇市场冲击以及由此所产生的"羊群效应"的进一步扩大,官方储备会迅速减少并枯竭,最终固定汇率机制崩溃,本币汇率暴跌。显然,外汇投机者的预期会加速固定汇率机制的崩溃。

克鲁格曼理论着重强调以下三点:

第一,货币危机的成因是由于政府宏观经济扩张政策与固定汇率的维持这两种政策目标之间发生冲突。它将国际收支问题看作货币供求的自动调整过程,外汇储备流失最重要的原因是国内信用扩张,政府的财政赤字货币化政策直接引发货币危机。

第二,外汇投机者对外汇市场的冲击致使外汇储备减少并枯竭是货币危机发生的一般机制。在该机制中,中央银行处于被动地位,虽然预期使货币危机发生时间提前,但官方储备数额的大小是维持固定汇率机制最核心的因素。

第三,紧缩性财政政策和货币政策是防止货币危机的关键,这是该理论的政策含义。宏观经济基础变量的恶化是导致货币危机的根本原因,而外汇投机者的冲击只是外在因素;调整基本经济政策是维持固定汇率的关键,而采取从国外借款以及限制资本流动等措施都不能从根本上解决问题。

不过,克鲁格曼理论也存在一定的缺点:一方面它所假定的政府政策太机械,即无论外部状况如何,政府只是一味地扩大货币发行量;另一方面,它所假设的中央银行干预外汇市场的方式太单一,即中央银行只是通过买卖外汇来干预汇率,而实际上政府可选择多方面的政策来干预汇率。

二、第二代货币危机理论模型

第二代货币危机理论又称预期自我实现型模型,它提出了"预期"的作用,极大地丰富了货币金融危机理论,并在一定程度上解释了 20 世纪 90 年代初爆发货币金融危机的原因。该理论认为,投机者之所以对一国货币汇率进行冲击,并不是因为其经济基础恶化,而主要是由贬值预期的自我实现所致。就理论而言,当投机者对货币发起冲击时,政府可通过提高利率以抵消市场对本币的汇率贬值预期,吸引外资,从而增加外汇储备,最终维持固定利率平价。然而,如果提高利率维持平价的成本大大高于维持平价所能获得的好处,政府就会被迫放弃固定汇率制。相反,投机者是否对该国货币继续冲击也要将该冲击对其带来的成本与收益进行比较。

① 所谓影子汇率,是指在没有政府的干预下,外汇汇率自由浮动时确定的汇率水平。该汇率水平随着经济基本因素的变化而变化。

因此,固定汇率制是否能维持下去是政府和投机者各自权衡利弊得失的结果。

根据第二代货币危机理论,三种因素会引发货币危机:(1)政府维持固定汇率的动机;(2)促使政府放弃固定汇率的动机;(3)市场预期贬值最终导致政府放弃固定汇率。而政府是否捍卫固定汇率取决于前两个因素冲突的利弊权衡。然而,当市场预期汇率贬值时,捍卫固定汇率的成本将大大增加,并最终迫使政府放弃固定汇率制。

政府捍卫固定汇率的好处主要有三个方面:(1)若该国有恶性通货膨胀的历史,固定汇率有利于增强政府降低通货膨胀的可信性;(2)固定汇率因降低汇率风险而有利于国际贸易和融资;(3)维持固定汇率有利于国际合作和维护国家信誉。

从理论上分析,政府可以提高利率来维持固定汇率。然而,提高利率的代价也比较大,这样做既不利于金融稳定,也有可能增大政府的预算赤字。

政府放弃固定汇率的好处主要有两个方面:一是可以采用扩张性货币政策降低本国的失业率;二是货币汇率贬值可减轻本币计值的实际债务。显然,放弃固定汇率制度就意味着失去维持固定汇率制的好处,这就是放弃固定汇率制度的代价。

外汇投机者的策略是权衡投机的成本与收益。投机者对一国货币冲击的第一步是在该国货币市场上借入本币,再在外汇市场上抛售本币买入外汇。若该冲击成功,他会在本币贬值后再用外汇购回本币,以偿还先前的本币借款。投机者发起冲击的成本取决于本币市场上的利率,预期收益就是持有外汇资产期间由外国货币市场上的利率确定的利息收益和预期本币贬值幅度确定的收入。只要预期投机冲击成功后,该国货币贬值幅度超过该国货币利率提高后两国之间的利率之差,投机者就会进行冲击。只要投机者预期该国货币贬值幅度足够大,则投机者在该国利率提高到政府可以承受的上限后,仍可接受这一利息成本,继续在外汇市场上冲击,并最终迫使政府放弃固定汇率。不过,投机者最终是否能成功,取决于其用于投机的资金数额多少、是否发生"羊群效应"、政府维持固定汇率的意志,以及实施的反危机政策是否及时有效。

需要强调的是,只有在市场相对稳定的情况下,政府提高利率,减少资本外流,防止投机冲击,以及稳定利率与汇率之间的连锁反应才会发生。如果投机者已经开始冲击货币,市场上已经出现"羊群效应",那么,提高利率就不能达到预期效果,反而会导致相反的心理预期,进而使本国资本流出的规模更大、速度更快,加重经济衰退。利率的调整应当谨慎并适当超前,就利率对投机者心理预期所产生的影响进行恰当控制。

政府是否捍卫(或放弃)固定汇率取决于捍卫(或放弃)的利弊权衡,显然,对汇率贬值的预期改变了这一原先利弊平衡关系,最终导致政府放弃固定汇率。当市场预期汇率贬值时,市场参与者把预期因素纳入其经济决策中,而投机者也提前抛售本币,于是,原先的利弊平衡关系被改变,政府捍卫固定汇率的成本增加,并最终放弃固定汇率。这便是危机的自我实现,即预期汇率贬值本身就是危机的直接原因。

归纳起来,第二代货币危机理论的核心内容包括以下四点:

第一,货币危机发生隐含两个假定条件:一是政府有优化其多个目标并且往往是相互矛盾的目标的任务,二是宏观经济中存在多重平衡点,并且存在导致多重平衡点的循环过程,预期不同,所导致的经济平衡点也不同。只有在与其他经济政策相互协调时,才有可能维持固定汇率制。在发生危机之前,基本经济因素不一定出现显著恶化。该理论假设政府是理性的,追求宏观整体效益最大化,宏观经济政策是随着经济状况的变化和市场预期的变动在宏观经济政策目标间进行权衡和调整,并反过来对经济主体的预期产生影响,进而促使经济变量做出相应的调整。这种相互影响可能会导致多重均衡和危机的自我实现。显然,该理论强调了市场参与者在决定经济平衡点实现时所起的作用。

第二，货币危机发生的一般过程是，政府为抵御投机冲击而不断提高利率直至最终放弃固定汇率。预期因素决定货币危机是否发生，而利率水平高低则是决定政府是否放弃固定汇率制的核心变量。当市场预期货币将贬值时，货币危机的发生机制有明显的自我强化特点，即政府提高利率来维持固定汇率，从而使维持固定汇率成本上升，进而强化市场的贬值预期，导致政府进一步提高利率。不过，货币危机是否一定发生取决于政府与投机者之间的动态博弈过程。存在信息不对称时，市场只能大致估计政府放弃固定汇率的意愿和成本，投机者对货币的冲击则是具有一定弹性的。如果政府在捍卫固定汇率过程中有足以改变投机者预期的好消息产生，那么，货币危机就会被阻止；反之，政府将会被迫让本币贬值。

第三，即使经济基础未表现为不断恶化，货币危机也有可能爆发。然而，政府在实施反危机政策时，经济基本面一般会发生变化 ，其一旦发生实质性恶化，则会引发货币危机。

第四，防范货币危机发生的主要措施是提高政府政策的可信性。政府政策的可信度越高，并且越透明，则货币危机爆发的可能性就越小。

不过，第二代货币危机理论也有两大明显的缺陷：一是没有对货币冲击是怎样开始的做出解释。该理论将货币冲击恰好发生在某一时点上的原因归纳为危机理论模型之外的因素，这显然不具有说服力。在很多情况下，国家在货币危机发生之前的很长一段时间内都满足货币受冲击的条件，其间，如果投机者发起任何一次集中的货币冲击，都会提高政府维持固定利率的成本，最终甚至被迫放弃固定汇率制度。二是没有对决定预期的因素做出解释，也未提出建设性意见。该理论的代表人物奥波斯特费尔德的观点是，由于预期是自我实现的，因此，只要影响预期就能防范货币危机，而预期由模型之外的因素决定。

三、货币金融危机的最新理论

1997 年亚洲金融危机的爆发使传统的货币金融危机理论无法充分地解释危机性质以及预测危机产生的影响。亚洲金融危机的表现不同于以往的货币危机。其间，危机所在国家和地区几乎没有一个出现经济基本面恶化的情况，也没有发生大规模失业，没有迹象表明这些国家和地区打算放弃固定汇率制度而实行扩张性货币政策；危机的传染和扩散路径也很特别，既有与危机国家和地区地理位置很近和产品出口结构相似的国家和地区，也有地理位置不近而产品出口结构存在很大差异的国家和地区；危机中各国金融中介机构起了重要作用，它们借入短期外币，之后，将所借入的巨额外币贷给投机者或融通给从事借贷投机的公司进行投机性投资。

最新货币金融理论主要有道德风险论和金融恐慌论。

(一) 道德风险论

麦金农和克鲁格曼是该理论的主要代表人物。该理论认为：政府的隐含担保导致的道德风险是引发危机的真正原因，货币价值的波动只不过是危机的一个表现。所谓道德风险，是指因当事人的权利与义务不匹配而可能导致他人的财产或权益受损失。在货币金融危机中，该风险表现为政府的存款者所做的某种担保使金融机构进行风险很高的投资行为，并由此产生巨额的呆账、坏账，进而引发公众的信任危机和金融机构的支付危机，最终爆发金融危机。

在东南亚国家，由于政府与金融机构之间存在错综复杂的资金、业务和人事关系，加上新闻媒介的不断暗示，社会公众得出以下结论：金融机构一旦发生危机，政府一定会加以保护。

这种所谓的担保实际上是一种隐含担保，因为它毕竟缺乏确凿的法规依据，但隐含担保的存在使道德风险造成的危害更严重。

该理论认为，货币金融危机的发展具有以下三个阶段：

第一阶段，金融机构在隐含担保条件下进行投资决策，得到隐含担保的金融机构会选择风险投资项目。

第二阶段，虽然金融机构做出了扭曲的投资决策，但因隐含担保的存在，人们仍然放心地将资金存放在这些机构，从而导致金融中介机构过度借贷。这一过程的结果是，各种资产价格迅速上涨，整个经济投资过热，并最终产生金融泡沫。

资本市场开放加剧国内过度投资。当金融机构无法满足资金的需求时，只能引起利率上升，而融资成本的增加在一定程度上能够抑制人们的投资欲望。但资本市场的开放使人们从国际资本市场上得到资金成为可能，进而投机或投资需求不断膨胀，并将金融风险扩散到国际市场。若国内在开放资本市场的同时维持固定汇率，则高利率必然会使大量外国资本涌入本国。

第三阶段，当泡沫经济持续一段时间后，金融机构对资产价格上涨而带来的良好债务状况开始关注和警觉，并且这种警觉逐渐演变为普遍的金融恐慌时，高风险投资项目出现问题，泡沫开始破裂。随之，资产价格的下跌导致金融机构财务状况恶化，产生偿付危机，而政府的援助并未出现，人们的希望破灭，进而引发金融市场动荡，资产价格进一步下跌，金融机构的偿付问题很快蔓延，金融体系崩溃，金融危机爆发。

显然，如果一国政治或经济制度向有利的方向转变（如进行金融改革，并使金融机构的投资决策不再偏好高风险），道德风险的危害性就会减弱。所以，加强对金融体系和资本市场的监管，尽可能减少政府与金融机构之间的裙带关系和过于密切的往来，是防范金融风险的关键。

因此，将该理论用于解释 1997 年亚洲金融危机所表现的特征是比较恰当的。爆发危机的国家和地区的金融机构都提供了巨额隐含担保；危机爆发前资产价格都出现暴跌；危机之所以后来扩散到地理位置较远且出口产品结构不同的国家和地区，是因为这些国家和地区的金融体系极其脆弱，一有风吹草动，就可能形成自我实现的金融危机。

不过，道德风险论的缺陷也比较明显。(1) 该理论建立在三个重要前提之上：第一，存在政府隐含担保时，金融机构必定会投资过度；第二，风险性投资行为一定会挤出金融机构和其他经济部门的全部正当投资行为；第三，外资必定会优先考虑具有政府隐含担保的企业或金融机构。然而，在亚洲金融危机发生前，这些国家和地区所有类型的投资行为都有所增加，几乎所有的证券投资或直接投资以及半数以上的国际银行贷款都进入了没有国家担保的非银行企业。这些现象与该理论的前提并非完全一致。(2) 忽略了国际游资的恶意冲击，没有解释促使金融危机突发的因素。

（二）金融恐慌论

金融恐慌论对资本流动恶化危机的作用给出了比较完整的描述。该理论认为，东南亚国家在危机之前大多经历了一个资金迅速流入的过程，但外资的流入是很脆弱的，极易受金融恐慌（Financial Panic）的影响而外流，一旦外资发生大规模外流，危机就会爆发。该理论认为，恐慌因一国经济的基本面恶化，以及一些突发性金融和经济事件而产生，并且因各国政府和国际组织对危机的处理不当而不断膨胀，进而发生大规模资本外流，最终导致并恶化危机。该理论引入了市场情绪这一新变量，突出了国际资金逆转性流动的触发作用，对危机的恶化做出了新的解释。

1. 金融恐慌的含义和原因

所谓金融恐慌①,是指由于某种外在因素,短期资金的债权人突然大规模地从还具有清偿能力的债务人那里撤回资金,这是一种集体行为。它是金融市场上不利均衡发展的结果。

产生金融恐慌的原因主要有:一国或一家金融机构的短期债务数额超过短期资产;一国或一家金融机构不具备足够的流动资金来偿还其所有的短期债务;没有一个经济单位能够担负起最后贷款人的职责。若上述现象发生,则当(包括存款者在内的)债权人发现其他债权人已经撤回资金时,就会做出相同的行为;相反,若债权人发现其他债权人还在继续贷出资金,则会进行同样的操作。上述两种行为都是理性的。但是,第一种行为将会演变为大规模的金融恐慌,导致严重的经济损失,并引发危机。

2. 金融恐慌论的基本观点

1998年,美国经济学家斯帝文·瑞得里克(Steven Radelet)和杰弗里·萨克斯(Jeffrey Sachs)对金融恐慌论进行了论述和修正。其主要观点如下:

第一,在危机之前较短的时间内突然流入的外资潜伏着巨大的风险。这些外资多为短期资金,而且大多投向高风险行业,非常容易发生逆转。

第二,危机爆发前,金融市场上出现了一系列导致金融恐慌的触发事件。这些事件包括金融机构和企业的破产、政府违背自己的承诺、投机者在金融市场上恶意炒作等。这些事件引发了信心危机,导致外资撤离并引发危机。

第三,危机爆发后,一系列因素导致金融恐慌不断加剧,进而使危机恶化。这些因素包括:政府和国际社会政策失误,采用提高利率、推高股价以及向金融机构注资等措施,远远超过了政府自身的承受能力;各国政局动荡;国家信用评级降级;资本大量外逃;危机在东南亚国家蔓延。

3. 金融恐慌论的启示

第一,资本市场会发生多重均衡,应改革并健全金融体系。

第二,因国际金融市场容易受金融恐慌的影响,所以,必须有一个公平有效的组织充当最后贷款人,及时防止金融恐慌的爆发和扩大。

第三,政策制定者应全面谨慎地制定和采取措施,在危机显现端倪时就进行微调,避免短期行为对市场情绪带来消极影响。

第四节 货币金融危机的处理政策

货币金融危机的处理政策是指一国开始显现货币金融危机的迹象,或周边国家爆发货币金融危机后本国正在被传染而随时可能发生危机时政府采取的反危机措施,而不是指一国发生货币金融危机后的治理对策。通过总结近十几年发展中国家货币金融危机的教训以及各国政府所采取的反危机政策,比较有效的货币金融危机处理政策涉及以下四个方面:

一、寻求国际货币基金组织的援助

国际货币基金组织的宗旨之一就是对成员提供援助,但援助是有条件的,国际货币基金组

① 早在1983年,戴维格(Dybvig)和戴蒙德(Diamond)等经济学家就指出金融恐慌会导致危机并恶化危机。

织往往在与危机成员政府达成的协议中附加一些条件。例如，削减财政开支，紧缩经济，提出下一年度的调整计划；整顿金融体系，勒令部分金融机构破产，对金融机构进行重组，银行满足《巴塞尔协议》的有关要求；开放金融市场，取消对外资参与该成员金融机构的限制；调整经济结构，进行市场化和私有化改革。实际情况是，面对这些附加条件，多数成员会选择接受，但这会使其经济更加紧缩，甚至出现大规模失业和动荡。也有经济学家认为，国际货币基金组织的援助会导致道德风险，如果私人放款者相信最终可以通过国际货币基金组织的贷款得到补偿，就会以不能反映真正潜在风险的利率向新兴市场举债者提供大量贷款，进而使危机的严重程度加深和爆发频率更高；其最终结果与国际货币基金组织的本意相背。无疑，这一争议对国际货币基金组织的未来改革会产生一定的影响。

需要强调的是，寻求国际货币基金组织的援助只能应急，并不能从根本上解决问题，求助成员不能过分依赖国际货币基金组织。

二、主动扩大汇率波动弹性

自 20 世纪 90 年代以来爆发货币金融危机的许多国家都实行了某种形式的固定汇率制度，并且这些国家政府都在危机初期动用外汇储备来捍卫平价，储备枯竭后，固定汇率制度也随即崩溃，危机爆发。这显然暴露了固定汇率制度的僵化。假如政府面对本币贬值的巨大压力，并预期由此可能引发货币危机时，提前主动扩大汇率波动弹性，减缓货币贬值压力，就有可能避免危机爆发。不过，这里涉及调整汇率弹性的时机把握问题，最好的时机应该是政府还有较多的外汇储备，并且还没有进行平价捍卫战之时；否则，在平价捍卫战开始进行调整时，有可能“火上浇油”。

三、把握好调整利率的时机

许多国家普遍采用的反危机措施之一是提高利率，加大投机者冲击货币的成本。但这一政策在不同国家收效不同，甚至结果相反，主要原因之一是没有把握好调整利率的时机。虽然从理论上讲，提高利率会加大投机成本、减少资本外流、稳定汇率，进而阻止投机冲击，但实际上，上述因果关系并非总是成立。若市场相对平稳，则利率的提高有利于汇率稳定；若投机者已经开始冲击货币，市场“羊群效应”已经显现，则提高利率反而会使形势恶化，加速危机的爆发。因此，在危机初露端倪且金融市场相对平稳之时提高利率，应该能够达到反危机效果。

另外也应该看到，自 2007 年美国爆发次贷危机以来，各主要国家采取的措施是联手降息，以应对经济和金融全球化背景下的各国经济衰退困境。

四、适度管制资本流动

1997 年的亚洲金融危机表明，固定汇率制与国际资本流动存在二元冲突，即政府要维持固定汇率制度，就必须控制国际资本的自由流动。在东南亚危机期间，以及 2007 年美国爆发次贷危机后，由于中国的资本和金融账户没有完全放开，因此最终这些危机没有在中国蔓延。东南亚国家的经验证明，当一国货币金融危机逼近时，临时适度地实行资本和金融账户管制，可以有效地阻止危机的爆发。

本章小结

货币危机和金融危机是既相互联系又有区别的概念。货币危机有狭义和广义之分。金融危机包含货币危机,但涉及面更广、危害更大。货币危机如不能及时化解就会引发金融危机,而金融危机若不能及时化解则可能引起经济危机,乃至社会危机和政治危机。

货币金融危机的发生主要有三种类型。

20世纪70年代至2007年前,一些国际货币金融危机的主要特点是:每次危机都使相联系的某种固定汇率制度发生崩溃或重组;危机的破坏性很大;危机的扩散效应很广;外部援助不能从根本上解决问题及阻止危机的爆发。美国次贷危机爆发前的国际货币金融危机带来的启示是:内部因素是引发货币金融危机的主要原因;债务问题容易引发货币金融危机;在当今国际金融环境中,一国实行固定汇率制度的隐患巨大;资本市场对外开放不应操之过急;政府对外资大规模进入本国银行应进行适当的监督;政府应审慎采用反危机政策。

自2007年以来爆发的美国次贷危机、越南危机、冰岛危机、迪拜危机和欧洲主权债务危机使当代国际金融危机呈现一些不同于以往危机的特点和原因,分别有不同的教训,并给中国带来不少警示。

第一代危机理论产生于20世纪70年代末至80年代初,以克鲁格曼提出的宏观经济基础模型为代表;第二代危机理论产生于80年代中期至90年代中期,以奥波斯特费尔德的预期自我实现型货币危机理论为代表;最新危机理论产生于1997年亚洲金融危机,代表性理论有麦金农、克鲁格曼和皮尔的道德风险论和金融恐慌论等。这些理论从不同的角度分析了货币金融危机产生的原因,但同时也都有一定的缺陷。

货币金融危机的处理政策包括:主动扩大汇率波动弹性;把握好调整利率的时机;适度管制资本流动;寻求国际货币基金组织的援助。

思考题

1. 名词解释

货币危机　金融危机　次贷危机　第一代危机理论　第二代危机理论　道德风险　金融恐慌

2. 简述国际货币投机引发货币金融危机的机制。

3. 简述债务问题引发货币金融危机的机制。

4. 分析20世纪70年代至2007年前所爆发的不同国际货币金融危机的特点,并指出这些危机各有哪些教训,以及给中国带来哪些启示。

5. 第一代货币金融危机理论的主要观点和缺陷是什么?

6. 第二代货币金融危机理论的主要观点和缺陷是什么?

7. 1997年爆发的亚洲金融危机的主要原因和特征是怎样的?

8. 2007年爆发的美国次贷危机的主要原因和特征是怎样的?

9. 道德风险论和金融恐慌论的主要观点是什么?

10. 货币金融危机的处理政策一般有哪些?

第十二章 国际金融机构

- 国际金融机构在维护国际金融体系的稳定、促进国际经济发展，以及加强各国之间的经济合作方面始终起着非常重要的作用。
- 本章要点：国际金融机构概述、国际货币基金组织、世界银行集团、区域性国际金融机构。

第一节 国际金融机构概述

一、国际金融机构的发展与产生

国际金融机构是指从事国际金融业务、协调国际金融关系、维持国际货币与信用体系正常运作的超国家机构。

国际金融机构的产生和发展与国际经济、政治状况及变化密切相关。第一次世界大战前，世界主要国家的国际货币信用关系及结算制度没有真正建立起来，并且它们的货币汇率比较稳定，国际收支多为顺差，因而大国之间在国际金融领域的矛盾并不突出。此外，大国对小国的金融控制，主要依靠的是大国的经济实力、金融实力和军事实力。因此，第一次世界大战前没有产生国际金融机构的客观要求。

第一次世界大战爆发后，国际货币金融格局发生了重大变化，由于各主要国家经济政治发展不平衡，它们彼此之间矛盾尖锐化，于是，客观上要求利用国际经济组织控制或影响别国。与此同时，战争、通货膨胀及国际收支的恶化，又使许多工业国家面临国际金融困境，它们也希望借助国际经济力量解决现实难题。因此，建立国际性金融机构成为多数工业国家的共同愿望，客观上已具备产生国际金融机构的条件。

1930 年 5 月，第一次世界大战的战胜国集团为处理战后德国赔款的支付及协约国之间债务清算问题,由英国、法国、意大利、德国、比利时、日本六国的中央银行和代表美国银行界的美国摩根银行,在瑞士巴塞尔成立了国际清算银行,这是建立国际金融机构的重要开端。但是,这一机构当时并不具有普遍性,对国际经济金融活动的实际影响不是很大。

第二次世界大战后,各国生产国际化及资本国际化,使国际经济关系得到迅速发展,国际货币信用关系不断加强,国际金融机构迅速增加。1944 年 7 月,在英国、美国等国的策划下,美国、英国、中国、苏联、法国等 44 个国家在美国的新罕布什尔州的布雷顿森林召开了联合国货币金融会议,通过了由美国提出的关于设立国际货币基金组织和国际复兴开发银行的方案,并签订了关于确立西方国家金融关系的基础协议。1945 年 12 月正式成立了两个国际性金融机构,即国际货币基金组织和国际复兴开发银行(以下简称世界银行)。1956 年国际金融公司成立,1959 年国际开发协会成立,至此,世界银行集团正式出现。国际货币基金组织和世界银行集团是当今成员最多、机构最大,并且影响最广的国际金融机构。

自 1957 年开始,欧洲、亚洲、非洲、拉丁美洲及中东地区的国家,为了加强互助合作,抵制美国对国际金融的操纵,纷纷建立起区域性国际金融机构,以促进本地区的经济发展。最早出现的区域性国际金融机构是 1957 年由欧共体设立的欧洲投资银行。20 世纪 60 年代后,陆续设立了泛美开发银行、亚洲开发银行、非洲开发银行及阿拉伯货币基金组织等。

第二次世界大战后国际金融机构迅速发展的原因主要有:(1) 美国控制国际金融、扩大商品和资本输出的需要。美国在第二次世界大战中积聚了雄厚的实力,它企图通过建立国际机构来控制国际金融活动,从而有利于它的对外贸易及资本扩张。(2) 生产和资本国际化的发展,要求各国政府共同干预经济活动。国际范围内干预经济活动的加强为建立国际性金融机构提供了客观有利条件。(3) 工业国家的经济恢复以及新兴国家民族经济的发展,形成了对资金的迫切需求,希望建立国际金融机构,以获得所需资金。(4) 由生产和资本国际化而产生的经济和货币金融一体化的客观要求,为建立国际金融机构打下了基础。

二、国际金融机构的类型、性质与作用

国际金融机构的类型有两种:(1) 全球性国际金融机构。最重要的是国际货币基金组织和世界银行集团,它们对加强国际合作与稳定国际金融起着极为重要的作用。(2) 区域性国际金融机构。具体有两类:一类是联合国附属的区域性金融机构(有区域外国家参加),例如,亚洲开发银行、泛美开发银行、非洲开发银行;另一类是某一地区一些国家组成的真正区域性国际金融机构,如欧洲投资银行、阿拉伯货币基金组织、伊斯兰发展银行、西非发展银行、非洲发展经济阿拉伯银行、阿拉伯发展基金、石油输出国国际发展基金、科威特阿拉伯经济发展基金等。地区性国际金融机构是今后发展的主要方向。

20 世纪 60 年代前,全球性国际金融机构一直被美国控制,原因是这些机构通过决议的原则不是一国一票,而是谁入股出资多,谁的投票权就多,美国在这些全球性国际金融机构中拥有约 20%的资本份额,因此,在这一时期,国际金融机构为巩固美元霸权地位以及维持以美元为中心的国际货币体系起到了很大的作用。20 世纪 60 年代后,成立了十国集团,形成四方主要工业国操纵国际金融的格局,打破了美国“一统天下”的局面。二十国委员会和二十四国集团的成立表明了发展中国家力量的兴起,以及在国际金融领域中不可忽视的作用。美国在一些全球性国际金融机构的份额有所下降,其他西方工业国的份额有一定上升,发展中国家尤其是产油国的份额增长较快,并且份额大小已不是决定决议通

过与否的因素。由于这些变化，这些国际金融机构的性质朝着真正代表世界各国利益的方向转化。

然而，尽管有上述变化，但就目前来看，几个全球性国际金融机构仍在几个资本大国控制之下，贷款条件比较严格，不符合发展中国家利益，因此，发展中国家要求改革贷款政策、放宽贷款限制。另外，由于国际金融机构过多干预一些发展中国家的经济政策和发展规划，因此在某种程度上妨碍了这些国家民族经济的自由顺利发展。

无论如何，国际金融机构在加强国际合作及发展国际经济方面起到了一定的积极作用，主要表现为：(1) 提供短期资金，调节国际收支逆差，在一定程度上缓和了国际支付危机；(2) 提供长期建设资金，促进了发展中国家经济发展；(3) 稳定了汇率，有利于国际贸易的增长；(4) 通过创造新的结算手段，适应了国际经济发展的需要。

第二节　国际货币基金组织

国际货币基金组织(International Monetary Fund，IMF)是根据1944年7月召开的联合与联盟国家货币金融会议通过的《国际货币基金组织协定》成立的全球性国际金融机构，1947年11月15日成为联合国所属专营国际金融业务的机构，总部设在华盛顿。中国是该组织创始国之一。1980年4月17日，该组织正式恢复中国的合法席位。瑞士是唯一未参加该组织的西方主要国家。截止到2016年10月，国际货币基金组织有189个成员，其中180个是主权国家，9个是地区。

2016年1月27日，国际货币基金组织宣布其2010年份额和治理改革方案已正式生效，这意味着中国正式成为国际货币基金组织第三大股东。中国份额占比将从3.996%升至6.394%，排名从第六位跃居第三位，仅次于美国和日本。①

2016年3月4日，国际货币基金组织表示，将自2016年10月1日起在其官方外汇储备数据库中单独列出人民币资产，以反映其成员人民币计价储备的持有情况。

一、国际货币基金组织的宗旨与职能

(一) 宗旨

国际货币基金组织、世界银行集团以及世界贸易组织共同构成第二次世界大战后国际经济秩序的三大支柱。国际货币基金组织负责国际货币金融事务。其宗旨主要有：(1) 为成员提供一个常设的国际货币机构，促进成员在国际货币问题上的磋商与协作；(2) 促进国际贸易均衡发展，以维持和提高就业水平和实际收入，发展各成员的生产能力；(3) 促进汇率的稳定和维持各成员有秩序的外汇安排，以避免竞争性的货币贬值；(4) 协助建立各成员间经常性交易的多边支付制度，并努力消除不利于国际贸易发展的外汇管制；(5) 在临时性基础上和具有充分保障的条件下，为成员融通资金，使它们在无须采取有损于本国或本地区及国际经济繁荣的措施的情况下，纠正国际收支的不平衡；(6) 努力缩短和减轻国际收支不平衡的持续时间

① 资料来源：《人民日报》，2016年1月29日21版。

及程度。

(二) 职能

根据上述宗旨,布雷顿森林会议的参加者赋予国际货币基金组织的主要职能有三项:(1) 就成员的汇率政策,与经常账户有关的支付,以及货币的可兑换性问题确定行为准则,并实施监督;(2) 向国际收支发生困难的成员提供必要的资金融通,以使其遵守上述行为准则;(3) 向成员提供国际货币合作与协商的场所。

二、国际货币基金组织的组织结构

国际货币基金组织的最高权力机构为理事会,由成员指派正、副理事各一名组成,一般由各成员的财政部长或中央银行的行长担任,每年 9 月举行一次会议,各理事会单独行使本国的投票权(各国投票权的大小由其缴纳的基金份额的多少决定);执行董事会负责日常工作,行使理事会委托的一切权力,由 24 名执行董事组成,其中,6 名由美国、英国、法国、德国、日本、俄罗斯、中国、沙特阿拉伯指派,其余 16 名执行董事由其他成员分别组成 16 个选区选举产生;中国为单独选区,亦有一席。执行董事每两年选举一次;总裁由执行董事会推选,负责国际货币基金组织的业务工作,任期 5 年,可以连任,另外还有 3 名副总裁。

三、国际货币基金组织的资金来源

基金组织的资金来源有以下三个方面:

(一) 成员缴纳的基金份额

成员缴纳的基金份额为:25%是可兑换货币或特别提款权,75%是本国货币。成员份额越大,其享有的表决权就越大。成员的主要权利是按照所缴份额的一定比例借用外汇。此外,成员有义务提供经济资料并在本国或本地区的外汇政策和管理方面接受国际货币基金组织的监督。

成员向国际货币基金组织认缴的份额,决定其在国际货币基金组织的投票权和分配的特别提款权等份额,各成员的份额大小由理事会决定,同时要综合考虑会员的国民收入、黄金、外汇储备、平均进出口额和变化率以及出口额占 GNP 的比例等多方面的因素。对各成员的份额每隔 5 年重新审定一次,进行调整。份额的单位为美元,后改以特别提款权计算。国际货币基金组织最初创立时各成员认缴的份额总值为 76 亿美元。此后,随着新成员的不断增加以及份额的不断调整,份额总数不断提高。

1975 年前,成员份额的 25%以黄金缴纳,其余部分以本国或本地区货币缴纳存放于其中央银行,但国际货币基金组织需要时随时可以动用。自 1976 年牙买加会议后,国际货币基金组织废除了黄金条款,份额 25%改为以特别提款权或自由兑换货币缴纳。会员投票权按照其缴纳份额的大小确定,根据平等原则,每个成员有 250 票基本投票权。此外,再按各成员缴纳的份额外负担每 10 万特别提款权增加一票,两者相加,就是该成员的总投票数。因此,成员的份额越大,其投票表决权越大,可以借用的贷款数额也越大。美国在国际货币基金组织的各项活动中始终起着决定性作用。美国拥有 20%左右的投票权,而最小的成员只拥有不到1%的投票权。

(二) 向成员借款

国际货币基金组织通过与成员协商,向成员借入资金。例如,1962年10月,国际货币基金组织根据借款总安排(General Agreement to Borrow),从十国集团借入60亿美元,以应付英国和美国的需要,1968年后其他国家资金也可利用。国际货币基金组织在1974～1976年向石油输出国和发达国家借入69亿特别提款权,以解决石油消费国的国际收支困难。此外,国际货币基金组织还于1977年4月和1981年5月分别设立补充贷款和扩大资金贷款,其资金来源也是向成员借款。

(三) 出售黄金

国际货币基金组织于1976年1月决定将其所持有黄金的1/6,即2 500万盎司分4年按市价出售,以所获利润(市价超过42.22美元2盎司黄金官价部分)的一部分作为建立信托基金的资金来源。

四、国际货币基金组织的业务活动

(一) 资金融通

根据《国际货币基金组织协定》的规定,当成员发生国际收支暂时性不平衡时,国际货币基金组织向成员提供短期信贷,提供给成员的财政部、中央银行、外汇平准基金等政府机构,贷款限于贸易和非贸易的经常性支付,额度与成员的份额外负担成正比。贷款的提供方式采取由成员用本国货币向国际货币基金组织申请换购外汇的办法,一般称为购买(Purchase),即用本国货币购买外汇,或提款(Drawing),即成员有权按所缴纳的份额向国际货币基金组织提供一定的资金。国际货币基金组织的贷款无论使用什么货币都按特别提款权计值,不同的贷款期限使用不同的利率,利率随期限的延长而递增,利息用特别提款权支付,同时,每一笔贷款征收一定的手续费。

1. 普通贷款

普通贷款是国际货币基金组织的基本贷款,又称基本信用设施贷款(Basic Credit Facility)。它是国际货币基金组织利用成员认缴的份额组成的基金,对成员提供的短期信贷不超过5年,利率随期限递增。成员借用普通贷款采取分档政策(Tranche Policies),也就是说,将会员的提款分为储备部分和信用部分,后者又分为四个不同的档次,并且对每一档次规定宽严不同的贷款条件。

2. 补偿与应急贷款

补偿与应急贷款(Compensatory & Contingencing Facility, CCFF)前身为出口波动补偿贷款(Compensatory Financing Facilities,CFF),设立于1963年。当成员初级产品出口价格下跌、出口收入减少,或谷物进口国因谷物价格上升、进口支付增加,从而发生国际收支困难时,可向国际货币基金组织在普通贷款外申请该项贷款。贷款的最高限额为份额的83%(出口收入减少时或进口支付增加时),两项合计不超过份额的105%。1989年1月,国际货币基金组织以补偿应急贷款取代了出口波动补偿贷款,贷款最高额度为份额的122%。贷款条件是:出口收入下降或谷物进口支出增加是暂时性的，而且是成员本身无法控制的原因造成的，同时，借款方必须同意与国际货币基金组织合作执行国际收支的调整计划。

3. 缓冲库存贷款

缓冲库存贷款(Buffer Stock Financing Facility)设立于1969年6月，旨在帮助初级产品出口国稳定出口商品的国际价格。国际缓冲库存是一些初级产品(锡、可可、糖等)生产国根据国际商品协定建立一定数量的存货。当国际市场价格波动时，向市场抛售或买进该项产品以稳定价格，从而稳定出口收入。该项贷款最高可借到成员份额的45%，期限为3～5年。

4. 中期贷款

中期贷款(Extended Financing Facility)又称扩展贷款，是国际货币基金组织于1974年设立的用于解决成员较长期的国际收支逆差的专项贷款。如果成员的普通贷款都提完了仍不能满足需要，则可动用该项贷款。贷款条件是：(1) 确认申请贷款的成员的国际收支困难，确实需要比普通贷款期限更长的贷款才能解决；(2) 申请成员必须提供整个货币政策和财政政策等经济政策为实现计划目标将要采取的措施；(3) 贷款根据成员为实现目标执行有关政策的实际情况分期发放。如果借款成员不能达到国际货币基金组织的要求，贷款可以停止发放。此项贷款的最高借款额可达成员份额的140%，期限为4～10年，备用安排期限为3年。此项贷款与普通贷款两项总额不得超过借款成员份额的165%。

5. 补充贷款

补充贷款(Supplementary Financing Facility)设立于1979年2月，总计100亿美元，是对中期贷款的一种补充，主要用于帮助成员解决持续的巨额国际收支逆差。资金来源于石油输出国和西方工业国家，其中，石油输出国提供48亿美元，有顺差的7个工业化国家提供52亿美元。在成员国际收支严重不平衡，需要更大数额的资金时，可以申请补充贷款。贷款期限为3～7年，每年偿还一次，分期还清，最高借款额为成员份额的140%。补充贷款提供完毕后，1981年规定1年的贷款额度为份额的95%～115%。此后，贷款限额进一步降到1年为90%～110%，3年累计为270%～330%，累计最高限额为400%～440%。

6. 信托基金

信托基金(Trust Fund)设立于1976年，是国际货币基金组织在废除黄金条款后于1976年6月至1980年5月间将持有的黄金的1/6以市场价格卖出，用所获利润(市价超过35美元官价的部分)建立的基金，用于按优惠条件向低收入的发展中国家提供贷款。

7. 临时性信用贷款

国际货币基金组织除设定固定的贷款项目以外，还可以根据需要设置特别临时性的贷款(Temporary Credit Facility)项目，其资金来源于国际货币基金组织临时借入。例如，1974～1976年设置的石油贷款，用于解决石油价格上涨引起的国际收支失衡。石油贷款的资金来源是国际货币基金组织向盈余国家(主要是石油输出国)借入，再转贷给赤字国家。贷款的最高额度，1974年规定为份额的75%，1975年提高到125%；贷款期限规定为3～7年，申请石油贷款也需要提出中期收支调整计划。石油贷款于1976年6月届满，共有55个成员利用这一项目获得69亿特别提款权的贷款资金。

8. 结构调整贷款

结构调整贷款(Structural Adjustment Facility, SAF)于1983年3月设立，资金来自信托基金贷款偿还的本息，贷款利率为1.5%，期限为5～10年。1987年又设立了扩大结构调整款

(ESAF)，贷款最高额度为份额的 250%。

(二) 汇率监督与政策协调

为了使国际货币制度能够顺利运行，保证金融秩序的稳定和世界经济的增长，国际货币基金组织要监督各成员以保证其积极与其他成员进行合作，以维持有秩序的汇率安排和建立稳定的汇率制度。国际货币基金组织要求成员具体做到以下几点：

第一，努力以自己的经济政策和金融政策来达到促进有秩序的经济增长的目标，既有合理的价格稳定，又适当照顾自身的境况。

第二，努力创造有序的经济和金融条件和不会产生反常混乱的货币制度，以促进稳定发展。

第三，避免操纵汇率或国际货币制度从而妨碍国际收支的有效调整或者取得对其他成员不公平的竞争优势。

第四，在布雷顿森林体系下，成员改变汇率平价时，必须与国际货币基金组织进行磋商并得到其批准。在目前的浮动汇率制度环境下，成员调整汇率不需要征求国际货币基金组织的同意。但国际货币基金组织的汇率监督职能并没有因此丧失，它仍要对成员的汇率政策进行全面估价，考察成员的对内和对外政策对国际收支的调整以及实现持续经济增长、财政稳定和维持就业水平的作用。

第五，国际货币基金组织在多边基础和个别基础上对成员的汇率政策进行监督。在多边基础上，国际货币基金组织主要分析工业化国家国际收支和汇率政策的相互作用，以及这些政策在何种程度上会促进建立一个健康的世界经济环境。多边监督以执行董事会和理事会临时委员会提出的《世界经济展望》为依据，强调对国际货币制度有重要影响的国家或地区的政策协调和发展。国际货币基金组织要求主要西方工业化国家在七国首脑会议的基础上进一步讨论，以促进工业化国家在国际货币金融领域的合作和加强其宏观经济政策的协调。对个别国家的监督主要是通过检查成员的汇率政策是否与基金协定第 4 条规定的义务相一致，国际货币基金组织要求所有成员将其汇率安排的变化通知国际货币金融组织，以便其及时监督和协调。

(三) 提供培训、咨询等服务

国际货币基金组织还对成员提供包括培训、咨询等在内的服务。国际货币基金组织帮助成员组织人员培训，编辑并出版反映国际经济及国际金融专题的刊物和书籍，以提高成员有关专业人员的素质。与此同时，国际货币基金组织派往各地的人员积极搜集并反馈世界各国的经济金融信息，还以派出代表团的形式，对成员提供有关国际收支、财政、货币、银行、外汇、外贸和统计等方面的咨询和技术援助。

第三节 世界银行集团

世界银行集团由五个关系密切的机构组成，具体为世界银行、国际金融公司、国际开发协会、多边投资担保机构、公共信息中心。

一、世界银行

(一) 世界银行的建立及宗旨

世界银行,即国际复兴开发银行(International Bank for Reconstruction & Development, IBRD),是 1944 年 7 月布雷顿森林会议后与国际货币基金组织同时产生的另一个全球性国际金融机构。它成立于 1945 年 12 月,1946 年开始运营,1947 年成为联合国专门金融机构。世界银行总部设在华盛顿。世界银行与国际货币基金组织关系密切,相互配合,每年这两个机构的理事会联合召开年会。截至 2016 年底,世界银行拥有成员 184 个,其成员必须是国际货币基金组织的成员。中国于 1980 年恢复合法席位。

世界银行的宗旨是:(1) 与其他国际机构合作,为生产性投资提供长期贷款,协助成员的复兴与开发,并鼓励不发达国家开发生产与资源;(2) 通过保证或参与私人贷款和私人投资的方式,促进私人对外投资;(3) 用鼓励国际投资以开发成员生产资源的方法,促进国际贸易的长期平衡发展,维持国际收支平衡;(4) 在提供贷款保证时,应与其他方面的贷款相配合。

(二) 世界银行的组织结构

世界银行是按股份公司的原则建立起来的企业性金融机构,凡成员均须认购该行的股份。世界银行的组织结构与国际货币基金组织相似,其最高权力机构是理事会,由成员各指派 1 名理事和 1 名副理事组成,理事人选一般由该国财政部长或中央银行行长担任,任期 5 年,可以连任。理事会每年举行一次会议,但常与国际货币基金组织会议联合召开。理事会的主要职权是:批准接纳新成员,增加或减少银行资本,停止成员资格,决定银行净收入的分配以及其他重大问题。负责处理日常事务的机构是执行董事会。执行董事会选举 1 人为行长,主持常务。行长下设有副行长,辅助行长工作。

按常规,世界银行的行长是美国人,而国际货币基金组织的总裁是欧盟的人。世界银行的行长同时是世界银行集团的行长,也是集团其他 4 个组织的总裁。

世界银行发展委员会春季会议在 2010 年 4 月 25 日通过了发达国家向发展中国家转移投票权的改革方案,这次改革使中国在世界银行的投票权从 2.77%提高到 4.42%,成为世界银行第三大股东国,仅次于美国和日本。这次改革中,发达国家向发展中国家共转移了 3.13%的投票权,使发展中国家整体投票权从 44.06%提高到 47.19%;通过了国际金融公司提高基本投票权以及 2 亿美元规模的特别增资方案,使发展中国家在国际金融公司整体的投票权从 33.41%上升到 39.48%。会议还决定世界银行进行总规模为 584 亿美元的普遍增资,以提高世界银行支持发展中国家减贫发展的财务能力。

(三) 世界银行的资金来源

世界银行的资金来源主要有以下四个方面:

一是成员缴纳的股金。各成员缴纳的股金多少,是根据其自身的经济实力,并参照其在基金组织所缴份额的大小而定。成员的投票权与基金组织一样,与认缴股金成正比。

二是向国际金融市场借款。在国际资本市场上发行中长期债券是世界银行资金来源的主要方面。

三是出让债权。将贷出款项的债权出让给私人投资者，主要是商业银行，收回一部分资金，以增强银行的资金周转能力。近年来，这一资金来源在世界银行资金周转中显得日益重要。

四是利润收入。将历年业务活动中的营业利润作为资金来源之一。由于世界银行资信卓著，经营得法，每年利润都相当可观。

(四) 世界银行的贷款活动

世界银行最主要的业务活动是通过提供并组织长期贷款和投资，解决成员战后恢复和发展经济的资金需要。从贷款项目的确立到贷款的归还，世界银行有一套严格的政策和程序。

1. 贷款政策

世界银行的贷款原则是：(1) 只贷款给成员，并主要贷放给中等收入的国家，接受贷款的部门只能是成员政府，或必须由成员政府或中央银行担保的公私机构；(2) 贷款一般必须用于世界银行批准的特定项目，包括交通、运输、教育和农业等，但在特殊情况下，世界银行也发放非项目贷款；(3) 借款成员在不能按合理条件从其他渠道获得资金时，才能向世界银行申请贷款；(4) 贷款对象限于具有偿还能力的成员政府。

2. 贷款特点

世界银行的贷款特点主要表现为：(1) 贷款用途较大；(2) 贷款期限较长，平均期限为 6～9 年，最长可达 40 年，宽限期为 4 年左右；(3) 贷款数额不受份额限制，并且利率低于市场利率，采用固定利率，因此，国际货币基金组织的欠缺在一定程度上可以从世界银行贷款中得到弥补；(4) 对贷款收取的杂费很少，只对签约后未支用的贷款额收取 0.75%的承诺费；(5) 贷款必须与特定的工程项目相联系(即项目贷款)，专款专用，并采取国际招标；(6) 贷款以美元计值，借款成员借什么货币，还什么货币，要承担该货币与美元的汇率变动风险；(7) 贷款须如期偿还；(8) 贷款手续严密，一般需要 1.5～2 年才能取得贷款。

3. 贷款程序

世界银行的贷款程序往往因国家、地区、时间、地点、项目而不同。但随着贷款业务的发展，已逐渐形成以下一般程序：(1) 银行与借款成员探讨提供贷款的可能性，从而确定拟申请贷款的项目是否适合银行资助的类型；(2) 双方选定具体贷款项目；(3) 双方对贷款项目进行审查和评估；(4) 双方就贷款项目进行谈判和签约；(5) 执行并监督贷款项目；(6) 世界银行对贷款项目进行总结评价。

4. 其他贷款方式

世界银行的贷款业务，除上述一般贷款外，还有第三窗口贷款(The Third Window)，即中间性贷款，它是介于世界银行贷款和国际开发协会优惠贷款之间的一种贷款，是作为原有贷款的一个补充。20 世纪 80 年代后，世界银行大量采用联合贷款(Co-financing)形式向成员融通资金。联合贷款与银团借款类似，是由世界银行与官方的双边援助机构或多边援助机构、官方支持的办理出口信贷的机构、商业银行联合对某个项目进行贷款，借款成员以项目的收益偿还贷款。联合贷款不仅可以减轻世界银行本身的资金压力及增加资金来源，而且增强了商业银行贷放资金的安全感。

总之，自 20 世纪 70 年代以来，随着发展中国家对长期发展资金的需求不断增加，世界银行的贷款逐年上升。资金上的压力促使世界银行在筹款和贷款方面都出现了一些新变化。在筹集资金方面，世界银行从私人市场借款的比重上升，借款方式更加多样化，借款策略也有所变化，具体表现为：(1) 避免对某一市场过分依赖，力争使借款市场分散化；(2) 使银行及其借款人的资金绝对成本最小化;(3) 控制贷款费用等。

(五) 世界银行的其他业务活动

1. 提供技术援助

技术援助往往与贷款相结合,帮助借款成员进行项目的组织和管理,努力提高资金使用效益。世界银行为帮助发展中国家培训中高级官员,专门设立了世界银行学院(World Bank Institute)。

2. 成立解决投资争端国际中心

解决投资争端国际中心(International Center for Settlement of Investment Disputes, ICSID)成立于1966年,截至2005年底公约的签字国达到155个。它通过调解和仲裁的方式解决外国投资者与东道国之间的投资争端,帮助和促进国际投资,在其主持下签署的仲裁条款具有国际投资合同、投资法、双边投资及多边投资条约的特点。除了解决争端之外,该中心还从事研究工作,并出版了多卷《世界投资法》和《投资条约》。

(六) 世界银行与国际货币基金组织的关系

虽然世界银行与国际货币基金组织的业务活动的特点、组织结构及行政机构各不相同,但两者是根据相同的原则组成的,并且职能也互为补充。

世界银行的业务活动旨在帮助成员的经济发展,而国际货币基金组织的业务活动侧重于汇率的稳定、国际收支的调节以及成员的稳定发展。随着国际经济及货币金融关系的发展变化,互为补充的责任使这两个机构相互合作的趋势日益加强。

二、国际金融公司

国际金融公司(International Finance Corporation, IFC)于1956年7月24日正式成立。它是世界银行的一个附属机构,只有世界银行的成员才能成为该机构的成员,但它同时又是一个独立的国际金融机构。由于世界银行的贷款是以成员政府为对象,对私人企业贷款必须由政府机构担保,这在一定程度上限制了世界银行业务的拓展,因此,世界银行与成员政府协商后成立了国际金融公司,总部设在华盛顿。

国际金融公司的宗旨是配合世界银行,资助成员,特别是发展中国家的私人企业,使其获得增长,以促进成员的经济发展。国际金融公司的主要任务是为发展中国家私人企业的新建、扩建和改建等提供资金,促进外国私人资本在发展中国家的投资,促进本国资本市场的发展。

国际金融公司的组织机构与世界银行相同。最高权力机构是理事会,下设执行董事会,负责日常事务。国际金融公司的正副理事、正副执行董事也就是世界银行的正副理事和正副执行董事。因此,它与世界银行是两块牌子、一套班子。金融公司的总经理由世界银行行长兼任。

国际金融公司的主要业务是向成员的私人企业提供贷款,不需要政府担保。贷款期限一般为7～15年,利率一般高于世界银行,还款时须以原借入的货币偿还。除此以外,国际金融公司还对私人企业进行投资,直接入股。投资额一般不超过企业注册资本的25%,最低的只有2%,以此组织工业国家对发展中国家的私人企业联合投资,帮助发展中国家开发资本市场。

国际金融公司的资金来源主要有:(1) 成员缴纳的股金。国际金融公司成立时的资本总额为1亿美元,以后多次增资。各成员应缴纳股金的多少与其在世界银行认缴的股金成正比。(2) 向世界银行及国际金融市场借款。(3) 国际金融公司业务经营的净收入。

自20世纪80年代以来,国际金融公司的业务越来越多样化,不仅积极向重债国提供关于债务转换为股本的安排意见,帮助这些国家渡过债务危机,而且参与发展中国家的国有企业私有化及企业改组的活动,以帮助这些企业提高经济效益。

三、国际开发协会

国际开发协会(International Development Association,IDA)成立于1960年9月。它是世界银行的一个附属机构,但在法律地位及资金构成上,又是一个独立的国际金融机构,总部设在华盛顿。它的贷款原则及经营方针与世界银行相同,但其宗旨是专门对较穷的发展中国家提供条件极为优惠的长期贷款,加速这些国家的经济发展。只有世界银行的成员才有资格参加国际开发协会,但世界银行的成员不一定必须参加该协会。它每年与世界银行一起开年会。

国际开发协会的组织形式与世界银行相同。最高权力机构是理事会,理事会下设执行董事会,负责日常业务工作。它的正副理事及正副执行董事也是世界银行的正副理事和正副执行董事。经理及副经理由世界银行行长和副行长兼任。办事机构和各部门负责人也都是世界银行相应部门的负责人兼任。因此,它与世界银行也是一套班子、两块牌子。

国际开发协会的资金来源主要有:(1) 成员认缴的股本。(2) 世界银行的拨款,即从净收入中以赠与方式拨款资助开发协会。(3) 业务经营的净收入。由于开发协会贷款条件极为优惠,因此这部分收入很少。(4) 补充资金。根据协会规定,成员在一定时期内还须认缴一部分资金作为补充,以保证协会的来源。在已提供的补充资金中,绝大部分是由工业发达国家及高收入国家提供的。(5) 非洲基金。它设立于1985年,其资金由世界银行及其他捐款国捐款组成,用于撒哈拉以南非洲地区。

国际开发协会的业务主要是向较穷的发展中国家提供贷款。贷款只贷给成员政府,贷款主要用于农业、乡村建设、交通运输、教育、能源及通信等基本建设。贷款条件极为优惠:(1) 贷款不收利息,只收0.75%的手续费,对未付贷款每年收取0.5%的承诺费。(2) 贷款期限长达50年。(3) 头10年不必还本;第二个10年每年还本1%;其余30年每年还本3%。(4) 偿还贷款时,可以全部或一般部分使用本国或本地区货币。贷款的使用和监督与世界银行的要求一致。

四、多边投资担保机构

多边投资担保机构(Multilateral Investment Guarantee Agency,MIGA)成立于1988年,目前有158个成员。其目的是向发展中成员的外国投资提供非商业性风险的担保,鼓励东道国政府提供市场服务,以帮助它们吸引外国投资。多边投资担保机构是世界银行集团中一个独立的、自成一体的机构,与国际金融公司一样拥有自己的资本和成员国,与世界银行一起承担着促进发展中国家成员经济发展的任务。

五、公共信息中心

世界银行集团对有关世界银行各项活动的信息实行共享,目的是为了促进与有关信息的各方的协商和增加透明度。信息共享有助于提高世界银行的工作质量,增强人们对发展问题和世界银行所起作用的认识。

世界银行集团的公共信息中心(Public Information Center,PIC)设在华盛顿特区,是提供有关世界银行工作性质的重要窗口,不仅提供有关世界银行工作的信息,而且出售世界银行的出版物和电子产品。世界银行在各国的代表处都设有公共信息中心。该中心储存有上万份文件,每年接待几百万人次的来访查询,也接受传真、邮件和电话咨询。

六、中国与世界银行集团

(一) 与世界银行的往来

中国是世界银行的创始国之一。中华人民共和国成立后,中国在世界银行的席位长期为中国台湾所占据。1980 年 5 月,中国在世界银行和所属国际开发协会及国际金融公司的合法席位得到恢复。在世界银行的执行董事会中,中国单独派有一名董事。中国从 1981 年起开始向该行借款。此后,中国与世界银行的合作逐步展开、扩大,世界银行通过提供期限较长的项目贷款,推动了中国交通运输、行业改造、能源、农业等国家重点建设以及金融、文卫环保等事业的发展,同时通过其培训机构,为中国培训了大批了解世界银行业务、熟悉专业知识的管理人才。中国著名经济学家林毅夫于 2008 年 5 月至 2012 年 5 月曾担任世界银行高级副行长一职。

(二) 与国际开发协会的往来

1980 年 5 月,中国在国际开发协会的席位得到恢复,并在协会中享有投票权。国际开发协会主要向中国提供长期低息贷款,用于中国基础设施的建设与完善。

(三) 与国际金融公司的往来

1980 年 5 月,中国在国际金融公司的席位得到恢复。中国按规定认缴股金并享有投票权。目前,中国与国际金融公司的业务往来日益密切。从 1987 年国际金融公司开始向中国中外合资企业提供融资,援助的范围不断扩大,现已涉及中外合资企业、集体企业(含乡镇)、私营企业及实行股份制的企业等,为中国这些企业竞争能力的提高及中国多种所有制经济成分的发展做出了一定的贡献。

第四节 区域性国际金融机构

一、国际清算银行

(一) 国际清算银行的建立与宗旨

国际清算银行(Bank for International Settlement,BIS)于 1930 年 5 月根据《海牙国际协定》,由英国、法国、意大利、德国、比利时和日本的中央银行,以及美国的摩根保证信托公司、纽约花旗银行和芝加哥花旗银行共同联合组成,总部设在瑞士巴塞尔。创办该机构的最初目的是处理第一次世界大战后德国赔款的支付和解决德国国际清算问题。1929～1933 年世界经济大萧条时期，德国赔款支付停止办理。国际清算银行转而办理各国间的清算业务。第二次世界大战期间，该机构的业务活动大大缩减，但它依旧为交战国及中立国办理少量的黄金业务。第二次世界大战后，该机构的宗旨改为促进各成员中央银行之间的合作，为国际金融往来提供额外便利，以及接受委托或作为代理人办理国际清算业务。目前，国际清算银行的成员有 45 个。中国于 1996 年 11 月加入该机构。

（二）国际清算银行的组织形式

国际清算银行是股份制的企业性质金融机构，由西方主要中央银行合办。最高权力机构是股东大会。股东大会每年举行一次，由认购该行股票的各国中央银行派代表参加。股东大会通过年度决算、资产负债表、损益计算书和利润分配方案。股东大会的投票权数根据认股数按比例分配。

国际清算银行的日常业务由董事会执行。董事会由董事长、副董事长各 1 名及董事 11 名组成。董事为英国、法国、德国、意大利、荷兰、比利时、瑞士等国的中央银行行长或其指定人员。董事会下设经理部、货币经济部、秘书处和法律处。

（三）国际清算银行的资金来源

国际清算银行的资金来源主要有三块：(1) 成员缴纳的股金，该行建立时的法定资本为 5 亿金法郎，以后几经增资。(2) 借款。该银行可向各成员中央银行或货币当局借款，以补充其自有资金的不足。(3) 吸收存款。该银行与一些国家大的商业银行往来，并吸收客户存款，存款在其资金来源中占有很大比重。

（四）国际清算银行的主要业务活动

第二次世界大战后，国际清算银行先后成为欧洲经济合作组织、欧洲支付同盟、欧洲煤钢联营、黄金总库及欧洲货币合作基金的代理人，承担着繁重的国际结算工作。欧洲货币体系正式成立后，有关的账务及清算工作委托国际清算银行办理。国际清算银行也是万国邮政联盟、国际红十字会等国际组织的金融代理机构。另外，还办理各种银行业务，包括存款、贷款、贴现业务；买卖黄金、外汇和债券；与各成员政府或中央银行签订特别协议，代办国际结算业务等。该机构还办理黄金存款，给予一定利息，于是一些国家的中央银行将一部分黄金储备存放在该行，赚取利息。该机构长期以来每月的第一个周末在巴塞尔举行西方国家中央银行的行长会议，商讨有关国际货币金融方面的重要问题，对西方货币金融市场具有重大影响。该机构还是欧洲经济共同体、中央银行委员会及各种专家开会的场所，并承担秘书及资料等工作。该机构编写的货币金融调研资料在西方金融界和学术界具有很高的权威性，声誉较好。

（五）中国与国际清算银行的关系

中国于 1984 年与国际清算银行建立了业务联系，中国人民银行自 1986 年起就与国际清算银行建立了业务方面的关系，办理外汇与黄金业务，此后，每年都派代表团以客户身份参加该机构年会。国际清算银行召开股东大会，中国人民银行受邀列席，并以观察员身份多次参加该机构年会，这为中国广泛获取国际经济和金融状况、发展与各国中央银行之间的关系提供了一个新的场所。中国的外汇储备有一部分存放于国际清算银行，这对中国人民银行灵活、迅速、安全地调拨外汇、黄金储备非常有利。自 1985 年起,国际清算银行已开始向中国提供贷款。1996 年 9 月 9 日,国际清算银行通过一项协议,接纳中国、巴西、印度、韩国、墨西哥、俄罗斯、沙特阿拉伯、新加坡和中国香港地区的中央银行或货币当局为其新成员。中国香港回归之后,它在国际清算银行的地位保持不变,继续享有独立的股份与投票权。香港金融管理局与中国人民银行同时加入国际清算银行。中国中央银行加入国际清算银行,标志着中国的经济实力和金融成就得到了国际社会的认可,同时也有助于中国中央银行与国际清算银行及其他国家和地区的中央银行或货币当局进一步增进了解,扩大合作,提高管理与监督水平。

中国人民银行于 1996 年 11 月正式加入国际清算银行,中国人民银行是该行亚洲顾问委员会的成员,中国人民银行周小川行长担任该委员会主席。中国认缴了 3 000 股的股本,实缴金额为 3 879 万美元。2005 年 6 月 1 日,经追加购买,中国共有该机构 4 285 股的股本。2006 年 7 月,周小川行长出任国际清算银行董事。

二、亚洲开发银行

(一) 亚洲开发银行的建立与宗旨

亚洲开发银行(Asia Development Bank,ADB)是根据联合国亚洲及远东经济委员会(1974 年改名为亚洲太平洋经济委员会)的决议,于 1966 年 11 月 24 日成立的国际金融机构,同年 12 月开始运营,总部设在菲律宾马尼拉。该银行是亚太地区最大的政府间金融机构,也是一家仅次于世界银行的第二大开发性国际金融机构。中国于 1983 年正式加入该机构。目前,包括中国在内的亚洲开发银行成员共有 67 个,其中,40 多个成员为亚洲及太平洋地区的,称为本地区成员,另外十几个是来自欧洲和北美洲的,称为非本地区成员。

亚洲开发银行的宗旨是,通过发放贷款,进行投资,提供技术援助,以促进亚洲和太平洋地区的经济增长与合作,并协助本地区的发展中成员集体或单独地加速经济发展的进程。

亚洲开发银行虽然是一个独立机构,但它实际上属于联合国执行区域性货币信贷安排的国际金融机构。亚洲开发银行与联合国的国际货币基金组织、世界银行、发展计划署、亚太地区经济与社会委员会、粮食及农业组织等机构都保持着密切的联系。

(二) 亚洲开发银行的组织形式

亚洲开发银行是股份制企业性质的金融机构,凡成员都须认缴该行的股本,一般由成员财政部或中央银行与该行往来。亚洲开发银行的最高权力机构是理事会,由每个成员委派理事和副理事各 1 名组成,主要负责接纳新成员,确定银行股金、修改银行章程及选举董事和行长等。理事会每年召开一次年会。理事会下设执行董事会,负责日常业务。行长一般没有投票权,只有在投票出现等数时,方可投出决定性的一票。由于日本在亚洲开发银行的地位,因此亚洲开发银行的历任行长均由日本人担任。亚洲开发银行的主要职能部门有:农业和乡村发展部、基本建设部、工业和开发银行及预算部等。

(三) 亚洲开发银行的资金来源

1. 普通资金

普通资金用于亚洲开发银行的硬贷款业务。这是亚洲开发银行进行业务活动最主要的资金来源。

(1) 股本。亚洲开发银行建立时法定股本为 10 亿美元,分为 10 万股,每股面值 1 万美元,每个成员都须认购股本。亚洲开发银行开始建立时,本地区成员与非本地区成员认缴股本的办法不同。本地区成员股本的分配,按照一个公式进行计算,公式中包括用人口、税收和出口额进行加权调整的国内生产总值。非本地区成员的认股额主要根据各自对外援助政策和各自对多边机构资助预算的分配进行谈判确定。新加入的成员的认缴股本由亚洲开发银行理事会确定。首批股本分为实缴股本和待交股本,两者各占一半。实缴部分股本分 5 次缴纳,每次缴纳 20%。其中,每次缴纳金额的 50%用黄金或可兑换货币支付,另外 50%以该成员货币支付。待缴部分只有当亚洲开发银行对外借款以增加其普通资本或为此类资本做担保而产生债务时才催缴。成员支付催缴股本可选择黄金,或者是亚洲开发银行偿债时需要的可兑换货币。亚洲开发银行的股本在必要时可以增加。日本和美国是亚洲开发银行最大的出资者,认缴股本分别占亚洲开发银行总股本的 15%和 14.8%;中国占第三位,占总股本的 7.1%。

(2) 借款。在亚洲开发银行成立之初,其自有资本是它向成员提供贷款和援助的主要资金。从 1969 年起,亚洲开发银行开始从国际金融市场借款。一般情况下,亚洲开发银行多在主要国际资本市场上以发行债券的方式借款,有时也与有关成员的政府、中央银行及其他金融机构直接安排债券销售,有时还直接从商业银行贷款。

(3) 普通储备金。按照亚洲开发银行的有关规定,亚洲开发银行理事会把其净收益的一部分作为普通储备金。

(4) 特别储备金。对 1984 年前发放的贷款,亚洲开发银行除收取利息和承诺费外,还收取一定数量的佣金以留作特别储备金。

(5) 净收益。净收益由提供贷款收取的利息与承诺费组成。

(6) 预缴股本。亚洲开发银行认缴的股本采取分期缴纳的办法,在法定认缴日期之前认缴的股本即预缴股本。

2. 开发基金

亚洲开发银行基金创建于 1974 年 6 月,基金主要是来自亚洲开发银行发达成员的捐赠,用于向亚太地区贫困国家或地区发放优惠贷款。同时,亚洲开发银行理事会还按有关规定从各成员缴纳的未核销实缴股本中拨出 10%作为基金的一部分。此外,亚洲开发银行还从其他渠道取得部分赠款。

3. 技术援助特别基金

亚洲开发银行认为,除了向成员提供贷款或投资外,还需要提高发展中国家成员或地区成员的人力资源素质并加强执行机构的建设。为此,亚洲开发银行于 1967 年成立了技术援助基金。该项基金的一个来源为赠款;另一个来源是根据亚洲开发银行理事会 1986 年 10 月 1 日的会议决定,在为亚洲开发基金增资 36 亿美元时将其中的 2%拨给技术援助特别基金。

4. 日本特别基金

在 1987 年举行的亚洲开发银行第 20 届年会上,日本政府表示,愿出资建立一个特别基金。亚洲开发银行理事会于 1988 年 3 月 10 日决定成立日本特别基金,主要用于:(1) 以赠款的形式,资助成员的公营、私营部门中开展的技术援助活动;(2) 通过单独或联合的股本投资支持私营部门的开发项目;(3) 以单独或联合赠款的形式,对亚洲开发银行向公营部门开发项目进行贷款的技术援助部分予以资助。

(四) 亚洲开发银行的主要业务活动

1. 贷款

亚洲开发银行所发放的贷款按条件可划分为硬贷款、软贷款和赠款三类。硬贷款的贷款利率为浮动利率，每半年调整一次，贷款期限为10～30年(宽限期为2～7年)。软贷款也就是优惠贷款，只提供给人均国民收入低于670美元(1983年的美元)且还款能力有限的成员，贷款期限为40年(宽限期为10年)，没有利息，仅有1%的手续费。赠款用于技术援助，资金由技术援助特别基金提供，赠款额没有限制。亚洲开发银行贷款按方式划分，有项目贷款、规划贷款、部门贷款、开发金融机构贷款、综合项目贷款、特别项目执行援助贷款、私营部门贷款以及联合融资等。

(1) 项目贷款，即为某一成员发展规划的具体项目提供贷款。这些项目应该具备效益好、有利于借款成员的经济发展、借款成员有较好的信用这三个条件。贷款的程序主要是：项目确定、可行性研究、实地考察和预评估、评估、准备贷款文件、贷款谈判、董事会审核、签署贷款协定、贷款生效、项目执行、提款、终止贷款账户、项目完成报告和项目完成后评价。项目贷款是亚洲开发银行主要的和传统的贷款方式。中国利用亚洲开发银行贷款多数是项目贷款。

(2) 规划贷款，是对某成员某个需要优先发展的部门或其所属部门提供资金，以便通过进口生产原料、设备和零部件，扩大现有生产能力，使其结构更趋合理化和现代化。亚洲开发银行为便于监督规划的进程，将规划贷款分期执行，每一期贷款要与执行整个规划贷款的进程联系在一起。

(3) 部门贷款，是对其成员与项目有关的投资进行援助的一种形式。这项贷款是为提高所选择的部门或其分部门的执行机构的技术与管理能力而提供的。

(4) 开发金融机构贷款，是通过成员的开发性金融机构提供的间接贷款，也称中间转贷。中国接受的亚洲开发银行的第一笔贷款就是这种贷款，金额为1亿美元，由中国投资银行承办，主要用于小企业改造。

(5) 综合项目贷款，是对较小的成员的一种贷款方式，由于这些国家的项目规模较小，借款数额也不大，为便于管理，亚洲开发银行便把这些项目捆在一起，作为一个综合项目来办理贷款手续。

(6) 特别项目执行援助贷款。为了使亚洲开发银行贷款的项目在执行过程中避免因缺乏配套资金等不曾预料到的困难而受阻，亚洲开发银行提供项目执行援助贷款。

(7) 私营部门贷款，分为直接贷款和间接贷款两种形式。直接贷款是指有政府担保的贷款，或是没有政府担保的股本投资，以及为项目的准备等提供的技术援助；间接贷款主要是指通过开发性金融机构的限额转贷和对开发性金融机构进行的股本投资。

(8) 联合融资，是指一个或一个以上的区外经济实体与亚洲开发银行共同为成员某一开发项目融资。联合融资主要有五种类型：① 平行融资，是指将项目分成若干个具体的独立的部分，以供亚洲开发银行和其他区外经济实体分别融资。② 共同融资，是指亚洲开发银行与其他经济实体按照商定的比例，对某成员的一个项目进行融资。③ 伞形融资或后备融资。这类融资在开始时由亚洲开发银行负责项目的全部外汇费用，但只要找到联合融资的其他经济实体，亚洲开发银行中相应的部分即取消。④ 窗口融资，是指联合融资的其他经济实体将其资金通过亚洲开发银行投入有关项目，联合融资的其他经济实体与借款人之间不发生关系。⑤ 参与性融资，是指亚洲开发银行先对项目进行贷款，然后由商业银行购买亚洲开发银行中较早到期的部分。在以上5种类型的联合融资中，平行融资和共同融资所占的比例最大。

2. 技术援助

技术援助可分为以下4种类型：

(1) 项目准备技术援助，用于帮助成员立项或项目审核，以便亚洲开发银行或其他金融机构对项目投资。

(2) 项目执行技术援助，旨在帮助项目执行机构（包括开发性金融机构）提高金融管理能力。亚洲开发银行一般通过咨询服务、培训当地人员等，来达到提高项目所在地成员的金融管理能力的目的。在这项技术援助中，仅其中的咨询服务部分采用赠款形式，其余部分则采用贷款形式。

(3) 咨询性技术援助，用于援助有关机构（包括亚洲开发银行执行机构）的建立或加强，进行人员培训，研究和制定国家发展计划、部门发展政策与策略等。以前亚洲开发银行的咨询性技术援助多以赠款方式提供，后来以贷款方式提供的援助越来越多。

(4) 区域活动技术援助，用于重要问题的研究、开发培训班、举办涉及整个区域发展的研讨会等。这项援助多采用赠款方式提供。

技术援助项目由亚洲开发银行董事会批准，如果金额不超过35万美元，行长也有权批准，但须通报董事会。

三、金砖国家新开发银行

金砖国家新开发银行（New Development Bank，简称金砖银行），是在2012年提出，并于2008年国际金融危机后由金砖国家（BRICS，即巴西、俄罗斯、印度、中国和南非5国）共同成立的。2015年7月21日，金砖银行开业，总部在上海。

（一）产生背景

2008年国际金融危机爆发后，美国金融政策变动导致国际金融市场资金波动，对新兴市场国家的币值稳定造成很大影响。尽管中国货币波动较小，但是印度、俄罗斯、巴西等国都经历了货币大幅度贬值，导致通货膨胀。而靠国际货币基金组织救助存在不及时和力度不够的问题，于是，金砖国家为避免在下一轮金融危机中受到货币不稳定的影响，计划构筑一个共同的金融安全网，一旦出现货币不稳定，可以借助这个资金池兑换一部分外汇来应急。

（二）职务分配

金砖银行的首任理事长来自俄罗斯，首任董事长来自巴西，首任行长来自印度。该行初始授权资本为1 000亿美元，初始认购资本为500亿美元，由5个创始成员国均摊。

（三）设立意义

金砖银行主要资助金砖国家以及其他发展中国家的基础设施建设，对金砖国家具有非常重要的战略意义。巴西、南非、俄罗斯、印度的基础设施缺口很大，在国家财政力有限时，需要共同的资金合作。金砖银行不只面向5个金砖国家，而是面向全部发展中国家，作为金砖成员国，可能会获得优先贷款权。

金砖银行优先考虑对金砖国家基础设施建设进行扶持。

金砖银行不仅为中国带来经济利益，而且为国际社会带来一种长远的战略利益。从短期来看，中国已成为世界第二大经济体，到底如何在国际舞台上展现一个新兴大国的形象，关系到中国自身发展，也关系到国际社会共同的利益。中国对于推动设立金砖银行做出了实实在在的贡献，彰显了中国大国责任。

在基础设施建设方面，设立金砖银行，可推动其他国家的基础设施建设，也是分享中国经验的好机会，与中国"走出去"战略相符合。中国输出的既是经验和技术，也是一种标准。

四、亚洲基础设施投资银行

亚洲基础设施投资银行(Asian Infrastructure Investment Bank，AIIB，简称亚投行)成立于 2015 年 12 月，2016 年 1 月正式运营。它是一个政府间性质的亚洲区域多边开发机构。重点支持基础设施建设，成立宗旨是促进亚洲区域的建设互联互通化和经济一体化的进程，并且加强中国及其他亚洲国家和地区之间的合作，是首个由中国倡议设立的多边金融机构①，总部设在北京，法定资本为 1 000 亿美元。截至 2017 年 5 月 13 日，亚投行有 77 个正式成员。

(一) 产生的背景

1. 新兴大国异军突起

自 21 世纪以来，世界各国基本延续了冷战后的发展趋势，即在全球化深入发展的推动下实现了不同程度的发展，但各国的发展速度极不均衡。总体而言，发展中国家普遍实现了较快增长，新兴国家日益成为经济新秀，而发达国家的发展速度相对缓慢。在 2008 年国际金融危机爆发后，发达国家的经济长期陷入低迷，而以新兴大国为代表的发展中国家则率先摆脱危机的影响，成为世界经济发展新的引擎以及全球治理的重要主体。虽然世界银行与国际货币基金组织通过了相应的股权比重和投票权比重改革决定，但这些决定因美国国会的反对而受阻，导致不合理的国际金融机制并未得到改观。在此背景下，改革原有的国际金融制度，以便更好地发挥新兴国家在世界经济和全球金融治理中的作用，显得尤其重要。

2. 亚洲基础设施落后

亚洲经济占全球经济总量的 1/3，是当今世界最具经济活力和增长潜力的地区，拥有全球六成人口。但因建设资金有限，一些国家铁路、公路、桥梁、港口、机场和通信等基础建设严重不足，这在一定程度上限制了其经济发展。

各国要想维持现有经济增长水平，内部基础设施投资至少需要 8 万亿美元，平均每年需投资 8 000 亿美元。在 8 000 亿美元中，68%用于新增基础设施的投资，32%是维护或维修现有基础设施所需资金。现有的多边机构并不能提供如此巨额的资金，亚洲开发银行和世界银行也仅有 2 230 亿美元，两家银行每年能够提供给亚洲国家的资金大概只有区区 200 亿美元，都没有办法满足需求。由于基础设施投资的资金需求量大、实施的周期很长、收入流不确定等因素，私人部门大量投资于基础设施项目是有难度的。

3. 中国经济进入"新常态"

中国已成为世界第三大对外投资国，中国对外投资 2012 年同比增长 17.6%，创下了 878

---

① 2013 年 10 月 2 日，习近平主席提出筹建倡议，2014 年 10 月 24 日，包括中国、印度、新加坡等在内 21 个首批意向创始成员国的财政部长和授权代表在北京签约，共同决定成立亚投行。

亿美元的新高。而且，经过三十多年的发展和积累，中国在基础设施装备制造方面已经形成完整的产业链，同时在桥梁、隧道、公路、铁路等方面的工程建造能力在世界上也已是首屈一指。中国基础设施建设的相关产业期望更快地走向国际。但亚洲经济体之间难以利用各自所具备的高额资本存量优势，缺乏有效的多边合作机制，缺乏把资本转化为基础设施建设的投资。

（二）亚投行的机构设置

亚投行的治理结构分理事会、董事会、管理层三层。理事会是最高决策机构，每个成员在亚投行有正、副理事各一名。董事会有 12 名董事，其中域内 9 名，域外 3 名。

每个成员的投票权总数是基本投票权、股份投票权以及创始成员享有的创始成员投票权的总和。

（1）每个成员的基本投票权是全体成员基本投票权、股份投票权和创始成员投票权总和的 20%在全体成员中平均分配的结果。

（2）每个成员的股份投票权与该成员持有的银行股份数相当。

（3）每个创始成员均享有 600 票创始成员投票权。

1. 理事会

银行一切权力归理事会。

每个成员均应在理事会中有自己的代表，并应任命一名理事和一名副理事。每个理事和副理事均受命于其所代表的成员。除理事缺席情况外，副理事无投票权。在银行每次年会上，理事会应选举一名理事担任主席，任期至下届主席选举。

理事会应举行年会，并按理事会规定或董事会要求召开其他会议。当 5 个银行成员提出请求时，董事会即可要求召开理事会会议。当出席会议的理事超过半数，且所代表的投票权不低于总投票权 2/3 时，即构成任何理事会会议的法定人数。

2. 董事会

董事会负责指导银行的总体业务，为此，除行使本协定明确赋予的权力外，还应行使理事会授予的一切权力。

董事会应由 12 名成员组成，董事会成员不得兼任理事会成员。9 名应由代表域内成员的理事选出；3 名应由代表域外成员的理事选出。每名董事应任命一名副董事，在董事缺席时代表董事行使全部权力。理事会应通过规则，允许一定数量以上的成员选举产生的董事任命第二名副董事。董事任期 2 年，可以连选连任。

3. 管理层

管理层由行长和 5 位副行长组成。

（1）行长

理事会通过公开、透明、择优的程序，依照协定第二十八条规定，经超级多数投票通过选举银行行长。行长应是域内成员国的国民。任职期间，行长不得兼任理事、董事或副理事、副董事。

行长任期 5 年，可连选连任一次。理事会可依照协定第二十八条规定经超级多数投票通过，决定中止或解除行长职务。行长担任董事会主席，无投票权，仅在正反票数相等时拥有决定票。行长可参加理事会会议，但无投票权。行长是银行的法人代表，是银行的最高管理人员，应在董事会指导下开展银行日常业务。

（2）银行高级职员

董事会应按照公开、透明和择优的程序，根据行长推荐任命一名或多名副行长。副行长的任期、行使的权力及其在银行管理层中的职责可由董事会决定。在行长缺席或不能履行职责时,应由一名副行长行使行长的权力,履行行长的职责。

(三) 业务类型

根据协定,亚投行的业务分为普通业务和特别业务。

普通业务是指由亚投行普通资本(包括法定股本、授权募集的资金、贷款或担保收回的资金等)提供融资的业务。特别业务是指为服务于自身宗旨,以亚投行所接受的特别基金开展的业务。两种业务可以同时为同一个项目或规划的不同部分提供资金支持,但在财务报表中应分别列出。

(四) 主要投资

作为由中国提出创建的区域性金融机构,亚投行的主要业务是援助亚太地区国家的基础设施建设。在全面投入运营后,亚投行将运用一系列支持方式为亚洲各国的基础设施项目提供融资支持,包括贷款、股权投资以及提供担保等,以振兴包括交通、能源、电信、农业和城市发展在内的各个行业投资。

本章小结

国际金融机构是指从事国际金融业务、协调国际金融关系、维持国际货币与信用体系正常运作的超国家机构。

国际金融机构的产生与发展与国际经济、政治状况及变化密切相关。

国际金融机构有两种类型:全球性金融机构和区域性金融机构。区域性金融机构具体有两类:一类是联合国附属的区域性金融机构(有区域外国家参加),如亚洲开发银行、泛美开发银行、非洲开发银行;另一类是某一地区一些国家组成的真正区域性国际金融机构。

国际金融机构在加强国际合作及发展国际经济方面起到了一定的积极作用。

国际货币基金组织成立于1944年7月,中国是该组织创始国之一。1980年国际货币基金组织正式恢复中国的合法席位。

国际货币基金组织的宗旨是:为成员提供一个常设的国际货币机构,促进成员在国际货币问题上的磋商与协作;促进国际贸易均衡发展,以维持和提高就业水平和实际收入,发展各成员的生产能力;促进汇率的稳定和维持各成员有秩序的外汇安排,以避免竞争性的货币贬值;协助建立各成员间经常性交易的多边支付制度,并努力消除不利于国际贸易发展的外汇管制;在临时性基础上和具有充分保障的条件下,为成员融通资金,使它们无须采取有损于自身及国际经济繁荣的措施就能纠正其国际收支的不平衡;努力缩短和减轻国际收支不平衡的持续时间及程度。

国际货币基金组织的职能有:就成员的汇率政策,与经常账户有关的支付,以及货币的可兑换性问题确定行为准则,并实施监督;向国际收支发生困难的成员提供必要的资金融通,以使其遵守上述行为准则;向成员提供国际货币合作与协商的场所。

国际货币基金组织的最高权力机构为理事会,由成员指派正、副理事各1名组成,一般由各国的财政部长或中央银行的行长担任。

国际货币基金组织的资金来源为:成员缴纳的基金份额、向成员借款和出售黄金。

国际货币基金组织的业务活动有：资金融通；汇率监督与政策协调；提供培训、咨询等服务。

世界银行集团由5个关系密切的机构组成，即世界银行、国际金融公司、国际开发协会、多边投资担保机构、公共信息中心。

世界银行成立于1944年7月。中国是创始国之一，并于1980年恢复合法席位。

世界银行的宗旨是：(1) 与其他国际机构合作，为生产性投资提供长期贷款，协助成员的复兴与开发，并鼓励不发达国家开发生产与资源；(2) 通过保证或参与私人贷款和私人投资的方式，促进私人对外投资；(3) 用鼓励国际投资以开发成员生产资源的方法，促进国际贸易的长期平衡发展，维持国际收支不平衡；(4) 在提供贷款保证时，应与其他方面的贷款相配合。

世界银行的组织结构为：最高权力机构是理事会，由成员各指派1名理事和1名副理事组成，行长下设有副行长，辅助行长工作。

世界银行的资金来源有成员缴纳的股金、向国际金融市场借款、出让债权，以及利润收入。

世界银行最主要的业务活动是：通过提供和组织长期贷款和投资，解决成员战后恢复和发展经济的资金需要。其他业务活动有技术援助和建立解决投资争端国际中心。投资争端国际中心采取调解和仲裁的方式为外国投资者与东道国解决他们之间的争端，帮助和促进国际投资。

世界银行与国际货币基金组织的不同之处在于：世界银行的业务活动旨在帮助成员的经济发展，而国际货币基金组织的业务活动侧重于汇率的稳定、国际收支的调节以及成员的稳定发展。

国际金融公司成立于1956年7月，是世界银行的一个附属机构。国际金融公司的宗旨是配合世界银行，资助成员，特别是发展中国家的私人企业，使其获得增长，以促进成员经济的发展。国际金融公司的主要任务是对发展中国家私人企业的新建、扩建和改建等提供资金，促进外国私人资本在发展中国家的投资，促进本国资本市场的发展。

国际金融公司的组织机构与世界银行相同。它与世界银行是两块牌子、一套班子。国际金融公司的总经理由世界银行行长兼任。

国际金融公司的主要业务是向成员的私人企业提供贷款，不需政府担保。

国际金融公司的主要资金来源为：成员缴纳的股金、向世界银行及国际金融市场借款，以及国际金融公司业务经营的净收入。

国际开发协会成立于1960年9月，是世界银行的一个附属机构，其贷款原则及经营方针与世界银行相同，但其宗旨是专门对较穷的发展中国家提供条件极为优惠的长期贷款，加速这些国家的经济发展。

国际开发协会的组织形式与世界银行相同。它与世界银行也是一套班子、两块牌子。

国际开发协会的主要资金来源为：成员认缴的股本、世界银行的拨款、业务经营的净收入、补充资金和非洲基金。国际开发协会的业务主要是向较穷的发展中国家提供贷款。

多边投资担保机构成立于1988年，目前有158个成员。其目的是向发展中成员的外国投资提供非商业性风险的担保，鼓励东道国政府提供市场服务，以帮助它们吸引外国投资。

公共信息中心是提供有关世界银行工作性质的重要窗口。

中国与世界银行集团关系密切。

国际清算银行成立于1930年5月，其最初目的是处理第一次世界大战后德国赔款的支付和解决德国国际清算问题。第二次世界大战后，其宗旨改为促进各成员中央银行之间的合作，为国际金融往来提供额外便利,以及接受委托或作为代理人办理国际清算业务。

国际清算银行是股份制的企业性质金融机构,最高权力机构是股东大会。国际清算银行的日常业务由董事会执行。

国际清算银行的资金来源为:成员缴纳的股金、借款和吸收存款。

亚洲开发银行成立于1966年11月,中国于1983年正式加入该行。

亚洲开发银行的宗旨是,通过发放贷款,进行投资,提供技术援助,以促进亚洲和太平洋地区的经济增长与合作,并协助本地区的发展中成员国集体或单独地加速经济发展的进程。

亚洲开发银行是股份制企业性质的金融机构,最高权力机构是理事会,主要职能部门有农业和乡村发展部、基本建设部、工业和开发银行及预算部等。

亚洲开发银行的资金来源为:普通资金(包括股本、借款、普通储备金、特别储备金、净收益和预交股本),开发基金,技术援助特别基金,以及日本特别基金。

亚洲开发银行的主要业务活动为:贷款(包括项目贷款、规划贷款、部门贷款、开发金融机构贷款、综合项目贷款、特别项目执行援助贷款、私营部门贷款、联合融资);技术援助。

金砖国家新开发银行是2015年由金砖国家成立的主要为基础设施建设提供贷款的开发性银行。亚洲基础设施投资银行是由中国提出创建的区域性金融组织,主要也是为发展中国家的基础设施建设提供资金支持。

思考题

1. 国际金融机构主要有哪些类型?它们各发挥了怎样的作用?
2. 国际货币基金组织的宗旨、职能及组织活动有哪些?
3. 世界银行集团是由哪3个机构组成的?简述其主要职能和业务活动。
4. 国际清算银行及亚洲开发银行的宗旨和业务活动内容是怎样的?
5. 请分析金砖新开发银行和亚洲基础设施投资银行的成立背景和意义。

参考文献

1. C. Paul Hallwood and Ronald MacDonald, *International Money & Finance*, 3rd edition, Blackwell Publishers, 2000.
2. Emil-Maria Claassen, *Global Monetary Economics*, Oxford University Press, 1997.
3. Fleming, J. M., *Domestic Financial Policies under Fixed and Floating Exchange Rates*, IMF Staff Papers, vol.9, pp.369 - 380, 1962.
4. Ghassem A. Homaifar, *Managing Global Financial and Foreign Exchange Rate Risk*, John Wiley & Sons, Inc., 2004.
5. Giancarlo Gandolfo, *International Finance and Open-Economy Macro-Economics*, Springer, 2002.
6. Jeff Madura, *International Corporate Finance*, 11th edition, South Western, 2012.
7. Keith Pilbeam, *International Finance*, 2nd edition, Macmillan Business, 1998.
8. Krugman, Paul R., and Maurice Obstfeld, *International Economics: Theory and Policy*, 6th edition, Addison-Wesley Longman, 2002.
9. Laurence S. Copeland, *Exchange Rates and International Finance*, Prentice Hall, 2000.
10. Michael R. Rosenberg, *Exchange Rate Determination*, Irwin Library of Investment & Finance, 2003.
11. Moffett, Stonehill and Eiteman, *Fundamentals of Multinational Finance*, Addison Wesley, 2003.
12. Mundell, R.A., *The Appropriate Use of Monetary and Fiscal Policy for Internal and External Stability*, IMF Staff Papers, vol.9, pp.70 - 79, 1962.
13. Mundell, R. A., Capital Mobility and Stabilization Policy under Fixed and Flexible Exchange Rates, *Canadian Journal of Economic and Political Science*, vol.29, pp.475 - 485, 1963.
14. Peter Isard, *Exchange Rate Economics*, Cambridge University Press, 1999.
15. Tinbergen, *On the Theory of Economic Policy*, Amsterdam; North Holland, Jan. 1952.

16. 陈信华:《外汇经济学》,立信会计出版社 1994 年版。
17. 黄静波,曾昭志:"人民币汇率波动对中国 FDI 流入的影响",《国际金融研究》2010 年第 5 期。
18. 姜波克:《国际金融新编》,复旦大学出版社 2001 年版。
19. 于研:《国际金融》,上海财经大学出版社 2014 年版。
20. 于研:《国际金融管理》,上海财经大学出版社 2010 年版。
21. 杨权:"全球金融动荡背景下东亚地区双边货币互换的发展",《国际金融研究》2010 年第 6 期。
22. 左柏云,陈德恒:《国际金融》,中国金融出版社 2003 年版。